高职高专"十一五"规划教材

★ 农林牧渔系列

园林植物生长环境

YUANLIN ZHIWU SHENGZHANG HUANJING

卓开荣　逯昀　主编　　张慎举　主审

化学工业出版社

·北京·

本书是高职高专“十一五”规划教材★农林牧渔系列之一。根据高职高专院校人才培养特点，以岗位能力定培养目标，以培养目标确定教材内容和结构体系，注重操作技能和应用能力。全书包括绪论、园林植物的生态学基础、园林植物的气象环境、园林植物的土壤环境、园林植物的营养环境及14个技能实训。每章前设有学习要求（技能目标和必要知识），章后设有本章小结和思考题，便于学生自主学习和复习。

本书可作为高职高专院校园林、园艺、林学、果蔬、茶学、蚕学等专业的教材，也可供种植类其它相关专业选用，同时还可供其它园林、园艺行业技术人员参考。

图书在版编目（CIP）数据

园林植物生长环境/卓开荣，逯昀主编．—北京：化学工业出版社，2010.2（2018.1重印）
高职高专“十一五”规划教材★农林牧渔系列
ISBN 978-7-122-07547-5

Ⅰ．园… Ⅱ．①卓…②逯… Ⅲ．园林植物-植物生长-高等学校：技术学院-教材 Ⅳ．Q945.3

中国版本图书馆CIP数据核字（2010）第009075号

责任编辑：李植峰　梁静丽　郭庆睿　　装帧设计：史利平
责任校对：王素芹

出版发行：化学工业出版社（北京市东城区青年湖南街13号　邮政编码100011）
印　　装：北京云浩印刷有限责任公司
787mm×1092mm　1/16　印张13¾　字数356千字　2018年1月北京第1版第6次印刷

购书咨询：010-64518888（传真：010-64519686）　售后服务：010-64518899
网　　址：http://www.cip.com.cn
凡购买本书，如有缺损质量问题，本社销售中心负责调换。

定　　价：25.00元

“高职高专‘十一五’规划教材★农林牧渔系列”
建设委员会成员名单

“高职高专‘十一五’规划教材★农林牧渔系列”
编审委员会成员名单

“高职高专‘十一五’规划教材★农林牧渔系列”建设单位

（按汉语拼音排列）

安阳工学院
保定职业技术学院
北京城市学院
北京林业大学
北京农业职业学院
本钢工学院
滨州职业学院
长治学院
长治职业技术学院
常德职业技术学院
成都农业科技职业学院
成都市农林科学院园艺研究所
重庆三峡职业学院
重庆水利电力职业技术学院
重庆文理学院
德州职业技术学院
福建农业职业技术学院
抚顺师范高等专科学校
甘肃农业职业技术学院
广东科贸职业学院
广东农工商职业技术学院
广西百色市水产畜牧兽医局
广西大学
广西职业技术学院
广州城市职业学院
海南大学应用科技学院
海南师范大学
海南职业技术学院
杭州万向职业技术学院
河北北方学院
河北工程大学
河北交通职业技术学院
河北科技师范学院
河北省现代农业高等职业技术学院
河南科技大学林业职业学院
河南农业大学
河南农业职业学院
河西学院
黑龙江农业工程职业学院
黑龙江农业经济职业学院
黑龙江农业职业技术学院
黑龙江生物科技职业学院
黑龙江畜牧兽医职业学院
呼和浩特职业学院
湖北生物科技职业学院
湖南怀化职业技术学院
湖南环境生物职业技术学院
湖南生物机电职业技术学院
吉林农业科技学院
集宁师范高等专科学校
济宁市高新技术开发区农业局
济宁市教育局
济宁职业技术学院
嘉兴职业技术学院
江苏联合职业技术学院
江苏农林职业技术学院
江苏畜牧兽医职业技术学院
金华职业技术学院
晋中职业技术学院
荆楚理工学院
荆州职业技术学院
景德镇高等专科学校
丽水学院
丽水职业技术学院
辽东学院
辽宁科技学院
辽宁农业职业技术学院
辽宁医学院高等职业技术学院
辽宁职业学院
聊城大学
聊城职业技术学院
眉山职业技术学院
南充职业技术学院
盘锦职业技术学院
濮阳职业技术学院
青岛农业大学
青海畜牧兽医职业技术学院
曲靖职业技术学院
日照职业技术学院
三门峡职业技术学院
山东科技职业学院
山东理工职业学院
山东省贸易职工大学
山东省农业管理干部学院
山西林业职业技术学院
商洛学院
商丘师范学院
商丘职业技术学院
深圳职业技术学院
沈阳农业大学
沈阳农业大学高等职业技术学院
苏州农业职业技术学院
温州科技职业学院
乌兰察布职业学院
厦门海洋职业技术学院
仙桃职业技术学院
咸宁学院
咸宁职业技术学院
信阳农业高等专科学校
延安职业技术学院
杨凌职业技术学院
宜宾职业技术学院
永州职业技术学院
玉溪农业职业技术学院
岳阳职业技术学院
云南农业职业技术学院
云南热带作物职业学院
云南省曲靖农业学校
云南省思茅农业学校
张家口教育学院
漳州职业技术学院
郑州牧业工程高等专科学校
郑州师范高等专科学校
中国农业大学

《园林植物生长环境》编写人员

主　　编　卓开荣（宜宾职业技术学院）

　　　　　逯　昀（商丘职业技术学院）

副 主 编　宁显宝（吉林农业科技学院）

　　　　　贺阳冬（成都农业科技职业学院）

　　　　　潘自舒（商丘职业技术学院）

参　　编　（按姓名汉语拼音排列）

　　　　　方华舟（荆楚理工学院）

　　　　　贺阳冬（成都农业科技职业学院）

　　　　　逯　昀（商丘职业技术学院）

　　　　　宁显宝（吉林农业科技学院）

　　　　　潘自舒（商丘职业技术学院）

　　　　　时宝凌（山西林业职业技术学院）

　　　　　王　华（宜宾职业技术学院）

　　　　　王　建（河南科技大学林业职业学院）

　　　　　谢尚春（成都农业科技职业学院）

　　　　　卓开荣（宜宾职业技术学院）

主　　审　张慎举（商丘职业技术学院）

序

当今，我国高等职业教育作为高等教育的一个类型，已经进入到以加强内涵建设，全面提高人才培养质量为主旋律的发展新阶段。各高职高专院校针对区域经济社会的发展与行业进步，积极开展新一轮的教育教学改革。以服务为宗旨，以就业为导向，在人才培养质量工程建设的各个侧面加大投入，不断改革、创新和实践。尤其是在课程体系与教学内容改革上，许多学校都非常关注利用校内、校外两种资源，积极推动校企合作与工学结合，如邀请行业企业参与制定培养方案，按职业要求设置课程体系；校企合作共同开发课程；根据工作过程设计课程内容和改革教学方式；教学过程突出实践性，加大生产性实训比例等，这些工作主动适应了新形势下高素质技能型人才培养的需要，是落实科学发展观，努力办人民满意的高等职业教育的主要举措。教材建设是课程建设的重要内容，也是教学改革的重要物化成果。教育部《关于全面提高高等职业教育教学质量的若干意见》（教高［2006］16号）指出“课程建设与改革是提高教学质量的核心，也是教学改革的重点和难点”，明确要求要“加强教材建设，重点建设好3000种左右国家规划教材，与行业企业共同开发紧密结合生产实际的实训教材，并确保优质教材进课堂。”目前，在农林牧渔类高职院校中，教材建设还存在一些问题，如行业变革较大与课程内容老化的矛盾、能力本位教育与学科型教材供应的矛盾、教学改革加快推进与教材建设严重滞后的矛盾、教材需求多样化与教材供应形式单一的矛盾等。随着经济发展、科技进步和行业对人才培养要求的不断提高，组织编写一批真正遵循职业教育规律和行业生产经营规律、适应职业岗位群的职业能力要求和高素质技能型人才培养的要求、具有创新性和普适性的教材将具有十分重要的意义。

化学工业出版社为中央级综合科技出版社，是国家规划教材的重要出版基地，为我国高等教育的发展做出了积极贡献，曾被新闻出版总署领导评价为“导向正确、管理规范、特色鲜明、效益良好的模范出版社”，2008年荣获首届中国出版政府奖——先进出版单位奖。近年来，化学工业出版社密切关注我国农林牧渔类职业教育的改革和发展，积极开拓教材的出版工作，2007年底，在原“教育部高等学校高职高专农林牧渔类专业教学指导委员会”有关专家的指导下，化学工业出版社邀请了全国100余所开设农林牧渔类专业的高职高专院校的骨干教师，共同研讨高等职业教育新阶段教学改革中相关专业教材的建设工作，并邀请相关行业企业作为教材建设单位参与建设，共同开发教材。为做好系列教材的组织建设与指导服务工作，化学工业出版社聘请有关专家组建了“高职高专农林牧渔类‘十一五’规划教材建设委员会”和“高职高专农林牧渔类‘十一五’规划教材编审委员会”，拟在“十一五”期间组织相关院校的一线教师和相关企业的技术人员，在深入调研、整体规划的基础上，编写出版一套适应农林牧渔类相关专业教育的基础课、专业课及相关外延课程教材——“高职高专‘十一五’规划教材★农林牧渔系列”。该套教材将涉及种植、园林园艺、畜牧、兽医、水产、宠物等专业，于2008～2009年陆续出版。

该套教材的建设贯彻了以职业岗位能力培养为中心，以素质教育、创新教育为基础的教育理念，理论知识“必需”、“够用”和“管用”，以常规技术为基础，关键技术为重点，先进技术为导向。此套教材汇集众多农林牧渔类高职高专院校教师的教学经验和教改成果，又得到了相关行业企业专家的指导和积极参与，相信它的出版不仅能较好地满足高职高专农林牧渔类专业的教学需求，而且对促进高职高专专业建设、课程建设与改革、提高教学质量也将起到积极的推动作用。希望有关教师和行业企业技术人员，积极关注并参与教材建设。毕竟，为高职高专农林牧渔类专业教育教学服务，共同开发、建设出一套优质教材是我们共同的责任和义务。

介晓磊

2008 年 10 月

园林植物生长环境是高职高专院校园林类专业重要的专业基础课。教材建设是课程开发的重要内容之一。本教材编写的主导思想是根据高职高专园林、园艺类专业特点，围绕岗位能力确定培养目标，以技能培养为中心配置训练项目和相应的知识。编者们长期从事于园林、园艺等专业的生态、气象、土壤和植物营养的教学、科研和技术推广工作，具有较丰富的实践经验和较深刻的理性认识，并在教材编写中广泛收集了这一领域的技术成果。

本教材的主要特色：第一，首先考虑了本教材的使用主体是学生，教材要有利于学生自学和结合课堂教学查阅掌握相关内容。为便于学生借助于教材预习和复习，每章有明确的学习要求、本章小结及思考题。第二，突出以技能为中心，培养岗位能力的理念。每章学习要求又分为技能目标和必要知识两部分。意在围绕岗位能力的形成，重视技能培养，配置所需相关知识，最后形成专业岗位必需的能力。在每一章提出学习要求后，紧接着列出生产环节中需要的该章实训项目(各章实训的具体内容再集中编排，便于实践操作时翻阅)，然后再编写该章相应的知识。第三，在每章学习要求中统一使用程度递进的学习目标。针对当前高职高专学生特点，筛选出6个目标动词。在技能目标中用“学习”、“熟悉”、“学会”3个层次的技能目标动词加以引导规范；在必要知识中则使用“了解”、“理解”、“掌握”3个层次的知识目标动词进行具体限定。第四，在实践教学部分，突出安全与技能并重的原则。在每个实训项目具体内容前提出实训目标及要求，首先明确安全目标，接着提出技能目标。这是受长期教学实践的启示所做的尝试。安全是训练好技能的前提，在确保安全的条件下，才可能使技能训练风险最小化、收效最大化。

本教材主要适合高职高专园林、园艺、林学、果蔬、茶学和蚕学等专业使用，也可供种植类其它相关专业选用，同时还可供园林、园艺行业技术人员作为参考书。鉴于全国各地环境条件及各院校课程改革进程的差异，在使用本教材时，内容和学时安排可根据各地、各校以及专业的具体培养目标定位，加以取舍。

本教材具体编写分工为：绪论由卓开荣编写，第一章由时宝凌（第一节、第二节）、卓开荣（第三节、第四节）编写，第二章由王建（第一节）、时宝凌（第二节）、宁显宝（第三节、第四节）编写，第三章由卓开荣（第一节、第五节、第七节～第九节）、贺阳冬与谢尚春（第二节～第四节）、潘自舒与逯昀（第六节）编写，第四章由逯昀（第一节、第四节）、王华（第二节）、方华舟（第三节）编写。实训部分由卓开荣（实训一、实训十一）、时宝凌（实训二）、宁显宝（实训三、实训四）、逯昀（实训五～实训九）、潘自舒（实训十）、王建（实训十二、实训十三）、王华（实训十四）编写。全书最后由卓开荣统稿。

在本书编写前，编者走访了四川省宜宾市公用事业局市政设施管理科、宜宾市林业局和宜宾市林科院等单位，听取了有关专业技术人员的意见，征求了本编写组全体成员的意见和建议，贯彻了基于工作过程的编写思路；在教材编写过程中，得到宜宾职业技术学院、商丘职业技术学院以及参编教师所在院校的大力支持；特别是在完稿后，承蒙商丘职业技术学院副院长兼河南省农业教育集团副董事长张慎举教授的悉心审阅，并提出了许多宝贵意见和建议，在此一并表示诚挚谢意。

当今科技发展日新月异，生产集约化程度越来越高，编者水平有限，加之编写时间仓促，不足之处在所难免，恳请读者批评指正。

编　者

2010年1月

绪　论

【学习要求】

技能目标：

【学习】园林植物生长与环境条件的关系概要。

【熟悉】环境条件对园林植物生长的影响。

【学会】初步分析环境因素对园林植物的制约和控制。

必要知识：

【了解】园林植物生长环境的主要内容。

【理解】园林植物生长环境的基本词汇，园林植物生长环境在本专业中的定位。

【掌握】环境中各生态因子相互作用的基本规律及其对园林植物生长的影响。

一、园林植物生长环境的相关概念

园林植物生长环境中涉及几个基本词汇，包括生长、发育、园林、园林植物、环境和园林植物生长环境，弄清其基本内涵相当于跨入了本课程的第一道门槛。

生长和发育都是随着时间和空间的变化而发展的生物学过程。

(1) 生长 (growth)　生长是指在一定的生活条件下生物体体积和重量逐渐增加、由小到大的过程。它主要是指生物体的发展过程，特征为体积和重量的增加程度。

(2) 发育 (development)　《辞海》认为发育是生物体生活史中构造和功能从简单到复杂的变化过程。从广义理解，在指自然过程时，有发展（更大、更充实、更完善）和进化之意。

目前对生长和发育的概念还有不同的认识。有的强调区别，认为它们是两个不同的概念，生长是生物体及其各部分重量和大小的增加；发育是变形，是指机体从未成熟到成年的转变过程，前者是量变，后者是质变过程。上述解释就是基于此类观点。另一部分强调联系的观点，认为两者之间是必然联系在一起的，不宜割裂开来认识，因此，有时候直接说生长发育或发育，该观点可见于诸多植物学版本。本教材在解释含义时用区分的观点，但在叙述用词中不必截然分开。

(3) 园林 (gardens)　园林是指在一定的地域运用工程技术和艺术手段，通过改造地形（或进一步筑山、叠石和理水）、种植树木花草、营造建筑和布置园路等途径创作而成的美的自然环境和游憩境域。园林包括庭园、宅园、小游园、花园、公园、植物园和动物园等，随着园林学科的发展，还包括森林公园、风景名胜区、自然保护区或国家公园的游览区以及休养胜地。

(4) 园林植物 (garden plant)　园林植物是指适用于园林绿化的植物材料。包括木本和草本的观花、观叶或观果植物，以及适用于园林、绿地和风景名胜区的防护植物与经济植物。室内花卉和装饰用的植物也属园林植物。园林植物分为木本园林植物和草本园林植物两大类。

* 以植物特性及园林应用为主，结合生态进行综合分类，园林植物主要有以下类别。

① 园林树木。园林树木是指适于在园林绿地及风景区中栽植应用的木本植物，包括乔木、灌木和藤本，很多具有美丽的花、果、叶、枝或树形；也包括一些在城市及工矿区绿化中能起卫生防护和改善环境作用的树种；有的还兼能提供果品、油料、木材或药材等产品，是园林绿化的骨干植物。按园林树木在园林绿化中的用途和应用方式可以分为庭荫树、行道树、孤赏树、花木（花灌木）、绿篱植物、木本地被植物和防护植物等。按观赏特性可分为观树形、观叶、观花、观果、观芽、观枝、观干及观根等类。在观树形树木中，通常可分圆柱形（如箭杆杨）、尖塔形（如雪松）、卵圆形（如加拿大杨）、倒卵形（如千头柏）、球形（如五角槭）、扁球形（如板栗）、钟形（如欧洲山毛榉）、倒钟形（如槐）、馒头形（如馒头柳）、伞形（如龙爪槐）、盘伞形（如老年期的油松）、棕榈形（如棕榈）、丛生形（如玫瑰）、拱枝形（如连翘）、偃卧形（如鹿角桧）、匍匐形（如偃柏）、悬崖形（如生长在高山岩石缝隙中的树木）、苍虬形（如复壮的老年期树木）和风致形（受自然环境因子影响而形成富于艺术风格的树形）等。

② 露地花卉。露地花卉包括一、二年生花卉，宿根花卉，球根花卉，岩生花卉（岩石植物），水生花卉，草坪植物和园林地被植物等。

③ 温室花卉和室内植物。温室花卉和室内植物一般指温带地区须常年或一段时间在温室栽培者，其又可分为热带水生植物、秋海棠类植物、天南星科植物、凤梨科植物和柑橘类植物、仙人掌类与多浆植物、食虫植物、观赏蕨类、兰花、松柏类、棕榈类植物，以及温室花木、温室盆花和盆景植物等。

按照通常园林应用的分类方法，园林树木一般分为乔木、灌木和藤本三类。花卉给人普遍的印象是草本花卉类。花卉的广义要领是指有观赏价值的草本植物、草本或木本的地被植物、花灌木、开花乔木及盆景等。总而言之，园林植物涵盖了所有具观赏价值的植物。

在实际应用中，综合了植物的生长类型的分类法则、应用法则，园林植物被作为景观材料分成乔木、灌木、草本花卉、藤本植物、草坪以及地被六种类型。

(5) 环境（environment） 环境是指围绕着生物生存空间的一切外界条件。生物科学和生态学通常所称的环境是以生物为主体。然而，随着主体的不同，环境的各个组成因素或成分均可以是互为环境。人类与生物之间就是互为环境，离开主体的环境是没有意义的。

(6) 园林植物生长环境（garden plants growing environments） 园林植物生长环境是指围绕影响园林植物生长发育的周围一切自然条件。这里的自然条件就是指自然环境，而这里所指的自然环境既包括天然的自然环境，也包括人工改造后的自然环境。概括起来包括气象环境、土壤环境和营养环境，其中每一环境单元中又包含影响园林植物生长的各种因素。至于生物间的相互作用可以称之互为环境；再者，社会经济干预影响着园林植物的生长环境，进而影响园林植物的生长发育，甚至在园林植物设计、建造和管理中起着决定性的作用。这些均在相应部分结合讨论。

二、园林植物生长环境的主要内容

园林植物生长环境的学习内容主要包括两大部分。第一部分为总体内容，含园林植物的生态学基础、园林植物的气象环境、园林植物的土壤环境和园林植物的营养环境；具体因素包括光、热、气、水、肥、支撑能力及有毒有害物质。第二部分为技能实训，共有城市典型植物群落调查、气象要素、土壤要素和肥料测定项目等14个。

三、园林植物生长与环境要素的关系

园林植物的生长离不开环境条件，环境条件对园林植物的生态作用是多方面的。在进行园林绿化或植物造景时，设计者应充分考虑环境中各生态因子相互作用的基本规律及其对园林植物生长的影响。

1. 生态因子作用的一般规律

(1) 生态因子的综合作用 环境中各生态因子对园林植物的影响是综合的。园林植物生活在综合的环境生态因子之中，缺乏任一生态因子，园林植物将不能正常生长。

(2) 生态因子间的相互制约作用　环境中各生态因子是相互联系和相互制约的。环境中任何一个单因子的变化必将引起其它因子不同程度的变化，例如光照强度的变化常会直接引起气温和空气相对湿度的变化，从而引起土壤温度和湿度的变化。

(3) 生态因子中主导因子的作用　在整个生态环境中，虽然各生态因子都是植物生长发育所必需的，缺一不可的，但对于某一种植物，甚至植物的某一个生长发育阶段，往往有1～2个因子起着决定性的作用，这种起决定作用的因子就称为“主导因子”。如热带兰花大多是热带雨林植物，其主导因子是高温高湿，仙人掌是热带草原植物，其主导因子是高温干燥，这两种植物离开高温都要死亡。又如高山杜鹃，在引种到低海拔平地时，空气湿度是其存活的主导因子。

2. 不同环境中生长着不同的园林植物种类

① 棕榈科植物绝大部分种类都要求生长在温度较高的热带和亚热带南部地区，如椰子、油棕、皇后葵、假槟榔、鱼尾葵、散尾葵、袖珍椰子和槟榔等。

② 落叶松、云杉、冷杉和桦木等则要求生长在寒冷的北方或高海拔处。

③ 桃、梅、木棉、三角梅、印度橡胶榕、小叶榕和大叶榕等要求生长在阳光充足之处。

④ 铁杉、金粟兰、紫金牛、六月雪和野扇花等喜欢荫蔽的环境。

⑤ 杜鹃、山茶、栀子花、黄桷兰和含笑等喜欢酸性土壤。

⑥ 柽柳、真柏和锦鸡儿则能生长在盐碱土上。

⑦ 砂枣、龙血树和光棍树在干旱的荒漠上能顽强生长。

⑧ 荷花、睡莲、萍蓬草和石菖蒲等生长在湖泊、池塘之中。

3. 环境中生态因子的变化引起植物生长发育的变化

环境中的生态因子不是固定不变的，而是处于周期性变化之中的。因此，不同的环境能影响植物的外部形态和内部结构的变化。

(1) 日照长度的变化使植物生长发生质的变化　长日照能使唐菖蒲由营养生长转向生殖生长。这在不同日照长度间引种尤其要引起注意。

(2) 环境影响植物体内有机物质的变化　很多药用植物从野生引种栽培后变化较大，如欧乌头(*Aconitum napellus*)的根在寒冷的气候下变得无毒；杜仲向阳的叶片含杜仲胶60%左右，而阴面的叶片含胶量仅为3%～4%等。

一般认为，气候温和、湿润地区的野生植物和栽培植物各部分的物质形成以淀粉和碳水化合物合成为主，而在光照充足、气温较高和土壤比较干燥的地区则有利于蛋白质等的形成。

气温的变化引起植物体内的叶绿素与花青素的转化，从而导致一些植物叶色随着季节的变化而变化，这增加了园林的观赏性。春天气温回暖有利于植物叶绿素的形成，翠绿给人大地复苏的感觉；待气温显著下降的秋天来临时，许多植物叶片变得色彩斑斓，有科学家认为，在寒冷条件下，植物对不良环境的反应而导致花青素的合成。

四、园林植物生长环境在专业中的定位

就目前行业或企业对园林类高职高专学生的能力要求看，业内最需要能吃苦耐劳和动手能力强的毕业生；在园林园艺植物生产设计、施工、维护和环境改造与管理方面，需要岗位适应快，能独当一面的技术性人才。园林植物生长环境课程在园林设计、园林工程、生物技术(园林方向)、园艺技术、果树蔬菜、茶学和蚕桑等专业中是一门重要的专业基础课，同时又可作为其它植物种植类专业的一门辅修课程。本课程从培养园林、园艺类专业高等技术应用型专门人才出发，突出实践技能培养，辅之以必要的基础知识，以提高学生的专业技术素质与综合素质。其主要体现在以下两方面。

① 本课程在普通文化基础课和专业课之间具有承前启后的作用。它既要有综合运用普通文化基础课的基本方法和技能，又要为后续园林植物生产课程奠定技术基础。

② 本课程的技能和知识应用领域广泛，具有较强的技术应用能力及转岗能力。毕业生不仅可以面向园林产业公司、园艺植物生产部门、市政工程公司、园林科研院所和环境保护等部门，还可以考取公务员序列从事园林工程监管等工作。

【本章小结】

生长是指在一定的生活条件下，生物体体积和重量逐渐增加、由小到大的过程。发育是指在生物体生活史中，其构造和功能从简单到复杂的变化过程。园林是指在一定的地域运用工程技术和艺术手段，通过改造地形（或进一步筑山、叠石和理水）、种植树木花草、营造建筑和布置园路等途径创作而成的美的自然环境和游憩境域。园林植物是指适用于园林绿化的植物材料。园林植物分为木本园林植物和草本园林植物两大类。园林植物作为景观材料分成乔木、灌木、草本花卉、藤本植物、草坪以及地被六种类型。环境是指围绕着生物生存空间的一切外界条件。园林植物生长环境是围绕在园林植物周围影响其生长发育的一切自然条件。自然条件即自然环境，自然环境既包括天然的自然环境，也包括人工改造后的自然环境。

园林植物生长环境的主要内容包括园林植物的生态学基础、园林植物的气象环境、园林植物的土壤环境、园林植物的营养环境及其实训项目。

园林植物生长与环境要素的关系主要介绍环境中各生态因子相互作用的基本规律及其对园林植物生长的影响。环境因子作用的一般规律包括生态因子的综合作用、生态因子间的相互制约作用和生态因子中主导因子的作用。不同环境中生长着不同的园林植物种类，本书中将分别介绍适应一定光、温、水及酸碱环境的园林植物。环境中生态因子的变化会引起植物生长发育的变化，主要包括日照长度的变化使植物生长发生质的变化；环境影响植物体内有机物质的变化。

园林植物生长环境课程在园林设计、园林工程和园艺技术等专业中是一门重要的专业基础课。

【思 考 题】

1. 什么叫做生长、发育、园林、园林植物、环境和园林植物生长环境？
2. 试述环境中各生态因子相互作用的基本规律。
3. 初步分析当地园林植物生长的主要制约因素。

第一章　园林植物的生态学基础

【学习要求】

技能目标：

【学习】园林植物种群与群落的分类。

【熟悉】园林植物种群与群落的特征，城市园林植物调查分析。

【学会】根据园林植物与环境之间的相互作用关系，进行人工植物群落结构的初步设计。

必要知识：

【了解】园林植物生态学基础的主要内容。

【理解】园林植物种群和群落的基本概念与特征。

【掌握】城市植物群落的特点与人工植物群落结构设计的基本知识。

【实训项目】

实训一　城市典型植物群落调查（165 页）

第一节　生态系统

一、生态系统的概念和类型

1. 系统的概念

系统是由若干相互作用、相互依存的组成部分结合成的、具有一定结构和特定功能的整体。系统的组成成分总是按照一定的规格和严密的程序，有规律地结合在一起，而不是各组成成分的简单相加；由系统表现出来的整体功能要大于它各部分功能之和。

系统分为 3 类。

① 开放系统。系统不断与外界进行能量、物质和信息的交换。

② 封闭系统。系统与外界有少量的能量和信息的交换，但没有物质的交换。

③ 孤立系统。系统与外界没有任何能量、物质和信息的交换。

2. 生态系统的概念

生态系统这一概念是由英国生态学家 A. G. Tansley 首先提出的。他认为，生态系统的基本概念是物理学上使用的"系统"整体，这个系统不仅包括生物复合体，而且也包括形成环境的全部物理因素复合体。生态系统是在一定的空间内，各种生物之间以及所有生物（生物群落）与非生物环境之间，通过能量流动和物质循环而形成的相互作用、相互依存的统一整体。

生态系统可以是一个很具体的概念，一片草地，一个公园或一座城市都是一个生态系统。小的生态系统联合成大的生态系统，简单的生态系统组合成复杂的生态系统，而地球上最庞大、最复杂的生态系统就是由所有生态系统结合在一起构成的生物圈。

生物圈是指地球上的所有生物及其生存环境的整体。它包括岩石圈的上层，整个土壤圈和水圈及大气圈的下层（对流层及其以下），大约是地平面以上约 23km 和海平面以下约

12km 的空间，但绝大多数生物通常生存于地表上下约 100m 厚的范围内。

生态系统是开放系统，不断与外界进行能量、物质和信息的交换，以维持并发展其结构和功能。

3. 生态系统的类型

生态系统类型的划分有不同的分类标准。生态系统按环境性质可分为陆地生态系统、水域生态系统和湿地生态系统。陆地生态系统包括森林生态系统、草原生态系统、荒漠生态系统等；水域生态系统包括淡水生态系统和海洋生态系统；湿地生态系统是一类过渡类型的生态系统，包括沼泽、滩涂和稻田等。

按是否受到人为的影响或干预，生态系统又可分为自然生态系统和人工生态系统。自然生态系统如热带雨林、亚高山草甸和极地等。人工生态系统如农田生态系统、鱼塘生态系统和城市生态系统等。

二、生态系统的基本组成

虽然不同的生态系统有很大的差异，但其基本组成是相同的，其都是由生物成分和非生物环境两部分组成。生物成分根据其功能又可划分为生产者、消费者和分解者。

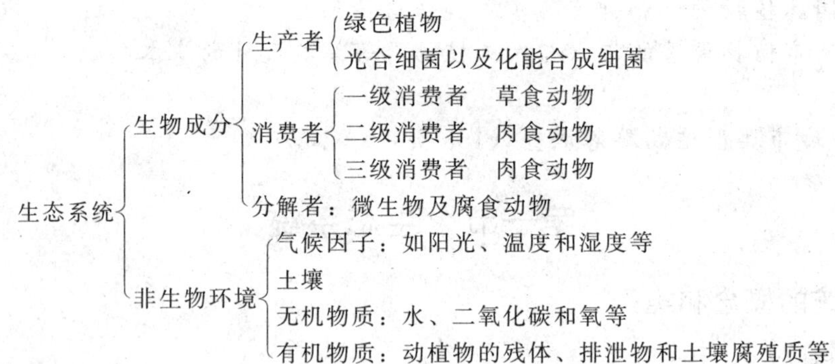

1. 非生物环境

非生物环境是指生态系统中所有无生命的无机物、有机物和各种自然因素的总和。包括气候因子，如阳光、温度、湿度、风和雨雪等；水分、空气、土壤和岩石中的无机物质，如C、H、O、N、P及各种无机盐等；有机物质，如动植物的残体、排泄物、土壤腐殖质等。

2. 生产者

自养生物，主要指能进行光合作用的绿色植物，也包括光合细菌以及化能合成细菌。绿色植物和光合细菌都能利用光能，将二氧化碳和水转变为有机物，并将光能贮藏到有机物中；化能合成细菌则是通过氧化无机化合物获取能量，把二氧化碳和水化合成有机物。生产者是生态系统的基础，是整个生态系统有机物质和生物能量的来源，为其它生物直接或间接消费，因而又被称作初级生产者。它们所生产的产品一部分供自身的生长和代谢利用，另一部分维持着整个生态系统中除生产者外的全部有机体的活动。

3. 消费者

异养生物，主要指以其它生物为食的各种动物，如草食动物、肉食动物和杂食动物等，此外，还包括一些寄生生物，即寄生动物、寄生植物和寄生菌类。草食动物直接以绿色植物为食，如兔、牛和羊等，又被称为一级消费者；以草食动物为食的肉食动物称为二级消费者，也可称为一级肉食动物，如捕食昆虫的鸟类和捕食野兔的狐狸等；以一级肉食者为食的食肉动物称为三级消费者或二级肉食动物，如老鹰和老虎等；以此类推，直到顶级消费者。此外，既食植物又食动物的动物称为杂食动物，如蚂蚁和麻雀等；寄生动物、寄生植物和寄生菌类寄生于其它动植物体上，靠吸取寄主的营养为生。

4. 分解者

异养生物，主要指微生物，即细菌和真菌，也包括以有机残屑为食的某些动物和腐食动物，如专吃兽尸的秃鹫，食朽木、粪便和腐烂物质的甲虫、白蚁、粪金龟子、蚯蚓和某些软体动物等。有人将微生物称为小分解者，而把这些动物称为大分解者。分解者将动植物的残体、粪便和各种复杂的有机化合物逐步降解为简单的无机物，并释放到环境中去，重新被生产者吸收和利用，因此分解者又被称为还原者。分解者是任何生态系统中不可缺少的组成成分，它们的存在使各种有机物残体和排泄物不能大量积存，使物质再次进入新的循环过程，因而生态系统才能保持不断发展的生命力。

生态系统中四种成分间相互关系如图 1-1 所示。

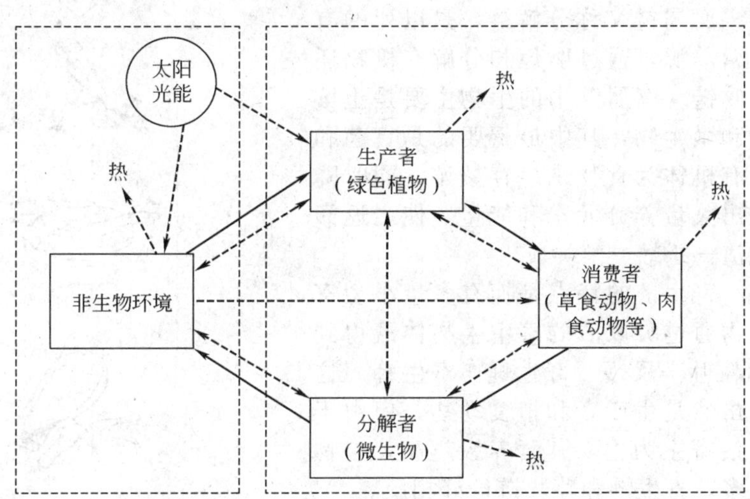

图 1-1 生态系统的基本成分与非基本成分的相互关系图
(引自：张金屯. 应用生态学. 科学出版社，2003)

三、生态系统的结构

生态系统的结构可以从两个方面理解。其一是形态结构，指生物种类、种群数量、种的空间配置、种的时间变化（发育、季相）以及群落的垂直和水平结构等。形态结构与植物群落的结构特征相一致，外加土壤、大气中非生物成分以及消费者、分解者的形态结构。其二为营养结构，营养结构是以食物链为纽带把生态系统中的生物成分与非生物成分紧密结合起来，构成以生产者、消费者和分解者为中心的三大功能类群，它们与环境之间发生密切的物质循环和能量流动。营养结构是生态系统中进行能量转换与物质循环的基础，是生态系统重要的结构特征。

（一）食物链和食物网

1. 食物链

植物所固定的能量通过一系列的取食和被取食关系在生态系统中传递，这种生物之间由于食物关系而形成的联系就称为食物链。它表示物种之间的食物组成关系，在生态学中能代表物质和能量在物种之间转移流动的情况。“大鱼吃小鱼，小鱼吃虾米，虾米吃泥巴（实际上是浮游植物)”，“螳螂捕蝉，黄雀在后”这两句谚语生动地描述了生态系统中生物之间的食物链关系。

食物链这个词是英国动物学家埃尔顿（Charles Sutherland Elton）于 1927 年首次提出

的，他认为，受到能量传递效率的限制，食物链的长度不可能太长，一般由4～5个环节组成，如鹰捕蛇、蛇吃小鸟，小鸟捉昆虫，昆虫吃草（图1-2）。最短的食物链由3个环节组成，如草—兔—狐狸。

根据食物链中食物传递的特点可将食物链分为3种。

（1）草牧链　草牧链又称为捕食链，其是以绿色植物为基础，以活的有机体为营养源，通过绿色植物、草食动物和肉食动物组成食物链，如：杨树—蝉—螳螂—黄雀—蛇—鹰。

（2）腐屑链　腐屑链又称分解链，是以死的有机体或排泄物为营养源，通过腐烂和分解有机物还原为无机物的食物链。腐屑链中的生物主要是土壤中的植物、动物和微生物，其中最重要的是真菌和细菌，它们以死有机体为食物来生存繁殖，同时降解有机质，释放出大量养分元素和能量，使之返回环境。如植物残渣—蚯蚓—菌类。

（3）寄生链　寄生链的特点是拥有多量小型寄生生物，寄生生物通过吸取活的寄主生物体液得到营养和能量。如树叶—尺蠖—寄生蝇—寄生蜂。这种食物链的起点虽然是生产者和植食动物，但由于链中寄生生物以活寄主为主，其营养级越高，生物体越小而数量越多。寄生链和草牧链恰好相反。

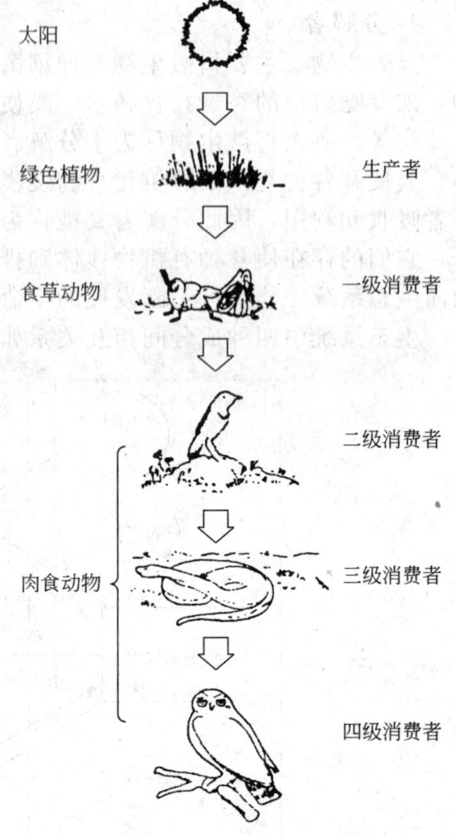

图1-2　一条陆地食物链
（引自：孙儒泳．普通生态学．高等教育出版社，1993）

2. 食物网

实际上，在生态系统中，生物之间的取食和被取食关系并不像食物链所表达的线性关系那么简单，一个生态系统中常存在着许多条食物链，这些食物链彼此相互交错连接成的复杂营养关系即为食物网。例如：食虫鸟不仅捕食瓢虫，还捕食蝶蛾等多种无脊椎动物，而且食虫鸟本身也不仅被鹰隼捕食，而且也是猫头鹰的捕食对象，甚至鸟卵也常常成为鼠类或其它动物的食物。由此可见，通过食物传递关系，生态系统中的生物成分之间存在着一种错综复杂的普遍联系，这种联系像一张无形的网把所有的生物都包括在内，使它们彼此之间都存在着某种直接或间接的关系（图1-3）。

（二）营养级

营养级是指处于食物链某一环节上的所有生物的总和。作为自养生物的生产者位于食物链的起点，即食物链的第一个环节，属第一营养级，以生产者为食的草食动物属第二营养级，又称草食动物营养级，第三营养级包括所有以植食动物为食的肉食动物，以此类推，还可以有第四营养级、第五营养级。如在一个公园里，树叶—昆虫—麻雀—猫构成一条捕食性食物链，后者捕食前者，树叶是第一营养级，昆虫是第二营养级，麻雀是第三营养级，猫能捕食麻雀，是第四营养级。

但是生态系统内部的食物链的关系是复杂的，除生产者和限定食性的部分草食性动物外，其它生物大多数或多或少地属于两个以上的营养级，如在植物的果实和种子—麻雀—猫这个食物链中，麻雀是第二营养级，猫则属第三营养级。

生态系统中的生物成分不同，形成的各种食物链也不相同。一般说来，食物链越长，营

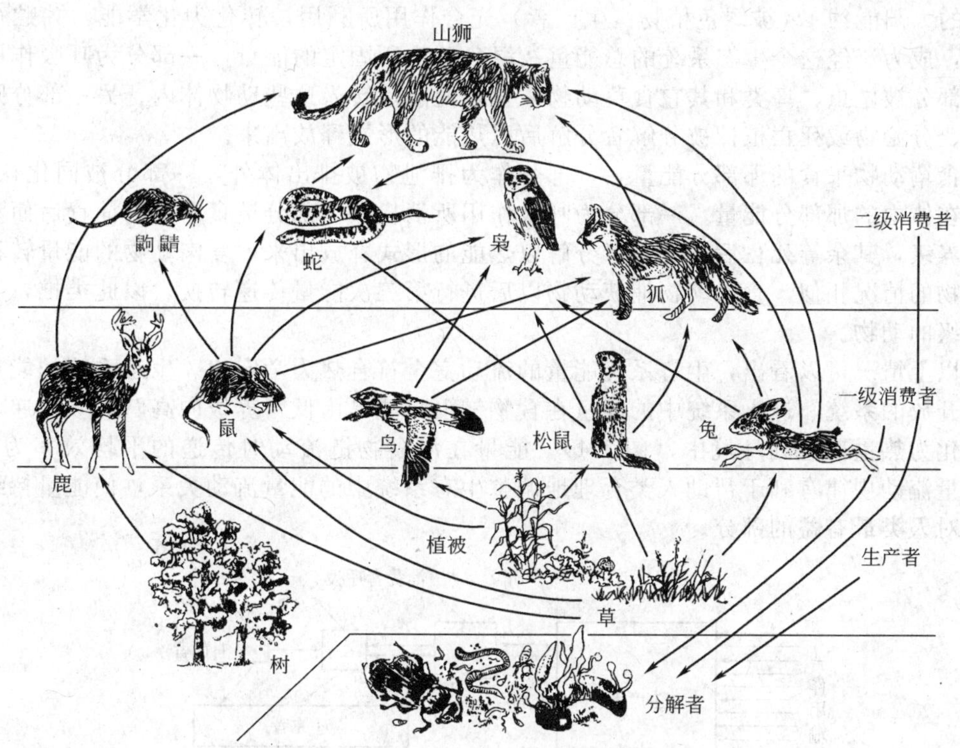

图 1-3 一个陆地生态系统的部分食物网
（引自：孙儒泳．普通生态学．高等教育出版社，1993）

养级的数目越多；食物链越多，彼此关系越复杂，营养结构也越复杂。在任何一个营养结构中都包括第一营养级，最简单的营养结构包括两个营养级。由于受到食物链环节数的限制，一般营养级都限于 3～5 个，超过五个营养级的很少见。

四、生态系统的功能

能量流动和物质循环是生态系统的两大功能。

（一）生态系统中的能量流动

1. 能量流动的概念

能量是生态系统的基础，一切生命都存在着能量的流动和转化。没有能量的流动就没有生命和生态系统，能量流动是生态系统的重要功能之一。在生态系统中，来自太阳的光能被绿色植物的光合作用纳入食物链，其后被逐级传递给第一级消费者，再到第二、第三级消费者，最后到分解者，从而构成生态系统的能量流动。在生态系统中，能量传递的途径是食物链和食物网中的多个营养级。

2. 生态系统中能量流动的规律

（1）热力学定律

① 热力学第一定律。在自然界发生的所有现象中，能量既不能消失也不能凭空产生，它只能以严格的当量比例由一种形式转变为另一种形式，因此热力学第一定律又称为能量守恒定律。

② 热力学第二定律。在能量的传递和转化过程中，除了一部分可以继续传递和做功的能量（自由能）外，总有一部分能量以热的形式消散，这部分能量使熵和无序性增加。

万物生长靠太阳，生态系统中的能量不是凭空产生的，它归根结底来自于太阳能。投射到地面的太阳能约1%被绿色植物（生产者）光合作用所利用，转化为化学能，并贮存于植物体内，成为流经这个生态系统的总能量。绿色植物所固定的能量，一部分为呼吸作用所消耗，一部分被昆虫、鸟类和其它食草动物采食，使能量转入这些动物体内；另一部分则作为枯落物、分泌物或死亡植株被分解者分解后以热能的形式释放出来。

被食草动物采食的那部分能量，一部分作为排泄物被排出体外，一部分被同化在体内。被同化在体内的那部分能量，一部分为呼吸作用所消耗，一部分被食肉动物捕食后而流入下一个营养级，其余等死亡后被分解者分解以热能的形式释放出来。食肉动物的能量转移也与草食动物的情况相似，食肉动物捕获动物以后进行第三次能量传递转换，以此类推，直到最高营养级的动物。

由以上情况可以看出，生态系统能量的流动完全符合热力学定律。生态系统的能量流动是一个开放的系统。进入系统中的能量在食物链上只能是由低营养级向高营养级传递，并不断地转化为热量散逸到环境中（图1-4）。能量在沿食物链流动时传递的平均效率为10%。研究能量流动规律有利于帮助人类合理地调整生态系统中的能量流动关系，使能量持续高效地流向对人类最有益的部分。

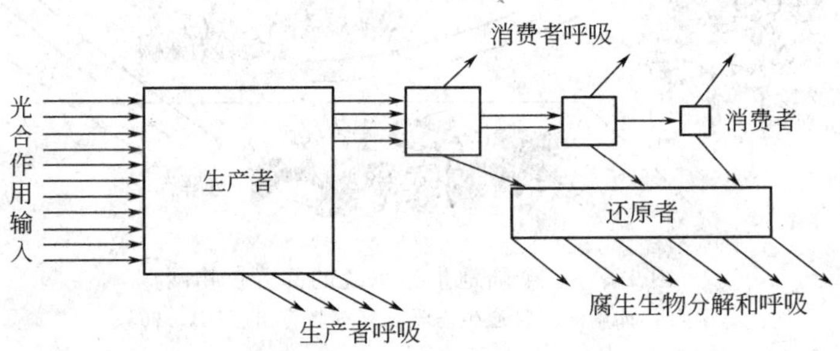

图1-4 生态系统的能量流动

（引自：毛芳芳．森林环境．中国林业出版社，2006）

（2）生态金字塔 从上述规律可以看出，生态系统的能量流动具有两个明显的特点，单向流动和逐级递减。生态系统中能量的流动沿食物链递减，处在最基层的绿色植物的量最多，其次是草食动物，再次为各级肉食动物，处在顶级的生物获得的能量最少，这形成一个金字塔的形状，称为生态金字塔。生态金字塔一般只能表示出捕食食物链的特点，而不包括分解者在内。

生态金字塔的原理可用一个十分形象但又不很严格的比喻来概括：大约1000kg浮游植物能转变成100kg浮游动物，而100kg浮游动物才能转变成10kg鱼，而10kg鱼大致是人长1kg组织所需要的食物。这条规律称为“十分之一法则”，是美国生物学家林德曼提出来的。该法则说明，在生态金字塔中，每经过一个营养级，能流总量就减少一次。食物链越短，消耗于营养级之间的能量就越少。

生态金字塔指明各个营养级之间的数量关系，包括三种类型，能量金字塔、生物量金字塔和数目金字塔。不同的金字塔能形象地说明营养级与能量、生物量和生物数目之间的关系，是定量研究生态系统的直观体现。

① 能量金字塔。能量金字塔的形状永远是正金字塔形［图1-5(a)］。能量金字塔每一台阶代表食物链中每一营养级生物所含能量的多少。能量金字塔表明能量流动沿食物链的流动过程具有逐级递减的特性。

② 生物量金字塔。生物量金字塔的形状一般也是正金字塔形［图1-5(b)］。生物量金字塔每一台阶表示每一营养级现存生物有机体的总质量。能量是以物质的形式存在的，因而每一营养级的生物量在一定程度上代表着能量值的高低，随着营养级的升高，能量逐级递减，

因而其现存的生物量也越来越少。但也有一些特殊情况例外，如海洋生态系统中，生产者浮游植物个体小，寿命短，又会不断被浮游动物吃掉，因而某一时间调查到的浮游植物的生物量可能要低于其捕食者浮游动物的生物量，但这并非说流过生产者这一环节的能量比流过浮游动物的要少。

③ 数目金字塔。数目金字塔的形状有时为正金字塔形，有时则会出现“倒置”现象。数目金字塔的每一台阶表示每一营养级生物个体的数目。在捕食链中，一般随着营养级的升高，能量越来越少，而动物的体形一般越来越大，因此生物个体数目越来越少，其数目金字塔的形状为正金字塔形［图 1-5(d)］；但如图 1-5(c) 所示，温带林内由于树木的数目少于树上食植动物的数目，因而使其数目金字塔发生了部分倒置的现象。

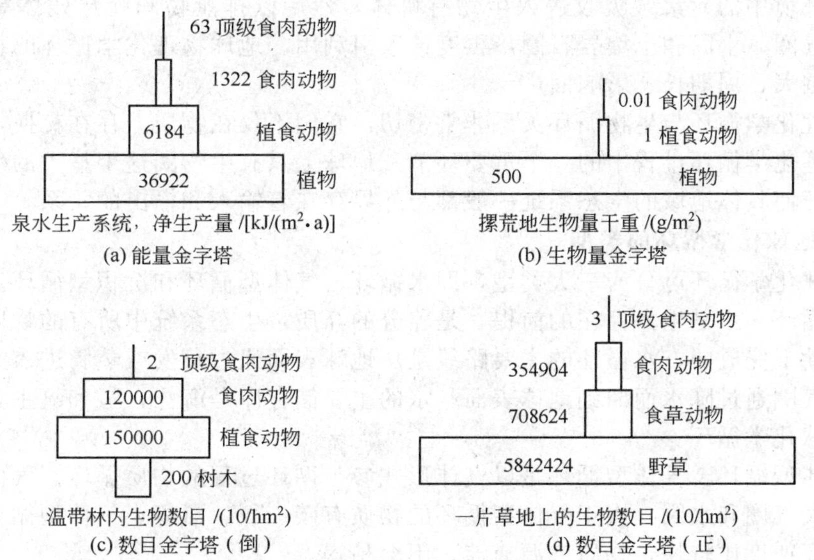

图 1-5 生态金字塔

（二）生态系统的物质循环

1. 物质循环的概念

生态系统的物质循环又称为生物地球化学循环，是指生物所需要的各种化学元素从周围的自然环境到生物体，再从生物体回到周围自然环境的周期性循环。能量流动和物质循环是生态系统的两个基本过程，它们共同把非生物环境和生物成分紧密地联系在一起，构成了一个不断运动的整体。

物质循环和能量流动互相依存，相互制约，不可分割。物质是能量的载体，使能量沿食物链逐级转换；而能量是物质循环的动力，使物质在生物与非生物环境之间进行循环流动，二者缺一不可。但是，物质流动与能量流动有本质上的区别。能量流动是单向的逐级递减的，能量流经生态系统的生物群落后最终以热的形式消散，因此生态系统必须不断地从外界获得能量；而物质的流动则是循环式的，生物体从环境中摄取的各种物质最终都能以简单无机物的形式重返环境进行再循环。

2. 物质循环的类型

根据物质循环路线和周期长短的不同，可将物质循环分为生物小循环和地球物理化学大循环两大类。

(1) 生物小循环　生物小循环是某生态系统内部，环境中的各种元素被生产者吸收后，在各营养级的消费者间被相继利用，最后经分解者的作用返还于环境，因而被再度利用。其特点是在一个具体的范围内进行，以生物为主体，循环周期短。特定的生态系统与该系统的环境之间存在着一定的物质的输入与输出。

生物小循环一般包括以下几个过程。①吸收。吸收即养分从土壤转移至植被。②存留。存留是指养分在动植物群落中的滞留。③归还。归还即养分从动植物群落回归至地表的过程，主要以死残落物、降水淋溶和根系分泌物等形式完成。④释放。释放是指养分通过分解过程释放出来，同时在地表有一积累过程。⑤储存。储存即养分在土壤中的贮存。土壤是养分库，除氮外的养分元素主要来自土壤。

其中，吸收量=存留量+归还量。

（2）地球物理化学循环 地球物理化学循环是在生物圈内进行的大循环，指的是在整个生物圈内，环境中的元素被吸收进入生物有机体，然后以排泄物和死尸残体等形式返回土壤，进入大气圈、水圈和土壤岩石圈，再度被吸引利用。地球物理化学循环的特点是具有全球性质，范围大、周期长、影响面广。

地球物理化学循环与生物循环关系非常密切，它们不仅在物质上存在交换，而且生物循环是地球物理化学循环过程中的一个重要环节。地球上只有生物圈这个最大的生态系统是封闭的。其它任何具体地域的生态系统一般都与外界存在着输入和输出的关系。

3. 生物地球化学循环的类型

生物地球化学循环可分为三大类型，即水循环、气体型循环和沉积型循环。

（1）水循环 水是生命存在的前提，是养分的介质，生态系统中所有的物质循环都是在水循环的推动下完成的，水循环的主要路线是从地球表面通过蒸发或蒸腾进入大气圈，同时又不断从大气圈通过降水而回到地球表面。水的主要储存库是海洋，氢和氧主要通过水循环参与生物地球化学循环。

（2）气体型循环 气体型循环是以气体形式参与循环过程的物质循环。气体型循环的主要储存库是大气圈和水圈，属于气体型循环的物质有碳、氮、氯等。气体型循环具有明显的全球性，循环速度比较快，物质来源充沛，不会枯竭。

① 碳循环。碳是构成生物有机体的基本元素，虽然它在自然界中的蕴藏量极为丰富，绝大部分以无机碳的形式存在于岩石圈中，但绿色植物能够直接利用的仅仅限于空气中的二氧化碳。生物圈中的碳循环主要表现在绿色植物从空气中吸收二氧化碳，经光合作用转化为有机物，然后在植物的呼吸作用和其它消费者和分解者的生命活动中又逐渐返回大气，进入再循环。

② 氮循环。氮是构成氨基酸和蛋白质的重要成分，是构成生物有机体的重要元素之一。在自然界，氮元素以分子态氮（氮气）、无机结合氮和有机结合氮三种形式存在。大气中含有大量的分子态氮，但是绝大多数生物都不能够利用，只有经过固氮菌等生物固氮，或经闪电、宇宙射线和火山爆发等造成的高温及光化学固氮，或者经工业固氮，转变成氨态或硝态氮后，其才能被植物吸收利用。植物从土壤中吸收无机态的铵态氮（铵盐）和硝态氮（硝酸盐），用来合成氨基酸和蛋白质，它们通过食物链进入各级消费者体内。在动物的代谢过程中，一部分蛋白质被分解为氨、尿酸和尿素等排出体外，最终进入土壤。动植物的尸体、残体和排泄物中的有机氮则被微生物转化为无机氮返回环境，从而完成生态系统的氮循环。

（3）沉积型循环 参与沉积型循环的主要是通过岩石风化和沉积物的分解转变为可被生态系统利用的物质，它们的主要储存库是土壤圈和岩石圈。属于沉积型循环的物质有磷、硫、钾、钠和钙等。沉积型循环的全球性不如气体型循环明显，循环性能不完善，循环速度慢，循环周期长，常常会造成局部性的匮乏。其中磷是较典型的沉积型循环元素，它从岩石中释放出来，最终又沉积在海底，转化为新的岩石。

磷是有机体不可缺少的元素。生物的细胞内发生的一切生物化学反应中的能量转移都是通过高能磷酸键在二磷酸腺苷（ADP）和三磷酸腺苷（ATP）之间的可逆转化而实现的。

磷还是构成核酸的重要元素。生态系统中磷的来源是磷酸盐岩石和沉积物以及鸟粪层和动物化石。这些磷酸盐矿经过天然侵蚀或人工开采，磷酸盐进入水体和土壤，供植物吸收利用，然后进入食物链中传递，一部分随着动植物尸体、残体和排泄物被分解而回到环境中，然后，只有一部分磷可以进入再循环，大部分则随水流流失到海洋的沉积层中。因此，这些磷将在很长一个时期内脱离循环过程，磷酸盐资源也因而在短期内成为一种不能再生的资源。

在生态系统中，物质从物理环境开始，经生产者、消费者和分解者，又回到物理环境，完成一个由简单无机物到各种高能有机化合物，最终又还原为简单无机物的生态循环。通过该循环，生物得以生存和繁衍，物理环境得到更新并变得越来越适合生物生存的需要。在这个物质的生态循环过程中，太阳能以化学能的形式被固定在有机物中，供食物链上的各级生物利用。

五、生态系统的稳定性和生态平衡

（一）生态系统的稳定性

生态系统所具有的保持或恢复自身结构和功能相对稳定的能力称为生态系统的稳定性。如当气候干旱时，森林中的动植物种类和数量一般不会有太大的变化，这说明森林生态系统具有抵抗气候变化、保持自身相对稳定的能力。生态系统的稳定性包括抵抗力稳定性和恢复力稳定性等方面。

1. 抵抗力稳定性

抵抗力稳定性是指生态系统抵抗外界干扰并使自身的结构和功能保持原状的能力。生态系统之所以具有抵抗力是因为生态系统具有一定的自动调节能力。生态系统自动调节能力的大小与生态系统中营养结构的复杂程度有关，一个复杂的食物网是使生态系统保持稳定的重要条件。一般认为，食物网越复杂，生态系统抵抗外力干扰的能力就越强，食物网越简单，生态系统就越容易发生波动和毁灭。用一个简单的模型可以说明这个问题，假如在一个岛屿上只生活着草、鹿和狼。在这种情况下，鹿一旦消失，狼就会饿死。如果除了鹿以外还有其它的食草动物（如牛或羚羊），那么鹿一旦消失，对狼的影响就不会那么大。反过来说，如果狼首先绝灭，鹿的数量就会因失去控制而急剧增加，草就会遭到过度啃食，结果鹿和草的数量都会大大下降，甚至会同归于尽。如果除了狼以外还有另一种肉食动物存在，那么狼一旦绝灭，这种肉食动物就会增加对鹿的捕食压力而不致使鹿群发展得太快，从而就有可能防止生态系统的崩溃。

2. 恢复力稳定性

恢复力稳定性是指生态系统在遭到外界干扰因素的破坏以后恢复到原状的能力。在河流生态系统被严重污染后，水生生物大量死亡，河流生态系统的结构和功能遭到破坏。如果停止污染物的排放，河流生态系统通过自身的净化作用，还会恢复到接近原来的状态。这说明河流生态系统具有恢复自身相对稳定的能力。再如一片草地上发生火灾后，第二年就又长出茂密的草本植物，动物的种类和数量也能很快得到恢复。

（二）生态平衡

1. 生态平衡的概念

生态平衡是指生态系统通过发育和调节所达到的一种稳定状况，它包括结构上的稳定、功能上的稳定和物质、能量输入输出的稳定。生态平衡主要表现在两个方面：一方面是生物种类（即动物、植物、微生物和菌类）的组成和数量比例相对稳定；另一方面是非生物环境（包括空气、阳光、水和土壤等）保持相对稳定。

2. 生态平衡的特点

生态平衡有两个特点即动态平衡和相对平衡。

（1）动态平衡　生态平衡是一种动态的平衡而不是静态的平衡，生态系统中的生物与生物、生物与环境以及环境各因子之间，不停地在进行着能量的流动与物质的循环；生态系统在不断地发展和进化：生物量由少到多、食物链由简单到复杂、群落由一种类型演替为另一种类型等；环境也处在不断的变化中。因此，生态平衡不是静止的，总会因系统中某一部分先发生改变，引起不平衡，然后依靠生态系统的自我调节能力使其又进入新的平衡状态。正是这种从平衡到不平衡到又建立新的平衡的反复过程，推动了生态系统整体和各组成部分的发展与进化。

（2）相对平衡　生态平衡是一种相对平衡而不是绝对平衡。在生态系统内部，生物与生物之间存在相互制约、相系依存的关系，使它们在数量上相互有所消长。另外，生态系统都不是孤立的，都会与外界发生直接或间接的联系，会经常遭到外界的干扰。尤其是近代人口大量增加，科学技术水平不断提高，人类对自然界的干扰程度和范围越来越大，生态系统在不断地受到人类的干扰和破坏。因此，生态系统的平衡是相对的，不平衡是绝对的。

3. 生态平衡的破坏与维护

生态系统具有一定的稳定性，但当外来干扰超越生态系统的自我调节能力而使其不能恢复到原初状态时就谓之生态失调或生态平衡的破坏。

生态系统平衡的破坏有自然原因，也有人为因素。自然原因主要是指自然界发生的异常变化，如火山爆发、山崩、海啸、水旱灾害、地震、暴雨和流行病等，这些都会使生态平衡遭到破坏；人为因素主要指人类对自然资源的不合理利用和工农业生产产生的大量污染物进入环境后引起的生态平衡的破坏。

人类对自然资源的不合理利用是造成生态系统失衡的一个主要因素。例如滥伐森林，伐而不造，栽而不管，再加上陡坡开荒，导致水旱灾害频繁发生，大面积水土严重流失；又如草原种粮，过度放牧，导致草原荒废，土壤沙化盐碱化；甚至焚林而猎，竭泽而渔，对生态系统造成严重破坏，极大地浪费了物质和能量。

人类活动造成的环境污染也会从物质和能量方面破坏生态系统的平衡，有的会造成永久性的破坏。工业三废污染了农田、水域和大气，农业生产中农药的使用使农药污染已经遍布整个生物圈。环境污染日益威胁着地球上包括人类在内的所有生物的生存和发展。

有时人类活动会造成物种的长距离迁移，也可能会对生态系统造成人类没有预料到的破坏。人类只是随着兴趣带到澳大利亚的32对兔子给澳洲的生态系统几乎造成毁灭性的灾难。目前外来物种紫茎泽兰、大米草和水葫芦已经开始对中国内地的生态系统造成威胁，随着商品进入的美国白蛾等新型害虫也开始适应新的环境。

生态系统一旦失去平衡会发生非常严重的连锁性后果。例如，20世纪50年代，我国曾发起灭“四害”运动，捕杀了大量的麻雀，之后的几年里，出现了严重的虫灾，使农业生产受到巨大损失。后来科学家们发现，麻雀是吃害虫的好手。消灭了麻雀，害虫没有了天敌，就大肆繁殖起来，导致了虫灾发生和农田绝收的一系列惨痛后果。生态系统的平衡往往是大自然经过了很长时间才建立起来的动态平衡，一旦受到破坏，有些平衡就无法重建了，带来的恶果可能是人的努力无法弥补的。因此人类要尊重生态平衡，帮助维护这个平衡，而绝不要轻易去破坏它。

人类目前已经认识到生态系统平衡被破坏的后果，正在力图帮助恢复其平衡。生态平衡是动态的，维护生态平衡不只是保持其原初稳定状态。生态系统可以在人为有益的影响下建立新的平衡，达到更合理的结构、更高效的功能和更好的生态效益。如建立自然保护区、把沙漠改造成绿洲等。维护生态平衡也并非是不能对生态系统进行干扰，不能再开发利用自然资源，而是应对生态系统的结构、功能、调节机制和稳定性极限深入研究，掌握其发展规律，将人类的干扰程度控制在一定范围内，使其能很快达到一个新的平衡。例如，草原应有合理的载畜量，超过了最大适宜载畜量，草原就会退化；森林应有合理的采伐量，采伐量超过生长量必然引起森林的衰退；污染物的排放量不能超过环境的自净能力，否则就会造成环境污染，危及生物的正常生活，甚至使其死亡等。

六、生态系统的特点

综上所述，不论是自然的还是人工的生态系统都具下列共同特点：除生物圈外，所有的生态系统都是一个开放的系统，不断与外界发生着物质和能量的交换；因生产者固定能值所限及能流过程中能量的损失，生态系统营养级的数目一般不超过5～6个；能量流动和物质循环是生态系统的两大功能；生态系统具有自我调节能力，其物种数越多，结构越复杂，自我调节的能力越强；生态系统是一个动态系统，生态平衡是一个动态的相对的平衡，生态系统通过自我调节，逐渐从简单到复杂、从不成熟到成熟。

第二节　植物种群与植物群落

一、植物种群

（一）植物种群的概念

种群是生态学的重要概念之一。植物种群是在一定空间范围内同时生活着的同种植物个体的集群，这些植物个体之间能够进行传粉受精并繁育后代。在自然界，种群是物种存在、物种进化和表达种内关系的基本单位，是生物群落或生态系统的基本组成部分。

种群和物种的概念密切相关，但又有不同之处。物种是生物分类学的基本单位，是指形态相似、分布在一定的自然区域，且在自然状态下能够相互交配，并产生出可育后代的一群生物个体。不同物种之间一般是不能交配的，即使交配成功，也不能产生可育后代。

一个种群就是同一物种的一群个体，它们共同生活在一定的空间范围内，通过个体间的交配而保持一个共同的基因库。每一个物种都有一定的生活习性，要求一定的环境条件，但在这一物种分布的整个区域内，适宜它生存的各个分布区总是被它不能生存的区域隔开。因此，每一物种总是在它分散的、不连续的分布区形成大大小小的群体单元，每一个群体单元就是一个种群。例如，黄山松这个物种分布于华中、华东各地及台湾海拔800～2800m的山地，而安徽黄山的所有黄山松的个体就形成一个种群。因此，种群是物种在自然界中存在的基本单位。

同一物种可有许多种群分别存在于不同地区。主要是地理的原因阻止了它们之间的交配。如果消除了地理空间的隔离，同一物种中不同种群的个体可以互相交配，即可以有基因交流。不同物种的各种群，即使是在同一地区之内也不能杂交，即没有基因交流。也就是说，同一物种的种群之间存在着地理隔离，不同物种的种群之间存在着生殖隔离。

（二）植物种群的基本特征

1. 数量特征

数量特征是植物种群的最基本特征，它可以反映该种群在群落中作用的大小。数量特征有密度、多度、盖度、年龄组成、出生率和死亡率等指标。其中，核心特征是种群密度。出生率、死亡率和年龄组成直接或间接地影响种群密度。

(1) 种群密度　种群密度指单位面积或单位空间内某种群的个体数量。种群密度的变动范围很大，因物种与环境条件不同而异。通过测定种群密度可获知种群的动态、种群与其环境条件的关系，以及估算生产量和生产力。

(2) 年龄结构　年龄结构指不同年龄组的个体在种群内的比例和配置情况。种群的年龄结构可用年龄锥体图来表示（图 1-6）。根据锥体形状，可将种群的年龄结构划分为 3 种基本类型：增长型、稳定型和衰退型。

① 增长型种群。增长型种群的锥体呈典型金字塔形，表示种群有大量幼体，老龄个体少，出生率大于死亡率，种群密度将增大。

② 稳定型种群。稳定型种群的锥体形状介于增长型和衰退型种群之间，表示出生率与死亡率大致平衡，种群稳定。

③ 衰退型种群。衰退型种群的锥体基部较窄而顶部较宽，表示种群中幼体减少，老龄个体比例增大，死亡率大于出生率，种群密度将降低。

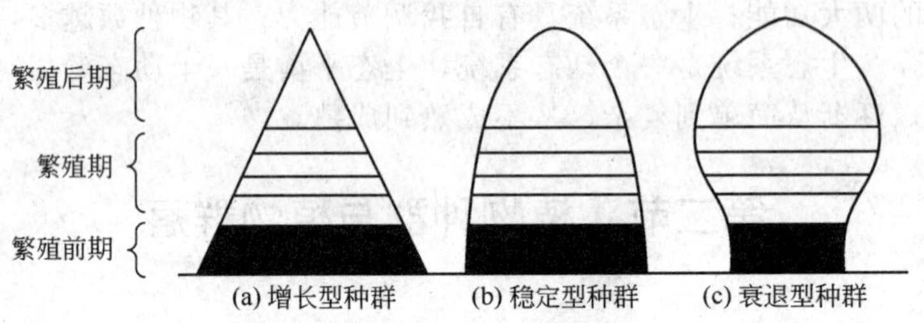

图 1-6　年龄锥体的 3 种基本类型

种群（特别是优势种）的年龄结构直接关系着其本身及其所在群落的发展趋势，是种群及其所在群落的动态趋势的主要指标。测定种群的年龄结构，便可分析它的自然动态，推知它及其所在群落的历史，预测它们的未来。

（3）出生率和死亡率　出生率指单位时间内种群产生新个体数占总个体数的比率；死亡率指单位时间内种群中死亡个体数占总个体数的比率。出生率和死亡率是影响植物种群增长的最重要因素。

2. 空间分布格局

组成种群的个体在其空间中的位置状态或布局称为种群空间分布格局，种群的空间分布大致可分为 3 类：均匀分布、随机分布和集群分布（图 1-7）。

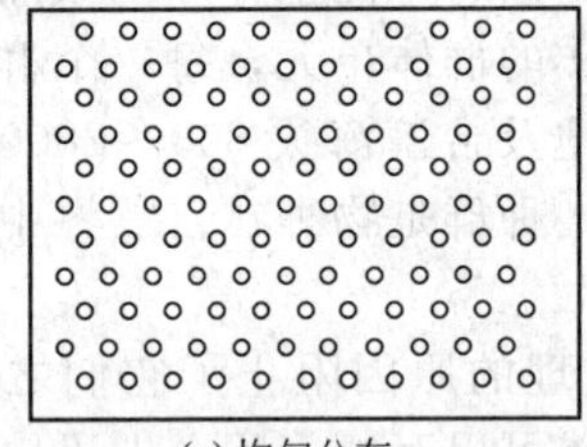

(a) 均匀分布

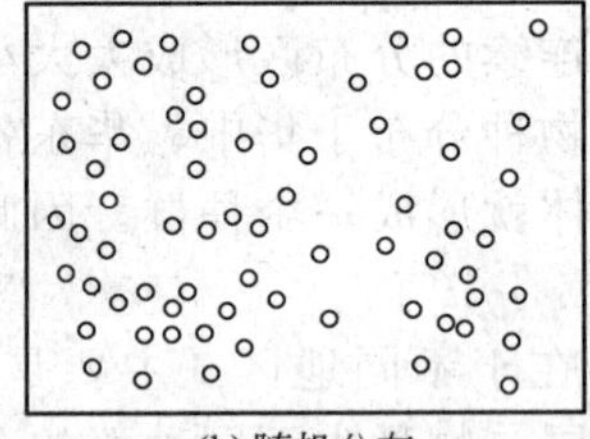

(b) 随机分布

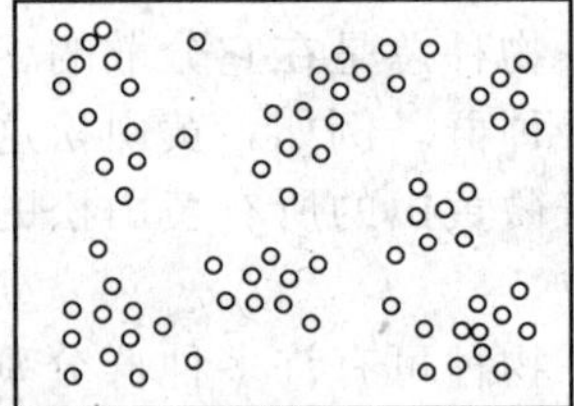

(c) 集群分布

图 1-7　种群空间分布格局类型

（1）均匀分布　均匀分布指种群内各处的密度相同，个体间的距离相近的分布。自然种群均匀分布的成因主要是由于种群内个体间的竞争。例如，森林中植物的地上部分为竞争阳光和土壤中的根系为竞争营养物；沙漠中植物为竞争水分，或有的植物分泌有毒物质于土壤中以抑制同种植物籽苗的生长。在人工生态系统中，植物种群以均匀分布的最多。

（2）随机分布　随机分布指每一个体在种群领域中各个点上出现的机会是相等的，并且某一个体的存在不影响其它个体的分布。随机分布比较少见，如生态系统发育中的先锋种常有随机分布型。

（3）集群分布　集群分布指种群中各处的密度差别很大，是自然种群中最常见的分布型。集群分布形成的原因主要是环境资源分布不均匀及植物传播种子方式使其以母株为扩散中心。

3. 遗传特征

每一个物种包括若干种群，由于基因突变、自然选择或其它原因，各个种群之间往往在遗传上不同。因此，某些种群具有在另一些种群中没有的基因突变，或者在一个种群中很稀少的等位基因可能在另一个种群中出现得很多。这些遗传差别使得有机体能在特定的局部环境中更加成功地繁殖和适应。

同一个物种的不同种群之间遗传特征有所不同，即存在种群之间的基因多样性；在同一个种群之内也有基因多样性，一个种群中的某些个体可能会发生基因突变。这种种群之内的基因多样性就是进化材料。具有较高基因多样性的种群，可能有某些个体能忍受环境的不利改变，并把它们的基因传递给后代。环境的加速改变，使得基因多样性的保护在生物多样性保护中占据着十分重要的地位。

4. 系统特征

种群是一个自我组织、自调节的系统。它是以一个特定的植物种群为中心，以作用于该种群的全部环境因子为空间边界所组成的系统。因此，应从系统的角度，通过研究种群内在的因子以及生境内各种环境因子与种群数量变化的相互关系，从而揭示种群数量变化的机制与规律。

（三）植物种群的种内关系和种间关系

1. 种内关系

植物种群内部个体之间的相互关系称为种内关系。种内关系主要表现为以下几个方面。

(1) 种内竞争　当种群密度过大时，营养面积和营养空间不足，种内对资源的竞争不仅影响到植株生长发育的速度和植物个体的大小，也关系到植物的存活率，所以在高密度的种群中有自疏现象的发生。这种对营养和空间的资源竞争在种间也会发生。

(2) 种内依存　雌雄异株的植物需要通过种内植株间的传粉受精而繁殖后代，而雌雄同株的植物通过异株之间的传粉则可能产生更多变异类型的后代，以保证在不良环境下有少数个体类型能保存下来。另外，较多数量的个体还能够创造有利的小环境，从而提高整个种群对胁迫的耐受能力。

2. 种间关系

种间关系是指同一生境中不同物种的种群之间的相互关系。种间关系十分复杂，相生相克现象普遍存在，有的能和平共处，有的却水火不容。种间关系主要包括以下几种。

(1) 竞争　竞争是群落内普遍存在的种间相互作用形式。种间竞争指两个物种竞争资源的相互作用。竞争的结果有两种：一是一方取胜，另一方被淘汰，一方替代另一方。例如，在看麦娘的天然群落中狐茅不能生长，因为它被看麦娘的快速生长和遮荫所抑制。二是在竞争过程中双方形成平衡调节，因而继续共存。

大多数情况下，竞争的结果为前一种。在群落形成的早期阶段，竞争常使先锋种或优势种转变为从属种，最后又将它们从这个生境中排挤出去。通过竞争，只剩下那些竞争力强的种，这些种能在一个特殊的生境类型中继续生存繁殖。因此，竞争所造成的淘汰使得在相似的生境类型中出现相似的稳定的植被。

(2) 共生　共生是指两种植物共同生活在一起，相安互助、互惠互利的关系。例如：豆科植物的根与根瘤菌共生形成根瘤，植物为根瘤菌提供营养物质，而根瘤菌则具有固氮能力，有利于植物对氮元素的吸收及提高土壤肥力；高等植物的根与真菌共生形成菌根，植物供给真菌营养，而真菌的存在则促进了植物对水分和无机盐的吸收和运输，并能促进根的发育；真菌与藻类共生形成地衣，藻类能进行光合作用制造有机物供给真菌生长，而真菌从土壤中吸收水分和无机盐供给藻类原料。

(3) 附生　两种植物生活在一起，一种植物的个别器官（树干、枝或叶片）成为另一些较小植物的居住地，相互之间没有直接的营养关系，这种现象称为附生。附生植物完全属于自养植物。矿物元素主要依靠附主体上的降尘和死的树皮部的分解物供给，水分则来源于大气。如附生兰、地衣、苔藓和一些蕨类经常附生在树木的枝干上。

一般情况下，附生植物对附主没有什么不利影响，但当它们大量生长时，由于其遮蔽阳光、压断枝条等原因也会影响到寄主的生长。例如热带雨林里有一种“绞杀植物”，如桑科榕属中的某些种，一开始也是靠附生生活的，当鸟类把种子传播到大枝丫上或树洞处，其即萌芽生长，但其生长速度较慢，一旦其气生根垂直达到土壤，能直接从土壤中吸取水分和养分则开始蓬勃生长，稠密的气根网紧紧缠绕在附主树干上，最后可将附主植物绞杀枯死。

(4) 寄生　一种植物着生在另一种植物的体上或体内，并从其组织中吸取营养和水分的生活方式称为寄生。前一种植物称为寄生物，后一种称为寄主。寄生现象广泛存在于自然界中，几乎没有一种生物是不被寄生的，连小小的细菌也要受到噬菌体的寄生。在寄生关系中，一般寄生物为小个体，寄主为大个体，以小食大。而且在寄生关系中大都为一方受益，一方受害，甚至引起寄主患病或死亡。在我国常见的高等寄生植物有菟丝子（寄生在柳、赤杨或杨等树种上）、无根藤、列当和肉苁蓉等。有些寄生植物的叶片中含有叶绿素，能进行光合作用制造有机物质，但是要通过寄主吸收水分和矿物质，这种生活方式称为半寄生。如桑寄生、槲寄生（寄生在榆树、桦树、枫杨、梨树或麻栎等树种上）。

(5) 他感作用　指有的植物通过向体外分泌代谢过程中的化学物质，对其它植物产生直接或间接的影响。这种作用即为他感作用，是种间生存竞争的一种特殊形式，种内关系也有此现象。他感作用使植物间表现出相生或相克的现象。相克的现象如黑核桃树下几乎没有草本植物，这是因为该树种的树皮和果实含有氢化核桃酮，这种物质被雨水冲洗到土中即被氧化成核桃酮，可抑制其它植物的生长；刺槐分泌的鞣酸类物质能显著地抑制苹果、梨和李等多种果树的生长发育。相生的现象如：大蒜与十字花科植物间作或轮作，可使十字花科植物极大地受益，因为大蒜分泌的大蒜素对十字花科植物的软腐病病菌有强烈的杀菌作用；洋葱与大麦或豌豆种在一起，洋葱的分泌物可杀死大麦黑穗病和豌豆黑斑病。

总之，在自然界中，植物的种间关系十分复杂，有的能共同生长，相互促进，有的却水火不容，相互竞争。研究植物的种间关系将为人们在园林绿化中园林植物的配置方面提供有益的信息。

二、植物群落

(一) 植物群落的概念和特征

自然界中生长的任何植物，无论是天然或是栽培的，既没有孤立生活的个体，也没有孤立生活的种群，它们总是或疏或密地聚居成群。群居在一起的植物并非杂乱无章的堆积，而是有规律地聚集成为一个有机整体，并执行着一定的功能。植物群落就是指某个地段上，有规律地共同生活在一起的全部植物的组合。一块草地、一片树林或一个水塘中的所有植物组成了一个植物群落。在群落内，共同生活在一起的植物彼此相互联系、相互作用形成一个有机的整体。

植物群落以植物种群为单位，是各个种群的集合体。群落中的种群并非随意的、偶然的堆砌在一起，而是有严格的、合理的空间配置，只有这样，它们才能更合理、更有效的利用空间及资源，从而使群落长期维持下去。各个种群之间相互依存、相互制约，既有种内关系，又有种间关系，依靠这些关系使植物在长期自然选择与进化中形成了稳定的、彼此适应的有机整体，从而把各种群连接为复杂的生命之网，进而决定着群落与生态系统的稳定性。

植物群落的基本特征是：具有一定的种类组成和种间的数量比例；具有一定的结构和外

貌；具有一定的生境条件；执行着一定的功能；其中植物与植物，植物与环境间存在着一定的相互关系，植物群落是环境选择的结果；每个植物群落在空间上占有一定的分布区域，在时间上是植被发育过程中的某一阶段。

（二）植物群落的种类组成

植物种类组成是植物群落最基本的特征，它决定着植物群落的性质。每一个相对稳定的植物群落都有一定的种类组成和结构。一般，在环境条件优越的地方，群落的层次结构较复杂，种类也丰富；而在严酷、恶劣的生境条件下，只有少数植物能适应，群落结构也简单，如在西双版纳的热带雨林中，组成群落的高等植物就有130多种；而新疆的一个荒漠内，组成群落的植物种类平均只有6种。群落中植物种类愈多、生长型愈齐全，对环境的利用程度愈高，从而群落的生物生产力也愈高。

在植物群落学中，理论上讲，植物种类组成应含有一切植物，不管它们是低等的还是高等的，也不管它们在群落中的数量多少，以及占据空间大小，凡是群落内的所有植物都是该群落的组成者。但在实际研究中，种类组成仅指该群落中的高等植物或维管植物。确定一个植物群落的种类组成，最简单的方法就是对这个群落内所有植物进行种类统计，但是一个植物群落所占面积往往很大，种在群落中的分布也常常是不均匀的，因此，我们既不可能对整个植物群落地段的植物种类进行统计，也不可能只在一块很小的面积上进行调查以代表整个群落的种类组成，这就需要进行样地调查，样地大小以不小于群落最小表现面积为宜。最小表现面积指的是基本上能够表现出群落类型的植物种类的最小面积。如热带雨林为1000～50000m^2，温带干草原为50～100m^2。

根据各个种在群落中的作用，植物群落研究中常将植物划分为以下几种群落成员型。

1. 优势种和建群种

对群落的结构和环境的形成有明显控制作用的植物种称为优势种。优势种通常个体数量多、投影盖度大、生物量高、体积较大、生活能力较强，优势种即优势度较大的种。建群种是优势种中的最优者，是群落的建造者，许多情况下优势种就是建群种。

北方森林和草原，群落中的建群种常只有一个，被称为单优种群落，但有时也存在共优种，如由贝加尔针茅和羊草共建的草甸草原群落。亚热带和热带北部的群落往往有两个或两个以上同等重要的建群种，被就称为“共优种群落”。

生态学上的优势种对整个群落具有控制性影响，如果把群落中的优势种去除，必然导致群落性质和环境的变化；但若把非优势种去除，只会发生较小的或不显著的变化。因此，不仅要保护那些珍稀濒危植物，而且也要保护那些建群植物和优势植物，它们对生态系统的稳定起着举足轻重的作用。

2. 亚优势种

亚优势种是指个体数量与作用都次于优势种，但在决定群落性质和控制群落环境方面仍起着一定作用的植物种。在复层群落中，它通常居于下层，如大针茅草原中的小半灌木冷蒿就是亚优势种。

3. 伴生种

伴生种为群落的常见种类，它与优势种相伴存在，但属于对群落的作用和影响不大的非优势种。

4. 偶见种

偶见种是那些在群落中出现频率很低的种类。偶见种多是由于种群本身数量稀少的缘故，也可能是偶然地由人类带入的，或随着某种条件的改变而侵入的，或是衰退中的残遗种。有些偶见种的出现具有生态指示意义，有的还可作为地方性特征种来看待。

（三）生活型、生长型及层片

生活型是植物对于外部环境条件及其节律变化长期适应而形成的一种形态表现，是依据生态适应型而划分的；而生长型是根据植物体的总体形态特征来划分的。生活型和生长型共同决定植物群落的外貌和空间结构。

1. 植物的生活型

同一生活型的物种，不但体态相似，而且其适应特点也是相似的。对生活型的划分，最著名的是丹麦生态学家 C. Raunkiaer 的生活型系统（图 1-8），他认为，在地球上的不同区域内，冬季或旱季是植物生活中最严酷的临界期，植物在度过这一不利时期时形成了一定的适应方式，因此可根据其对恶劣条件的适应方式作为分类的基础。具体的是以植物更新部位（芽和枝梢）所处位置为基础加以分类的，即根据植物在不利生长的季节内，其芽和枝梢所处位置的高低和受到保护的方式和程度，将植物界中的全部高等植物划分为五大类生活型。

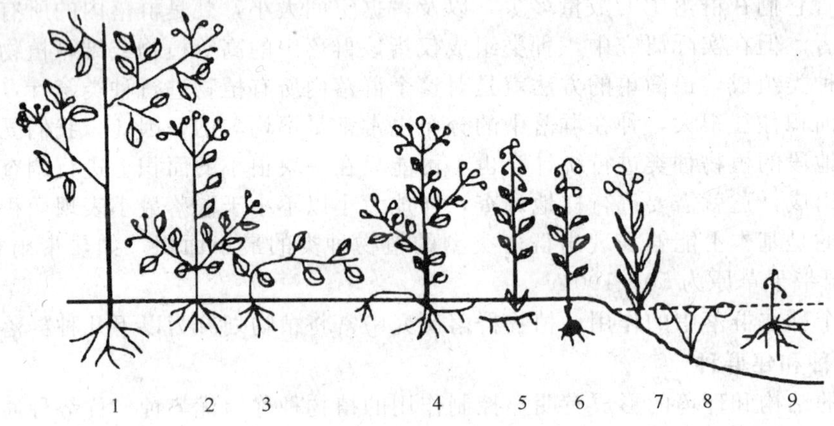

图 1-8　Raunkiaer 生活型图解

1—高位芽植物；2～3—地上芽植物；4—地面芽植物；5～9—地下芽植物

（1）高位芽植物　休眠芽位于离地面较高处的枝条上（25cm 以上），一般乔木、灌木和一些生长在热带潮湿气候条件下的高大草本都属这类。根据休眠芽的高度又分为 4 个亚类，即大高位芽植物（30m 以上），中高位芽植物（8～30m），小高位芽植物（2～8m）和矮高位芽植物（25cm～2m）。

（2）地上芽植物　更新芽位于土壤表面之上，25cm 之下，可以受到枯枝落叶和积雪的覆盖保护。该类植物多半为灌木、半灌木或草本植物。

（3）地面芽植物　地面芽植物又称浅地下芽植物或半隐芽植物，其更新芽位于近地面土层内，冬季地上部分全枯死，残存的有生命的部分为枯落枝叶或积雪所保护，为多年生草本植物。

（4）地下芽植物　地下芽植物又称隐芽植物，其更新芽埋藏于较深土层中或水中，所以能受到良好保护，该类植物多为鳞茎类、块茎类、根茎类和块根类多年生草本植物，沼生和其它水生植物等。

（5）一年生植物　一年生植物冬季地上与地下器官全部枯死。当年完成生命周期，以种子形式越冬或度过不良季节。

上述 Raunkiaer 生活型被认为是植物在其进化过程中对气候条件适应的结果。因此，它们可作为某地区生物气候的标志。我国自然环境复杂多样，在不同气候区域的主要群落类型中的生活型组成各有其特点。在天然存在的状况下，每一类植物群落都是由几种生活型的植物组成的，但其中有一类生活型占优势。一般凡高位芽植物占优势的群落反映了其所在地生长季节温热多湿的特征；地面芽植物占优势的群落反映了该地具有较长的严寒季节；地下芽植物占优势的群落的生长环境比较冷和湿；一年生植物最丰富的群落所在地的气候干旱。

2. 植物的生长型

植物的许多特征，如高度、茎的木质化程度、茎型、叶型以及落叶或常绿等，都可用于确定其的生长型。生长型也反映植物生活的环境条件，相同的环境条件的植物具有相似的生长型。在《中国植被》一书中，植物被划分为以下生长型类群。

（1）木本植物

① 乔木。乔木又分为针叶乔木（常绿的、落叶的）、阔叶乔木（常绿的、落叶的）、簇生叶乔木和退化叶乔木。

② 灌木。灌木可进一步划分为针叶灌木（常绿的、落叶的）、阔叶灌木（常绿的、落叶的）、簇生叶灌木和退化叶灌木。

③ 竹类。竹类分为直立竹和攀援竹。

④ 藤本植物。藤本植物分为常绿的和落叶的。

⑤ 附生木本植物。

⑥ 寄生植物。寄生植物分为寄生和半寄生两类。

（2）半木本植物

⑦ 半灌木和小半灌木。

（3）草本植物

⑧ 多年生草本植物。多年生草本植物可分为蕨类、芭蕉型、丛生草、根茎草、直立茎杂类草、蔓生茎杂类草、莲座植物、垫状草本植物、草质藤本植物、肉质草本植物、类短生植物和附生草本植物。

⑨ 一年生草本植物。一年生草本植物分为一年生蕨类、冬性一年生、春性一年生和短生植物。

⑩ 寄生草本植物。

⑪ 腐生草本植物。

⑫ 水生草本植物。水生草本植物分为挺水植物、浮叶植物、漂浮植物和沉水植物。

（4）叶状体植物

⑬ 苔藓和地衣。

⑭ 藻菌植物。

3. 层片

层片是植物群落中属于同一生活型和相似生态要求的植物种的组合。如高位芽植物层片、地面芽植物层片，或落叶树层片、常绿树层片等。层片的划分反映了群落中各种植物类群对环境的适应特征。但是，层片与层次不同，层次是基于植物在群落中的垂直分布而划分的，同一层植物可能由若干个层片组成。例如，乔木层中有乔木和靠乔木支持的同等高度的藤本植物。层片是群落中基于植物生活型而划分的，每一个层片均由同一生活型的植物所构成，其强调了群落的生态学方向，是一个外貌的问题。

一般讲，层片具有下述特征。

① 属于同一层片的植物是同一个生活型类别。但同一生活型的植物种只有其个体数量相当多，而且相互之间存在着一定的联系时才能组成层片。

② 每一个层片在群落中形成一定的小环境，不同层片小环境相互作用的结果构成了群落环境。

③ 每一个层片在群落中都占据着一定的空间和时间，而且层片的时空变化形成了植物群落不同的结构特征。

（四）植物群落的结构

植物群落的结构是植物群落的重要特征之一，相对稳定的植物群落具有固定结构。任何植物群落都有垂直方向和水平方向上的结构，在垂直方向上表现为成层现象，即可分为许多层次；在水平方向上主要表现为不均匀性，即具有群落的镶嵌性；这两种结构均具有深刻的生态学意义。

1. 垂直结构

植物群落的垂直结构是指群落在垂直方向分成许多层次的现象。群落的分层现象包括地上分层和地下分层。层次的划分是根据植冠在空中所处的高度或根系在土壤中所达到的深度来界定的。而水生植物群落则按各种植物在水中的不同深度来进行分层。

成层现象是植物群落与环境条件间相互关系的一种特殊形式，环境条件愈丰富，群落的层次就愈多，层次结构也愈复杂；反之，层次数愈少，层次结构也就简单。分层现象在温带阔叶林表现得最为明显，地上部分从上而下划分为乔木层、灌木层、草本层和地被层（苔藓和地衣）四个基本层次；寒温带针叶林分层结构较简单，一般只有3层，即缺少灌木层；热带森林的分层结构则最为复杂，难以清楚地划分出层次；草本群落则通常只有草本层和地被层。

在层次划分时，高层植物的幼苗按其高度划入实际所逗留的层中。植物群落中的藤本、寄生和附生植物不形成独立的层次，而是依附在各层次的其它植物体上，被称为层间植物，通常归入所依附的层次中。

群落的地下分层和地上分层一般是相应的，地上高大者其地下根系也深。森林群落中的乔木根系分布到土壤的深层，灌木根系较浅，草本植物的根系则大多分布在土壤的表层。草本群落的地下分层比地上分层更为复杂。

成层结构是自然选择的结果，它显著提高了植物充分利用环境资源和空间的能力，如在发育成熟的森林中，上层乔木可以吸收到充足的阳光进行光合作用。而林冠下为那些能有效地利用弱光的灌木所占据，在灌木层下的草本层能够利用更弱的光，草本层往下还有更耐阴的苔藓层。

2. 水平结构

植物群落的水平结构是指群落的水平配置状况或水平格局，其主要表现特征是镶嵌性。镶嵌性即植物种类在水平方向不均匀配置，使群落在外形上表现为斑块相间的现象，具有这种特征的群落叫做镶嵌群落。

在镶嵌群落中，每一个斑块就是一个小群落，小群落具有一定的植物种类成分和生活型组成，它们是整个群落的一小部分。例如，在森林中，林下阴暗的地点有一些植物种类形成小型的组合，而在林下较明亮的地点是另外一些植物种类形成的组合。这些小型的植物组合就是小群落。内蒙古草原上的锦鸡儿灌丛化草原是镶嵌群落的典型例子。在这些群落中往往形成1～5m的锦鸡儿丛，呈圆形或半圆形的丘阜。这些锦鸡儿小群落内部聚集细土、枯枝落叶和雪，因而具有良好的水分和养分条件，形成一个局部优越的小环境。小群落内部的植物较周围环境中返青早，生长发育好，有时还可以遇到一些越带分布的植物。

群落镶嵌性的形成是两方面因素共同作用的结果。一是群落内部环境因子的不均匀性，例如小地形和微地形的变化，土壤温湿度、养分状况和盐渍化程度的差异，光照的强弱以及人与动物的影响。二是各种植物本身的生态学特性、繁殖方式、生长发育特点以及它们的竞争能力等方面也各不相同。在群落范围内，由于存在不大的低地和高地，因而发生环境的改变而形成镶嵌，这是环境因子的不均匀性引起镶嵌性的例子。在田鼠穴附近经常形成不同于周围植被的斑块，这是动物影响形成镶嵌性的例子。自然界中群落的镶嵌性是绝对的，而均匀性却是相对的。

（五）植物群落的外貌

植物群落的外貌是区分不同植被类型的主要标志，如森林、草原、荒漠等首先是根据群落外貌区别出来的。植物群落的外貌决定于群落优势的生活型、生长型和层片。植物群落的外貌常随时间的推移而发生周期性的变化。

随着气候的季节性交替，植物群落呈现不同的外貌，这就是季相。如北方的落叶阔叶林，在春季开始抽出新叶，呈现出烟绿色；入夏炎热多雨，植物繁茂生长，郁郁葱葱；秋季树叶变成黄或红色，使群落外貌变得光彩夺目；到了冬季则树叶脱落，林下草丛枯黄，群落外貌呈现出一片光秃和灰黄色。植物群落的季相是植物在自然选择过程中适应周期性变化着的生态环境的结果，它是植物生态生物学特性的具体体现。

植物群落的季相变化对城市园林绿化设计中植物色彩丰富程度的配搭有一定意义。在园林植物群落配置中，利用有较高观赏价值和鲜明特色的植物的季相能给人以时令的启示，增强季节感，表现出园林景观中植物特有的艺术效果。如春季山花烂漫，夏季荷花映日，秋季硕果满园，冬季腊梅飘香等。

第三节　人工植物群落

一、城市绿地的主要特点

城市绿地是指用以栽植树木花草和布置配套设施，基本上由绿色植物所覆盖，并赋以一定的功能与用途的场地。其中，有的为面积较大，设施较完善的公共绿地；有的是面积较小、设施较少或没有设施的绿化地段。城市绿地主要属于人工植物群落。

1. 城市绿地零星分散

城区绿地受到道路、建筑物的影响和分割，不管是水平分布还是垂直分布都是不连续的，表现为零星分散。

2. 城市绿地基本上按点、线、面三种形状布局

城市绿地由城市建设和布局所决定。有什么样的城市建设和布局，就有什么样的绿地形状。但是不管城市如何建设，一般来说都是由街道、路桥、机关单位和公共休息场所组成。所以城市绿地的形状具有点、线、面三种类型。

3. 城市绿地结构单一

城市绿地按功能划分虽然有不同类型，但城市绿地植物种类由于受人为干扰较大，其在层次结构、年龄世代和植物种类等方面都显得单一。

二、人工植物群落结构设计概要

（一）基本思路

坚持科学发展，确立生态建设、生态安全和生态文明的发展方向，立足当地经济社会发展实际，围绕建设“绿色生态城市”和“生态村”的目标，制定和落实措施。推进城市绿化量大幅度增加、出精品、园林化，促进农村绿化上水平、出效益、产业化，确保结构合理，促进人与自然和谐相处，实现可持续发展。

（二）设计原则

1. 以人为本的原则

改善生态环境，提高人居环境质量，增加绿化面积，满足人们对绿视率、植物形态和季相色彩等景观多样性的需求，发挥绿化造林保持水土、改善人居环境质量的作用。

2. 因地制宜的原则

按照市域地形、地貌特点和气候的变化规律，充分利用自然山、水和人文景观资源，结合现有的绿地林地基础，根据总体上均衡、合理布局的要求，分类型安排绿化造林，点、线、面结合，城乡绿化一体，最大限度地发挥绿地系统的功能，创造有地方特色的绿色生态家园。

3. 适地适树的原则

根据市域天然植被分布规律、生物多样性要求和不同区域、不同小环境的土壤、气候和水源特点，选择适应性、抗逆性较强的各种植物进行有机搭配，实行乔、灌、草相结合，木、竹、花、草相结合，常绿树种、落叶树种相结合，乡土树种、外来树种相结合，突出市树和市花，科学合理种植，保证各植物种群协调发展。

（三）人工植物群落结构设计要点

1. 绿化量设计

绿化量包括五个核心指标，即绿地率、绿化覆盖率、人均公共绿地面积、人均绿地面积、人均公园面积。

(1) 建成区绿地率　建成区绿地率是指规划期建成区园林绿地面积与建成区面积的比率。计算公式为：

$$绿地率=\frac{建成区园林绿地面积}{建成区面积}\times 100\%$$

(2) 建成区绿化覆盖率　建成区绿化覆盖率是指规划期建成区绿化覆盖面积与建成区面积的比率。计算公式为：

$$绿化覆盖率=\frac{建成区绿化覆盖面积}{建成区面积}\times 100\%$$

(3) 人均公共绿地面积　人均公共绿地面积是指规划期区域内城市人口平均每人拥有的公共绿地面积。计算公式为：

$$人均公共绿地面积=\frac{建成区公共绿地面积}{建成区城市人口数}$$

(4) 人均绿地面积　人均绿地面积是指规划期末区域内城市人口平均每人拥有的园林绿地面积。计算公式为：

$$人均绿地面积=\frac{区域内各类绿地总面积}{区域内城市人口数}$$

(5) 人均公园面积　人均公园面积是指规划期末区域内城市人口平均每人拥有的公园面积。计算公式为：

$$人均公园面积=\frac{区域内公园面积}{区域内城市人口数}$$

根据国家标准或省级标准，针对当地实际情况，设计市区、县（市）城区以及小城镇绿化量。

2. 确定各类绿地

(1) 公共绿地　公共绿地是指向公众开放的市级、区级和居住区级各类公园、带状公共绿地、绿化广场和街旁游园，包括其范围内的水域。公共绿地面积应根据城市常住人口规模计算，按城市人均公共绿地面积确定。公共绿地规划设计要符合导向要求：控制绿化指标，艺术风格，近期建设确定的重要公共绿地规划意向。

(2) 生产绿地　生产绿地是指由城市园林部门管理的，为城市园林绿化提供苗木、花卉、草皮和种子的圃地。建设生产绿地的要求有以下 2 方面。

① 用地面积按建成区面积的2%～3%安排。并应选择交通方便、地形平缓、土质良好和水源充足的地点作生产绿地。

② 据城市绿地发展的目标，提出各规划期苗木发展的计划。

(3) 防护绿地　防护绿地是指用于城市隔离、卫生、安全和防灾等目的的绿带和绿地，包括防风林带、工业区卫生防护林带、楔形通风林带、滨水防护林带和生态廊道等类型。

(4) 风景林地　风景林地是指初具游览休息设施，有一定景观价值和环境功能的城市近郊林地。随着城市规模的扩大，为保证绿地面积的相应增加，必须将那些具有适当植被或地形、水体条件的地段划为风景林地或园林绿化用地，待分期完善后，逐步补充到公共绿地中。

(5) 其它绿地　其它绿地是指城市用地平衡表非绿地用地中应该配套的绿地，包括单位附属绿地、居住区绿地和道路绿地。

3. 园林植物的种植结构设计

园林植物的种植结构设计是园林设计的重要环节和内容。园林植物的种植设计就是根据园林布局的艺术要求，按照植物的生态习性，合理地配置园林中的各种植物，包括乔木、灌木、藤木以及花卉、草皮、地被植物等，以便充分发挥它们的园林功能和观赏特性，营造能体现生物多样性和地方特色的城市森林。而园林植物的分布有其重要的地域性，因此，在进行种植设计选择园林植物时，应当首先考虑其能否适应当地的气候条件和土壤条件等，只有这样园林植物才能正常生长，才能发挥其重要的生态作用，进而展现其园林艺术效果。

(1) 模拟地带性植被类型进行设计

① 确定植物种类组成和群落的外貌与结构。模拟地带性植被类型，设计人工植物群落，首先要弄清楚城市所处的植被区域、地带和建群种、乡土树种，进行植物区系成分分析，然后确定基调树种和骨干树种，进而确定园林绿地的植物种类组成和群落的外貌与结构。

② 绿化植物材料选择及其种类组成。城市绿地植物群落的种类选择应以地带性植被中的建群种为主要基调树种，以优势种和伴生种为主要骨干树种，并根据植物区系地理和种间关系进行科学的合理搭配。

③ 群落结构与功能。在城市植被结构设计中，必须遵循结构功能关系原理，以地带性植被结构为基础，根据主导功能如污染防护、特定小气候环境或观赏游憩环境等目标，进行群落结构优化设计。

④ 群落动态演替与生态设计。正确掌握所设计的人工植物群落处于演替过程中具体阶段，尽量使模拟群落与地带性植被演替阶段相近似，以便实行动态调控。

⑤ 生态位与生物多样性。生态位理论已成为地带性植被类型稳定性的中心思想；生物多样性是景观多样化和功能多样化的基础，是衡量城市园林绿地建设水平的一个重要标志；两者是建立高质量人工植物群落的理论基础。

(2) 加强园林植物的观赏性设计　园林绿化观赏效果和艺术水平的高低在很大程度上取决于园林植物的选择和配置。如果不注意花色、花期、花叶和树型的搭配就会缺乏艺术性和观赏性。园林花卉植物花色丰富，有的花卉品种在一年中仅一次特别有观赏价值，或者开花期，或者结果期。因此，应从不同园林植物特有的观赏性角度考虑园林植物的配置，以便创造优美、长效的园林风景。在配置植物时，主要考虑以下几点。

① 观花和观叶植物相结合。观赏花木中有一类叶色漂亮、多变的植物，如叶色紫红的红叶李、红枫，秋季变红叶的槭树类，变黄叶的银杏等观叶树，将它们与观花植物组合可延长观赏期，同时这些观叶树也可作为主景放在显要位置上。就是常绿树种也有不同程度的观赏效果，如淡绿色的柳树和草坪，浅绿色的梧桐，深绿色的香樟，暗绿色的油松和云杉等。选择色度对比大的种类进行搭配效果更好。

② 层次色彩搭配。分层配置、色彩搭配是拼花艺术的重要方式。不同的叶色、花色，不同高度的植物搭配，使色彩和层次更加丰富。如1m高的黄杨球、3m高的红叶李、5m高的桧柏和10m高的枫树进行配置，由低到高，构成绿、红、黄等多层树丛。不同花期的种类分层配置也可使观赏期延长。

③ 配置植物要有明显的季节性。季节性搭配避免单调、造作和雷同，形成春季繁花似锦，夏季绿树成荫，秋季叶色多变，冬季银装素裹，景观各异，近似自然风光。按季节变化可选择的树种有早春开花的迎春、桃花、榆叶梅、连翘和丁香等；晚春开花的蔷薇、玫瑰和棣棠等；初夏开花的木槿、紫薇和各种草花等；秋天观叶的枫香、红枫、三角枫、银杏和观果的海棠、山里红等；冬季翠绿的油松、桧柏和龙柏等。总的配置效果应是三季有花、四季有绿，设计原则即所谓"春意早临花争艳，夏季苍翠不萧条"。在林木配置中，常绿的比例占1/4～1/3较合适，枝叶茂密的比枝叶少的效果好，阔叶树比针叶树效果好，乔灌木搭配的比只种乔木或灌木的效果好，有草坪的比无草坪的效果好，多样种植物比纯林效果好。另外，也可选用一些药用植物和果树等有经济价值的植物来配置，使游人来到林木葱葱、花草繁茂的绿地或漫步在林荫道上，感觉到满目青翠，心旷神怡，流连忘返。

④ 草本花卉与木本花木互补的设计。木绣球前可植美人蕉，樱花树下配万寿菊和偃柏，这样可达到三季有花、四季常青的效果。园林植物的配置应在色泽、花型、树冠形状和高度、植物寿命和生长势等方面相互协调。同时，还应考虑到每个组合内部植物构成的比例及这种结构本身与游览路线的关系。设计每个组合时还应考虑周围裸露的地面、草坪、水池和地表等几个组合之间的关系。

第四节　园林植物与环境的相互作用

一、环境中各生态因子对园林植物的影响

（一）温度

温度是影响园林植物的重要因子之一，它不仅影响着植物的地理分布，而且还制约着植物生长发育的速度。

1. 温度对园林植物生长的影响

温度的变化直接影响着植物的光合作用、呼吸作用和蒸腾作用等生理作用。每种植物的生长都有最低、最适和最高温度，称为温度的三基点。一般地，植物生长的温度范围为4～36℃。但不同植物及其不同生长阶段对温度的要求差异较大。

① 热带植物。如槟榔和椰子等要求日平均温度在18℃以上才能开始生长。

② 亚热带植物。如香樟、小叶榕、印度橡胶榕，竹等在15℃左右开始生长。

③ 暖温带植物。如桃花、紫叶李和梅花等在10℃，甚至不到10℃就开始生长。

④ 温带树种。如紫杉、云杉和白桦在5℃就开始生长。

在0～35℃的温度范围内，一般植物随温度上升，生长速度加快，随温度降低，生长速度减缓，但是，当温度超过植物所能忍耐的最低和最高温度极限时，植物的部分器官即受害甚至全株死亡。

在实际生产中，低温对植物生长的影响较为突出，它使植物遭受寒害和冻害。

① 寒害。寒害指气温在0℃以上时植物遭受的伤害。寒害多发生于热带和亚热带地区。

② 冻害。冻害指气温低于0℃时导致的植物伤害。

当然，冻害的为害程度视极端低温值、低温持续的天数和降温速度而异，也与植物的抗性大小有关。在相同的低温条件下，降温速度越快，植物受伤害越严重，低温持续的时间越

长，受伤害的程度越大。

土壤低温对园林植物的危害也较大。

2. 温度对园林植物开花的影响

温度对园林植物开花的影响首先表现在花芽分化方面。此外，温度对花色也有一定的影响，其原因是花青素和色素的形成与积累受温度的控制，温度适宜时，花色艳丽，反之则暗淡。

3. 温度与植物景观

在园林植物配置与造景时，提倡尽量应用乡土树种，控制南树北移，北树南移，或经栽培试验可行后再用。如椰子在海南岛南部生长旺盛，结果累累，到了北部则果实变小，产量显著降低，在广州不仅不结实，甚至还有冻害；又如凤凰木原产热带非洲，在当地生长十分旺盛，花先于叶开放，引至海南岛南部，花期明显缩短，有花叶同放现象，引至广州，大多变成先叶后花，花的数量明显减少，甚至只有叶片不开花，这大大影响了景观效果。

在园林实践中，不同园林植物对温度的适应性不同，因此应注意落叶与常绿树种的搭配，四季开花植物的搭配，做到四季有景，季季有花，以体现温度变化与植物景观的关系。

（二）光照

光对园林植物的影响主要表现在光照强度，光照长度和光质三个方面。

1. 不同光照强度要求的植物生态类型

根据植物对光强的要求，传统上将植物分成阳性植物、阴性植物和居于这二者之间的耐阴植物。

(1) 阳性植物　阳性植物要求较强光照，不耐蔽荫，在全光照下生长良好，否则枝条纤细，叶片黄瘦，花小而淡，开花不良，在自然植物群落中，其大多为上层乔木。如木棉、橡皮树、银杏、紫薇、木麻黄、椰子、杨柳、棕榈及多数一、二年生草本植物。

(2) 阴性植物　阴性植物多原产于热带雨林或高山阴坡及林下，一般需光度为全日照的5%～20%，不能忍耐过强光照。其在自然植物群落中常处于中、下层，或生长在潮湿背阴处，如红豆杉、肉桂、珠兰、中华常春藤、三七、人参、黄连、吉祥草、宽叶麦冬、蕨类、一叶兰、兰花和文竹等。

(3) 耐阴植物　耐阴植物一般在充足光照下生长最好，但亦有不同程度的耐阴能力，需光度在阳性和阴性植物之间，大多数植物属于此类。如罗汉松、竹柏、栾树、君迁子、桔梗、白芨、棣棠、珍珠梅、杜鹃、山茶、八仙花、七叶树和五角枫等。

2. 园林植物耐阴性在植物配置与造景中的应用

在植物配置与造景时，温度、水分和土壤因子都可以通过适地适树、加强温度调节、水分管理及换土等措施来满足和控制，而植物的耐阴性，只有通过对各种树种及草本植物耐阴幅度的了解，才能在顺应自然的基础上，科学地配植，组成既美观又稳定的人工群落。根据经验来判断植物的耐阴性是目前在植物造景中的主要依据，但是极不准确。

① 在进行配置与造景时，杜鹃宜植于林缘，孤立树的树冠正投影边缘或上层乔木枝较高，枝叶稀疏，密度不大的地方。

② 广玉兰树下不适宜配植山茶花。

③ 丝海棠配植于桂花丛中、香樟树下及建筑物北面均开花茂盛。

另外，在园林实践中，也有通过调节光照来控制花期以满足造景需要的，例如：一品红为短日照植物，正常花期在12月中、下旬，为了使其在“十一”开花，一般在8月上旬就开始进行遮光处理，每天见光8～10h，其就可以用来在国庆布置花坛、美化街道以及在各种场合造景。

（三）水分

水分是植物体的重要组成成分，无论是植物对营养物质的吸收和运输，还是植物体内进行的一系列生理生化反应，都必须在水分的参与下才能进行，水也是影响植物形态结构和生长发育等的重要生态因子。

1. 空气湿度与植物景观

空气湿度对植物生长起很大的作用。在自然界，在云雾缭绕，高海拔的山上，有着千姿百态，万紫千红的观赏植物，它们长在岩壁上、石缝中，或附生于其它植物上，这类植物没有坚实的土壤基础，它们的生存与较高的空气湿度休戚相关。如在高温高湿的热带雨林中，高大的乔木上通常附生有大型的蕨类，如鸟巢蕨、岩姜蕨和书带蕨等，它们呈悬挂下垂姿态，抬头远望，犹如空中花园。

2. 水与植物景观

由于长期生活在不同的水分环境中，不同的植物种类形成了对水分需求关系上的不同生态习性和适应性。根据园林植物对水分的要求，可以将其分为水生、湿生、中生和旱生四个生态类型。现将水生、旱生、湿生植物景观介绍如下。

（1）水生植物景观　水生植物生活在水中，有的沉水，有的浮水，有的挺出水面，因此，水面景观很不同。

（2）湿生植物景观　在自然界中，湿生植物的根常没于浅水或潮湿的土壤里，其要求空气湿度较高，在干燥的环境中常生长不良。在植物造景中可用的这类植物有落羽松、池杉、水松、垂柳、旱柳、枫、杨、乌桕、白蜡、三角枫、柽柳、夹竹桃、榕属、马蹄莲、水杉、海芋、龟背竹和广东万年青等。

（3）旱生植物景观　旱生植物多原产于热带干旱地区、荒漠或沙漠地区，具有较强的抗旱能力。我国常见的抗旱树种有仙人掌类、小叶杨、小叶锦鸡儿、雪松、杨树、榆树、胡颓子、侧柏、桧柏、黄连木、合欢、君迁子、紫穗槐、紫藤、皂荚等，这些植物是旱生景观造景的良好树种。

（四）空气

空气对园林植物的影响是多方面的。空气中的二氧化碳和氧都是植物光合作用的主要原料和物质条件，这两种气体直接影响植物的健康生长与开花状况。

在园林实践中，对植物景观影响较大的是一些有害气体，它们直接威胁着园林植物的生长发育。因此，在园林植物配置与造景时，要因地制宜，选择对有害气体有抗性的园林植物。

（五）土壤

土壤是园林植物生长的基质，一般栽培园林植物所用土壤应具备良好的团粒结构，疏松，肥沃，排水和保水性能良好，并含有丰富的腐殖质和适宜的酸碱度。

1. 土壤物理性质对植物的影响

土壤的物理性质主要是指土壤的机械组成。理想的土壤应是“疏松，有机质丰富，保水，保肥力强，有团粒结构的土壤”。城市土壤具有极大的特殊性主要表现在以下几方面。

① 城市内人流量大，人踩车压，增加了土壤密度，降低了土壤透水和保水的能力。

② 土壤被踩紧实后，土壤内孔隙度降低，土壤通气不良，抑制了植物根系的伸长生长。

③ 城市内一些地面用水泥、沥青或铺砖等铺装，封闭性大，留出的树池很小，这也造成土壤透气性差，硬度大。

④ 大部分裸露地面夏季吸热较强，提高了土壤温度。

所有这些因素都是植物生长的不利因素。

2. 土壤不同酸碱度对园林植物的影响

自然界中，土壤的酸碱度是受气候，母岩及土壤中的无机和有机成分，地形地势，地下水和植物等因子所影响。据我国土壤酸碱性情况，可把土壤酸碱度分为 5 级，pH8.5 的土壤为强碱性土壤。

根据园林植物对土壤酸碱度的要求，可以将其分为三类。

① 酸性土植物：在酸性土壤（一般 pH<6.5）上生长较好，而在碱性土或钙质土上不能生长或生长不良，它们多分布在高温多雨地区，如杜鹃、山茶、白兰、含笑、珠兰、茉莉、八仙花、肉桂、棕榈、印度橡胶榕、栀子花和油茶等。

② 中性土植物：在中性土壤上生长最佳的种类，绝大多数园林植物属于此类。

③ 碱性土植物：在或轻或重的碱性土壤上生长最好的种类，也包括能忍耐一定的盐碱的少部分园林植物，该类植物被称为耐碱土植物，如仙人掌、玫瑰、柽柳、白蜡、木槿、紫穗槐和木麻黄等。

含有游离的碳酸钙的土壤称为钙质土，有些植物在钙质土壤上生长良好，称为“钙质土植物（喜钙植物）”，如南天竹、柏木和臭椿等。

二、园林植物对环境的影响

园林植物是有生命的绿色植物，它必然具有自然属性。除了环境对它的影响之外，同时它又以自己的活动回馈于环境，从而保护和提高环境质量。

1. 改善环境

（1）改善空气质量　园林植物具有改善空气质量的功能，主要表现在以下几方面。

① 吸收 CO_2 放出 O_2。园林植物是环境中 CO_2 和 O_2 气体的调节器。通过光合作用，园林植物每吸收 44g CO_2 可以放出 32g 的 O_2。这一作用通常是阔叶树强于针叶树。

② 分泌杀菌素。园林中空气卫生的原因就在于许多树种都能分泌杀菌素。具有杀灭细菌、真菌和原生动物能力的树种很多，如侧柏、柏木、杉松、雪松、柳杉、大叶黄杨、核桃、月桂、合欢、石榴、枣、枇杷、垂柳、臭椿以及一些蔷薇属植物。

③ 吸收有毒气体。空气中含有许多有毒气体，如 SO_2、Cl_2、HF 等。园林植物将其吸收并富集于体内，减少空气中的有毒物质。悬铃木、垂柳、银杏和柳杉等有较强的吸收 SO_2 的能力，美人蕉对 SO_2 也有很强的吸收能力；银柳、旱柳、臭椿和赤杨等能吸收净化空气中的 Cl_2，银桦、悬铃木和女贞等也有较强的吸收 Cl_2 的能力。另外，吊兰吸收空气中的甲醛、一氧化碳和过氧化氮等有毒化学物质的能力很强；芦荟能减少苯和甲醛的污染，增加负氧离子的浓度；万年青可有效地除去三氨乙烯的污染。

④ 阻滞尘埃。园林树木的枝叶如同滤尘器阻滞空气中的尘埃，净化空气。一般树冠大而浓密、叶面多毛或粗糙及分泌物多油脂或黏液者有较强的吸尘能力，阔叶优于针叶，草坪也有明显地减尘作用。

（2）调节温度　园林植物枝叶能阻挡阳光辐射，在夏季，形成林内气温低于林外，从而形成了空气对流，人在林中感觉凉爽舒适。在冬季，无树地的空气流动快，其散热比有树地快，因此，园林中的气温高于空旷地。由此可见，园林能使其环境变得冬暖夏凉。

（3）调节湿度　园林植物可遮挡阳光辐射，减少地面水分的蒸发；同时其叶面的蒸腾作用较强，可增加周围环境的空气湿度。

（4）改善水分质量　许多园林植物能够富集水中的有毒物质，使其根系周围的水分得以净化。有些植物将吸收的有毒物质分解转化为无毒物质。如水葱和灯心草等吸收水土中的单元酚、苯酚和氰类物质，将其转化为糖苷、CO_2 和天冬氨酸等而失去毒性。

（5）调节光照　园林植物可以很好地调节光照。照射到园林植物上的光约有 20%～25%被叶面反射，35%～75%的光被树冠吸收，5%～40%的光透射到林下。林中除了光线较暗以外，对光质也有良好的影响，园林植物吸收的是红橙光和蓝紫光，反射的部分主要是绿色光，对人眼有保健作用。

(6) 降低噪音　乔木与灌木均能降低噪音。其中，梧桐、垂柳、雪松、水杉、樟树和桂花等等都有较好的隔音效果。

2. 保护环境

(1) 保持水土　园林的树冠和地被物的截流作用，以及枯枝落叶和死地被植物吸收的水分逐渐渗透到土壤之中，减少了水土流失。树冠大、郁闭度高、根系发达植物保持水土的能力强。

(2) 防风固沙　园林植物防风固沙作用明显。在造林设计和园林营造时，林带的走向应与主风方向垂直，应选择抗风力强、生长快而寿命长的树种。尤其在我国北方，无论城镇，还是乡村，无论是人类居住区，还是农田，防护林的建造是防风固沙的最主要的途径。

(3) 其它防护作用　园林还有多方面的防护作用。例如园林具有防火、形成防雪林带、作防浪林和防海潮风等作用。

【本章小结】

系统是由若干相互作用、相互依存的组成部分结合而成的、具有一定结构和特定功能的整体。生态系统是在一定的空间内，各种生物之间以及所有生物（生物群落）与非生物环境之间，通过能量流动和物质循环而形成的相互作用、相互依存的统一整体。生态系统按环境性质可分为陆地生态系统、水域生态系统和湿地生态系统。按其是否受到人为的影响或干预又可分为自然生态系统和人工生态系统。生态系统是由生物成分和非生物环境两部分组成的。生物成分根据其功能又可划分为生产者、消费者和分解者。生态系统的结构主要包含两方面内容：一是形态结构，二为营养结构。营养结构以食物链为纽带。植物所固定的能量通过一系列的取食和被取食关系在生态系统中传递，这种生物之间的传递关系就称为食物链，其可分为草牧链、腐屑链和寄生链。一个生态系统中常存在着许多条食物链，这些食物链彼此相互交错连接成的复杂营养关系即为食物网。营养级是指处于食物链某一环节上的所有生物种的总和，一般营养级都限于3～5个。生态系统所具有的保持或恢复自身结构和功能相对稳定的能力称为生态系统的稳定性。生态平衡是指生态系统通过发育和调节所达到的一种稳定状况，它包括结构上的稳定、功能上的稳定和物质、能量输入输出的稳定。生态平衡有两个特点，即动态平衡和相对平衡。生态系统可归为5个特点。

植物种群是在一定空间范围内同时生活着的同种植物个体的集群，这些植物个体之间能够进行传粉、受精并繁育后代。植物种群的基本特征包括数量特征（种群密度、年龄结构、出生率和死亡率）、空间分布格局、遗传特征和系统特征4个方面。植物种群的关系分为种内关系（种内竞争、种内依存）和种间关系（竞争、共生、附生、寄生、生物化学作用）两方面。植物群落是指某个地段上，有规律地共同生活在一起的全部植物的组合。生物群落的基本特征为：具有一定的外貌；具有一定的种类组成；具有一定的群落结构；形成群落环境；不同物种之间的相互影响；一定的动态特征；一定的分布范围；群落的边界特征。植物群落的种类组成包括优势种和建群种、亚优势种、伴生种、偶见种。植物群落的结构分为空间结构（垂直结构、水平结构）和时间结构。

城市绿地的主要特点包括城市绿地零星分散，城市绿地基本上按点、线、面三种形状布局，城市绿地结构单一。人工植物群落结构设计的原则包括以人为本、因地制宜和适地适树。人工植物群落结构设计要点有以下3方面。

1. 绿化量设计（建成区绿地率、建成区绿化覆盖率、人均公共绿地面积、人均绿地面积、人均公园面积）。

2. 确定各类绿地（公共绿地、生产绿地、防护绿地、风景林地和其它绿地）。

3. 园林植物的种植结构设计包括模拟地带性植被类型进行设计和加强园林植物观赏性设计。

园林植物与环境相互作用：环境中各生态因子对园林植物有影响（温度、光照、水分、空气、土壤）；园林植物对环境有影响（改善环境、保护环境）。

【思 考 题】

1. 生态系统有哪些组分？它们是怎样共同构成生态系统的？
2. 什么是食物链、食物网和营养级？
3. 生态系统中的能量流动和物质循环各有什么特点？它们之间有什么区别与联系？
4. 简述气体型循环与沉积型循环物质在生态系统中的循环有哪些异同？
5. 什么是生态系统的稳定性？它与食物网的复杂性有什么关系？
6. 生态系统平衡的基本特征是什么？什么原因导致生态系统的失衡？
7. 什么是植物种群？植物种群有哪些基本特征？
8. 什么是种间关系？植物的种间关系有哪些？
9. 什么是植物群落？植物群落的基本特征有哪些？
10. 植物群落研究中常将植物划分为哪几类群落成员型？
11. 什么是植物的生活型，植物界中的全部高等植物可划分为哪几类生活型？
12. 生长型和生活型有什么区别？地球上的植物根据生长型可划分为哪些类群？
13. 什么是层片？层片具有哪些特征？层片与层次有什么区别？
14. 植物群落的空间结构有什么特点？各有什么意义？
15. 什么是城市绿地？城市绿地的主要特点有哪些？
16. 人工植物群落结构设计概要包括哪些内容？
17. 人工植物群落结构设计要点包括哪些内容？
18. 环境中各生态因子对园林植物的影响表现在哪些方面？
19. 园林植物对环境的影响表现在哪些方面？

第二章 园林植物的气象环境

【学习要求】

技能目标：

【学习】园林植物生长与光、温度、水和大气环境条件的关系及主要灾害性天气的防御。

【熟悉】光、温度、水和大气污染对园林植物生长的影响，园林植物对城市大气环境的保护。

【学会】光、温度和水环境调控在园林绿化中的作用或应用。

必要知识：

【了解】园林植物生长的光、温度、水和大气环境的主要内容。

【理解】园林植物生长的光、温度、水和大气环境的基本词汇及其对园林植物的生态作用。

【掌握】园林植物对光、温度、水和大气环境的生态适应和调节作用。

【实训项目】

实训二 光照强度、空气温湿度及土温的观测（167 页）

实训三 收听（看）天气预报（173 页）

实训四 园林小气候的观测（176 页）

第一节 园林植物的光环境

太阳能是一切生命活动赖以维持的能源。地球上几乎所有生命活动所必需的能量都直接或间接地来源于太阳光。太阳以辐射的形式将太阳能传递到地球表面，给地球带来光和热，并使地球上产生四季和昼夜。光是太阳能转化为化学能并固定到生态系统的唯一通道，是园林植物生长发育所必需的环境条件之一，也是食物链的起点。光本身又是一个复杂的环境因子，太阳辐射的强度、质量及其周期性变化对园林植物的生长发育和地理分布都会产生深刻的影响，而园林植物对光因子也有着极其多样的反应。

光对园林植物的影响有两个方面：一是园林植物生殖器官的分化与形成需要一定长度的光照条件的诱导；二是植物光合作用的正常进行必须有适当的光照强度和日照时间。不同的光环境下生长发育着不同种类的植物，而不同种类的植物对光环境的要求也不相同。园林植物只有在适宜的光环境下才能良好地生长发育。在生产中，只有根据园林植物的生态特性，选择适宜的环境栽植，才能达到良好的园林绿化效果。

一、太阳辐射

1. 辐射的概念

自然界中的一切物体，只要其温度高于绝对零度，其就以电磁波的形式不停地向周围空间传递能量，这种传递能量的方式称为辐射。以电磁波的方式传递的能量称为辐射能，简称辐射。太阳辐射、地面辐射和大气辐射影响着园林植物环境中的一切物理现象和物理过程的发生和发展。

太阳以电磁波的形式时刻不停地向周围空间放射出巨大的能量，称为太阳辐射。太阳辐射能量的99%以上的电磁波长在0.15～4μm。

太阳辐射中能被植物色素吸收的具有生理活性的波段称为生理有效辐射或光合有效辐射，波长约在0.38～0.74μm，这个波段与可见光的波段基本相符，对植物有重要意义。可见光中对园林植物生理活动具有最大活性的是橙光、红光，其次是蓝光，园林植物对绿光的吸收量最少，绿光多被反射，所以植物叶片多为绿色。在短波方面，紫外光能抑制园林植物茎的伸长，在长波方面，红外光不能引发植物的生化反应，但有增热效应。所以，太阳辐射中各种不同波长的光对植物具有不同的光化学活性及刺激作用。

地面一方面吸收太阳辐射，同时又时刻不停地向外辐射能量，称为地面辐射。其辐射波长在3～80μm，属红外辐射。地面辐射所放出的能量一部分散失到宇宙空间，大部分被大气中的水汽和二氧化碳等所吸收，因此地面辐射是大气的直接热源。

大气直接吸收太阳辐射的能力很弱，但能强烈地吸收地面的长波辐射。大气吸收地面辐射后温度升高，也能不断地向外辐射，称为大气辐射。其波长大部分在7～120μm，也属红外辐射。

与太阳辐射相比，地面辐射和大气辐射的波长较长，称为长波辐射，太阳辐射则称为短波辐射（图2-1）。

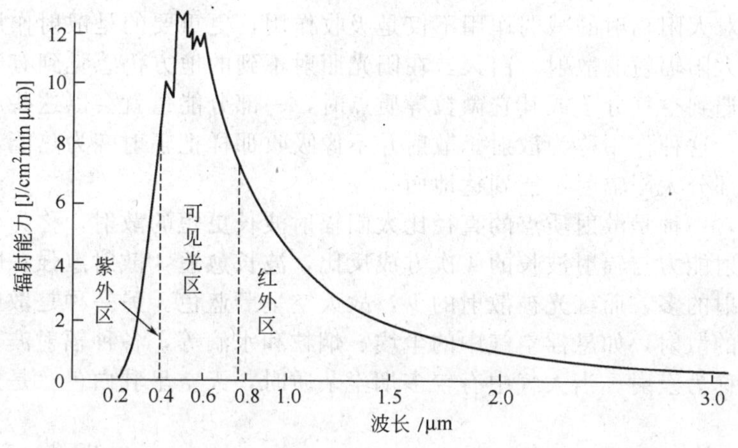

图2-1 各种辐射的波长范围

注：1. 太阳辐射能量分布在三个光区，紫外区、可见光区和红外区。紫外区波长最短，能量分布最少，可见光区波长居中，集中在0.4～0.76μm，能量占太阳辐射能的50%左右，所以太阳辐射能主要集中在可见光区。红外区波长较长，能量较可见光区少，较紫外区大。

2. 太阳辐射波长较短，为短波辐射。

地面辐射的方向是向上的，大气辐射的方向既有向上的，也有向下的。因与地面辐射方向相反，到达地面的那部分大气辐射称为大气逆辐射。由此可见，大气一方面能让太阳辐射透射到地面，使地面增温；另一方面又能强烈地吸收地面辐射，并以大气逆辐射的形式返回地面，使地面散失的热量得到一部分补偿，对地面起到保温作用，这种作用如同玻璃温室的保温作用一样，所以称为温室效应或花房效应。

2. 太阳辐射强度

太阳辐射强度是指在单位时间内垂直投射到单位面积上的太阳辐射能，单位是W/m^2。当地球位于日地平均距离时，到达地球大气上界的太阳辐射强度称为太阳常数（S_0）。S_0并非固定不变，其随着太阳活动而发生很小的变化，现在采用的 S_0 值为 1367.7W/m^2。因为太阳辐射穿过大气层时被减弱，所以地面上测得的太阳辐射强度总是小于太阳常数。

3. 太阳辐射光谱

太阳辐射能按其波长顺序排列而成的波谱称为太阳辐射光谱。太阳辐射光谱按其波长分为紫外线（波长小于 0.4μm）、可见光（波长 0.4～0.76μm）和红外线（波长大于 0.76μm）三个光谱区。在全部太阳辐射中，红外光约占 50%～60%，紫外光部分约占 1%，其余的可见光部分为 40%～50%，由红、橙、黄、绿、青、蓝、紫七种光色组成。

4. 太阳辐射在大气中的减弱

太阳辐射通过大气层时，一部分被大气和云层所吸收，一部分被大气中的各种气体分子和杂质所散射，一部分被云层所反射而回宇宙空间。因此，太阳辐射到达地面时被显著地减弱。

（1）大气对太阳辐射的吸收　大气中各种气体对太阳辐射能的吸收能力是不同的。氮和氧虽然含量最多，但它们的吸收能力都很弱；而含量不多的水汽、臭氧、二氧化碳和尘埃等却能选择性地吸收一部分太阳辐射。

水汽主要吸收红外线区的辐射，也能吸收一部分可见光区的辐射。臭氧能强烈吸收紫外线区的辐射，使地面上的生物免受过多紫外线的伤害，而透过的少量紫外线还能起到杀菌治病的作用。二氧化碳在红外线区有一个较强的吸收带，但由于它们位于太阳辐射光谱的最外沿，所以作用不明显。尘埃通常吸收量较小，但当有沙暴、烟雾或浮尘时，它们的吸收作用比较显著。尘埃对太阳辐射的减弱作用不仅是吸收作用，更重要的是散射作用。

（2）大气对太阳辐射的散射　白天，在阳光照射不到的地方仍感觉到有光亮，原因是太阳辐射通过大气遇到空气分子或其它微粒等质点时，一部分能量就会以这些质点为中心向四面八方散播出去，这种作用称为散射。散射并不像吸收那样把辐射变为热能，而是改变了辐射的方向，使一部分太阳辐射不能到达地面。

散射有两种，一种是散射质点的直径比太阳辐射波长更短的散射，称为分子散射。如空气分子，它的散射能力与辐射波长的 4 次方成反比，波长愈短，散射愈强。晴天时，可见光中的蓝紫光被散射的多，而红光被散射的少，故天空呈蔚蓝色。另一种是散射质点的直径比太阳辐射波长长的散射，如悬浮空气中的尘埃、烟粒和水滴等，各种辐射波长都同样地被其散射，这种散射称为漫射。当大气中有较多烟尘杂质时，天空呈乳白色，是这些杂质对太阳光漫射的结果。

（3）大气对太阳辐射的反射　大气中的云层和较大的尘埃杂质对太阳辐射均可发生反射作用，使太阳辐射中的一部分能量返回宇宙空间，从而使到达地面的太阳辐射减弱。云量愈多，云层愈厚，反射作用愈强，厚云层的反射率可达 90%。

总之，太阳辐射经过大气层后，由于大气的吸收、散射和反射作用而大大减弱。如果把射入大气上界的太阳辐射作为 100%，被大气和云层吸收的约占 19%，被散射和反射到宇宙空间的约占 30%，到达地面的仅占 51%。也就是说，地面接收的太阳辐射能只有大气上界的一半左右。

5. 到达地面的太阳辐射

经过大气减弱之后，太阳辐射的强度和光谱组成都发生了显著减弱和变化。到达地面的太阳辐射由两部分组成：一部分是太阳以平行光线的形式直接投射到地面上的辐射，叫做太阳直接辐射（S'）；另一部分是太阳辐射被大气散射后，从天空各个方向投射到地面的辐射，叫做散射辐射或天空辐射（D）。两者之和称为太阳总辐射 $Q(Q=S'+D)$。

（1）太阳直接辐射　太阳光线和地平面的夹角称为太阳高度角。太阳直接辐射的大小取决于太阳高度角、大气透明度、云量、海拔高度和纬度等。

① 太阳高度角。太阳高度角越大，穿过大气层的路程愈短，太阳辐射能被减弱得愈少，太阳直接辐射也就愈强。

② 大气透明度。水汽、尘埃和杂质愈少，大气透明度愈大，太阳辐射在大气中减弱得愈少，太阳直接辐射就愈强。

③ 云量。云层愈厚，云量愈多，太阳直接辐射就愈弱。当天空乌云密布时，太阳直接辐射可以减少到零。

④ 海拔高度。海拔高度愈高，太阳光通过大气的路程愈短，大气透明度也愈大，因此，太阳直接辐射就愈强。

⑤ 纬度。太阳高度角和大气透明度的变化及云量的分布都与纬度有关。高纬度地区大气透明度大，但太阳高度角小，阳光穿过大气的路程远，云量也较多，所以太阳直接辐射随纬度的增高而减少。

（2）散射辐射　散射辐射强度主要决定于太阳高度角和大气透明度，同时还与云量和海拔高度等有关。

太阳高度角愈大，照射在散射质点上的太阳辐射能越多，被散射得也愈多。在太阳高度角一定时，大气透明度大，散射辐射就弱；相反，大气透明度小，散射辐射就强。

云量对散射辐射的影响也很大。天空有薄的高云时，散射辐射比无云的晴天大得多；只有当浓密的低云布满天空并有降水时，散射辐射较晴天为小。散射辐射强度随海拔高度增高而减少。这是高山上空气稀薄、大气透明度增大的缘故。极地上空，常有散射太阳辐射的大量薄云存在，所以，高纬度地区的散射辐射较大。

（3）总辐射　在晴朗无云的日子里，总辐射由太阳直接辐射与散射辐射所组成；在太阳被云层遮蔽时，总辐射仅由散射辐射组成。

总辐射也随太阳高度角、大气透明度、云量和海拔高度等因子而变化。这些因子对总辐射的影响与对太阳直接辐射的影响是一致的。

由于地球的自转和公转，总辐射有明显的日变化和年变化。一天中，总辐射在夜间为零，日出后随太阳高度角的增大而逐渐增强，到中午达到最大，午后又随太阳高度角的减小而逐渐减弱。但是，大气透明度的影响可使这种规律受到破坏。例如中午对流旺盛，云量增多，大气透明度减小，总辐射的最大值会提前或推迟出现。

一天中，到达地面单位面积上的太阳辐射总量称为太阳辐射日总量。日总量的大小不仅与太阳高度角和大气透明度有关，而且还与日照时间的长短有密切关系。一年中，在中、高纬度地区，夏季太阳高度角大，日照时间长，太阳辐射总量大；冬季太阳高度角小，日照时间短，太阳辐射总量小。但由于各地水汽含量、云量和雨量的分布情况不同，所以有些地区太阳辐射的最大值不一定出现在夏季，而出现在春季或秋季。在低纬度地区，一年中太阳高度角和日照时间的变化不大，所以太阳辐射的年变化也不大。

一年中，到达地面单位面积上的太阳辐射总量称为太阳辐射年总量。由于太阳高度角随纬度的增高而逐渐减小，所以太阳辐射年总量一般也随纬度的增高而减小。但是，受海拔高度、云量和雨季等因子的影响，太阳辐射年总量的空间分布是很复杂的。

6. 日照时间和光照强度

（1）日照时间　太阳照射的时间称为日照时数，以小时为单位，其包括可照时数和实照时数两种，不受任何障碍物和云雾的影响，从日出到日落太阳照射的时间称为可照时数。可照时数的多少决定于地理纬度和季节。在北半球，夏半年（春分～秋分）可照射时数大于12h，并且随纬度的增高而增长；冬半年（秋分～春分）可照时数小于12h，并且随纬度的增高而缩短。

因受障碍物和云雾等影响，从日出到日落太阳实际照射的时间称为实照时数，可用日照计进行观测。日常生活中所讲的日照时间实际上就是实照时数。衡量某一地区日照条件常用日照百分率表示，即：日照百分率＝实照时数/可照时数×100％。

日照百分率大，说明该地区日照充足，有利于植物的生长，对农林业生产较为有利。

（2）光照强度　太阳辐射除了有热效应外，其可见光还具有光效应。表示光效应的物理量称为光照强度，简称照度。光照强度是指物体被可见光照明的强度，单位是勒克斯（Ix）。光照强度受纬度、太阳高度角和海拔高度等因素的影响。

二、光对园林植物的生态作用

光照强度、日照长度及光谱成分的变化都能对植物产生重要的生态作用，使植物的形态结构、生理生化和生长发育等方面发生深刻的变化。植物长期生活在一定的光照环境中，不同的植物对于光强、光质和日照长度都具有一定的要求和适应，形成了不同的生态习性，并表现为不同的周围生态类型。根据光对植物各方面的影响和植物对光的不同需求，在生产上就需要设法协调植物与光的关系，满足植物对光的需要，以充分发挥植物的生产潜能，达到栽培植物的目的。

1. 光谱成分的生态作用

太阳辐射光谱按波长可分为紫外线光谱区（波长小于 0.38μm）、可见光光谱区（波长为 0.38～0.76μm）和红外线光谱区（波长大于 0.76μm）。太阳辐射的光谱成分是变化的。光谱成分随空间变化的规律是：短波光随纬度的增加而减少，随海拔高度的增加而增加。其随时间变化的规律是：冬季长波光增多，夏季短波光增多；一天之内中午短波光较多，早晚长波光较多。

不同波长的光具有不同的性质，对园林植物的生长发育具有不同的作用。红外线的生态作用是促进植物茎的延长生长，有利于种子的萌发，提高植物体的温度。植食性昆虫能利用其红外光感应性能来找出生理病弱植株，并进行侵害。很多昆虫利用紫外光反射性能的变化来辨认植物，采蜜昆虫以花朵反射的紫外光类型作为采蜜的向导。

来自太阳的大部分紫外辐射被大气上层的臭氧层所吸收，所以到达地面的紫外辐射很少，这些波段很难透过植物的角质层，多被该层细胞吸收，因此紫外线在植物生理中没有公认的基本作用。没有受到角质层数层细胞或吸收紫外线的色素保护的细胞会被这些波段的高水平光化学能量伤害。藻类、真菌以及细菌对紫外线都是敏感的，我们可以利用这一现象，即用紫外辐射进行表面消毒和杀死微生物。

紫外辐射能对植物生长形成可逆性抑制，是通过消除控制细胞分裂和增大的植物生长素或通过影响植物对生长素的正常感应能力来实现的。非常矮小的生长型和生长缓慢是很多高山植物的特征，其原因有时被归于高海拔地区较大的紫外辐射。植物产生保护色素的现象非常普遍，就像人类利用晒黑的皮肤来保护表层细胞免受光化学活性短波辐射的伤害一样，植物通过产生花色苷色素来保护其细胞。我们经常看到许多冬季在室内生长的茎叶都是淡绿色的植物，如果在春天将它们移到直射太阳光下，便会产生紫、红或棕色色素。

植物叶片对光的吸收是有选择性的，其只吸收生理辐射（能被叶绿素吸收的各种波长的太阳辐射）部分。在太阳辐射中，可见光具有最大的生态学意义，它既有热效应，又有光效应，植物利用它进行光合作用并将其转化为化学能，形成有机物质。在可见光中，红橙光（波长为 0.61～0.72μm）和蓝紫光（波长为 0.4～0.51μm）对植物的光合作用最为重要。植物吸收红橙光最多，它的光合作用活性最大，红光还能促进叶绿素的形成。其次为蓝紫光，蓝紫光也能被叶绿素和类胡萝卜素所吸收。不同波长的光对光合产物的形成有影响，实验表明，红光有利于碳水化合物的合成，蓝光有利于蛋白质的合成。在诱导植物形态建成、向光性和色素形成等方面，不同波长光的作用也不同。一般蓝紫光和青光对植物伸长生长及幼芽形成有抑制作用，使植物形成矮态，还能促进花青素等植物色素的形成；红光影响植物开花、茎的伸长和种子萌发。

2. 光照强度的生态作用

光照强度对植物生长及形态结构的建成有着重要的作用。光是光合作用能量的来源，而光合作用合成的有机物质是植物进行生长的物质基础，因此光能促进细胞的增大和分化，影响细胞的分裂和伸长。植物体积的增长和重量的增加都与光照强度有密切关系。弱光下，植物色素不能形成，细胞纵向伸长，碳水化合物形成少，植株表现为黄色瘦弱状，称为黄化现象。黄化现象就是光照强度对植物生长及形态建成发生显著影响的例子。

光还能促进组织和器官的分化，制约器官的生长和发育速度，使植物体各器官和组织保持着发育上的正常比例。强光对植物胚轴的延伸有抑制作用；而在光照充足的情况下则会促进组织的分化和木质部的发育，使苗木幼茎粗壮低矮，节间较短，同时还能促进苗木根系的生长，形成较大的根茎比率。利用强光对植物茎生长的抑制作用，可培育出矮化的、更具观赏价值的园林植物个体。

光照强度与光合作用强度之间有密切关系。在低光照条件下，植物光合作用较弱，当光合产物恰好抵偿呼吸消耗时，此时的光照强度称为光补偿点。植物在光补偿点时不能积累干物质，因此光补偿点的高低可以作为判断植物低光照条件下能否健壮生长的标志。在一定范围内，植物的光合作用随着光照强度的增强而增强。植物获得净生产量的必要条件是接受一定量的光照。在一定量的光照强度（光补偿点）以上，植物生产的有机物大于植物自身的呼吸消耗。但光照强度增加到一定程度后，光合作用增加的幅度就会逐渐减慢，最后达到一定限度，不再随光照强度增加而增加，这时即达到光饱和点（图 2-2）。

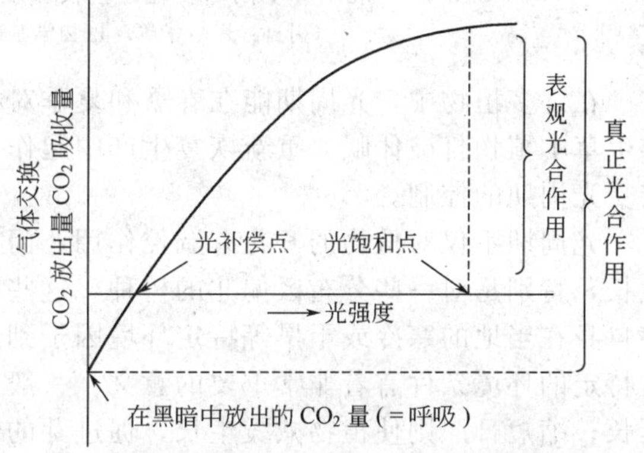

图 2-2 光饱和点和光补偿点示意图
（引自：崔玲华等．植物学基础．中国林业出版社，2005）

园林植物（特别是园林树木）由于各方向所受的光照强度不同，树冠在强光方向生长茂盛，在弱光方向生长不良，形成明显的偏冠现象。光照强度对植物的发育也有一定的影响。植物体内的营养积累、花芽的分化和形成与光照强度密切相关。光照减少，花芽则随之减少，营养物质积累也减少，已经形成的花芽也会由于体内养分供应不足而发育不良或早期死亡。因此，只有保持充足的光照，才能保证植物的花芽分化并开花结果。光照强度还影响植物开花的颜色。强光的照射有利于植物花青素的形成，使植物花色艳丽。光照的强弱对植物花蕾的开放时间也有很大影响。如半支莲和酢浆草在中午强光下开花，月见草、紫茉莉和晚香玉在傍晚开花，昙花在晚 21：00 之后的黑暗中开放，牵牛花和大花亚麻则盛开在早晨。

3. 日照长度的生态作用

植物各部分的生长发育，包括茎部的伸长、根系的发育、休眠、发芽、开花和结果等，不仅受到光照强度的影响，还常受到日照长度的影响。日照长度（即昼长）是指在不计天气状况，仅考虑大气折射，从日出到日落太阳的可能光照时数，又称为可照时数或可照时间。某一地点实际接受太阳照射的时间（称为实照时数）总是短于可照时数。虽然多数植物并不显示对日照长度的特殊敏感性，但有一些植物必须达到一定的光照时数才能开花。

在不同地区，日照长度随季节的更替而产生周期性变化，这种周期性变化称为光周期（图 2-3）。植物这种对日照长度（光周期）的反应称为植物的光周期性反应。

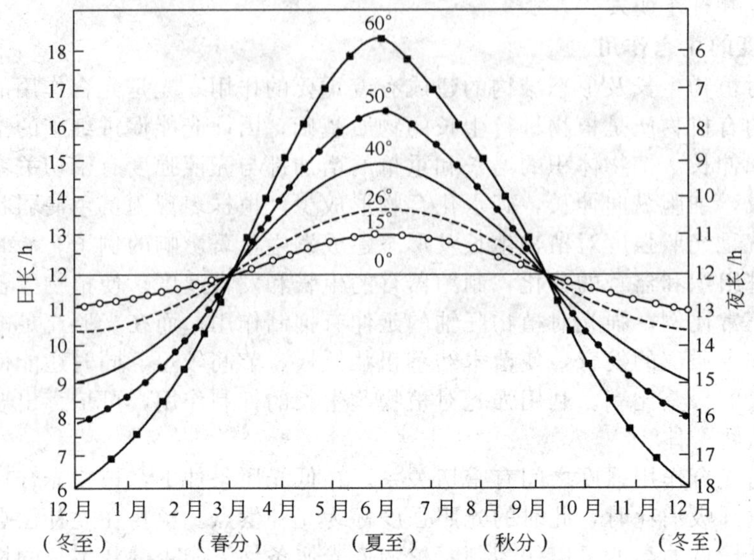

图 2-3 北半球不同纬度地区昼夜长度的季节性变化（北京约在北纬 40°度）
（引自：崔玲华等．植物学基础．中国林业出版社，2005）

在许多植物中，光周期能在春季和夏季对植物开花和结实进行调节。春季，它在某些多年生草本植物打破休眠、重新恢复生产中起作用。一般认为，木本植物的开花结实一般不直接受光周期的控制。

光周期不仅对植物的开花有调控作用，而且在很大程度上控制了许多木本植物的休眠和生长，特别是对一些分布区偏北的树种，这些树种已在遗传特性上适应了一种光周期，可以使自身在当地的寒冷或干旱等特定环境因子到达临界点以前就进入休眠，这对于这些树木度过特定的环境条件有着非常重要的意义。一般来说，延长日照能使植物的节间增长，生长期延长；缩短日照则使植物减缓生长，促进芽的休眠。当然，植物的光周期现象还受环境、温度和水分等外界因子的影响。利用植物对光周期的不同反应，在园林花卉中常通过人工控制光照时数来调整其开花时间。

三、园林植物对光的生态适应

长期在一定的光照条件下生长的园林植物，在其生理特性及形态结构上表现出一定的遗传适应性，进而就形成了与不同光照条件相适应的生态类型。

1. 园林植物对光照强度的适应

园林植物对光照的需求和适应是有差异的，有些植物只能在较强的光照条件下才能正常生长发育，而有些植物则能适应比较弱的光照条件，在荫蔽条件下也能生长。不同植物对光照强度的适应能力不同，特别是对弱光的适应能力有显著的差异。根据植物对光的适应程度的差异（即对光照强度的要求），园林植物可分为喜光植物、阴生植物和耐阴植物 3 类。

（1）喜光植物　喜光植物是在强光环境中才能生长健壮、在荫蔽和弱光条件下生长发育不良的植物，它们大多生长在旷野和路边，如松属、水杉、杨属、柳属和栎属的多种树木、楝树、泡桐、银杏、悬铃木、核桃、侧柏、蒲公英、芍药等。这类植物叶子排列稀疏，角质层较发达，气孔数目多，叶脉密，细胞体积较小，木质部和机械组织发达。如果光照不足，其枝条纤细、叶片黄、花少而不艳、开花不良或不能开花。

（2）阴生植物　阴生植物是在较弱的光照条件下比在强光条件下生长更好的植物。但这并不是说，阴生植物对光照强度的要求是越弱越好，因为当光照过弱达不到阴生植物的光补偿点时，它也不能得到正常的生长。阴生植物多生长在背阴的地方或者生于密林内，如冷杉属、云杉属、杜英、八角金盘、罗汉松属、黄杨属、蚊母树、海桐、枸骨和铁杉等。这类植物叶片表皮薄，无角质层，细胞壁薄而细胞体积较大，木质化程度较差，机械组织不发达。如果经强光直射会使其叶片焦黄，长时间照射会造成其死亡。

（3）耐阴植物　耐阴植物在充足光照下生长最好，但稍隐蔽时亦不受损害，其耐阴的程度因树种而异。五角枫、元宝枫、香樟、珍珠梅属、木荷和七叶树等为稍耐阴的树种。

园林植物对光的适应性，除了其内在遗传性外，还受其它因素的影响，特别是多年生植物，其对光的适应性随着年龄和环境条件（如气候条件和土壤条件）的变化而变化。植物在幼年阶段，特别是1～2年生的小苗是比较耐阴的，随着年龄增加，耐阴程度减小；同一种植物，生长在分布区内的北方边界比生长在南方边界需要更多的光照以弥补温度的不足；一种植物生长的最小需光量也随海拔的升高而增高，但达到一定高度后，因直射光较强，反而需光量有逐渐减小的趋势。土壤肥力对光照也有一定的补偿作用，在肥沃的土壤上，植物生长旺盛，耐阴能力较大；反之，植物则需要较多的光照，耐阴能力较小。

植物对光照强度的生态适应性在园林植物的育苗及栽培中有着重要的意义。阴生植物和耐阴植物育苗要注意采用遮阳手段。在园林绿化建设中，要注意根据不同环境的光照条件，合理选择配置适当的植物，使植物与环境相互统一，形成层次分明、错落有致的绿化景观，以提高绿化美化的效果。

2. 园林植物对日照长度的适应

根据对光周期的不同反应，园林植物有长日照植物、短日照植物、中日照植物和日照中性植物4类。这是植物在进化过程中对日照长短的适应性表现，在很大程度上与原产地所处的纬度有关。一般原产热带和亚热带地区的植物多为短日照植物；原产温带和寒带地区的植物多为长日照植物。

（1）长日照植物　长日照植物是指只有当日照长度超过它的临界日长时才能开花的植物，也就是日照长度必须大于某一时数（这个时数称为临界日长），或者说暗期必须短于某一时数才能开花的植物。如凤仙花、小麦、油菜和除虫菊等都属于长日照植物。如果它们所需要的临界日长时数不足，植物则停留在营养生长阶段，不能形成花芽。这类植物通常在一年中日照较长的季节里开花，如用人工方法延长日照时间也可以使其提前开花。

（2）短日照植物　短日照植物是指只有当日照长度短于其临界日长时才能开花的植物。在一定范围内，暗期越长，开花越早，如菊花、牵牛、玉米、烟草、棉花和苍耳等都属于短日照植物。如果它们在长日照下则只进行营养生长而不能开花。这类植物通常在早春或深秋开花，如用人工方法缩短日照时间也可以使其提前开花。

（3）中日照植物　中日照植物是指只有当昼夜长短的比例接近于相等时才能开花的植物。如甘蔗的某些品种要求12.5h的光照才能开花，长于或短于这个日长都可能不开花。

（4）日照中性植物　日照中性植物的开花受日照长短的影响较小，只要其它条件合适，在不同的日照长度下都能开花，如蒲公英、番茄、黄瓜和四季豆等。

不同地区有着不同的光周期变化特点，因此在引种过程中，特别是引种以观花为主的园林植物时，必须考虑它对日照长短的反应。

四、光环境的调控在园林绿化中的作用

利用光对园林植物的生态效应及园林植物对光的生态适应性的不同，适当调整光与园林

植物的关系可以提高园林植物的栽植质量并增强其观赏性，以达到良好的园林绿化效果。

1. 调整花期

根据植物开花对日照时数的不同要求，可以采取人为方法调整（延长或缩短）光照时间以控制园林植物的花期来满足市场的需求。在元旦、春节、“五一”和国庆等节假日，各地都要展出多种不时之花，使春、夏、秋、冬各季之花开放于一时，以达到丰富和强化节日气氛的目的。如菊花、一品红和蟹爪仙人掌等短日照植物在秋、冬季节日照变短时才能陆续开花。以国庆节为例，要使这些花提前到国庆节开花就必须进行遮光处理。根据所确定的开花时间，每天只给8～9h光照，在其它时间完全遮光。菊花经遮光处理后20d即可现蕾，50～60d就可开花；一品红单瓣种在国庆节前45～55d进行遮光处理，重瓣种则需在国庆节前55～65d进行处理；蟹爪仙人掌在国庆节前45d进行处理，都可达到在国庆节开花的目的。

在短日照季节，对长日照植物进行补充光照，也可促使其提前开花。唐菖蒲、晚香玉和瓜叶菊等长日照植物在秋、冬及早春的短日照条件下不开花；如在温室内用白炽灯或日光灯等人造光源对其进行每天3h以上的补充光照，让每天的光照时间达到15h左右，可达到催花的预期效果。对短日照植物进行长日照处理能阻止花芽形成，达到推迟花期的目的。如秋菊的正常花期为10月下旬到11月，要使它在1～2月开花，可选用晚花品种同时采用人工增加照明的办法，傍晚起在距植株顶梢1m以上处使用100W的灯泡照明6h，使全天光照时间达到14～16h，处理80d左右即可达到预期目的。

光暗颠倒可改变植物的开花习性。如昙花，本应在夜间开花，从绽蕾、怒放到凋谢一般只有3～4h。若在花蕾形成后，白天进行遮光，夜间则用日光灯进行人工照明，经过4～6d的处理，昙花就可在上午8：00～10：00开花，至17：00左右凋谢。

2. 改变休眠与促进生长

日照长度对温带植物的秋季落叶和冬季休眠等特性有一定的影响。长日照有利于植物萌动生长，短日照则有利于植物秋季落叶休眠。因此，控制光照时间可以促进植物萌动或调整休眠。如夜间路灯和霓虹灯等灯光照射延长了光照时间，使城市里的园林树木在春天萌动早、展叶早，在秋天落叶晚、休眠晚，即树木生长期有明显的延长。

在园林植物育苗过程中，调节光照条件可提高苗木的产量和质量。在高温和干旱地区应对苗木适当遮阳；在气候温暖和雨量多的地区，对一些植物，尤其是喜光植物进行全光育苗，能促进其生长；在有条件的地方，则可人工延长光照时间，促进苗木生长，如此可取得明显的效果。

3. 引种驯化

在园林植物引种工作中，了解植物光周期的生态类型十分必要。引种时要考虑引种地和原产地日照长度的季节变化，该种植物对日照长度的敏感性和反应特性以及其对温度等其它环境因子的要求。一般短日照植物由北方向南方引种时，因南方生长季内的光照时间比北方短，但气温比北方高，往往出现生长期缩短，发育提前的现象；短日照植物由南方向北方引种时，由于北方生长季节的日照时数比南方长，气温则比南方低，往往出现营养生长期延长，发育推迟的现象。长日照植物由北方向南方引种时，发育延迟，甚至不能开花，若要使其正常发育，必须满足其对长日照的要求，补充日照时间，才能使之开花结实。长日照植物由南方向北方引种则发育提前。

4. 栽植配置

掌握园林植物的生态类型，在园林植物的栽植与配置中非常重要。只有了解了植物是喜光种类还是耐阴种类才能根据环境的光照特点进行合理种植，做到植物与环境的和谐统一。如在较窄的东西走向的楼群之间，其道路两侧的树木配置不能一味追求对称，南侧树木应选择耐阴种类，北侧树木应选择喜光树种，否则会造成一侧树木生长不良。再如碧桃和腊梅都是喜光树种，在园林养护管理上就应该进行合理修剪整枝，改善其通风透光条件，加强树体的生理活动机能，使枝叶生长健壮，花芽分化良好，花繁色艳，以充分满足人们的观赏需求。

第二节　园林植物的温度环境

温度是衡量一个地方热量条件的主要指标，是园林植物生活不可缺少的重要环境因子之一。园林植物的各种生理活动只有在一定的温度范围内才能顺利进行。温度对植物生命活动的影响是综合的，它可以通过影响植物的光合作用、呼吸作用、蒸腾作用、有机物的合成和运输，或通过影响水肥的吸收和输导来影响植物的生长。温度的时空变化对植物的生长发育和分布具有极其重要的作用，反过来，植物也对其生长环境的温度起到一定的调节作用。

一、温度及其变化规律

温度的变化包括土壤温度和空气温度的变化，从时间上主要指季节变温和昼夜变温，从空间上指在空气或土壤中垂直方向上的温度变化，除此之外还有非节律性变温。

1. 土壤温度的变化

（1）土壤温度的日变化　一天中土壤温度随时间的连续变化称为土壤温度的日变化。

一天中土壤表面温度有一个最高值和一个最低值。最高温度通常出现在 13 时左右，最低温度出现在将近日出的时候。土壤表面的最高温度之所以出现在午后而不是正午，是由于中午太阳辐射虽然最强，但地面热量积累并未达到最大值。午后太阳辐射虽逐渐减弱，但土壤表面吸收的太阳辐射能仍大于其支出的热量，所以，其温度仍继续上升，直到 13 时左右，土壤表面的热量收支达到平衡，其温度才达到最高值。此后，因热量的支出大于收入，温度才逐渐下降。

随着土层深度的增加，土壤日最高温度和日最低温度出现的时间向后推移。深度每增加 10cm，最高温和最低温出现的时间都要约落后 2.5～3.5h，这是因为白天土壤表面的热量向深层传递的过程中需要一定的时间，所以土层愈深，最高温度出现的时间会愈落后；同理，夜晚土层表面的温度因热量散失而下降时，土层深处的热量向上传递也需要一定的时间，所以最低温度出现的时间也会相应地落后（图 2-4）。

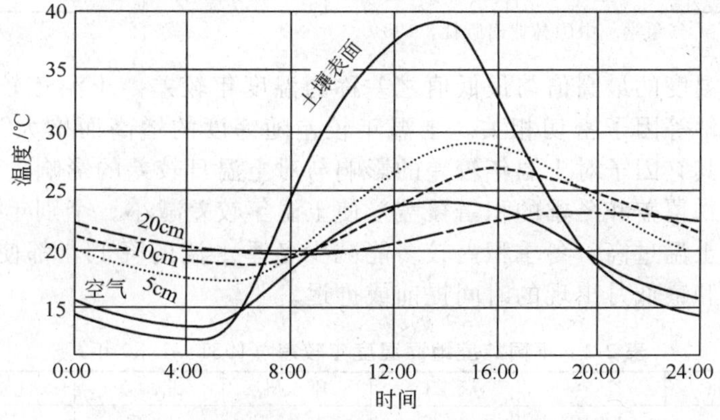

图 2-4　地面和浅层土壤温度的日变化

（引自：气象学．编写组．气象学．中国林业出版社，1995）

一天中，最高温度与最低温度的差值称为温度日较差。土壤温度日较差随土层深度的增加而减小，因为土壤表面的热量在向深层传递的过程中，每层土壤都会吸收一部分热量。这样，深度愈深的土层所获得的热量愈少，温度变化也随之减小。到一定深度后，土壤温度几乎没有变化。土壤温度日变化消失的土层称为日温恒定层。据观测，日温恒定层的深度大约在1m以下的土层。

土壤温度日较差的大小主要取决于地面热量差额和土壤热属性，同时还受纬度、季节、天气条件及下垫面状况等因素的影响。一般来说，低纬度的土壤温度日较差大于高纬度，内陆大于沿海，夏季大于冬季，晴天大于阴天，凹地大于平地，阳坡大于阴坡，干土大于湿土，深色土壤大于浅色土壤，裸地大于覆盖地等。

(2) 土壤温度的年变化　在中、高纬度地区，土壤表面的月平均最高温度出现在7～8月，月平均最低温度出现在1～2月，分别落后于太阳辐射最强的6月和最弱的12月。低纬度地区，太阳辐射年变化小，地面温度主要受云量和降水的影响，故年变化较复杂。如海南岛因7月份多云雨，它的月平均最高温度出现在6月。昆明因6月进入雨季，月平均最高温度出现在5月。赤道附近，在一年中太阳直射两次，土温年变化有两个起伏，月平均最高温度分别出现在春分和秋分以后，月平均最低温度分别出现在夏至和冬至以后。

一年中，土壤月平均温度的最高值和最低值出现的时间也随深度的增加而落后（表2-1）。在中纬度地区，通常每深入1m，落后20～30天。

表 2-1　沈阳多年各月不同深度土壤平均温度及年较差　　单位：℃

月份＼深度/m	0	1	2	3	5
1	−13.3	−0.3	6.0	9.3	11.1
2	−8.3	−1.1	3.8	7.5	10.5
3	0.6	−0.5	2.7	6.2	9.7
4	10.2	1.1	2.7	5.3	8.8
5	18.9	8.2	5.3	5.5	8.2
6	24.5	14.1	9.4	7.2	7.9
7	27.0	18.5	13.0	9.3	8.3
8	25.9	20.8	15.8	11.8	9.1
9	18.7	18.9	16.6	13.5	10.2
10	9.7	14.8	15.3	13.8	11.0
11	−0.4	9.4	12.5	13.0	11.5
12	−9.6	4.4	9.0	11.3	11.6
年较差	40.3	21.9	13.9	8.5	3.7

注：引自北京林学院．气象学．中国林业出版社，1981。

一年中月平均温度的最高值与最低值之差称为温度年较差。土温年较差的大小与纬度、地表状况和天气条件等因子密切相关。土温年较差随纬度的增高而增大（表2-2），与土温日较差正好相反。其它因子对土温年较差的影响与对土温日较差的影响大致相同。土壤的自然覆盖（夏季的植物覆盖和冬季的积雪覆盖）使土温年较差减小。个别年份的特殊天气，如夏季降水多能避免土温过高，冬季积雪较多能减少冬季土温的降低，都使土温年较差减小，而且使土温最高月和最低月出现的时间提前或推迟。

表 2-2　不同纬度地面温度年较差（1951～1980年）

地　名	广　州	长　沙	汉　口	郑　州	北　京	沈　阳	哈尔滨
纬度N	23°08′	28°12′	30°38′	34°43′	39°57′	41°46′	45°45′
年较差/℃	15.9	29.0	29.8	30.6	34.7	39.8	46.8

注：引自气象学编写组编．气象学．中国林业出版社，1995。

土温的年较差也是随深度的增加而减小（表 2-1）。到一定深度后，土温年变化消失，该深度以下的土层称为年温恒定层。该层开始的深度，在低纬度地区为 5～10m，中纬度地区为 15～20m，高纬度地区约为 25m。

（3）土壤温度的垂直分布　由于太阳辐射和地面有效辐射的共同作用，使热量流动的方向随着昼夜和季节的变换而不断地转变，因而使土壤温度的垂直分布可归纳为三种类型（图 2-5、图 2-6）。

① 日射型。土壤温度随深度增加而降低，热量从上层往下层输送。一般出现在白天或夏季，这是由太阳辐射使土壤表面首先增温而引起的。

② 辐射型。土壤温度随深度增加而升高，热量从下层往上层输送。一般出现在夜间或冬季，这是由土壤表面首先强烈冷却而引起的。

③ 过渡型。过渡型是日射型和辐射型同时存在的类型，一般出现在昼夜交替和冬夏过渡的时候。如一天中 8 时和一年中 4 月的土温垂直分布，上层为日射型，下层为辐射型；而一天中 20 时和一年中的 10 月的土温分布，上层为辐射型，下层为日射型，这两种类型均属过渡型。

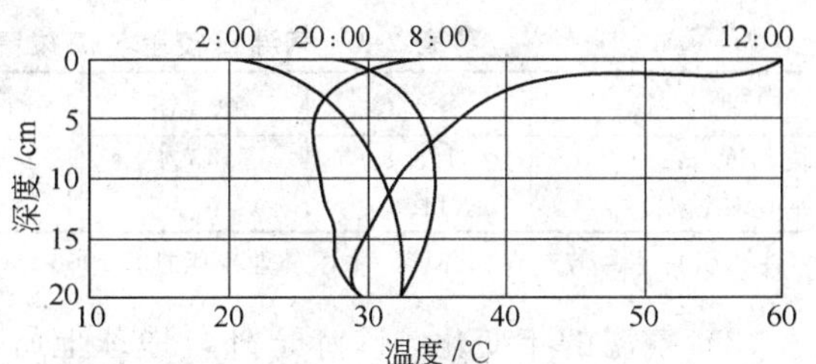

图 2-5　一天中土壤温度的垂直分布
（引自：气象学编写组编. 气象学. 中国林业出版社，1995）

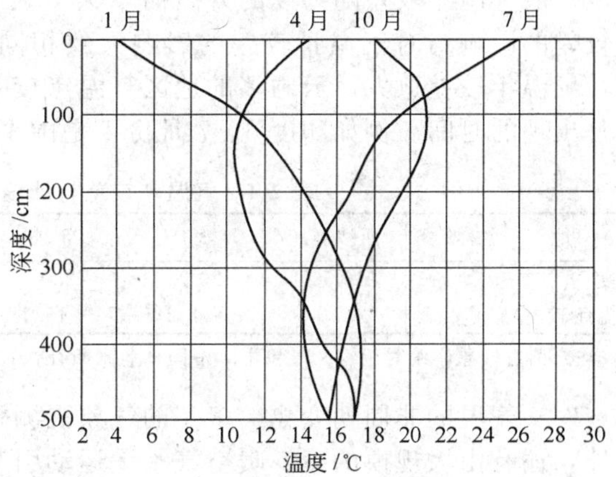

图 2-6　一年中土壤温度的垂直分布
（引自：气象学编写组编. 气象学. 中国林业出版社，1995）

2. 空气温度的变化

（1）空气温度的日变化　一天中气温随时间的连续变化称气温的日变化。

近地层气温在一日内有一个最高值，一般出现在午后 14 时左右，比地面最高温度出现的时间落后 1 小时左右。近地层气温在一日内有一个最低值，一般出现在日出前后。一天中正午太阳辐射最强，但最高气温却出现在午后 14 时左右。这是因为大气的热量主要来源于地面，最高地温出现在午后 13 时左右，由于地面的热量传递给空气需要一定的时间，所以最高气温出现在午后 14 时左右，随后气温便逐渐下降，一直下降到清晨日出之前地面储存的热量减至最少为止。

由于季节和天气的影响，最高温出现时间可能提前也可能落后。比如，夏季最高温度大多出现在 14～15 时；冬季则在 13～14 时。由于纬度和日出时间的不同，最低温度出现时间随纬度的不同也会产生差异。

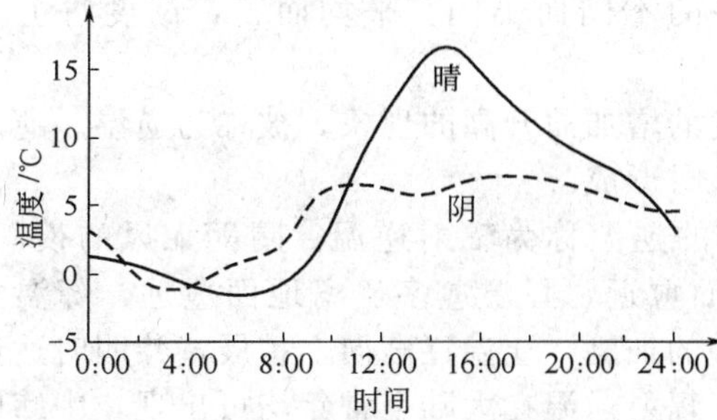

图 2-7　天气状况对气温日变化的影响
（引自：毛芳芳. 森林环境. 中国林业出版社，2006）

气温日较差小于地面温度的日较差，这是地区天气和气候的一个特征值。气温日较差的大小受纬度、海拔高度、季节、天气状况、地形和下垫面性质等的影响（图 2-7 和表 2-3）。一般情况下，气温日较差随纬度的升高而减小，随海拔高度的增高而减小，暖季大于冷季，晴天大于阴天，凹地大于平地，平地大于凸地，沙地、深色土、干松土壤大于黏土、浅色土和潮湿紧密土壤，裸露地大于覆盖地，陆地大于海洋，且海陆的影响超过纬度的影响。如我国气温日较差由东南向西北逐渐增大，东南沿海在5℃左右，西北地区在15℃左右，敦煌地区甚至可达40℃。

表 2-3 气温日较差与海拔高度的关系（1951～1980年）

地　名	泰　安	屯　溪	西　安	泰山	黄　山	华　山
海拔高度/m	128.8	145.4	396.9	1533.7	1840.4	2064.9
年平均日较差/℃	11.5	9.7	10.6	6.5	6.0	6.5

注：引自毛芳芳．森林环境．中国林业出版社，2006。

（2）气温的年变化　除赤道外，地球上所有地区在一年中月平均气温有一个最高值和一个最低值。如在北半球的大陆上，一年中最热月和最冷月分别出现在7月和1月；海洋上分别出现在8月和2月，比大陆上要落后一个月左右。

气温年较差受纬度、海拔高度、下垫面性质、地形、距海远近和天气状况等因素的影响。一般气温年较差随纬度的升高而增大（表2-4），海拔高度、下垫面性质和地形对气温年较差的影响与对气温日较差的影响大致相同。在纬度相同（或相近）的情况下，距海愈远，气温年较差愈大。云雨多的地区气温年较差小。雨季出现的时间还会影响到最热月和最冷月出现的时间。例如印度6、7月份正是雨季，所以最热月不在7月而在雨季前的5月。

表 2-4 气温年较差与纬度的关系（1951～1980年）

地　　名	西沙群岛	海口	广州	杭州	北京	哈尔滨	海拉尔
纬度 N	16°50′	20°02′	23°08′	30°40′	39°48′	45°41′	49°13′
气温年较差/℃	6.0	11.2	15.1	24.8	30.4	42.2	46.4

注：引自气象学编写组编．气象学．中国林业出版社，1995。

（3）气温的非周期变化　多年的气象观测资料证明，气温除有周期性的日变化和年变化之外，还有由大规模的冷、暖空气水平运动引起的非周期性变化。例如，我国春夏之交和秋冬之交，这种非周期性变化非常显著。在春末夏初气温上升的时候，如遇西伯利亚冷空气南下，气温会急剧下降；秋末冬初，若由南方流入暖空气，则在气温降低的趋势上会产生气温陡增的现象。

实际上，一个地方气温的变化是周期性变化和非周期性变化共同作用的结果。若前者作用大，则气温呈现周期性变化；反之，则呈现非周期性变化。不过，从总的趋势和大多数情况来看，气温日变化和年变化的周期性还是主要的。

（4）空气温度的垂直分布　在对流层中，气温随高度的增加而递减。其原因有两方面：一是因为地面是大气的主要而直接的热源；二是因为水汽和固体颗粒在低层比在高层多，而它们吸收地面辐射的能力很强。所以离地面愈远，温度愈低。对流层中气温随高度而降低的温度值，随着离地面的高度，季节和天气等条件的不同而不同。平均而言，高度每上升100m，气温约下降0.65℃。

在某些情况下，对流层中也会出现气温随高度的增加而升高的现象，被称为逆温。逆温通常在夜间地面有强烈辐射，或高层有暖空气流入时形成。

① 辐射逆温。由于地面强烈辐射冷却而形成的逆温称为辐射逆温。晴朗无风的夜间，地面因辐射而冷却，近地气层也随之降温，离地面愈近，降温愈多，离地面愈远，降温愈少，形成了自地面开始的逆温；随着地面辐射冷却的加剧，逆温逐渐向上扩展，黎明时达最强。日出后，地面增温，逆温从下而上逐渐消失。辐射逆温在大陆上常年均可出现，中纬度地区尤以秋冬季节为多。在盆地、山谷和洼地因冷空气沿斜坡流入，常使辐射逆温加强。辐射逆温的厚度一般为200～300m，有时也可达400m以上。

② 平流逆温。平流逆温是由于暖空气平流到冷的下垫面上而形成的逆温。例如冬季海岸上来的气团流到冷的大陆上，或秋季空气由低纬度地区流到高纬度地区时都有可能发生平流逆温。平流逆温在一天中的任何时候都有可能出现。在夜间，地面降温可使平流逆温加强，而白天地面增温可使平流逆温减弱。

由于逆温层的存在，山区气温垂直分布发生变化，气温最高值并不出现在底部，而是出现在山地中部的某一高度上，该高度被称为暖带。暖带是宝贵的气候资源。例如，其在从低海拔向高海拔地区进行植物引种和热带、亚热带植物北移时的安全过冬、避免冻害都是一个有利条件。

二、温度对园林植物的生态作用

（一）园林植物生长常用的温度指标

1. 生物学三基点温度

生物学三基点温度是指植物生长的最适温度，最低温度和最高温度。在最适温度下，植物的生长发育迅速而良好；在最高和最低温度下，作物停止生长发育，但仍能维持生命。如果温度继续升高或降低会对植物产生不同程度的危害甚至死亡。三基点温度是最基本的温度指标，它在确定温度的有效性、植物的种植季节与分布区域等方面都得到广泛应用。

植物的新陈代谢是由一系列的酶促反应组成的，温度对植物代谢活动的影响主要在于对酶活性的影响。由于酶的活性具有最适温度，最低温度和最高温度，所以植物生长也具有三基点温度。在最适温度范围内，植物的光合作用和呼吸作用都比较强，植物生长发育最快，但同时有机物消耗的也很多，植株反倒长得细长柔弱。因此，在生产实践上培育健壮植株的温度常常要求低于最适温度，这个温度称为协调的最适温度。

不同植物生长的三基点温度不同，这与植物的原产地气候条件有关。原产热带或亚热带的植物，其三基点温度偏高，分别为10℃、30～35℃和45℃；原产温带的植物，其三基点温度偏低，分别为5℃、25～30℃和35～40℃；原产寒带的植物生长的三基点温度更低，北极或高山上的植物可在0℃或0℃以下的温度生长，最适温度一般很少超过10℃。

2. 界限温度

具有普遍意义、能标志某些重要物候现象的开始、终止或转折点的日平均温度称为界限温度。一般取日平均温度0℃、5℃、10℃、15℃、20℃这几个界限温度。这些温度的起止日期和持续天数在生产实践中有重要意义。

① 0℃表示土壤冻结或解冻，0℃以上持续日数为温暖期，0℃以下持续日数为寒冷期。在春季表示积雪融化，田间作业的开始；在秋季表示土壤冻结的开始和田间作业的停止。

② 5℃表示大多数植物开始生长或停止生长的温度，所以将日平均气温5℃以上的持续期称为生长期。

③ 10℃以上的持续期为温带树种的活跃生长期。

④ 15℃以上的持续期为暖温带树种的活跃生长期。

⑤ 20℃以上的持续期为热带、亚热带树种的活跃生长期。

3. 积温

园林植物的生长发育不仅要求一定的温度范围和温度持续期，而且对温度持续期内的温度累积总数也有一定的要求。植物在某一生长发育阶段或整个生长发育期内逐日平均气温的总和称为积温。积温表示植物在生长发育期内对热量的总要求。积温一般有活动积温和有效积温两种表示方法。

植物开始生长发育的最低温度称为生物学下限温度，又称为生物学零度。在该温度值以下，植物不能生长发育。计算积温时，一般温带地区以5℃或6℃为植物的生物学零度，亚热带地区为10℃，热带地区为18℃。

活动积温指植物某一生长发育期或全部生长季中高于或等于生物学下限温度的日平均气温的总和。高于或等于生物学下限温度的日平均温度称为活动温度。活动积温就是活动温度的总和。活动温度与生物学下限温度的差值称为有效温度。植物生长发育时期内有效温度的总和称为有效积温。有效积温更能表征植物生长发育实际所需要的热量。不同树种在整个生长发育过程中要求不同的积温，如柑橘需要有4000～5000℃的有效积温（生物学最低温度为10℃)，椰子需要5000℃以上，紫丁香开花需有效积温202℃，而刺槐则为374℃。

积温在生产中有着广泛的用途。在园林植物引种、病虫害发生期的预报以及安排生产经营活动等工作中，积温均可为其提供一定的科学依据。

（二）温度的变化对园林植物的生态作用

1. 季节性变温对园林植物的影响

不同地区的四季长短是有差异的，其差异的大小受其它因子如地形、海拔、纬度、季风、雨量等因子的综合影响。生长在该地区的植物，由于长期适应于这种季节性的变化，形成了一定的生长发育节奏，即物候期。植物发芽、生长、开花、结果落叶休眠等都是在每年大致相同的时间开始进行和完成的。以大多数多年生木本植物为例，春天发芽、开花，夏季旺盛生长，并孕育果实，秋天果实成熟，叶子变黄枯落，开始进入休眠，冬季完全停止生长。但是物候期不是完全不变的，随每年季节性变温和其它气候因子的综合作用而有一定范围的波动。

在园林建设中，必须对当地的气候变化以及植物的物候期有充分的了解，这样才能发挥植物的园林功能以及进行合理的栽培管理。如在园林植物种植设计中，可充分以植物观赏特性在一年四季中的变化为依据来布置植物，从而创造季相景观。如由迎春、桃花、丁香等组成春季景观，由紫薇、合欢、花石榴等组成夏季景观，由银杏、红枫、桂花等组成秋季景观，由忍冬、腊梅、南天竹等组成冬季景观。

2. 昼夜变温对园林植物的影响

植物对昼夜温度变化的适应性称为“温周期”。在最低温度与最高温度范围内，昼夜温差愈大，愈有利于营养物质的积累，对提高植物的生长量和品质愈有利。这是因为白昼适当高温有利于光合作用，夜间适当低温使呼吸作用减弱，从而使植物的净积累增多。此外，较低的夜温还有利于根的生长和细胞分裂素的合成。因此大多数植物均表现为在昼夜变温条件下比恒温条件下生长良好、开花较多而大，果实也较大且品质较好。

昼夜变温还有利于种子的发芽。大多数种子在变温条件下发芽良好，而在恒温条件下反而发芽略差。主要是由于降温后可增加氧在细胞中的溶解度，从而改善了萌发中的通气条件，同时，变温还可提高细胞膜的透性，从而促进萌发。

植物的温周期特性与植物的遗传性和原产地日温变化的特性有关。一般而言，原产于大陆性气候地区的植物在日变幅为10～15℃条件下生长发育最好，原产于海洋性气候区的植物在日变幅为5～10℃条件下生长发育最好，一些热带植物能在日变幅很小的条件下生长发育良好。

3. 非节律性变温对园林植物的影响

非节律性变温是指温度的骤然升高和骤然降低，即通常所说的极端低温和极端高温。在植物生长发育过程中，非节律性变温会使植物生长受阻或死亡。极端高、低温度，升降温的速度和高低温持续时间等都对植物的受害程度有极大的影响。

(1) 极端低温　当温度低于一定值时，植物便会因低温而受害，这个温度值称为临界温度。在临界温度以下，温度越低，植物受害越重。低温对植物的伤害，一般可分为以下几种。

① 寒害。寒害是指物理零度以上的低温引起植物受害甚至死亡的情况。橡胶树、轻木、槟榔树和椰子树等热带植物在冬季都易遭低温侵袭而受到寒害，一般最低气温在10℃左右即已轻微受害，4～5℃将严重受害而死亡。寒害是热带喜温植物北移的主要障碍。

② 霜冻。霜冻是指气温突然降至0℃以下，致使植物遭受冻害或死亡的现象。发生霜冻时，空气中过饱和的水汽直接在地面或地面的物体上凝结成霜，有时地面温度降到0℃以下，但由于近地面空气中水汽含量少，地面没有结霜，植物仍受到冻害，这种现象称为“黑霜冻”。

霜冻一般发生在秋季和春季，秋季发生的霜冻为早霜冻，春季发生的霜冻为晚霜冻。第一次早霜冻称为初霜冻，最末一次晚霜冻称为终霜冻。春季正值林木萌芽，秋季苗木或新梢尚未木质化，因此，初霜冻和终霜冻对植物危害最大。

早霜冻危害常在树木仍在生长还未进入休眠状态时发生，故从南方引来的树种易受害。晚霜冻往往危害过早萌芽的树种，所以从北方引至南方的树种应种植在较阴凉的地方，抑制早期萌动。霜冻发生时常有逆温层出现，靠近地表的气温最低，故幼苗受霜冻危害较大。植株的幼嫩部分，如刚萌芽的顶芽、新梢、嫩叶和没有木质化的枝条也容易遭受冻害。

植物受冻害的程度与霜冻持续时间以及温度回升的快慢有关。如果霜冻持续的时间短，而且气温缓慢回升，许多植物可以复原；如果霜冻时间长而且气温回升迅速，则受害的植物不易恢复。

③ 冻害。冻害是指0℃以下的低温使植物体内结冰，使植物根系、茎秆和枝条等被冻坏，以致死亡的现象。冻害分为霜冻害和寒冻害两种。霜冻害上面已经介绍过。寒冻害一般发生在植物休眠时期，有些植物越冬时容易遭受冻害，例如温州蜜橘，冬季遇－9～－7℃低温就会严重受害，植株大量死亡。据统计，浙江沿海，大约每隔六年遭受一次冻害。冻害的造成与降温速度、低温的强度和持续时间，低温出现前后和期间的天气状况、气温日较差等及各种气象要素之间的配合有关。封冻前灌一次透水可以防止根颈和根系受冻害；用稻草或草绳包裹树干可防止树干被冻。

④ 冻拔。冻拔又称冻举，在纬度高的寒冷地区，当土壤含水量过高时，土壤冻结时因体积膨胀把苗木连同土壤抬起，至春季解冻时，土壤下陷而使植物留在原位造成根部裸露死亡。植物像被人拔出来似的，因此被称为冻拔或冻举。这种现象多发生在草本植物上，尤以小苗为重。

⑤ 冻裂。在寒冷地区的冬季，在白天，树干的阳面由于阳光照晒而温度升高，夜间气温骤降，树干外部迅速冷却收缩，而内部仍保持较高温度，收缩小，结果使树干纵向开裂，这种现象称为树干冻裂（北方称“破肚子”）。当春季树液活动后，伤口会有大量伤流出现，很容易感染病菌，严重影响树势。冻裂现象通常多发生于幼树和阔叶树上。一般用石灰水加盐或石硫合剂对树干进行涂白，降低树干昼夜温差，从而防止树干冻裂。

⑥ 生理干旱。春季天气回暖，树木地上部分开始活动，而土壤尚未化冻，林木根系很难从土壤中吸收水分，但是地上部分继续蒸腾，这样持续一定时间，会造成植株失水干枯甚至死亡，这种现象称为生理干旱。

（2）极端高温　极端高温多发生于炎热的夏季，当温度超过植物生长温度的上限后，植物会受到伤害作用，生长发育受阻。温度越高，对植物的伤害作用越大。高温可减弱光合作用，增强呼吸作用，使植物的这两个重要过程失调，植物因长期饥饿而死亡。高温还可破坏植物的水分平衡，促使蛋白质凝固和导致有害代谢产物在体内的积累。极端高温对植物危害的现象常见的有以下几种。

① 萎蔫。温度过高会引起植物的蒸腾作用加强，使其体内水分平衡失调，从而发生萎蔫或永久萎蔫，因此早晚要加强灌溉。

② 日灼。日灼亦称皮烧，指强烈的太阳辐射使树木的果实和枝条的向阳面剧烈增温而遭受伤害。受害树木的树皮呈现斑点状的死亡或片状剥落，受害果实上出现淡紫色或淡褐色的干焰斑，严重时表现为果实开裂。日灼多发生在树皮或果皮光滑树种的成年树上，如云杉、毛白杨、银杏、桃树、苹果和梨等。林缘、林墙处的树木及孤立木也易遭受灼伤。

日灼常常在干旱的天气条件下产生，其实质是干旱失水和高温的综合危害。为防止日灼，夏季可通过及时喷水灌溉，保证水分的充足供应，还可对树干涂白以减少对热量的吸收，或多留树干下部侧枝以利遮荫，从而降低树皮温度。

③ 根颈灼伤。根颈灼伤是指由于土壤表面温度过高而使幼嫩苗木根颈部被灼伤的现象。灼伤部位呈环状坏死，苗木发生倒伏。在少雨缺水地区的苗木常遭受根颈倒伏而枯死。采取早晚喷灌浇水、地面覆草、搭盖荫棚、适当早播等措施可以防止或减轻危害。

（三）温度对树种分布的影响

温度能影响植物的生长发育，因而能制约植物的分布。例如把咖啡、可可、橡胶树、海南红豆、芒果、火焰木、龙血树、椰子等热带、亚热带的树木种到北方就会被冻死，把落叶松、桃、苹果等北方树种引种到亚热带、热带地方，就会生长不良或不能开花结果，甚至死亡。这主要是因为温度因子影响了植物的生长发育，从而限制了植物的分布范围。当然温度并不是唯一限制植物分布的因素，在分析影响植物分布的因素时要考虑温度、光照、土壤、水分等因子的综合作用。

极端温度（高温、低温）和积温是影响植物分布的两个重要温度条件。植物种类不同，对极端温度的适应能力也不同。根据植物与温度的关系，从植物分布的角度上可将其分为两种生态类型：广温植物和窄温植物。

（1）广温植物　广温植物指能在较宽的温度范围内生活的植物。如松、桦和栎等能在－5～55℃温度范围内生活，它们分布广，是广布种。

（2）窄温植物　窄温植物指只生活在很窄的温度范围内，不能适应温度较大变动的植物。其中，凡是仅能在低温范围内生长发育，最怕高温的植物称为低温窄温植物，如雪球藻、雪衣藻只能在冰点温度范围发育繁殖；仅能在高温条件下生长发育、最怕低温的植物称为高温窄温植物，如椰子和可可等只分布在热带高温地区。

除植物对极端温度的不同的适应能力可影响其分布，积温也会影响植物的分布，植物在生长发育的生命过程中尚需要一定的积温即热量。根据这一特性，又可将各种植物分为大热量种、中热量种、小热量种及微热量种。在自然条件下，一般对积温要求高的树种只能分布在较低的纬度，如椰子、橡胶、槟榔、咖啡等分布在热带，柑橘、茶、棕榈等分布在亚热带；对积温要求低的树种则分布在较高的纬度，如油松、五角枫、大叶白蜡、水曲柳、桦等暖温带树种和落叶松、樟子松等寒温带树种分布在温带，这就造成了树种的不同地理分布。

在进行园林植物引种时，要充分考虑引种地区的极端温度和积温是否符合或接近所引种植物对温度的要求，并采取相应的栽培措施，避开不利的极端温度。一般来说，北种南移比南种北移容易成功；高海拔引种到低海拔比低海拔引种到高海拔容易引种成功。

（四）植物对温度的生态适应类型

植物对温度的生态适应是在系统发育过程中，植物对温度条件长期适应的结果。按照植物对温度的需求，可将植物分为3类。

（1）耐寒树种　耐寒树种原产于寒带或温带，耐寒力强，能忍耐－15℃左右的低温，在我国北方能露地越冬。如风铃草、石竹、萱草、迎春、榆叶梅、丁香、紫藤等。

（2）喜温树种　喜温树种原产于热带或亚热带，要求生长季有较多的热量，耐寒性较差，不能忍受0℃以下的温度。如椰子、橡胶、榕树、柑橘、樟树、杉木等。

（3）半耐寒树种　半耐寒树种原产于温带较暖和的地方，对热量要求和耐寒性介于二者之间，可在比较大的温度范围内生长。如松、桑、椴、杨、柳、胡桃楸、鹅耳枥、栎类、刺槐等。

三、园林植物对城市气温的调节作用

1. 城市“热岛效应”

城市“热岛效应”是指城市中的气温明显高于外围郊区的现象。一般城市年平均气温比郊区高0.5～1.5℃。城市局部地区的气温能比郊区高6℃甚至更高。热岛效应是由于人们改变城市地表而引起小气候变化的综合现象，在冬季最为明显，夜间也比白天明显，是城市气候最明显的特征之一。城市热岛形成的原因主要有以下几点。

（1）受城市下垫面特性的影响　城市内有大量的人工构筑物，如混凝土、柏油路面和各种建筑墙面等。在相同的太阳辐射条件下，它们比自然下垫面（绿地、水面等）升温快，因而其表面温度明显高于自然下垫面。如在夏天，草坪温度32℃、树冠温度30℃的时候，水泥地面的温度可以达到57℃，柏油马路的温度更高达63℃，这些高温物体形成巨大的热源，烘烤着周围的大气和人类的生活环境。

（2）人工热源的影响　工厂生产、交通运输以及居民生活都需要燃烧各种燃料，每天都在向外排放大量的热量。

（3）城市大气污染的影响　城市中的机动车、工业生产以及居民生活产生了大量的氮氧化物、二氧化碳和粉尘等排放物。这些物质会吸收下垫面的热辐射，产生温室效应，从而引起大气进一步升温。

（4）城市建筑物的影响　城区建筑群密集，道路桥梁纵横交错，通风不良，热量不易散失。

（5）城市绿地和水体减少的影响　城市中的建筑、广场和道路等大量增加，绿地、水体等相应减少，降水后雨水很快通过排水管网流失，地面蒸发小，带走的热量少。

夏季“热岛效应”加剧了高温酷热的程度，导致人们烦躁、中暑、精神紊乱，甚至引发一系列疾病。高温还加快光化学反应速率，从而使大气中O_3浓度上升，加剧大气污染，进一步伤害人体健康。因此如何降低城市的热岛强度是城市规划中的重要举措之一。

2. 园林植物对城市气温的调节作用

园林植物可以明显降低城市温度，减轻城市的“热岛效应”。在有植物遮荫的区域，其温度一般要较没有遮荫的区域温度低（冬季除外）。夏季，绿化状况好的绿地中的气温比没有绿化地区的气温要低3～5℃，较建筑物下甚至低约10℃。园林植物对城市气温的调节作用主要表现在以下几个方面。

① 园林植物能吸收太阳辐射，而所吸收的辐射能量又有大部分用于植物蒸腾耗热和在光合作用中转化为化学能，释放到环境中去的热量大大减少。

② 通过蒸腾作用，园林植物不断地从环境中吸收热量，降低环境空气的温度。每公顷绿地平均每天可从周围环境中吸收81.8MJ的热量，相当于189台空调的制冷作用。

③ 通过光合作用，园林植物不断地吸收空气中的二氧化碳，$1hm^2$绿地平均每天可以吸收1.8t的二氧化碳，可削弱温室效应。

④ 园林植物能够滞留空气中的粉尘，每公顷绿地每年可以滞留粉尘2.2t，降低环境大气含尘量50%左右，进一步抑制大气升温。

研究表明，城市绿化覆盖率与热岛强度成反比，绿化覆盖率越高，热岛强度越低。当绿化覆盖率大于30%后，热岛效应得到明显的削弱；绿化覆盖率大于50%后，绿地对热岛的削减作用极其明显。规模大于3hm^2且绿化覆盖率达到60%以上的集中绿地的温度基本上与郊区自然下垫面的温度相当，即消除了热岛现象，其在城市中形成了以绿地为中心的低温区域，成为人们户外游憩活动的优良环境。

第三节　园林植物的水环境

水是组成植物体的基本物质之一，又是植物生长发育的重要环境因子。水分的各种形态及水分的利用对园林植物生长有重要的意义。

一、水的形态及其变化

大气中水存在形式有气、液、固三态，也叫水的三相，各相之间能互相转变。水由液态变为气态的过程称为蒸发；由固态直接转变成气态的过程称为升华；由气态转变为液态的过程称为凝结；由气态直接转变成固态的过程称为凝华。通常情况下，水以气态形式存在于大气中，其含量虽微却是大气物理过程中最富于变化的部分。在一定条件下，大气中的水分发生凝结或凝华带来云、雾等天气现象，并以雨、雪等降水形式返回地面，同时伴随着能量的转化与输送。水分在天气变化中起着重要作用。

（一）空气湿度

空气湿度是表示空气中所含水汽量和空气潮湿程度的物理量，常用蒸汽压、绝对湿度、相对湿度、饱和差和露点等来表示。

1. 蒸汽压与饱和蒸汽压

（1）蒸汽压（e）　空气中水汽所产生的压强称为蒸汽压。蒸汽压是大气压的一个组成部分。蒸汽压的大小取决于空气中的水汽含量。水汽含量愈多，蒸汽压就愈大。蒸汽压的单位与大气压单位相同，用百帕（hPa）表示。

（2）饱和蒸汽压（E）　在温度一定的情况下，一定体积空气中能容纳的水汽量是有一定限度的。如果水汽含量达到了这个限度，这时的空气称为饱和空气，饱和空气的蒸汽压称为饱和蒸汽压（E）。没达到这个限度的空气称为未饱和空气。超过这个限度的空气称为过饱和空气。在一般情况下，超过限度的那部分水汽会发生凝结。所以，在温度一定时所对应的饱和蒸汽压是确定的。

饱和蒸汽压的大小与温度、水相、蒸发面的形状等因素有关。在温度改变时，饱和蒸汽压也随着改变，温度越高饱和蒸汽压越大，二者呈正相关关系（表2-5）。在同一温度下，水面上的饱和蒸汽压大于冰面上的饱和蒸汽压；凸面饱和蒸汽压最大，平面次之，凹面最小；纯水饱和蒸汽压大，且溶液浓度越高，饱和蒸汽压越小。

表2-5　水面的饱和蒸汽压与温度的关系

t/℃	−40	−30	−20	−10	0	10	20	30	40
E/hPa	0.91	0.51	1.25	2.87	6.11	12.28	23.90	42.28	73.86

2. 绝对湿度（α）

单位容积空气中所含水汽的质量称为绝对湿度，它实际上就是空气中的水汽密度，单位为g/m^3。空气中水汽含量愈多，绝对湿度就愈大，绝对湿度能直接表示空气中水汽的绝对含量。

当绝对湿度以g/m^3表示时，蒸汽压用hPa为单位时，两者在数值上的关系为$e=\frac{4}{3}\alpha$。

在实际工作中，可把蒸汽压值看做绝对湿度值。

3. 相对湿度（r）

空气中实际蒸汽压与同温度下饱和蒸汽压的百分比称为相对湿度，即：

$$r=\frac{e}{E}\times100\%$$

相对湿度表示空气中水汽的饱和程度。$e=E$，$r=100\%$表明空气达到饱和状态；当$e<E$，$r<100\%$时，空气呈未饱和状态；当$e>E$，$r>100\%$而无凝结现象时，空气处于过饱和状态。蒸汽压不变，气温升高，饱和蒸汽压迅速增大，相对湿度变小；气温降低，饱和蒸汽压减小，相对湿度增大。

4. 饱和差（d）

某一温度下，饱和蒸汽压和实际蒸汽压之差称为饱和差。单位为 hPa。其表达式为：

$$饱和差(d)=饱和蒸汽压(E)-蒸汽压(e)$$

饱和差值随温度升高而增大；反之，则减小。在一定温度条件下，蒸汽压值愈大，饱和差愈小。

5. 露点温度（t_{d}）

当空气中水汽含量和气压不变时，气温降低到空气达到饱和时的温度称露点温度，简称露点，单位为℃。

在气压一定时，空气中的水汽含量多，露点高；反之，则露点低。所以。露点高低也是反映空气湿度大小的物理量。实际上，空气经常处于不饱和状态，因此露点温度比气温低，只有空气达到饱和时，露点温度才和气温相等。

相对湿度的日变化一般和气温的日变化相反。其最大值出现在气温最低的清晨；最低值出现在 14～15 时（图 2-8）。当气温升高时，蒸汽压和饱和蒸汽压随着蒸发、蒸腾的增强而增大，但饱和蒸汽压比蒸汽压增大要快得多。结果相对湿度随温度的升高而减小，随温度的降低而增大。但在近海地区，因受海陆的影响，相对湿度日变化与气温一致。

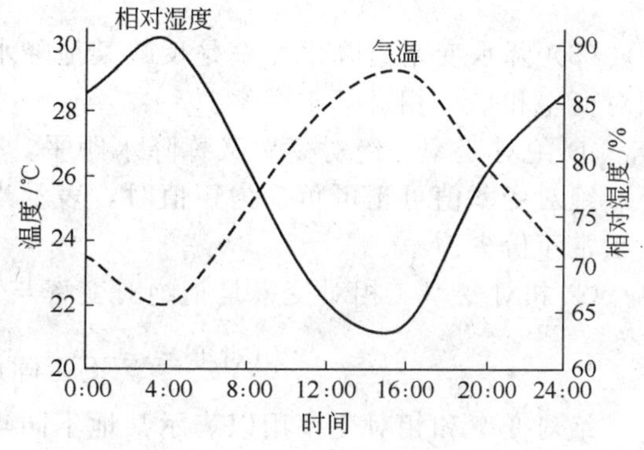

图 2-8 相对湿度的日变化

相对湿度的年变化一般也与气温的年变化相反，冬季最大，夏季最小，这是受温度和蒸汽压影响的结果。但我国大部分地区属季风气候区，夏季盛行来自海洋的暖湿空气，蒸汽压大；冬季盛行来自内陆的干冷空气，水汽极少，水气压小；因而使相对湿度的年变化与温度年变化相似。夏季气温最高时，相对湿度最大，冬季或春季，相对湿度最小。

（二）降水

降水是指以雨、雪、霰和雹等形式从云中降落到地面的液态或固态水，广义的降水是地面从大气中获得的各种形态的水分，包括云中降水和地面凝结物。

1. 降水的条件

降水主要来自于云中，但有云未必有降水。云滴要成为雨滴下降到地面，雨滴半径最小达 100μm。通常云滴的直径在 5～50μm。小的云滴由于下降速度太小受空气浮力及上升气流作用而悬浮在空中，或因中途蒸发而降不到地面。只有当云中的小水滴和冰晶不断增大到能够克服空气的阻力和上升气流的顶托，而且在下降过程中又不被蒸发掉而降落到之面时，降水才能形成。

云滴的增大有两种不同的过程，一是云滴凝结增大，即小云滴蒸发的水汽在大云滴上凝结而增长；二是碰并增长，云内部云滴的碰撞合并而增大；这两种过程是同时进行的。在云滴增大初期，以凝结增大为主，当云滴变大半径达到50～70μm时，其就以碰并增长为主。因此，要形成较大降水，除空气中水汽量丰富外，还必须有较强的持久的空气上升运动，并借助上升气流的时强时弱，使云滴忽上忽下，互相碰并而不断增大。

2. 降水的表示方法

（1）降水量　降水量是表示降水多少的特征量，是指在一定时段内从大气中降落到地面的水分，未经蒸发、渗透和流失而在水平面上积聚的水层厚度，以毫米（mm）为单位。

（2）降水强度　降水强度是反映降水急缓的特征量，单位时间内的降水量称为降水强度。单位为mm/d或mm/h。按降水强度的大小可将降水分为若干等级（表2-6）。

表2-6　降水等级的划分标准

	降水强度等级	降水量/(mm/d)
降水	小雨	0.1～10.0
	中雨	10.1～25.0
	大雨	25.1～50.0
	暴雨	50.1～100.0
	大暴雨	100.1～200.0
	特大暴雨	>200.0
降雪	小雪	<2.5
	中雪	2.5～5.0
	大雪	>5.0

（3）降水变率　降水变率是反映某地降水量是否稳定的特征量。降水变率有绝对变率、相对变率和平均相对降水变率。

① 绝对变率。绝对变率又称降水距平，是指某地实际降水量与多年同期平均降水量之差。绝对变率值可正可负，为正值时，表示当年降水量比正常年份多，负值表示当年降水量比正常年份少。

② 相对变率　相对变率是指绝对变率与多年同一时期平均降水量的百分比。即：

$$\text{相对变率}=\frac{\text{绝对变率}}{\text{多年同期平均降水量}}\times 100\%$$

绝对变率和相对变率用以表示某地不同年（季或月）的降水变动情况。在分析降水量的历年平均变动情况时常采用平均相对变率。平均相对变率是指相对变率的多年平均值。平均相对变率愈大，说明降水量的年际间变动愈大，发生旱涝灾害的可能性就愈大；平均相对变率愈小，说明该地降水量稳定。

（4）降水保证率　降水保证率表示某一界限降水量可靠程度的大小。某一界限降水量在某一段时间内出现的次数与该段时间内降水总次数的百分比称为降水频率。降水量高于或低于某一界限的频率之和称为高于或低于该界限降水量的降水保证率。

3. 降水的种类

（1）雨　从云中降到地面的液态水称为雨。按降水的性质可以将其分为连续性降水、阵性降水和间歇性降水三类。

（2）雪　雪是从云中降到地面的各种类型冰晶的混合物，是一种固态降水。当云层温度很低时，云中有冰晶和过冷却水同时存在，水汽和水滴向冰晶表面移动，在冰晶的角上凝华，大多形成白色不透明的六角分枝星状、片状或柱状的结晶，也叫雪花。低层气温较低时，雪花降至地面仍保持其形态。

(3) 霰　霰是指白色或灰白色不透明的圆锥形或球形的颗粒状固态降水。它是由冰晶降落到过冷水滴的云层中互相碰撞合并而形成的，或过冷却水在冰晶周围冻结而形成的。霰的直径一般为2～5mm，落在地面时常反跳，松软易碎，常见于阵雪之前或与雪同时降落。直径小于1mm的霰称米雪。

(4) 雹　雹又称冰雹，是指坚硬的球状、锥状或形状不规则的固态降水。雹核一般不透明，外面包有透明和不透明相间的冰层。雹是从发展旺盛的积雨云中产生的，大小不一，其直径由几毫米到几十毫米，最大雹块直径可达十几厘米。

(5) 露和霜　露是指在晴朗无风或微风的傍晚或夜间，地面因强烈辐射而冷却，使贴地气层温度降到露点（高于0℃）以下，空气中水汽在地面或地面物体上凝结而成的水滴。霜是指在寒冷或微风的夜晚，气温降到露点（低于0℃）以下，近地面空气中的水汽在地面或地物上直接凝华而成的白色冰晶。

(6) 雾　雾是悬浮于近地面空气中的大量微小的水滴或冰晶，使水平能见度降低的一种天气现象。

(7) 雾凇　雾凇是一种白色、疏松、易散落的晶体结构的水汽凝化物，俗称“树挂”，通常是在有雾的天气条件下形成的。

(8) 雨凇　雨凇是过冷却雨滴降到0℃以下的地面或物体上冻结而成的毛玻璃状或光滑透明的冰壳。雨凇外面光滑或略有突起，多发生在严冬或早春季节。

二、园林植物对水分的要求和适应

任何园林植物都离不开水，因为水是植物体的重要组成部分，也是其生命活动的必需物质。据计算，在生长发育过程中，林木形成1kg干物质大约需要300～400kg的水分。水分的过多或过少对园林植物的生长发育过程均会产生一定的影响，严重时会使园林植物致死。在长期的进化过程中，植物与其生境中的水环境产生了一定的适应关系，形成能不断调节自身水分的吸收和消耗，从而维持植物体的水分平衡的能力。根据园林植物对水分的不同要求，可将其划分为旱生、水生、中生和湿生植物四大类型。

1. 旱生植物

旱生植物耐旱性强，如长期处于干旱条件下，能忍受水分不足，仍维持正常的生长发育。为了适应干旱环境，该类植物在外部形态和内部构造上都产生许多适应性的变化。叶片变小，多退化成鳞片状、针状或刺毛状，叶表面具有较厚的蜡质层、角质层或茸毛，气孔下陷、数目少，并有特殊的保护结构，甚至叶片完全退化，以减少水分地蒸腾；根、茎、叶具有发达的贮水组织；白天关闭气孔，蒸腾很弱；根系很发达，能从很深的土层和很广的范围内吸收水分。当体内水分降低时，叶片卷曲或折叠；细胞液的渗透压极高，保水能力增强；叶子失水后不枯萎变形等。如柽柳、沙拐枣、羽茅、梭梭、骆驼刺、木麻黄、榆叶梅、沙棘、石蒜、百合、番杏，猴狲面包树、仙人掌科、大戟科、景天科的植物、卷柏和草坪草中的野牛草、狗牙根等。旱生植物在干旱地带可露地栽培，在湿润地区多温室内盆栽。

2. 中生植物

中生植物是指适于生长在水湿条件适中的环境中的植物，不能忍受过干或过湿的环境。该类植物没有适应干旱的特征，也要求适中的营养、通气、温度条件。由于该类植物的种类是多种多样的，它们对干与湿的忍耐程度也有很大差异。以中性木本植物而言，油松和侧柏等有很强的耐旱性，但仍以在干湿适度的条件下生长最佳；而旱柳、紫穗槐和桑树等则有很高的耐水湿能力，也仍以在中生环境生长最佳。在园林规划设计中，因地制宜地配置适生种类，并因时因地根据植物的发育阶段供应水分，保证其生长发育的需要。

3. 水生植物

水生植物生长在水体中，没有防止干旱降低蒸腾的适应特征，故不能耐旱，且遇干旱则枯死。该类植物的叶肉没有栅状组织和海绵组织的分化，都是由相似的薄壁细胞构成的。吸水的根系及运水的输导组织都不发达，但根、茎、叶有非常发达的通气组织。水生植物可分为挺水植物、浮水植物和沉水植物。挺水植物的植物体大部分挺出水面，如芦苇、香蒲、荷花、千霍英等；浮水植物的叶片漂浮在水面，如有凤眼莲、浮萍、睡莲、王莲、菱角和眼子菜等；沉水植物的整株沉于水中，与大气完全隔绝，如金鱼藻、狸藻和黑藻等。

4. 湿生植物

湿生植物能生长在土壤水分经常饱和的环境中。在干燥或中生的环境下，该类植物常生长不良或死亡。此类植物根浅，无根毛，维管束、内皮层和机械组织发达。体内通气组织也发达，抗涝性很强，可依靠茎叶吸收氧气，并通过通气组织以供应根的需要，并避免根系受毒害。因其没有抗旱的结构和功能，抗旱力极弱，是介于水生植物和中生植物之间的一个生态类型。在园林造景中可用的湿生植物有落羽松、池杉、水松、水椰、红树、白柳、垂柳、旱柳、枫杨、夹竹桃、沼生海枣、乌桕、白蜡、赤杨、楝树、三角枫、丝锦木、柽柳、榕树、千屈菜、黄花鸢尾、芙蓉等。但这类植物也不喜欢终生都长在水分饱和的土壤中，在某一发育阶段需要土壤落干，促进土壤中空气的交换和养分的释放，从而有利于其生长发育。

三、园林植物对城市水分状况的调节作用

1. 园林植物截留降水

城市中公园、林带、片林、庭院及街道绿化等的园林植物在降雨过程中能截流降水，并通过滴落与茎流而使其贮藏于土壤，极大地降低了群落下土壤的降水强度，从而减弱了对地面的冲击，减少了地表径流，减轻了水土流失，防止土壤板结，使土壤保持良好的结构，其中以园林树木的树冠截流作用最为明显。园林植物群落的截留作用也使大量的水分直接蒸散到大气中，增加了城市上空的湿度。园林植物群落面积越大，群落层次结构越复杂，截留效应越明显。

2. 园林植物的蒸腾作用可以增加空气湿度

园林植物根系从土壤中吸收的水分绝大部分通过蒸腾作用散失到空气中，这可增加城市环境的空气湿度。这种增湿效应也因季节而异，夏季植物生长旺盛，蒸腾强度大，增湿效应最大，绿地可增大空气相对湿度 10%。冬季植物大多停止生长，处于休眠状态，落叶植物的蒸腾强度小，增湿效应最小，可增大空气相对湿度 8%。干旱季节，绿地的增湿作用更加明显，可增加空气相对湿度 20%～30%。因此，绿化地区上空的湿度比无绿化地区上空要高，在通常情况下高 10%～20%。因此，园林植物在一个城市中的合理配置能够改善城市的空气湿度。

3. 园林植物群落可增加城市水资源

园林植物可增加城市自然土壤的面积。园林植物根系的生长还可以疏松土壤并使其孔隙增多，自然降水会更多地渗入到土壤中，不会直接通过排水系统输出，也减少了地表径流。由此可见，园林植物群落能有效地为城市保蓄水分，增加城市水资源总量，改善城市的水分条件，同时还能维持园林植物群落对水分的需求。所以，合理选用本土园林植物，配置结构完善的植物群落，有利于充分发挥园林植物群落的节水理水功能。

四、水环境调控在园林绿化中的作用

1. 合理浇灌

合理浇灌即适时、适度（量）灌溉。根据栽培植物的种和品种、生长发育阶段、所处的

环境条件（季节、土壤的类型、湿度与坡度、地面有无覆盖等）以及天气（光照强度、风、湿度等）等因素，确定灌水量与灌溉的方式。一般喜湿耐涝的植物如蕨类、秋海棠、兰科植物、瓜叶菊和慈姑等，要采用一次多浇的方式，耐旱的仙人掌类等多浆液植物则应适当少浇，以防止浇水过多而引发涝害。播种或扦插育苗期间应该适当地多浇勤浇，出苗后可适当少浇。随着植物生长、开花，浇水量应逐渐增加；植物结实期又需要少浇水；休眠期更要少浇。

干燥的晴天应多浇；阴湿天少浇或不浇。冬季大部分植物处于休眠状态，一般不需浇灌。浇水时还需考虑植物对温度的适应性，如果温室或大棚不采取供暖，灌溉量和次数要适当减少，以提高植物对低温的抗性。一些室内植物的浇水要因室温而异，室内温度高时要多浇，温度低时应少浇；春季天气转暖，浇水量应较冬季为多；夏季天热，蒸发量大，浇水量要增加。灌水方式有滴灌、漫灌、沟灌、喷灌、喷雾等，应根据植物的习性而选用。此外，不同土壤种类上生长的植物其浇水也应有所差别。通常生长在盐碱土上的植物要“明水大浇”；对于沙质土上的植物，因沙土保水力差，应小水勤浇；黏土持水性强，但孔隙小，水分渗透慢，灌水时间应适当延长，最好采用间隙方式，留有渗入期，如灌水 10min，停灌 20min，再灌 10min 等，这是喷灌常用的方式，在坡地遇高温干旱时尤为适宜。栽种植物的场地应预先整平，这样更能有效地防止水土流失。地面有覆盖的场地可适当少浇。盆栽花卉的浇水原则是见湿见干。另外，一日之内灌水，清晨为宜，这时风小光弱，蒸腾较低；切忌傍晚灌水，湿叶过夜，易引起病菌侵袭。但在夏季的炎热高温下，也可于傍晚灌水；严寒冬季以中午灌水为宜。

2. 抗旱锻炼，培育壮苗

园林植物苗期应逐渐减少土壤水分供给，当土壤干燥到一定程度时再进行下一次灌溉。经受一定时间的适度缺水，可促使其根系扎得深，伸展得广，叶绿素含量增多，光合作用能力增强，干物质积累加快。经过锻炼的植物，能茁壮生长，而且在发育后期遇干旱，其抗旱能力仍较强。

3. 控制水分，调整花期

在干旱的夏季，适当灌水可调控植物的生长和发育，促进开花。例如干旱条件下，在唐菖蒲抽穗期充分灌水，可使花期提早约一周。此外，夏季的干旱高温也可迫使有些植物加快花芽的分化，使花蕾提早成熟。因此，在夏季对玉兰、梅花、丁香、桃和紫荆等花木停止灌水，保持干旱，使之自然落叶，强迫其休眠，3～5 日后再给予良好的水、肥条件，解除休眠而恢复生长，能使其提早开花。

另外，根据需要，在秋季落叶后，将春季开花的牡丹先经低温（0～3℃）处理 2～3 周，再将其移入 20～25℃的温室内，保持相对湿度 60%～80%，能促进其花芽萌动，使其提前在冬季或早春开花。如果在秋季先进行干燥冷凉处理，然后每日对枝干喷水 6～7 次，可以使牡丹在国庆节期间开花。再如杜鹃花等，用控制温度和不断在枝干上喷雾、喷水的方法能使其在冬季或春节前后开花。

4. 灌水防寒

灌水后，土壤热容量和导热率增大，土壤深层的热容易上升，夜间土温下降缓慢，同时由于空气湿度增大，减小了地面有效辐射，促进了水汽凝结放热。灌水后可提高土壤温度 2～3℃。也可采用喷水法，利用喷灌设备在霜冻前把温度在 10℃左右的水喷洒到作物或果树的叶面上。因水温高于植株体温，能释放大量的热量达到防霜冻的目的。因此，在园林花卉栽培中，南方冬季寒冷时进行冬灌能预防冻害；北方在深秋灌冻水可以提高植物的抗寒能力。早春灌水则有保温和增温的效果。

第四节 园林植物的大气环境

一、大气组成及其生态意义

（一）大气的成分及其生态意义

1. 大气的成分

大气由多种气体、水汽和悬浮在大气中的微粒杂质等混合组成。大气中除去水汽和杂质外的整个混合气体称为干洁空气。干洁空气主要由氮（N_2）、氧（O_2）、氩（Ar）和二氧化碳（CO_2）组成，这四种气体占对流层内空气容积的99.99%。此外还含有少量的氖、氦、氪、氢和臭氧等气体（表2-7）。

表2-7 干洁空气的主要成分（对流层内）

气 体	体积分数/%	气 体	体积分数/%
氮	78.09	氦	5.24×10^{-4}
氧	20.95	氪	1.0×10^{-4}
氩	0.93	氢	5.0×10^{-5}
二氧化碳	0.03	臭氧	8.0×10^{-5}
氖	1.8×10^{-3}	氙	1.0×10^{-5}

2. 水汽及其生态作用

江、湖、河、海等水体的蒸发，植物的蒸腾以及湿土的蒸发是大气中水汽的主要来源。在对流层中，水汽的含量随着高度的升高而迅速减少。大气中的水汽主要集中在3km以下的大气层中。大气中的水汽含量极不稳定，仅有大气容积的0.01%～4%。水汽的存在可以阻挡地面长波辐射向宇宙太空的散逸，因而对地面有保暖作用。水汽还有相变，即在大气中存在着气态的水汽、液态的雾和固态的冰晶之间的相互转换。在变化的过程中带来具体的天气现象，如云、雾、雨、雪、霜、露等都是水汽的凝结物，因而水汽是天气变化的主要角色。

3. 氧气及其生态作用

大气中的氧气主要来源于植物的光合作用，少量的氧气来源于大气层中的光解作用，即在紫外线照射下，大气中的水分子分解成氧气和氢气。植物在光合作用过程中吸收二氧化碳释放出氧气。氧气是生物呼吸必需的气体。大气中氧气的含量很高，也很稳定，可以满足植物的需要。土壤中，植物根部的呼吸，细菌和真菌的活动都要消耗氧气，但是氧气的补充过程十分缓慢，氧气的含量常常不足。在土壤水分过多和土壤板结的情况下，植物有时会出现缺氧中毒现象。如城市街道旁的土壤往往过于板结，土壤氧气供应不足，这会影响行道树根系的生长。所以，改良土壤结构和水分状况，增强土壤通气性，才能使植物根呼吸正常。

4. 二氧化碳及其生态作用

二氧化碳来源于化石燃料如石油、煤炭的燃烧、动植物和土壤微生物的呼吸作用以及死亡生物的腐败和森林燃烧等。大气中CO_2的含量很少，且多集中在20km以下的大气层中。低层大气中CO_2的含量随时间和空间的不同有变化，一般冬季比夏季多，阴天比晴天多，夏季的夜间比白天多，城市比农村多。在工业城市，大气中的CO_2含量可超过0.05%。大气中的二氧化碳是绿色植物进行光合作用不可缺少的原料。正常光照条件下，在一定限度内，随着二氧化碳浓度的增加，植物的光合作用强度也相应提高。CO_2善于吸收和反射长波辐射，能影响地面和空气温度，具有“温室效应”。全球二氧化碳浓度增加可能会导致大气底层和地面的平均温度上升，使气候变暖，这将直接影响到人类的生活。正常大气中的二氧化碳的平均含量（容积）约占0.03%，由大气及生物调节维持在稳定平衡的状态下。土壤中的二氧化碳含量要略高于大气，但是，一旦土壤中的二氧化碳含量过高，也会导致植物根系窒息或中毒死亡。

5. 氮气及其生态作用

氮是大气中含量最多的气体。同时氮元素也是生物体及其生命活动不可缺少的成分。自然条件下，大气中的氮元素一般不能被植物直接吸收和利用，但通过少数植物的根瘤菌的作用，其可被固定在土壤中，成为植物所需的氮肥；闪电时，大气中的氮和氧结合成氮化物，其可随降水进入土壤，被植物吸收利用。大部分植物所吸收的氮元素来自土壤中有机质的转化和分解的产物。土壤中的氮素往往不足。当氮素缺乏时，植物生长不良，甚至叶黄枝死，所以生产上常常施氮肥进行补充。在一定范围内增加土壤氮素可以明显促进植物的生长。

6. 臭氧及其生态作用

低层大气中，臭氧往往是由雷雨闪电或有机物的氧化而形成的，但这些作用并不经常，所以低层大气中臭氧的含量很少，且不稳定。在高层大气中，氧分子吸收了短于0.24μm的紫外线而分解成氧原子，氧原子很活泼，可与氧分子结合成臭氧。臭氧主要集中在离地面10～50km的大气层中，在20～25km附近的大气层中含量最多，称之为臭氧层。臭氧能强烈吸收紫外线，致使离地面40～50km大气层中的温度大为增高。臭氧吸收了对生物有害的波长较短部分的紫外线，保护了地球上的生物。臭氧对植物的生长和发育具有强烈的抑制作用。

（二）大气的垂直结构

1. 大气的上界

大气的底界是地球表面，又称为大气的下垫面。但大气的上界（即大气的顶界）是模糊的，地球大气和星际气体之间不存在一个截然的界面把它们分开，而是逐渐过渡的。为了实际的应用，科学家仍可将大气划定一个大致的上界。一种是将大气中物理现象极光出现的最大高度作为大气的物理上界，高度为1000～1200km。另一种是以大气密度接近星际气体密度的高度作为大气上界的标准。按照人造卫星探测的资料，大气上界约在2000～3000km的高度处。

2. 大气的垂直分层

多年观测证明，大气垂直方向上的温度、成分、气流状况和电离现象等有显著差异，根据不同高度气层的特点，特别是气温的垂直分布，可从下而上把大气分为五层，即对流层、平流层、中间层、热层和外层（图2-9）。

(1) 对流层　对流层是大气的底层，它受地面的影响最大。地面上的空气受热上升，上面的冷空气下降，发生对流，所以将这层叫做对流层。对流层的高度在低纬度、中纬度和高纬度地区都不相同，它的平均厚度为10～12km。对流层顶在低纬度地区平均在17～18km处，在中纬度地区平均为10～12km处，在高纬度地区平均为6～9km。这一层大气的厚度虽不足整个大气层厚度的1%，但却集中了大气3/4的质量和几乎全部的水汽和杂质。云、雾、降水等天气现象都出现在这里。对流层有3个重要的特征。

① 气温随高度的增加而降低。不同地区、不同季节和不同高度的气温随高度的递减率不同。平均而言，每上升100m，气温约下降0.65℃。

② 空气具有强烈的垂直运动，主要是对流运动和湍流运动，使高低层的空气进行交换和混合，使得近地面的热量、水汽和固体杂质等向上输送，这对成云致雨等天气现象的形成有重要作用。

③ 温度和湿度在水平方向上分布不均匀。例如，热带洋面又湿又热，寒带大陆上却寒

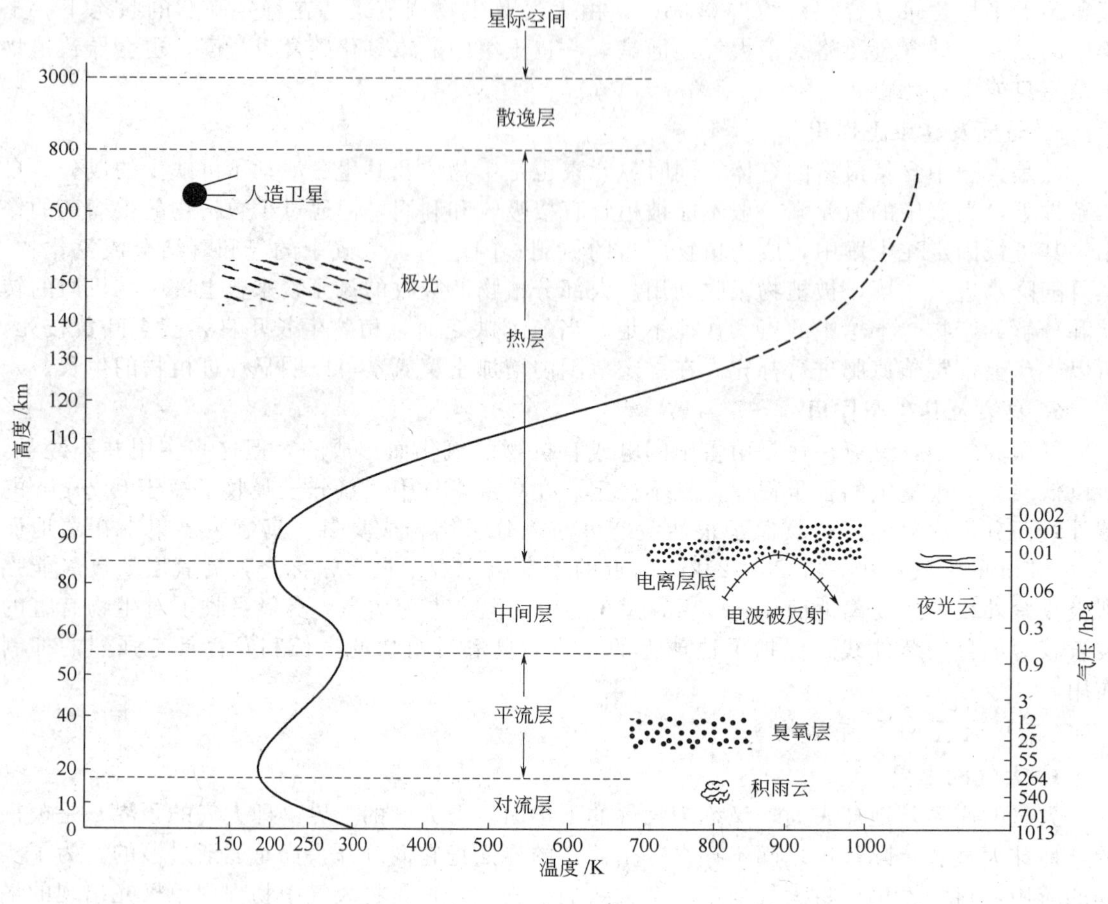

图 2-9　大气的垂直分层

冷、干燥。由于对流层中温度和湿度水平分布不均，从而对流层中也经常发生大规模的空气水平运动。

在对流层内，按气流、温度和天气特点又可将其分为下层、中层和上层 3 个层次。

① 下层。下层又称摩擦层，即自地面 1～2km 的高度。该层受地面状况影响最大，各气象要素具有明显的日变化，空气的对流和湍流运动很强，再加上水汽充沛、杂质颗粒多，因而云、雾、霾、浮尘等现象出现频繁；距地面 50～100m 这一层称为近地面气层。近地面气层主要特征是温度、湿度、风速等气象要素的垂直变化梯度特别大。其中 0～2m 间的贴地气层气象要素变化更为剧烈。上下温差可达 1～2℃。

② 中层。中层即 2～6km 高的一层。该层内气流受地面的摩擦作用较小，空气上下垂直运动也不及摩擦层。云和降水现象多发生在此层。该层内的大气运动可以表征整个对流层运动的趋势，所以是天气研究的重要对象。

③ 上层。上层是自 6km 至对流层顶的大气层，该层水汽含量少，气温常年在 0℃以下，并且该层中的云都由冰晶或过冷却的水滴组成。

(2) 平流层　平流层位于对流层上部，离地面 18～55km 的高空，这一层大气以水平运动为主，因此叫做平流层。平流层上部有臭氧层存在也是该层的特征之一。该层下部气温随高度几乎不变，上部气温随高度升高而显著增高，这是由于臭氧强烈吸收紫外线的结果。平流层顶气温可达－17～－3℃。该层内空气稀薄，水汽和微尘很少。

(3) 中间层　中间层又称为中层。平流层以上到 85km 的高空为中间层。这层内气温随高度的增加而普遍降低，空气的垂直运动很强烈，中间层顶部气温低到－113～－83℃，中间层的顶部还有少量水汽，偶尔可以看见银白色的夜光云。

(4) 热层　中间层以上到800km的高空为热层。层内空气密度很小，以至于声波难以传播。空气质点在太阳紫外辐射和宇宙高能粒子作用下产生电离现象，所以热层也叫电离层。由于电离层有很强的反射无线电波的能力，对无线电通讯有重要意义。在热层内，气温随高度的增加迅速升高，到500km处温度可达1200℃，而且昼夜变化也很大。在这层内有时会出现极光现象。

(5) 外层　外层、热层又称为散逸层。热层以上到2000～3000km高空为外层。外层的气温很高，最高可达9000℃。该层空气极为稀薄，分子间距离很大，所以空气粒子运动速度大，其又远离地面，受地球的引力很小，因而，一些高速运动着的空气分子可以挣脱地球引力和其它分子的阻力而散逸到宇宙空间去，所以该层又叫散逸层。不过在空气粒子逸出大气层的同时，也有空气粒子从星际空间飞入大气层中，且两者维持动态平衡。外层是由地球大气层向星际空间过渡的层次。

二、大气污染

(一) 大气污染及其形成

大气污染一般是指人类活动所带来的有害物质不断排到大气中去，其浓度超过大气及其生态系统的自然净化能力，打破了生态平衡，对人类健康、生物生存、正常的工农业生产和交通运输产生危害的现象。

除小部分来自火山爆发和尘暴等自然污染之外，大气污染主要来源于人类生活、工业生产和交通运输等向大气排放的有害物质。所以，可将大气污染相应地分为生活污染、工业污染和交通运输污染等。生活污染是指居民取暖、做饭、燃烧排放的烟尘，以及各种生活垃圾造成的污染。工业污染包括工厂排放的烟雾、粉尘和各种有害物质，甚至核物质的泄漏。交通运输污染包括汽车、飞机、轮船等行驶中排放的废气。据统计，交通工具排放的二氧化碳几乎占废气总量的45%以上。大气污染物的种类很多，引起人们注意的就有100多种。常见的污染物见表2-8。除了放射性物质的污染外，影响范围广，对人类环境威胁较大的有烟、粉尘、二氧化硫、二氧化碳、一氧化碳、二氧化氮以及碳、氯、氟与氢化合物等。

表2-8　污染物的种类和成分

污染物种类	成　分
粉尘	炭粒、飞灰、碳酸钙、氧化锌、二氧化铅
硫化物	二氧化硫、三氧化硫、硫酸、硫化氢、硫醇等
氮化物	一氧化氮、二氧化氮、氨等
氧化物	臭氧、过氧化物、一氧化碳等
卤化物	氯、氟化氢、氯化氢等
有机化合物	碳化氢、甲醛、有机酸、焦油、有机卤化物、醚等

自18世纪以来，世界各地发生过几十次大气污染事件，每次事件都造成大批人畜生病或死亡。我国近几十年来工业发展较快，随之出现的大气污染也日趋严重，尤其是城市及工业发达地区较为普遍，造成不同程度的污染损失。

(二) 大气污染对植物的危害

1. 大气污染物对植物的危害和机理

大气中的污染物主要通过气孔进入植物叶片并溶解在叶细胞中，通过一系列的生物化学反应对植物产生毒害。不同的污染物对植物毒害的症状有一定差异。

① 二氧化硫。二氧化硫从气孔扩散至叶肉组织，进入细胞后溶解在细胞中，其与水发生反应，形成亚硫酸和亚硫酸根离子，从而使叶片组织结构发生变化，细胞失水变形，组织破碎，栅栏组织细胞的排列层次紊乱，细胞间隙增大，对叶肉组织造成破坏，气孔机能瘫痪，叶片水分减少，叶绿素 a 与叶绿素 b 比值变小，糖类和氨基酸减少，叶片失绿，明显变薄，严重时，细胞发生质壁分离，叶片逐渐枯焦。当大气中的二氧化硫浓度达到 0.3μg/g 时，植物就出现受害症状。而新枝与幼叶所受的伤害比老叶轻。

② 氯气及氯化氢。氯气及氯化氢毒性较大，在同样的浓度下，氯气的危害程度约是二氧化硫的 3～5 倍。氯进入叶片后，能很快破坏叶绿素，使叶片产生褪色，呈现褐色伤斑，叶缘卷缩，严重时全叶漂白脱落。氯气的毒害症状大多出现在生理活动旺盛的叶片，下部枝的老叶和枝顶端的新叶很少受害。

③ 氟化物。以氟化物为主的复合污染对植物所造成的危害比前两种有害气体严重得多。氟化物主要是氟化氢，属剧毒类的大气污染物，呈酸性，它的毒性比二氧化硫大 30～300 倍。氟化物通过气孔进入叶片，很快溶解在叶肉组织的水溶液内，通过一系列反应转化成有机氟化物（如氟醋酸盐和氟柠檬酸盐）。如果空气中氟化氢浓度较高（>3μL/L），叶肉组织将发生酸害（植物因环境过酸而导致的发育不良）。针叶树对氟化物十分敏感，针叶伤害从叶尖端和边缘开始，随着氟化物的积累，逐渐向基部发展，受害组织缺绿，随后受害部分呈棕黄色带状。因此，在有氟化物污染的地方很少看到有针叶树生长。阔叶树受害后，首先在叶片尖端和叶缘产生灰褐色烟斑，然后烟斑逐渐扩大，最后使叶片脱落。氟污染容易危害正在伸展的细嫩叶子或枝梢顶端，使其呈现枯死现象，这是其与二氧化硫和氯气伤害症状的显著区别。鸢尾、唐菖蒲和郁金香类植物对氟化物污染极敏感。

④ 臭氧。大气污染中由汽车和工厂排放出的氮氧化物和碳化氢经阳光中紫外线照射发生光化学反应，会产生的一种蓝色烟雾，其主要成分是臭氧。即使在夜间气孔关闭时，臭氧也可以进入植物体内，主要破坏叶片栅栏组织细胞壁和表皮细胞，能氧化质膜中的氨基酸、蛋白质、不饱和脂肪酸和硫氢基，还会破坏细胞正常的氧化还原过程，影响各种代谢的进程，能破坏叶绿素的合成，降低光合速率，从而抑制光合作用。此外，臭氧会促进酚类化合物的形成，从而对植物产生危害。

光化学烟雾中的臭氧会破坏栅栏组织细胞壁和表皮细胞，植物受毒害后，叶片失绿，叶表出现褐色、红棕色或白色斑点，一般会散布整个叶片。

⑤ 硝酸过氧化乙酰。硝酸过氧化乙酰（PAN，$CH_3CO—O_2NO_2$）也属剧毒类的大气污染物，其通过气孔进入叶片后，能使下表皮细胞及叶肉中的海绵组织细胞发生质壁分离，并破坏叶绿素，使叶背呈银白色、棕色和古铜色斑点或玻璃状，受害严重时，整片叶子坏死。

⑥ 二氧化氮。二氧化氮（NO_2）伤害植物的方式与二氧化硫相似。受害最初，叶片上出现不规则的水渍状伤害，后呈现棕色或褐色斑点。此外，光照将影响植物的受害程度，阴天比晴天的伤害要高两倍。

大气污染中固体颗粒，如硫磺粉和氧化硅等粉尘降落在植物叶片上时，它们布满全叶，堵塞气孔，妨碍光合、呼吸作用和蒸腾作用，从而危害植物。这些粉尘中的一些有毒物质可通过溶解渗透进入植物体内，对植物产生毒害作用。

2. 植物受害的环境条件

环境中日照、风、温度、湿度、土壤和地形特点等影响大气中污染物对植物伤害的程度。

(1) 日照　光照强度能影响植物气孔的开闭。有毒气体通常从气孔进入植物体内。白天，光照强度和气温增加，气孔张开，有毒气体就易于进入植物体内；夜间，光照减弱，气温下降，气孔慢慢关闭，有毒气体就不易进入。因此，一般情况下，夜间植物的抗性比白天强。

(2) 风　风向决定污染物迁移运动的方向，风速决定污染物的迁移速度。污染物总是由上风向被输送到下风向，在污染源下风向，污染要重一些；风大、大气湍流强，风速较大，污染物被冲淡稀释作用就越好，污染物的浓度与平均风速成反比，如风速提高一倍，则下风向有毒气体浓度就减小一半。

遇到无风或微风天气，大气稳定，大气稀释能力减弱。特别是晚上，由于地面辐射冷却，产生逆温层，使地面空气（可达几十米以至几百米）处于稳定状态，它像一个大盖子笼罩地面，阻止地面气流的上升运动，使污染物积聚在工厂周围或高层建筑群间不易扩散，浓度比平时大大增高，加剧了大气污染的程度。

(3) 大气湿度　在大气稳定的阴雨条件下，植物易受害。特别是绵绵细雨，其会使叶片表面湿润，容易吸附和溶解大量有毒物质，致使植物受害加重。一般来说，空气中相对湿度与植物受害成正比，与植物抗毒性成反比（表 2-9）。

表 2-9　相对湿度与植物（紫花苜蓿）的抗性（抗二氧化硫）关系

相对湿度/%	相对敏感性	相对抗性	相对湿度/%	相对敏感性	相对抗性
100	1.00	1.0	30	0.31	3.20
80	0.89	1.20	20	0.18	5.50
60	0.77	1.30	10	0.13	7.70
50	0.69	1.45	0	0.10	10.00
40	0.54	1.85			

(4) 地形特点　特殊的地形能使污染源扩大影响，或使局部地区大气污染加重。如海滨或湖滨常出现海陆风，白天海风吹向陆地可达 50km，然后气流上升再返回海面；夜间陆地吹向海面，然后气流上升再返回陆地。这种陆地和水面的环流能把大气污染物带到海洋，污染水面。另外，山谷地区常出现逆温层，而有毒气体的相对密度一般都大于空气，因此，有毒气体常大量集结在谷底，发生严重污染。国外发生多次严重的大气污染事件，大多发生在谷底和盆地地区。如 1930 年 12 月比利时马斯河谷及 1952 年 12 月的英国伦敦大气污染事件都是发生在谷地、无风、有逆温层及烟雾的条件下。又如我国的兰州，地居黄河河谷，地形复杂，气象条件特殊，污染物不易扩散。特别是在冬季，风小，空气非常稳定，逆温层厚且持续时间长，这样容易加重大气污染程度。因此，兰州是我国大气污染较为严重的城市。

（三）大气污染的监测

1. 大气污染监测的内容

大气污染的监测包括对粉尘（降尘或飘尘）、二氧化硫（SO_2）、碳氢化合物、一氧化碳（CO）、氢氧化合物、臭氧（O_3）、特殊地区的特殊项目（如有毒气体及放射性元素等）、气象要素（如风向、风速、气温、气压、雨量、相对湿度等）以及与光化学烟雾形成有关的太阳辐射和能见度等的监测。

2. 大气污染监测的方法

大气污染监测的方法可分为间断测定和连续测定两种方法。间断测定法是先定时、定期到监测点采样，然后到监测站分析与整理数据。因测定的数据受人为因素的限制较大，瞬时间断地取样，不能全面反映大气污染的连续变化情况，又因从采样、分析到得出数据结果所需的时间很长，所得资料不能及时用于控制环境污染。连续测定法是指运用各种现代化分析仪器和技术，对大气污染进行自动化、连续性地操作监测的方法。如用激光雷达、红外线照相，甚至利用人造地球监测卫星、通讯卫星等进行大气监测。这种监测方法快速、灵敏，可以弥补间断测定资料不足的问题，极大地提高大气污染监测的准确率。

3. 大气污染监测的分析仪器

在野外或单项测定可选用小型轻便携带仪器，如二氧化硫、一氧化碳、二氧化氮、硫化氢、氟化物等测定仪、测氧仪、测汞仪和水质监测仪等。该类仪器的要求是便于携带、显示清晰、性能稳定、精度较高、便于对比分析。在实验室内进行大气污染监测可使用精密、复杂的仪器，有光谱仪、极谱仪、原子吸收分光光度计、气相色谱仪、液相色谱仪、色谱-质谱仪、紫外线分光光度计，X射线荧光光谱仪、中子活化分析能谱仪和荧光分光光度计等，该类仪器可测定多种有毒物质。如果进行多项或单项自动连续监测，一般用色谱、光谱和电化学等原理设计的综合装置，并配有电子计算机数据处理系统，可根据评价方法报出污染情况。另外，大气监测站一般要配备自动记录测定仪和气象测量仪器。自动记录测定仪主要有二氧化硫、二氧化氮、碳氢化合物、飘尘、一氧化碳和臭氧等自动测量仪器；气象测量仪器主要有风速、气温、温度等自动记录仪。大气监测站还应有降尘缸和检测管，并应备有监测试纸等。

4. 大气污染监测结果的表示方法

（1）列表法　列表法是对监测数据分类汇总排列成各种表格，进而编制成报告书或年鉴形式来表示不同时间、空间的大气污染状况。再对这些数据加工分析，可以获得环境中更多的信息。如通过观察多年的数据动态变化能发现大气污染变化的趋势和问题，可以为进一步选择监测目标，进行深入研究提供依据。这种表示方法具有准确、详细的优点，对专业工作者十分有用。

（2）图示法　图示法是根据污染物在时间和空间的分布情况绘制成各种图形。常用的图形有各种污染物浓度的频率百分位数分布图，年平均、最大日、最大时污染值与标准的比较图，一年内月均值变化图，一日内时均值变化图，风玫瑰图，污染玫瑰图，污染系数玫瑰图，污染数据等值线图和污染值网格分布图等。这种方法可以更为直观地表示大气污染状况，特别是使非环境专业人员以及环境问题有关部门得到醒目的资料。

（3）指数法　指数法是指为了从整体上或环境质量上对各个因素进行综合而准确评价所研究建立的各种指数的方法。

5. 大气质量评价

各国普遍采用大气污染指数对大气质量进行评价。其表达式有多种，例如白勃考大气污染综合指数（PINDEX）和污染标准指数（PSI）等。污染标准指数（PSI）分级（表2-10）。

表 2-10　污染标准指数（PSI）分级表

PSI	大气污染浓度水平	污染物浓度/($\mu g/m^3$)					
		飘尘(24h)	SO_2(24h)	CO(8h)/$\times 10^3$	O_3(1h)	NO_2(1h)	$SO_2\times$飘尘
500	显著危害水平	1000	2620	57.5	1200	3750	490.000
400	紧急水平	875	2100	46.0	1000	3000	390.000
300	警报水平	625	1600	34.0	800	2260	261.000
200	警戒水平	375	800	17.0	400	1130	65.000
100	大气质量标准	260	365	10.0	160	①	①
50	大气质量标准的 1/2	75②	80②	5.0	80	—	—
0		0	0	0	0	—	—

① 浓度低于警戒水平时，不报告该项分指数。

② 为一级标准的年平均浓度。

注：引自贺庆棠．森林环境学．高等教育出版社，2001。

污染标准指数（PSI）由美国政府于1976年公布。该污染标准指数除采用CO（一氧化碳）、SO_2（二氧化硫）、NO_x（氮氧化物）、飘尘（PM）和O_3（臭氧）五个参数外，还引入飘尘与SO_2浓度的乘积，共计六个参数。在测出各污染物的实际浓度之后，可按分段线性关系并参照表2-10的数据用内插法求得各分指数。然后以各分指数中的最高值向公众通报。

污染标准指数（PSI）的意义有以下几方面。0～50表示大气质量优，为Ⅰ级；51～100表示大气质量良，为Ⅱ级；101～150表示大气轻微污染（对人健康有轻微影响），为$Ⅲ_1$级；151～200表示大气轻度污染，为$Ⅲ_2$级；201～300表示大气中度污染（对健康有较大影响），为Ⅳ级；301～400表示大气重度污染（有危害性影响），为Ⅴ级；401～500表示大气严重污染，为Ⅵ级。

三、园林植物的风环境

风也是影响园林植物的重要环境因子。它既能直接影响植物（如风媒、风折、风倒、风拔等），又能影响环境中的温度、湿度和大气污染等，还直接影响着天气的变化，从而影响植物的生长发育；同时，园林植物对风又有调节的功能。

（一）气压与风

1. 气压

(1) 气压的概念　一方面，在地球重力场的作用下，地球周围的大气对地面和地面物体施加压力；另一方面，由于空气分子的无规则运动，其也会对地面和地面物体产生撞击力。大气的重力及其分子撞击力的综合作用就产生了大气压强，简称为气压。气压的大小等于观测点处单位面积上所承受的大气柱的重量，单位为百帕（hPa），1hPa＝100Pa。

为了便于比较，国际上规定：在纬度45°的海平面上，当空气温度为0℃时，大气产生的压强为标准大气压（记为atm），1个标准大气压为1013.3hPa。即1atm＝1013.3hPa。

(2) 气压随海拔高度的变化　根据长期的大气观测，当气柱平均温度为0℃，纬度为45°海平面气压为1000hPa时，气压随海拔高度的分布见表2-11。由表可知，海拔5500m高度上的气压仅为海平面的一半，在9000m高度上的气压只有海平面的1/3，这是因为随着海拔高度的升高，地面到大气上界的距离减小，同时空气的密度也在变小，海拔越高的地方空气越稀薄。因此，在低空，随高度增加，气压很快降低，而高空的递减速率较缓慢。

表2-11　气压随海拔高度的分布（气柱平均温度为0℃）

海拔高度/m	海平面	1500	3000	5500	9000	12000	16000	20000
气压/hPa	1000	850	700	500	300	200	100	50

(3) 气压随时间的变化　气压随时间的变化是指气压的日变化和年变化。空气温度升高，空气密度减小，则气压降低；气温下降，空气密度增大，则气压升高。因此，一天中，夜间气压高于白天，上午气压高于下午；一年中，冬季气压高于夏季。当暖空气来临时，气压减小；当冷空气来临时，气压增大。大陆上冬季气压高，夏季气压低；海洋则相反。另外，高纬度地区气压的年变化大。

2. 风

(1) 风的概念　空气在水平方向上的运动称为风。风的特征用风向和风速来表示。

① 风向。风向是指风的来向，常用8个或16个方位来表示。

② 风速。风速是指空气在单位时间内的行程，单位是m/s，取1位小数。

有时用风力等级来表示风的强弱（表2-12）。

表 2-12 风力等级表

风力等级	名称	海面和渔船征象	陆上地面物征象	相当风速/(m/s)	
				范围	中数
0	无风	静	静，烟直上	0.0～0.2	0.1
1	软风	有微波，寻常渔船略觉摇动	烟能表示风向，树叶略有摇动	0.3～1.5	0.9
2	轻风	有小波纹，渔船摇动	人面感觉有风，树叶有微响，旌旗开始飘动	1.6～3.3	2.5
3	微风	有小波，渔船渐觉簸动	树叶及小枝摇动不息，旌旗展开	3.4～5.4	4.4
4	和风	浪顶有些白色泡沫，渔船满帆时可使船身倾于一侧	吹起地面灰尘和纸张，树枝摇动	5.5～7.9	6.7
5	清风	浪顶白色泡沫较多，渔船缩帆（即收去帆之一部分）	有叶的小树摇摆，内陆的水面有小波	8.0～10.7	9.4
6	强风	白色泡沫开始被风吹离浪顶，渔船加倍缩帆	大树枝摇动，电线呼呼有声，撑伞困难	10.8～13.8	12.3
7	劲风	白色泡沫离开浪顶被吹成条纹状，渔船停泊港中，在海面下锚	全树摇动，大树枝弯下来，人迎风步行感觉不便	13.9～17.1	15.5
8	大风	白色泡沫被吹成明显的条纹状，进港的渔船停留不出	可折毁小树枝，人迎风前行感觉阻力甚大	17.2～20.7	19.0
9	烈风	被风吹起的浪花使水平能见度减小，机帆船航行困难	烟囱及瓦屋屋顶受到损坏，大树枝可折断	20.8～24.4	22.6
10	狂风	被风吹起的浪花使水平能见度明显减小，机帆船航行危险	陆上很少，树木可被吹倒，一般建筑物遭破坏	24.5～28.4	26.5
11	暴风	吹起的浪花使能见度显著减小，机帆船遇之极危险	陆上很少，大树可被吹倒，一般建筑物遭严重破坏	28.5～32.6	30.6
12	飓风	海浪滔天	陆上很少，其摧毁力极大	>32.6	>30.6

（2）风的形成及变化 风是由地面上气压的水平分布不均匀而引起的。当相邻两地气压不同时，空气总是由气压高的地区流向气压低的地区。所以水平面上气压的差异是形成风的直接动力，或者说，水平面上气压梯度的存在便形成了风。

在对流层下层（又称摩擦层），空气水平运动受到地球自转和惯性离心力的作用，从而使风方向改变，风也会因地面摩擦力的阻滞作用而减速或改向。如风受山脉阻挡，风就会减小，且其经过山地时会改变方向。当风自开阔处直灌窄口时，风速会迅速增大，我国台湾海峡、松辽平原和河西走廊等地都因此而多大风。气流越过高山后，往往在山的背风面下沉加速，容易产生大风，我国南疆春季大风便是一例。风随着海拔高度的升高，受地面摩擦力减小而逐渐增大。近地面层中，风的日变化规律是白天风速增大，夜间风速小，清晨减至最小。

（二）风对园林植物的生态作用

1. 风对植物生长的影响

适宜的风力使空气乱流加强，而乱流可传递水分和热量，使植物层内各层次之间的温、湿度得到不断的调节，避免了某些层次出现过高（或过低）的温度和过大（或过小）的湿度，从而利于植物生长发育。通常风速增加能加快叶面蒸腾，从而吸收潜热，使叶温降低。但如叶温大大高于气温（如气孔开度中等的高辐射条件下），风速的增加会降低蒸腾。风速增大，蒸腾作用过强，植物失水过多，根系不能供应足够的水分供蒸腾所需，叶片气孔便会关闭，光合强度下降，光合作用积累的有机物质会减少，植物生长就会减弱。据研究，当风速达 10m/s 时，光合作用积累的有机物质为无风时的 1/3。树木高度的生长要比 5m/s 风速时低 1/2，比无风区低 2/3。长期大风可引起植物矮化，单向风使植物迎风方向的生长受抑制，这是因为树木向风面的芽受风的作用常死亡，而背风面的芽受风力的影响较小，成活较多，枝条生长较好，从而形成所谓畸形树（图2-10）。

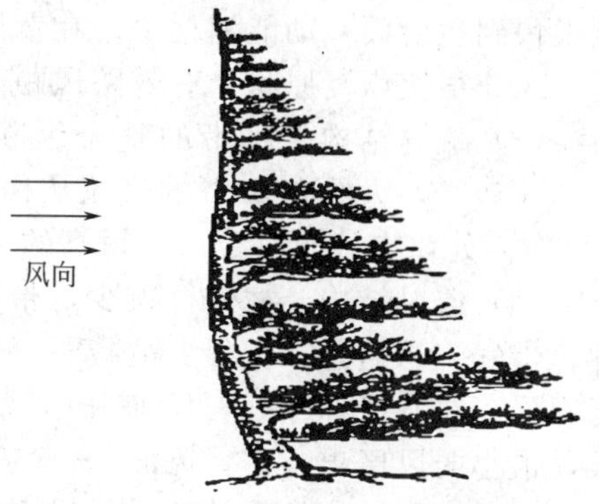

图 2-10 畸形树（旗形树）

2. 风对花粉、种子及病虫害传播的影响

有些异花授粉的植物是靠风来传播花粉的，称为风媒植物。有些种子靠风传播到远处，称为风播种子。很多种树如松、落叶松、云杉、杨、柳等也都是靠风力来传播花粉和种子的。微风能提高授粉和受精率，有利于植物繁殖。无风时，风媒植物将不能授粉，风播种子将不能传播它处。风传播种子的能力，随种子的大小、质量等不同而不同。如豆科植物的微小种子、长有伞状毛（如菊科植物）或“翅”（如许多树种）的大种子、纸状果实或种子以及某些植物的繁殖体等可以通过风来传播。

风还可以帮助植物散播芬芳气味，招引昆虫为虫媒花传播花粉。风还会传播病原体，使病害蔓延。观察发现，多种昆虫如白粉蝶、黏虫及螟成虫的迁飞、降落与气流运行及温湿度状况有密切的关系。植物白叶枯病、锈病的流行都是菌源随气流传播的结果。

3. 风对植物的机械损害

风对植物机械损害（指折枝、断干、拔根等）的程度主要取决于风速、风的阵发性和植物的抗风性。在风速达 10m/s 以上时，花器官受风的强烈振动，造成落花、落果、落铃和落荚，降低结实率。风速为 13～16m/s，植物倒伏、折断，遭受机械破坏。大风可吹走表土，使植株根系暴露。因此，风倒、风折对园林树木特别是对一些古树能造成很大损害。

不同树木对大风的抵抗力不同。凡树冠紧密，材质坚硬、根系深广强大的树木的抗风力强；而根系浅，材质软脆，树冠大者抗风力弱。抗风性较强的树种有马尾松、黑松、桧柏、榉树、核桃、白榆、乌桕、樱桃、枣树、葡萄、臭椿、朴树、板栗、槐树、梅、樟树、麻栎、河柳、台湾相思、柠檬桉，木麻黄、假槟榔、南洋杉、竹类及柑橘类树种。抗风中等的有侧柏、龙柏、旱柳、杉木、柳杉、檫木、楝树、苦槠、枫杨、银杏、广玉兰、重阳木、榔榆、枫香、凤凰木、桑、梨、柿、桃、杏、合欢、梧桐、加杨、钻天杨、银白杨、泡桐、垂柳、刺槐、杨梅、枇杷、苹果树等。

同一树种抗风力也因繁殖方法、环境条件和栽培方式的不同而有异。扦插繁殖者比播种繁殖者根系浅，故易倒；生长在肥沃而深厚的土壤上的植物抗风力强，而生长在黏重、潮湿、且通气不良的土壤上的树木根系浅，固着不牢，易风倒。稀植的树木和孤立木比密植树木易受风害。

（三）城市防风林

在风盛行的城市，营造防风林带可以减弱风的危害。一般乔木防风的能力比灌木好，灌木又胜过草本植物；阔叶树强于针叶树，常绿阔叶树又好于落叶阔叶树。防风林带宜采用深根性、材质坚硬、叶面积小、抗风力强的树种。乔灌木结合的混交林防风效果好。

按林带的透风系数与疏透度，防风林带常分为 3 种基本类型，即紧密结构、疏透结构和通风结构。透风系数又指透风数，是指林带背风面 1m 处林带高度范围内平均风速与空旷地相应高度范围内平均风速之比。疏透度是指林带纵断面透光空隙的面积与纵断面面积之比的百分数。

(1) 紧密结构　林带较宽，行数较多，密度较大，透风系数在 0.3 以下，疏透度也在 20%以下。因林带枝叶稠密，气流基本不能通过林带，大部分从林带上越过。越过林带气流能很快到达地面，动能消耗少。在背风林缘附近形成一个有效防护的平静弱风区。距林缘稍远，风速很快恢复原状。有效防风距离为树高的10～15倍。

（2）疏透结构　林带的整个纵断面均匀透风透光，透风系数为0.4～0.5，疏透度为30%～50%，大约有50%的气流从林带内部透过。防风距离较大，最小弱风区在背风面3～5倍树高处，有效防风距离为树高的25倍左右。

（3）透风结构　林带行数少，带幅窄，透风系数0.6以上，疏透度也在60%以上。这种林带气流易通过，且很少被减弱，仅少量气流从林带上越过，气流动能消耗很少，防风效能不强。在背风林缘处，风速开始减弱，但要到远处才会出现弱风区，因此防护距离也较长，最小弱风区出现在背风面3～5倍树高处。

上述三种结构林带的防风效果不同（表2-13）。

表2-13　不同结构林带防风效果

平均风速/%（位置 / 林带结构）	0～5倍树高	0～10倍树高	0～15倍树高	0～20倍树高	0～25倍树高	0～30倍树高
紧密结构	25	37	47	54	60	65
疏透结构	26	31	39	46	52	57
透风结构	49	39	40	44	49	54

注：1. 以旷野风速为100%。

2. 引自中国科学院林业土壤研究所. 东北落叶松林. 科学出版社，1973。

四、园林植物对城市大气环境的保护作用

（一）植物对大气污染的抗性

在污染物影响下，植物能尽量减少受害，或者受害后能很快恢复生长，继续保持旺盛的活力的特性。这就是植物的抗性。

不同植物种对各种大气污染物的抗性不同，这与植物叶片的结构、叶细胞生理生化特性有关。据研究，栅栏组织和海绵组织的比值与植物的抗气性呈正相关。气孔下陷、气孔数量多，但面积小，气孔开关调节能力强，植物抗性较强。此外，在污染条件下，抗性强植物的细胞膜透性变化不大，能增强过氧化物酶和聚酚氧化酶的活性，保持较高的代谢水平。一般是常绿阔叶植物的抗性比落叶阔叶植物强，落叶阔叶植物的抗性比针叶植物强。针叶植物抗性最弱的原因可能是与针叶上有多而密的气孔带有关。

确定植物抗性强弱的方法的主要有野外调查法、定点对比栽培法和人工熏气法。

（二）园林植物对大气污染的监测

有些植物对大气污染比人敏感。人在二氧化硫浓度达到1～5μg/g时才能闻到气味，10～20μg/g时才使人受到刺激而咳嗽、流泪，而某些植物接触的二氧化硫浓度为0.5μg/g时，在2～4小时内其就会出现受害症状。有些有毒气体的毒性很大（如有机氟），无色无臭，人不易发现，而某些植物却能及时呈现反应。因此，利用这些对有毒气体敏感、容易产生受害症状的植物作为指示植物，可以监测环境污染。

一般来说，指示植物能够反映环境污染对生态系统的综合影响。此种影响不是用理化方法就能直接测定。例如几种污染物共存时其影响分为增效作用（如SO_2和O_3、NO_2和乙醛共存时对树木的影响）和拮抗作用（如SO_2与NH_3共存时对树木的危害）。许多指示植物对污染物特别敏感，而且受不同的大气污染物的影响，其在体表（叶片）上往往出现不同的受害症状，所以能够早期发现大气污染物。人类还可根据受害症状可初步判断污染物的种类。另外，受害症状也能够反映出一个地区的污染过程。当然，为能及时而不断反映大气污

染，作为指示植物还应具备如下特点：受害症状明显，干扰症状少；生长期长，能不断生出枝叶；栽培管理容易；有一定的观赏和经济价值。

（三）园林植物对空气的净化作用

1. 吸收有毒气体

几乎所有植物对城市大气中的二氧化硫、一氧化碳、氟化物、臭氧和氯等有害气体都具有不同程度的吸收或指示作用。园林植物通过呼吸作用等和光合作用等代谢生理过程将有毒气体吸收转化为毒性较小的物质（降解）或富集于植物体内，从而减少空气中有毒气体的浓度，达到净化大气的目的。

不同植物对有毒气体的吸收能力不同。经研究表明，除与植物对有毒物质积累量有关系外，植物吸收有毒气体的能力还与植物自身对毒物的同化和转移能力密切相关。另外还与叶片年龄、生长季节、大气中有毒气体的浓度、接触污染的时间以及其它环境因素，如温度和湿度等有关。一般老叶和成熟叶的吸收能力高于嫩叶，在夏季生长季节，植物的吸毒能力较大。根据资料，每年每公顷柳杉吸收二氧化硫 720kg，吸收量和吸收速率与相对湿度有关，相对湿度 80%时其对 SO_2 的吸收比相对湿度 10%～20%时快 5～10 倍。SO_2 被叶片吸收后，在叶内形成亚硫酸和毒性极强的亚硫酸根离子，后者被植物本身氧化转变为毒性小 30 倍的硫酸根离子。

2. 吸滞尘埃的作用

所有的植物都有吸滞粉尘的作用。其方式包括停着、附着和黏着三种。茎叶光滑的植物的吸尘方式多为停着；茎叶粗糙、有绒毛的植物的吸尘方式多为附着；茎叶分泌黏液的植物的吸尘方式多为黏着。各种园林植物的滞尘差别很大（表 2-14）。

表 2-14 各种树木叶片单位面积上的滞尘量

树种	滞尘量/(g/m^2)	树种	滞尘量/(g/m^2)	树种	滞尘量/(g/m^2)
刺楸	14.53	楝树	5.89	泡桐	3.53
榆树	12.27	臭椿	5.88	乌桕	3.39
朴树	9.37	构树	5.87	樱花	2.75
木槿	8.13	三角枫	5.52	蜡梅	2.42
广玉兰	7.10	桑树	5.39	加杨	2.06
重阳木	6.81	夹竹桃	5.28	黄金树	2.05
女贞	6.63	丝棉木	4.77	桂花	2.02
大叶黄杨	6.63	紫薇	4.42	栀子	1.47
刺槐	6.37	悬铃木	3.73	绣球	0.63

注：引自孔国辉等. 大气污染与植物. 中国林业出版社，1985。

通常情况下，园林植物能减小风速，而且其茎叶表面粗糙，多绒毛、能分泌黏液和油脂，滞尘力较强。此外，植物蒙尘后经雨水淋洗又可恢复吸尘作用，从而降低大气中的粉尘量。一般阔叶树比针叶树吸尘能力强，森林比单株吸尘能力强，高宽而密度大的林带比短小的稀疏林效果好。根据环境特点，正确选择和确定园林植物的种类、种植方式、绿化面积以及布置方式等能充分地发挥其绿化滞尘作用。

3. 杀菌作用，减少空气中的含菌量

园林植物具有杀菌功能。园林植物的滞尘作用减少了细菌的载体，使细菌不能在空气中单独存在和传播；园林植物分泌植物杀菌素（挥发性物质如萜烯类），可杀死周围的细菌，减少空气中的含菌量。根据试验，若将 0.1g 稠李冬芽磨碎，1s 便能杀死苍蝇。园林植物中分泌植物杀菌素很强的种类有新疆圆柏、冷杉、稠李、松、桦、橡、槭、椴。在城市绿化树种中杀菌能力强的树种有夹竹桃、稠李、高山榕、樟树、桉树、紫荆、木麻黄、银杏、桂花、玉兰、千金榆、银桦、厚皮香、柠檬、合欢、圆柏、核桃、假槟榔、木波罗、雪松、刺槐、垂柳、柳杉、云杉、柑橘、侧柏等。

4. 吸收二氧化碳（CO_2），放出氧气（O_2）

在城市生态系统，绿色植物在其光合作用过程中吸收二氧化碳，放出氧气。当然植物也有呼吸作用，但光合作用吸收的二氧化碳比呼吸作用排出的二氧化碳多 20 倍，因此，总量上是吸收二氧化碳，放出氧气。这对恢复和保持大气中 CO_2 和 O_2 的平衡极为重要。据不完全统计，1hm^2 阔叶林在生长季每天能生产 720kg O_2，吸收约 1t 的 CO_2，使空气保持新鲜。

5. 降低城市噪声

植物的粗糙树干和茂密的枝叶是天然的吸声器。树木减弱噪声的原理主要有两个方面，一方面，声波被树叶向各个方向不规则反射而使声音减弱；另一方面，因为噪声波引起树叶和枝条振荡而消耗一部分能量。降低噪声较好的树种有雪松、桧柏、龙柏、水杉、悬铃木、梧桐、垂柳、云杉、薄壳山核桃、柏木、臭椿、樟树、榕树、珊瑚树、柳杉、栎树、马褂木、桂花和女贞等。

五、灾害性天气的防御

我国幅员广阔，地形复杂，可出现多种灾害性天气。主要灾害性天气有寒潮、霜冻、冷害、旱涝、干热风、大风、台风、龙卷风和雹灾等。

（一）寒潮及其防御

寒潮是由盘踞在高纬度地区上空的冷空气突然离开源地大规模南下造成的。国家气象局制定的全国性的寒潮标准是：凡冷空气入侵后，气温在 24h 内下降 10℃或 10℃以上即为寒潮。如果 24h 内最低气温下降 14℃以上，陆上有 3～4 个大行政区出现 7 级以上大风、沿海所有海区出现 7 级以上大风，则称为强寒潮。各省（区）气象局根据本地具体情况，对寒潮标准做了补充规定。

寒潮天气各地不同，以伴随剧烈降温和偏北大风最为常见。因温度剧烈下降，气压很快升高，有时伴有雨、雪和霜冻。

防御寒潮灾害，必须在寒潮来临前采取相应的防御措施。可采用露天增温、加覆盖物、设风障和搭拱棚等方法保护花畦、育苗地和林园。对于越冬苗木，除选择优良抗冻品种外，还应加强冬前管理，提高植株抗冻能力。此外，还应改善园区生态条件。如：苗木越冬期间可采用冬灌、松土、镇压、盖粪（或盖土）等措施以达到防御寒潮目的。

（二）霜冻的防御

在植物还在生长的温暖季节里（平均温度在 0℃以上），土壤表面、植物表面以及近地面空气层的温度短时间下降，这种引起植物遭受伤害或者死亡的短时间低温冻害叫做霜冻。霜和霜冻是两个不同的概念，霜是一种天气现象，而霜冻则是与植物受害联系在一起的，是一种生物学现象；霜在温度低于 0℃的日子里都可能出现，霜冻则是在作物生长的温暖季节里出现。但是，由于大多数作物在最低温度低于 0℃时受霜冻危害，而这时也往往有霜出现，因此常误解为霜使作物遭受冻害。实际上出现霜冻时可能有霜，也可能无霜。

当冷空气入侵时，在晴朗无风或微风、低湿的天气条件下最容易出现较严重的霜冻。洼地、谷地和盆地等闭塞地形，冷空气堆积容易形成最严重的霜冻。由于砂土和干松土壤热容量和导热率小，霜冻频繁。其防御措施有以下几方面。

1. 避霜措施

（1）选择适宜的种植地　选择气候适宜的种植地区和适宜的种植地形。

(2) 选择适宜的种植品种　根据当地无霜期长短选用与之相当的品种。选择适宜的播(栽)期，做到“霜前播种霜后出苗”。育苗移栽植物的移栽时间要以能避开霜冻为准。

(3) 化控避霜　用一些化学药剂处理作物或果树，使其推迟开花或萌芽，从而避开霜冻。如用生长抑制剂处理油菜，能使其推迟抽薹开花；用 2,4-D 或马来酰肼喷洒茶树和桑树，能使其推迟萌芽而避霜，使遭受霜冻的危险性降低。

(4) 其它避霜技术　树干涂白以反射阳光、降低植物体温，使植物推迟萌芽从而躲避霜冻；在地面逆温很强的地区，把葡萄枝条放在高架位上，使花芽远离地面，避开低温；果树修剪时去掉下部枝条，使植株呈高大形，从而避开霜冻。

2. 抗霜措施

(1) 减慢植株体温下降速度，使日出前不出现能引起霜冻的低温。

① 加热法　霜冻来临前，在植株间燃烧柴草、油和煤等燃料，直接加热近地气层空气。一般用于小面积的苗圃、果园和菜园。

② 烟雾法　在防御霜冻的地区设烟堆燃熏，上风方向分布要密些，当温度下降到霜冻指标 1℃时点火熏烟，一直持续到日出后 1～2h 气温回升时为止。还有的用沥青、硝铵、锯末和煤末等按一定比例制成防霜弹，防霜效果也很好。其增温原理在于：燃烧物产生的烟幕能减小地面有效辐射，并直接放出热量，同时，水汽在烟粒上凝结放热。烟雾法能提高温度 1～2℃。

③ 灌溉法　灌溉法也是我国防霜冻常用的一种方法。试验证明，土壤灌水后，可以提高温度 2～3℃。在霜冻来临前 1～2d 灌水，灌水后土壤热容量和导热率增大，夜间土温下降缓慢，同时由于空气湿度增大，减小了地面有效辐射，促进了水汽凝结放出潜热，使周围降温慢。也可采用喷水法，利用喷灌设备在霜冻前把温度在 10℃左右的水喷洒到植物的叶面上。水温高于植株体温，其能释放大量的热量达到防霜冻的目的。喷水时不能间断，霜冻轻时，15～30min 喷一次，如霜冻较重，7～8min 喷一次。喷水数量以 0.06hm^2 喷 65～125kg 水为宜。这种方法多用于苗圃防御春霜冻。

④ 覆盖法　覆盖可以减小地面有效辐射，达到预防霜冻的目的。这种方法的热效应比烟雾法和灌溉法为好。采用不传热的材料（如稻草）包裹树干，于根部堆草或培土 10～15cm 也可以起到防霜冻的作用。

⑤ 防护法　在平流辐射型霜冻比较重的地区，合理建立防护林带、设置风障等措施都可以起到防霜冻的作用。

(2) 提高作物的抗霜冻能力　提高作物抗霜冻能力的措施有选择抗霜冻能力较强的品种；科学栽培管理；北方大田作物多施磷肥，生育后期喷施磷酸二氢钾；在霜冻前 1～2d 向果树上喷施磷钾肥，在秋季喷施多效唑，来年采收时果实抗冻能力大大提高。

(三) 冷害及其防御

冷害是指在农作物生长期间，其遭到低温影响，使植物生育期延迟或生理机能受到障碍，导致减产的现象。冷害也称低温冷害或寒害，我国冷害出现频率很高，东北地区农民称为哑巴灾。

要战胜冷害，必须掌握冷害发生的规律，采取综合防御措施：①实行适区种植，选用耐寒品种。②采取育苗移栽、地面覆盖栽培等措施。③适时早播，缩短播种期。④改良土壤，增施有机肥，配方施用化肥。⑤加强管理。如抓早间苗，及时防治病虫草害，适时喷洒植物激素以及根外喷施磷钾肥等。

另外，在冷害来临前还可采取应急措施，如向农田灌水，施用水面和叶面保温剂等，以提高温度。

（四）冰雹的防御

冰雹俗称冰雹云，是从发展旺盛的积雨云中降落到地面的大大小小的冰球。见图 2-11。它通常以不透明的霜粒为核心，外包多层明暗相间的冰壳，直径一般为 5～10mm，有的可达 30mm（图 2-12）。

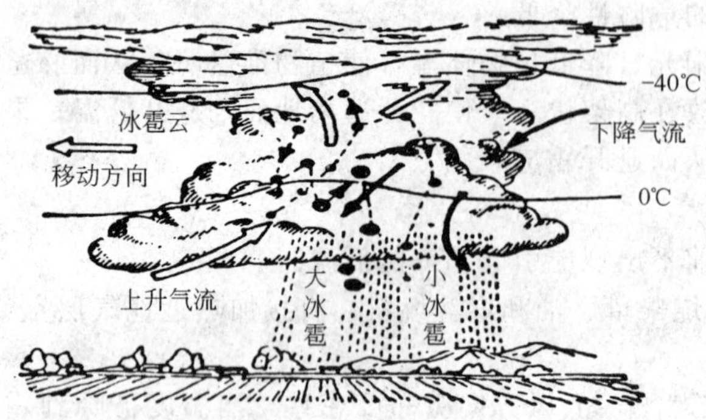

图 2-11　冰雹云示意图

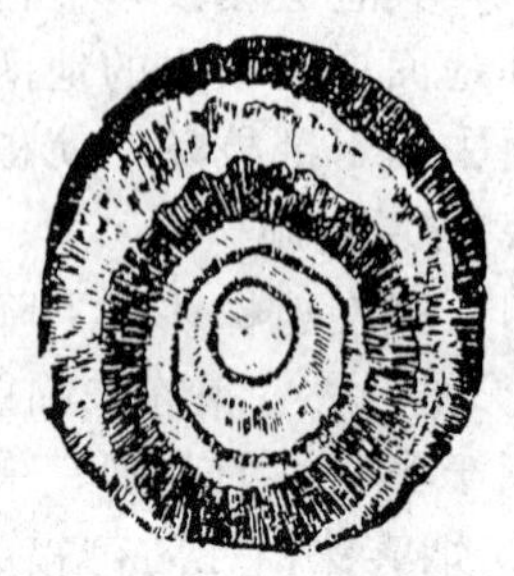
图 2-12　雹粒结构示意图

冰雹是一种严重的灾害性天气，由于降雹来势猛，强度大，并伴有狂风暴雨，对植物危害极大。冰雹降落到植物的茎叶和果实上会引起很大的机械损伤。冰雹的防御主要表现在人工消雹和防雹，把冰雹的灾害减小到最低限度。主要方法有以下 2 种。

（1）催化法　把碘化银、碘化铝等吸湿性凝结核用飞机撒播，或用高射炮，借助爆炸力散布于云中，使云内过冷却水滴分散增长，水汽加快凝结成水滴，以防大冰雹的形成。

（2）轰击法　用炮或小火箭轰击冰雹云，依靠爆炸冲击波和强烈声波的振荡，破坏上升气流，使雹块破碎变小，中途融化成雨和小冰雹。

（五）干旱的防御

因长期无雨或少雨，空气和土壤极度干燥，植物体内水分平衡受到破坏，影响正常生长发育，造成损害或枯萎死亡的现象称为干旱。干旱的防御措施有以下几方面。

1. 搞好园林基本建设，兴修水利，保土保水

结合园林景观建设，兴修水利，平整土地以保土保水。修建各种形式的沟坝地。进行小流域综合治理，以小流域为单位，工程措施与生物措施相结合，营造水土保持林，实行缓坡种耐旱植物，陡坡种草种树，拦土蓄水，改善生态环境。

2. 合理耕作蓄水保墒

合理耕作蓄水保墒的中心是伏雨春用，春旱秋抗。具体措施是秋耕壮垡，就是秋收后先浅耕耙，去根茬杂草，平整土地，施足底肥，深耕翻下，有利于接纳秋冬雨雪。其次塌墒，已壮垡的地春季不再耕翻，只在播种前 4～5d 轻轻耙耢后即播种，以减少土壤水分蒸发。另外，早春土壤刚解冻时要采取耕作措施切断土壤毛管，减少水分蒸发，结合轻轻镇压防止漏风跑墒。

3. 科学灌溉

进行灌溉时，为防止大水漫灌，发挥灌溉水的作用，首先要根据当地条件实行节水灌溉，即根据作物的需水规律和土壤水分指标，科学计算灌溉量，选定适宜灌溉时间。推广先进的喷灌、滴灌和渗灌技术。

4. 地面覆盖栽培，抑制蒸发

利用地膜、秸秆等材料覆盖在草坪等表面可有效地抑制土壤蒸发，起到很好的蓄水保墒效果。

5. 选育抗旱品种

根据园林景观配置，合理选种旱生植物品种。

6. 抗旱播种

抗旱播种是北方地区抗御春旱的重要措施，其方法有抢墒早播、适当深播、垄沟种植、镇压提墒播种和育苗移栽等。

7. 化学控制措施

化学控制措施目前主要包括以下几种。

(1) 化学覆盖剂　化学覆盖剂是用高分子化学物质制成的乳液，用水稀释一定倍数喷洒到地面上形成一层覆盖膜，可以有效抑制土壤水分蒸发。

(2) 保水剂　保水剂是一种具有较强吸水性能的高分子化合物。它吸水后会缓慢释放水分，可反复吸水、释水，所以保水剂施入土壤后能增强土壤的保水能力，减轻干旱危害。

(3) 抗旱剂1号　抗旱剂1号是一种生物活性物质，喷洒到叶面上能减小叶片气孔的开张度，减少叶面蒸腾，提高作物的抗旱能力。

8. 人工降雨

人工降雨是利用火箭、高炮和飞机等工具把冷却剂（干冰、液氮等）或吸湿性凝结核（碘化银、硫化铜、盐粉和尿素等）送入对流性云中，促使云滴增大而形成降水。

（六）洪涝的防御

洪涝是指由于长期阴雨和暴雨，短期的雨量过于集中，河流泛滥，山洪暴发或地表径流大，低洼地积水，土地被淹，植物被毁等现象。洪涝是我国农业生产中仅次于干旱的一种重要自然灾害。洪涝的防御措施有以下几方面。

1. 治理江河，修筑水库

通过疏通河道、加筑河堤、修筑水库等措施，既能有效地控制洪涝灾害，又能蓄水防旱。治水与治旱相结合是防御洪涝的根本措施。

2. 加强园林基本建设

在易涝地区，田间合理开沟，修筑排水渠，畅通排水，搞好垄、腰、围三沟配套以降低地下水位，使地表水、潜层水和地下水能迅速排出。同时要抓住有利天气及时进行田间管理，改善土壤通气性，防止地表结皮及盐渍化。

3. 改良土壤结构，降低涝灾危害程度

通过合理的耕作栽培措施，改良土壤结构，增强土壤的透水性，可有效地减轻洪涝灾害。实行深耕，打破犁底层，提高土壤的透水能力，消除或减弱犁底层的滞水作用，可降低耕层水分。增加有机肥，疏松土壤，采用秸秆还田、轮作等措施，减轻洪涝灾害的影响。

4. 调整种植结构，实行防涝栽培

在洪涝灾害多发地区，适当安排旱生与水生植物的种植比例，选种抗涝植物种类和品种，并根据当地条件合理布局，适当调整播栽期，使作物躲过灾害多发期。实行垄作，有利于排水，提高地温散表墒。

（七）干热风的防御

干热风发生时，土壤蒸发强烈，植物蒸腾增强，即使在土壤水分充足的条件下，植物也容易水分失调，正常生理受阻。干热风是一种范围较大、高温而干燥的气流，可以使作物植株大量失水，影响其生理活动，乃至叶片凋萎、脱落，严重时可以使其青枯死亡。干热风主要出现在黄淮平原、河西走廊地区及南疆盆地。另外在陕西关中地区和北疆的一部分地区也常出现干热风。

在长期实践中，我国劳动人民总结出了抗御干热风的四项措施，即避、抗、防、改。

（1）避　适时早播育苗，以便躲过或减轻干热风危害。

（2）抗　选种抗干热风能力强的树木和花卉品种，抵抗干热风的危害。

（3）防　在干热风来临时采取有效防御措施。灌透、灌足一次水分，适当增施磷肥等对防御干热风有一定的作用。

（4）改　营造防护林带，可以减小风速，防止风沙，调节气温，减少蒸发，提高土壤和空气湿度，改变小气候，改善生态环境，对防御干热风有良好效果。

（八）台风的防御

台风是我国沿海地区主要的灾害性天气，是发生在热带或副热带海洋上的气旋性涡旋，是一个强大的暖性低压系统，中心气压常在970hPa以下。台风中，按其结构和天气现象的不同，可分为三个区域，即台风眼区、狂风暴雨区和外围大风区（图2-13）。

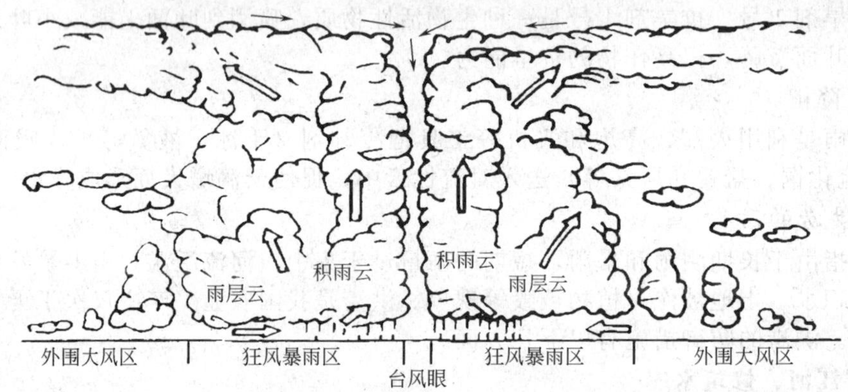

图2-13　台风结构示意图

台风眼区系台风中心，范围很小，这里气流下沉，通常是静稳无风的晴朗天气。狂风暴雨区是围绕台风眼的最大风速区和最大降雨区，该区域内上升气流强烈，常常形成宽数十千米，高十余千米的对流云云墙，是台风中天气最恶劣，破坏力最大的区域。外围大风区是台风边缘向内至最大风速区边缘的区域，风力一般6～8级，有积状的中、低云，偶尔也有积雨云。

台风还产生大风和暴雨，会造成生命财产的巨大损失。但在伏天干旱少雨时，往往一次台风能带来充沛的雨量，解除了旱情。台风雨也是东南沿海地区秋季降水的重要来源，特别在秋旱的年份，台风雨就显得尤其重要。

台风从4月开始影响我国，到12月仍有登陆，但主要集中在7～9月间，此间登陆的台风占全年登陆台风总数的77%。据统计，我国每年受热带气旋和台风登陆影响的地区主要集中在浙江以南的沿海，尤以广东省最甚。温州以南至汕头之间是台风登陆的集中地带，也是台风危害最重的地区。

台风登陆前，注意收听、收看气象部门发出的警报和预报，做好防灾、抗灾准备，可减轻损失。

（九）大风的防御

风力大到足以危害人类的生产活动和经济建设的风称为大风。我国气象部门以平均风力达到或超过6级或瞬间风力达到或超过8级作为发布大风预报的标准。大风是一种常见的灾害性天气，对园林生产的危害很大。其防御措施有以下几方面。

① 营造完整防风林网，保护植被。扩大绿色覆盖面积，减弱风速，防止风蚀。

② 建造小型防风工程。设防风障、筑防风墙、挖防风坑等可减弱风力，阻拦风沙。

③ 选育抗风品种，合理栽培。播种后及时培土镇压。高秆植物及时培土，将抗风力强的植物种在迎风坡上，并用卵石压土等。此外，加强管理，合理施肥等多项措施可减轻风害。

（十）龙卷风的防御

龙卷风是一种从很厚积雨云的底部伸展出来的漏斗云（图 2-14），是大气中最强烈的一种涡旋现象。由于龙卷风的内外气压差较大，有强烈上升气流，可将地面物品吸卷起来，形成高大柱体。在陆地上的龙卷风叫陆龙卷，在水面上的龙卷风叫水龙卷。

图 2-14　龙卷风

龙卷风的范围小，水龙卷的直径通常只有 25～100m；陆龙卷的直径范围也不过 100～1000m，极个别的可达 1000m 以上。龙卷风持续时间也很短，一般只有几分钟到数十分钟。

由于龙卷风移速较快。顿时产生旋转性风，风速达 100～200m/s，可拔起大树，掀翻车辆，摧毁建筑物，破坏力极大。龙卷风多发生在 6～9 月，一天中则出现在中午至傍晚。龙卷风可以在任何地区形成，在我国多集中于东半部地区，南方多于北方，平原多于山地，江苏、上海、安徽、浙江及山东、湖北、广东等地较多。龙卷风出现突然，生命期短，因此很难预报。

【本章小结】

本章介绍了园林植物的气象环境，包括园林植物的光（太阳辐射）、温度、水、大气环境四部分。

园林植物的光（太阳辐射）环境：太阳辐射是园林植物生长发育所必需的环境条件之一。太阳以电磁波的形式时刻不停地向周围空间放射出巨大的能量，称为太阳辐射。地面一方面吸收太阳辐射，同时又时刻不停地向外辐射能量，称为地面辐射。大气直接吸收太阳辐射的能力很弱，但能强烈地吸收地面的长波辐射。大气吸收地面辐射后温度升高，也能不断地向外辐射，称为大气辐射。地面辐射和大气辐射的波长较长，均称为长波辐射，而太阳辐射是短波辐射。太阳辐射强度是指在单位时间内垂直投射到单位面积上的太阳能量的大小。当地球位于日地平均距离时，到达地球大气上界的太阳辐射强度称为太阳常数。太阳辐射能按其波长顺序排列而成的波谱称为太阳辐射光谱，按波长分为紫外线（波长小于 $0.4\mu m$）、可见光（波长 $0.4\sim0.76\mu m$）和红外线（波长大于 $0.76\mu m$）三个光谱区。太阳辐射通过大气层时，被吸收、散射、反射，到达地面时被显著地减弱。到达地面的太阳辐射由两部分组成：太阳直接辐射（S'）、散射辐射或天空辐射（D）。两者之和称为太阳总辐射 Q（$Q=S'+D$）。太阳照射的时间称为日照时数，以小时为单位，包括可照时数和实照时数两种。实照时数可用日照计观测。太阳辐射除了热效应外，还具有光效应。表示物体被光照射明亮程度的物理量称为光照强度，简称照度。光照强度受纬度、太阳高度角、海拔高度等因素的影响。光照强度、日照长度及光谱成分的变化都能对植物产生重要的生态作用。根据对光照强度的要求，园林植物可分为喜光植物、阴生植物和耐阴植物。根据对光周期的不同反应，园林植物可分为长日照植物、短日照植物、中日照植物和日照中性植物。利用光对园林植物的生态效应及园林植物对光的生态适应性的不同，园林绿化中的光环境的调控作用有调整花期、改变休眠与促进生长、引种驯化、栽植配置。

园林植物的温度环境：温度的时空变化对植物的生长发育和分布具有极其重要的作用，反过来，植物也对其生长环境的温度起到一定的调节作用。温度的变化包括土壤温度和空气温度的变化。一天中土壤温度随时间的连续变化称为土壤温度的日变化。一天中土壤表面温度有一个最高值和一个最低值。最高温度通常出现在 13 时左右，最低温度出现在将近日出的时候。随着土层深度的增加，土壤日最高温度和日最低温度出现的时间向后推移。大约每深 10cm 落后 2.5～3.5h。一天中，最高土温与最低土温的差值称为土壤温度日较差。土壤温度日较差随土层深度的增加而减小，在中纬度地区大约消失在 1m

左右，该深度以下的土层叫做日温恒定层。土壤温度日较差的大小主要取决于地面热量差额和土壤热属性，同时还受纬度、季节、天气条件及下垫面状况等因素的影响。一年中土壤温度的周期性变化称为土壤温度的年变化。一年中最热月平均土温与最冷月平均土温之差称为土温年较差。土温的年较差也是随深度的增加而减小的。土温年较差的大小与纬度、地表状况、天气条件等因子密切相关。土壤温度的垂直分布可归纳为三种类型：日射型、辐射型、过渡型。一天中气温随时间的连续变化称为气温的日变化。近地层气温在一日内有一个最高值和一个最低值，一般最高值出现在 14～15 时（冬季在 13～14 时），最低值出现在接近日出时。一天中，最高气温与最低气温的差值称为气温日较差。气温日较差的大小受纬度、海拔高度、季节、天气状况、地形和下垫面性质等因素的影响。气温的年变化与土温的年变化相似。气温年较差受纬度、海拔高度、下垫面性质、地形、距海远近和天气状况等因素的影响。对流层中也会出现气温随高度的增加而升高的现象，称为逆温。按其形成原因可分为辐射逆温、平流逆温等。生物学三基点温度是指植物生长的最适温度，最低温度和最高温度。具有普遍意义、能标志某些重要物候现象的开始、终止或转折点的日平均温度，称为界限温度。一般采用日平均温度 0℃、5℃、10℃、15℃、20℃。植物在某一生长发育阶段或整个生长发育期内逐日平均气温的总和称为积温。积温表示植物在生长发育期内对热量的总要求。积温一般有活动积温和有效积温两种表示方法。不同地区四季的长短是有差异的。由于长期适应于这种季节性的变化，植物就形成一定的生长发育节奏，即物候期。植物对昼夜温度变化的适应性称为“温周期”。非节律性变温指温度的骤然升高和骤然降低，即通常所说的极端低温和极端高温。非节律性变温会使植物生长受阻或死亡。

园林植物的水环境：大气中水的存在形式有汽、液、固三态，也叫作水的三相。各相之间能互相转变，即发生蒸发、升华、凝结、凝华过程。它在天气变化中起着重要的作用。表示空气中所含蒸汽量和空气潮湿程度的物理量，叫作空气湿度，常用水汽压、绝对湿度、相对湿度、饱和差和露点等来表示。降水是指以雨、雪、霰、雹等形式从云中降落到地面的液态或固态水，广义的降水是指地面从大气中获得的各种形态的水分，包括云中降水和地面凝结物，可用降水量、降水强度、降水变率（又分为绝对变率、相对变率）、降水保证率表示。降水的种类有雨、雪、霰、雹、露、霜、雾、雾凇、雨凇。单位时间内的降水量称为降水强度，单位为 mm/d 或 mm/h。按降水强度的大小可将降水分为若干等级，如小、中、大雨（雪）等。任何园林植物都离不开水，根据园林植物对水分的不同要求，可将其分为旱生、水生、中生和湿生植物。园林植物能调节城市水分状况，表现为园林植物截留降水，并通过蒸腾作用，增加大气湿度，此外，园林植物群落还有增加城市水资源的作用。在园林绿化中水环境的调控作用有合理浇灌、抗旱锻炼，培育壮苗、控制水分，调整花期、灌水防寒。

园林植物的大气环境：大气由多种气体、水汽和悬浮在大气中的微粒杂质等混合组成。大气中除去水汽和杂质外的整个混合气体称为干洁空气。干洁空气主要由氮（N_2）、氧（O_2）、氩（Ar）、二氧化碳（CO_2）组成。各成分具有不同的生态作用。大气在垂直方向上的温度、成分、气流状况和电离现象等有显著差异，根据不同高度气层的特点，特别是气温的垂直分布，可从下而上把大气分为五层，即对流层、平流层、中间层、热层、外层（散逸层）。在对流层中，地面 1～2km 的高度称为对流层，该层受地面状况影响最大，各气象要素具有明显的日变化，空气的对流和湍流运动很强，再加上水汽充沛、杂质颗粒多，因而云、雾、霾、浮尘等现象出现频繁。大气污染一般是指人类活动所带来的有害物质不断的排到大气中去，其浓度超过大气及其生态系统的自然净化能力，打破了生态平衡，对人类健康、生物生存、正常的工农业生产和交通运输产生危害的现象。大气污染监测的方法可分为间断测定和连续测定两种方法。空气在水平方向上的运动称为风。风的特征用风向、风速来表示。在日常天气预报中，风速的大小常用风力等级来表示，从 0 到 12 级。风对园林植物的生态作用主要有风对植物生长的影响、风对花粉、种子及病虫害传播的影响、风对植物的机械损害。在风盛行的城市，营造防风林带，可以减弱风的危害。园林植物是空气的净化器。我国的灾害性天气主要有寒潮、霜冻、冷害、旱涝、干热风、大风、台风、龙卷风和雹灾等。采取一定措施，灾害性天气可以得到有效防御。

【思考题】

一、名词解释

温度日较差　温度年较差　逆温现象　积温　活动积温　有效积温　界限温度霜冻　早霜冻　晚霜冻　温周期现象　物候　热岛效应

二、填空

1. 一般，温度日较差随纬度的增加而（　　），温度年较差随纬度的增加而（　　）。距海愈远的地方，温度日较差和温度年较差（　　）。

2. 我国的气温日较差从东南沿海向西北内陆逐渐（　　）。“早穿皮袄午穿纱，围着火炉吃西瓜”的农谚正是我国西北地区气温日较差（　　）的真实写照。

3. 逆温有（　　）和（　　）两种类型。

4. 日平均气温在（　　）以上的持续时期为温暖期，（　　）以下的持续时期为寒冷期。

5. 生物学三基点温度是指（　　）、（　　）和（　　）。

6. 植物开始生长发育的最低温度，称为（　　），又称（　　）。

7. 根据霜冻发生的季节，可分为（　　）和（　　）两种。

8. 通常，发生在0℃以上的低温危害称为（　　），发生在0℃以下的低温危害称为（　　）。

9. 初霜冻和终霜冻对植物危害最大，因为（　　）。

10. 按照树种对温度的要求程度，可把树种分为三类：（　　）、（　　）和（　　）。

11. 温周期对提高植物的生长量和品质愈有利，是因为白昼适当高温有利于（　　），夜间适当低温使（　　）减弱，从而使净积累增多。

12. 日灼多发生在树皮或果皮（　　）的树种的成年树上。

13. 原产于热带、亚热带的喜温树种不能在温带栽种的主要原因是受（　　）的限制。

14. 一般（　　）以上的持续期为树种的生长期。

15. 辐射型的土壤温度随深度增加而（　　）。

三、判断题（正确的请打“√”，错误的打“×”）

1. 潮湿紧密土壤的昼夜温差大于干燥疏松土壤的。（　　）

2. 土壤表面的温度日较差和年较差都最大，随土层深度的增加则变小。（　　）

3. 生理干旱是由于土壤缺水引起的。（　　）

4. 只要平均温度能满足植物生长发育的需要，植物就可正常地生长发育。（　　）

5. 在一定的温度范围内，昼夜温差值愈大，植物的产量愈高。（　　）

6. 霜冻对树木的危害并非霜的本身，而是低温所引起的伤害。（　　）

7. 在北方的冬季，树干的南面尤其是西南面常易发生树干冻裂现象。（　　）

8. 平流逆温是由于冷空气平流到暖的下垫面上而形成的。（　　）

四、简答题

1. 太阳辐射中不同光谱对植物生长、发育等生理活动有何影响？

2. 根据植物对光照强度的要求，可以把植物分成哪几类？举例说明。

3. 根据植物对日照长度的要求，可以把植物分成哪几类？举例说明。

4. 什么是光周期现象？其在园林花卉生产中有什么意义？

5. 试述光环境的调控在园林绿化上的作用。

6. 土温和气温的日变化和年变化各有何特点？

7. 土壤温度的垂直分布可分几种类型？各有何特点？为什么地窖中感到冬暖夏凉？

8. 常见的逆温种类有哪些？有何特点？逆温现象在生产上有哪些方面的应用？

9. 极端低温对林木危害的种类有哪些？可采取哪些预防措施？

10. 极端高温对林木危害的种类有哪些？可以采取哪些预防措施？

11. 什么是界限温度，生产上常用的界限温度有哪些？

12. 什么是城市“热岛效应”？其形成的原因是什么？
13. 园林植物如何对城市气温的进行调节？
14. 空气湿度的表示方法有哪些？定义是什么？单位是什么？
15. 降水如何形成？本地区常见的降水种类有哪些？
16. 按降水强度大小可将降水分为哪些等级？
17. 植物对水环境的生态适应型有哪些？
18. 水环境调控在园林绿化中有何作用？
19. 园林植物对城市水分状况的调节作用有哪些？
20. 整个大气在垂直方向上按其物理性质可分为哪几层？对流层有哪些重要特征？
21. 低层大气包括哪些成分？各有什么生态作用？
22. 本地区大气污染状况如何？是如何形成的？对园林植物有什么危害？
23. 本地区所种植的园林植物对大气环境有什么保护作用？
24. 根据本地区特点，如何进行城市防风林建设？
25. 本地区常见灾害性天气有哪些？如何有效防御？

五、计算题

1. 已知某植物的生物学最低温度为10℃，某苗圃3月20日播种，3月27日出苗，这8天里的日平均气温是16℃。请计算该植物从播种到出苗所需要的活动积温和有效积温。

2. 设某旬逐日平均气温分别为11.0℃、9.5℃、10.0℃、9.8℃、10.2℃、12.3℃、15.7℃、14.1℃、16.3℃。计算10℃以上的活动积温和有效积温。

第三章　园林植物的土壤环境

【学习要求】

技能目标：

【学习】土壤样品的采集制备，土壤有机质含量、容重、酸碱度和含水量的测定及土壤剖面的观察。

【熟悉】园林植物土壤测定的目标要求与基本原理。

【学会】园林植物土壤观察测定各环节的基本操作方法。

必要知识：

【了解】园林植物土壤环境要素的基本内容。

【理解】土壤组成物质运动变化的基本规律。

【掌握】园林植物土壤组成、性质和肥力因素的定性定量表达与调节措施。

【实训项目】

实训五　土壤样品的采集与制备（179 页）

实训六　土壤有机质含量的测定（182 页）

实训七　土壤容重的测定及土壤孔隙度的计算（184 页）

实训八　土壤酸碱度的测定（187 页）

实训九　土壤含水量的测定（189 页）

实训十　土壤剖面的野外观察（192 页）

第一节　土壤的核心概念

一、土壤的概念

土壤是什么？世界上绝大多数人从会行走开始就与之接触，逐渐能领会它是什么东西。但要知道其本质并给它确切而科学的定义却非易事。我国有五千年的文明史，其实际上是伴随着农业土壤耕耘而发展的。在生存与活动的漫漫历史长河中，人类积累了不少的土壤知识。最初记载土壤含义的书为《周礼》（其成书年代至今未成定论，但据谷海波《中国古代文化常识》推论其最早成书于战国中期）："万物自生焉则曰土，以人所耕而树艺焉则阅壤"。意即凡是自然植被生长的土地称为"土"，经垦种的土地叫做"壤"。不同的时期，人类对土壤的认识也是有差异的，赋予土壤的含义也不同。国内外不同学者对土壤的认知情况具有非常明显的差异，地质学家认为土壤是地表岩石风化碎屑；化学家认为土壤是化学元素的贮藏库；环境学家认为土壤是重要的环境因素；工程师说土壤是建筑物的地基；土壤学家和农学家认为土壤是地球上生长植物的材料。我国土壤学界最广泛接受的是 20 世纪 30 年代前苏联土壤学家威廉斯所下定义，其几个要点是地球陆地、疏松表层、生长绿色植物。近几十年来，随着海、湖浅水区种植业的开发利用，20 世纪 70 年代以来通过航天观测，探索到其它星球上存在浮土以及水的痕迹，随之伴生的主流认识是在地球范围内扩大到浅水域底，就种植业范围对以往表述方式进行改进后给予如下定义。

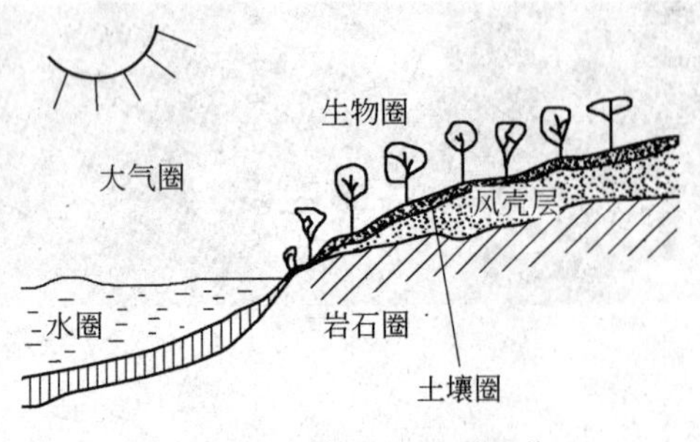

图 3-1 土壤圈的重要地位

土壤是地球陆地上及浅水域底能够产生绿色植物收获物的疏松表层。这种表达反映了土壤的空间位置、形态与功能。地球陆地上和浅水域底表层说明土壤在地球上所处的位置；其物理状态是疏松多孔的未固结层，以明显区别于坚硬固结的岩石等；其功能是能产生绿色植物收获物。

土壤在生态系统中的地位十分重要。地球表层系统有大气圈、水圈、土壤圈、岩石圈和生物圈等五个圈层组成。其中土壤圈处于其它圈层相互紧密交接的地带，构成了结合无机界和有机界的中心环节。土壤发育于地球陆地及浅水域底表面的疏松层，且能够生长植物，在地球自然地理系统中被称为土壤圈（图 3-1）。

土壤是陆生及浅水域植物生活的基质和陆生及浅水域动物生活的基地。土壤的重要性表现为：第一，土壤是土壤动物赖以生存的栖息场所、人类生存活动的基底，是人类活动的一项极其宝贵的自然资源；第二，土壤是地球表层物质和能量交换的重要场所。

怎样区别土壤？按照分类程序，土壤是可以被区分开来的，区域条件不同就会产生不同的土壤类型。要真正能识别不同土壤还得经历较长的实践过程，取得经验，以掌握相应的技术和知识为前提。但开始步入本学科，就应对我国一些大区域的主要土壤有个基本的了解，如东北平原黑土，华北平原褐土，淮北平原的砂浆黑土，西北干旱区栗钙土、灰漠土等，黄土高原的𪤵土，长江中下游平原的黄棕壤，江南红壤、黄壤和四川紫色土等。

二、土壤肥力的概念

土壤之所以能生长绿色植物是因为其具有肥力，土壤学家及农学家认为，肥力是土壤的本质特征。西方土壤学家传统地将土壤供应养料的能力称为土壤肥力。前苏联土壤学家则认为土壤肥力是指土壤具有的供应植物养分和水分的能力。

近几十年来通过研究和争论，中国土壤学会还曾专题研讨，我国土壤学界基本统一认为，土壤肥力包括水分、养分、空气和温度（水、肥、气、热）四个肥力因素。只有这四大因素同时存在，而且处于相互协调状态时，土壤才能保证植物生长得又快又好，从而达到高产。所以我国的土壤科学工作者认为：土壤肥力是土壤同时不断地供给和协调植物生长发育所需要的水、肥、气、热等生活因素的能力。土壤具有代谢功能和自动调节肥力因素的功能。原西南农业大学侯光炯教授认为，土壤肥力高低由土壤向植物稳、匀、足、适供给和协调肥力因素的程度决定。土壤肥力可以按发生过程和程度细分为以下四种类型。

（1）土壤肥力按其发生过程可分为自然肥力和人工（为）肥力

① 自然肥力。自然肥力是指土壤在自然因素综合作用下发生和发展起来的肥力。纯粹的自然肥力只有在原始林地和未开垦的荒地（自然土壤）上才能见到。

② 人为肥力。人为肥力是自然土壤经过开垦耕种以后，在人类生产活动影响下创造出来的肥力。

农业土壤（又称为耕作土壤、耕种土壤）既具有自然肥力，又具有人为肥力，就其发生而论可以区分，但极难分出各自的权重。

（2）土壤肥力按其发挥程度可分为有效肥力和潜在肥力

① 有效肥力。有效肥力是指在农业生产（当季生产）中能表现出来的，产生经济效果的那部分肥力。

② 潜在肥力。潜在肥力是暂时不能被植物吸收利用，在当季生产中没有直接反映出来的那部分肥力。

第二节 土壤固相的组成

土壤是由固体、液体和气体三相物质组成的疏松多孔体。其中，固体部分包括无机体和有机体，它们是组成土壤的基本成分。一般来说，固体部分占土壤总体积的50%左右，其中，40%以上是矿物质颗粒（无机体），构成土壤的主体，另外还有不及10%的是有机体，主要是腐殖质，常常胶结在矿物质颗粒表面，形成有机无机复合体。

在固体物质之间还存在着大小不同的孔隙，占据土壤总体积的另一半。孔隙里充满着水分和空气，水分一般占土壤总体积的15%～35%。在水分占据以外的全部孔隙中充满着空气，土壤中水和空气二者在数量上互为消长，水多则气少，水少则气多（图3-2）。

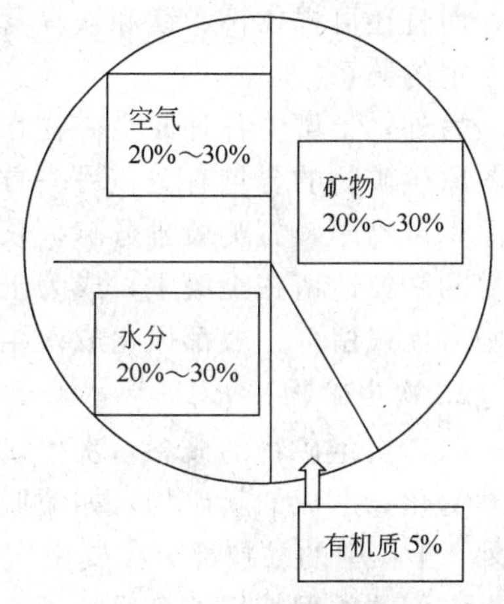

图3-2 土壤组成图

如果将土壤视为一个类生物体，土壤矿物质颗粒构成土壤主体，好比是土壤骨骼；土壤有机体（腐殖质）是土壤肥力的精华，好比是土壤的肌肉；土壤水分实际上是含有可溶性养分的土壤溶液，它可在土壤孔隙中运动，好比是土壤的血液；而孔隙中的土壤空气与大气不断进行交换，大气补给土壤氧气，土壤又呼出二氧化碳，好比土壤在呼吸。

一、土壤矿物质

（一）主要成土矿物

土壤矿物质是土壤中所有固态无机物质的总称，它全部来自于岩石矿物的风化，岩石矿物经风化成土就形成土壤中的矿物颗粒。

土壤矿物质是土壤的主要组成物质，占95%以上，它好比土壤的骨架，对生长在土壤上的植物起着支撑作用，同时其还供给植物矿质营养（不包括N元素）。土壤中的矿物质按其成因（或来源）可分为原生矿物和次生矿物两类，它们在不同大小的土粒中所占的比例有很大差别（表3-1）。

表3-1 各级土粒的矿物组成

土粒粒径/mm	石英	长石	云母	角闪石	其它
1～0.25	86	14	—	—	—
0.25～0.05	81	12	—	4	3
0.05～0.01	74	15	7	3	3
0.01～0.005	63	8	21	5	3
<0.005	10	10	66	7	7

注：引自胡祖昆．作物生长条件与环境．天地出版社，1998。

1. 原生矿物

（1）原生矿物的概念　原生矿物是指由地壳深处熔融状态的岩浆冷凝固结而形成的矿物，其在风化过程中未改变化学组成。一般土壤中所含的原生矿物主要有石英、长石、白云母、黑云母、辉石、角闪石、橄榄石、方解石、赤铁矿、磁铁矿、磷灰石和黄铁矿等，其中以石英、长石、白云母、黑云母、角闪石和辉石最常见。

（2）原生矿物对土壤肥力的贡献　原生矿物的作用分为两方面，一方面是构成土壤的骨骼——土粒，另一个作用是原生矿物经风化为植物提供养料。比如长石和云母可为植物提供钾素养分；角闪石和辉石在风化过程中可提供钙、镁、铁和锰等营养元素。云母不但提供钾，而且还可提供钙、镁和铁等营养元素。由此可见，土壤原生矿物种类和土壤养分的提供有一定的关系。

另外，土壤中各种原生矿物在土壤中的含量和存在状况与很多因素有关，一方面与母岩中各原生矿物的含量有关；另一方面，其还决定于在各种因素影响下矿物风化作用的强度。在原生矿物中，石英最难分解，长石次之，辉石、角闪石、黑云母易风化。因而石英常成为较粗的颗粒遗留在土壤中，成为土壤中较粗的沙粒部分；而辉石、角闪和石黑云母等在土壤中则多无残留，一般都风化成次生矿物，成为土壤中较细的黏粒部分。

2. 次生矿物

（1）次生矿物的概念　次生矿物是指原生矿物经物理、化学风化作用，组成和性质发生化学变化，形成的新矿物，如蒙脱石、伊利石和高岭石等。除少量属于石英、长石等原生矿物外，土粒中的黏粒部分主要由次生矿物组成。组成黏粒的次生矿物也叫黏粒矿物或黏土矿物。它们的类型特征综合反映了土壤的风化和成土条件，即自然成土五因素及人为耕作因素的影响。

（2）次生矿物的类型　土壤中次生矿物的颗粒很小，具有胶体性质，它是土壤中黏粒和无机胶体的组成部分。其种类很多，不同的土壤所含次生矿物的种类和数量也不相同。根据其构造和性质，可将其分为简单盐类、次生氧化物类和层状铝硅酸盐类。

① 简单盐类。在土壤中最常见的简单盐类有碳酸盐、硫酸盐和氧化物等。如方解石、白云石、石膏和芒硝等。它们都是矿物风化后的最终产物，结晶、构造都较简单，常见于干旱和半干旱地区的土壤中。

② 次生氧化物类。在土壤中一般存在着结晶程度高低不等的一系列氧化矿物质，非晶质氧化物比表面大，比活性多，常与次生铝硅酸盐矿物或腐殖质结合，脱水老化可转化为晶质矿物。如铁铝氧化物可在土粒表面形成胶膜，对土壤团聚体起着胶结作用。次生氧化物矿物主要有三水铝石（$AI_2O_3 \cdot 3H_2O$）、水铝石（$Al_2O_3 \cdot H_2O$）、针铁矿（$Fe_2O_3 \cdot H_2O$）、赤铁矿和蛋白石。

③ 次生层状铝硅酸盐矿物。次生层状铝硅酸盐矿物是土壤中黏粒的主体，主要有1∶1型的高岭石组和2∶1型的蒙脱石和伊利石组。

（二）主要成土岩石

岩石是一种或数种矿物组成的天然集合体。不同的岩石其组成（和组织）有所不同，其组成在一定的范围内还有所变动，因而不能以化学式表示（其组成）。根据岩石的成因可分为岩浆岩、沉积岩和变质岩（表3-2）。

1. 岩浆岩

岩浆岩是地球内部岩浆侵入地壳或喷出地表冷凝形成的岩石。其特点是没有层次、不含化石及其它有机物质。

2. 沉积岩

沉积岩是由地壳表面早期形成的岩石经风化、搬运、沉积、压实和胶结硬化而形成的岩石。其特点是除了可能含有化石外，一般具有成层性，同时颗粒细小，不易风化，在自然界中分布面积大。主要的沉积岩有角砾岩、砾岩、砂岩、页岩和石灰岩。

表 3-2 主要成土岩石的性质

类别	名称	矿物成分	风化特点和分解产物
岩浆岩	花岗岩	主要由长石、石英和云母组成	抗化学风化能力强，易发生物理风化，风化后易形成砂粒和黏粒，钾素含量高
	闪长岩	主要由斜长石和角闪石组成	抗风化能力弱，风化产物是土壤中砂粒重要来源
	玄武岩	主要由斜长石和辉石组成	易风化，风化产物富含黏粒，养分含量高
沉积岩	砾岩	主要由粒径＞2mm 的颗粒组成，颗粒多为石英	易风化，风化产物含砂粒高，养分缺乏
	砂岩	由粒径 0.1～2mm 的颗粒组成，颗粒多为石英和长石等	不同砂岩的抗风化能力不同，易风化的含黏粒含量高，且养分丰富；反之含砂粒量高，养分缺乏
	页岩	由粒径＜0.1mm 的颗粒组成，成分多为黏土矿物	易风化，风化产物质地黏，养分含量高
	石灰岩	主要成分为 $CaCO_3$	在雨水充沛时易风化，产物质地黏重
变质岩	片麻岩	由花岗岩经高温高压变化而来，成分也与其相同	风化特点与花岗岩相似，但抗风化能力弱于花岗岩
	千枚岩	由黏土矿物变化而来，云母含量高	易风化，风化产物质地黏重，养分含量丰富，钾素含量高
	板岩	由黏土矿物变化而来	较千枚岩抗风化，产物与页岩相似

注：引自金为民．土壤肥料．中国农业出版社，2001。

3. 变质岩

在新的地壳变动或岩浆活动产生的高温、高压下，使原来存在的岩石的矿物重新结晶，重新排列，改变其结构、构造和化学成分，从而形成新岩石该岩石称为变质岩。其特点是极易风化，在地表和土壤中含量较低。

（三）*岩石矿物的风化*

1. 风化作用的概念

在大气圈、生物圈各种因素的作用下，地壳表层的岩石会发生不断地破碎和分解。岩石矿物的风化作用是指在大气、水、温度变化和生物活动等外界因素的作用下，坚硬的岩石矿物逐渐崩解破碎成碎块和细粒。风化的结果是岩石的矿物成分和化学组成发生改变，形成新的矿物。

2. 风化的类型

岩石风化作用有物理风化、化学风化及生物风化 3 种类型。

（1）物理风化　物理风化是指岩石矿物在自然因素作用下，崩解破碎，其大小和形状发生变化而不改变其矿物成分和化学组成的过程。物理风化的结果是，虽然岩石的矿物组成和化学组成没有改变，但它使岩石产生机械破碎，成为大小不等的石砾和碎屑，表面积增加，成为疏松多孔的堆积物，产生了岩石所不具有的对水分和空气的通透性，为化学风化创造了条件。

（2）化学风化　化学风化是指岩石矿物在水、氧、CO_2 等自然风化因素的参与下所发生的一系列化学分解作用的过程，一般包括溶解作用、水化作用、水解作用，氧化作用。

（3）生物风化　生物风化是指在生物的作用下，岩石矿物发生的物理和化学风化的过程。低等植物如地衣的菌丝和高等植物的根系对岩石的穿插；土壤中各种动物如鼠类、蚯蚓和昆虫等对岩石的机械破碎作用。藻类、地衣和硝化细菌等可在岩石表面生长，分泌出酸液分解岩石，从中摄取所需的养分，从而使岩石矿物遭到分解和破坏。

以上三种风化作用相互联系，相互影响，是土壤形成的基础，风化产物无论是残留在原地，还是被搬运沉积在异地，均可成为各种类型的土壤母质。

二、土壤粒级与土壤质地

（一）土壤粒级

1. 矿物质土粒的分级

土粒大小不同，性质也随之而异，因此按照土粒直径（粒径）的大小及其性质可分成若干个等级或若干组，这些等级就叫做粒级（或粒组）。相同粒级的土粒的成分和性质基本一致，不同粒级土粒之间则有明显的差异。

目前，各国对粒级的划分上不一致，我国多采用国际制和苏联的卡庆斯基制。

（1）国际制　国际制原为瑞典土壤学家爱特伯所拟定。粒级分类标准为十进位的，简明易记，西欧多采用。根据土粒的大小不同可分为石砾、砂粒、粉砂粒和黏粒四个基本粒级。

（2）卡庆斯基制　卡庆期基制是由前苏联卡庆斯基拟定的分类标准。将大于 1mm 的土粒称为石砾；小于 1mm 的又以 0.01mm 为界，大于 0.01mm 的土粒称为物理性砂粒，小于 0.01mm 的土粒称为物理性黏粒。

把物理性黏粒和物理性砂粒的分界线定在 0.01mm 这一数值上有一定的科学意义。据研究，粒级大于 0.01mm 的土粒一般无可塑性和胀缩性，但有一定的透水性，其吸湿力、保肥力和黏结力都很微弱。而小于 0.01mm 的土粒则具有明显的可塑性和胀缩性，但无透水性，其吸湿力、保肥力和黏结力等也都有突出的增加。常用土粒分级见表 3-3。

表 3-3　常用土粒分级标准

<table>
<tr><th colspan="3">国际制</th><th colspan="4">前苏联卡庆斯基制</th></tr>
<tr><th colspan="2">粒级名称</th><th>粒径/mm</th><th colspan="3">粒级名称</th><th>粒径/mm</th></tr>
<tr><td colspan="2" rowspan="2">石砾</td><td rowspan="2">＞2</td><td colspan="3">石块</td><td>＞3</td></tr>
<tr><td colspan="3">石砾</td><td>3～1</td></tr>
<tr><td rowspan="3">砂粒</td><td rowspan="3">粗砂粒
细砂粒</td><td rowspan="3">2～0.2
0.2～0.02</td><td rowspan="4">物理性砂粒</td><td rowspan="3">砂粒</td><td>粗砂粒</td><td>1～0.5</td></tr>
<tr><td>中砂粒</td><td>0.5～0.25</td></tr>
<tr><td>细砂粒</td><td>0.25～0.05</td></tr>
<tr><td colspan="2" rowspan="3">粉砂粒</td><td rowspan="3">0.02～0.002</td><td rowspan="3">粉粒</td><td>粗粉粒</td><td>0.05～0.01</td></tr>
<tr><td rowspan="5">物理性黏粒</td><td>中粉粒</td><td>0.01～0.005</td></tr>
<tr><td>细粉粒</td><td>0.005～0.001</td></tr>
<tr><td colspan="2" rowspan="3">黏粒</td><td rowspan="3">＜0.002</td><td rowspan="3">黏粒</td><td>粗黏粒</td><td>0.001～0.0005</td></tr>
<tr><td>中黏粒</td><td>0.0005～0.0001</td></tr>
<tr><td>细黏粒</td><td>＜0.0001</td></tr>
</table>

2. 不同粒级的矿物组成和化学组成

砂粒和粉砂粒中主要含有各种原生矿物，其中以石英最多，土粒越粗，石英的含量越高；黏粒主要含有各种次生矿物，又以次生层状铝硅酸盐矿物为主，颗粒越细，其含量越高。

土壤矿物质的化学组成极为复杂，几乎包括地壳中所有的元素，但氧、硅、铝、铁、钙、镁、钠、钾、钛、磷等 10 种元素占土壤矿物质总重的 99%以上，其它元素不过 1%，其中又以 O、Si、Al、Fe 为最多，以氧化物来表示，$SiO_2+Al_2O_3+Fe_2O_3$ 通常约占土壤矿物质部分总重量的 75%以上，又称之为土壤的骨干部分。土粒越粗，SiO_2 含量越高，而铝、铁、钙、镁、钾、磷等的含量则下降。不同粒级土粒的化学组成见表 3-4。

粒级大小对土壤性质影响较大的另一个因素是比表面积。一般土壤颗粒越细，比表面积越大，反之，比表面积越小。比表面积越大，在土粒表面进行的物理、化学和生物反应速率越快。

表 3-4　不同粒级土粒的化学组成

粒级	粒径/mm	SiO_2	Al_2O_3	Fe_2O_3	CaO	MgO	K_2O	P_2O_5
砂粒	1～0.20	93.6	1.6	1.2	0.04	0.6	0.8	0.05
	0.2～0.04	94.0	2.0	1.2	0.5	0.1	1.5	0.1
粉粒	0.04～0.01	89.4	5.1	1.5	0.8	0.3	2.3	0.2
	0.01～0.002	74.2	13.2	5.1	1.6	0.3	4.2	0.1
黏粒	<0.002	53.2	21.2	13.2	1.6	1.0	4.9	0.4

注：引自胡祖昆. 作物生长条件与环境. 天地出版社，1998。

（二）土壤质地

1. 土壤质地的概念

土壤中各粒级所占的百分含量叫矿物质土粒的机械组成。土壤质地指土壤中各粒级土粒所占的比例及其表现出的物理性质，即土壤砂黏程度。

2. 土壤质地分类制

土壤质地分类制常用的有二种，分别为国际制和卡庆斯基制（表 3-5、表 3-6）。

表 3-5　国际制土壤质地分类表

质地分类		各粒组土粒含量/%		
类　别	质地级别名称	砂粒（2～0.02mm）	粉砂粒（0.02～0.002mm）	黏粒（<0.002mm）
砂土类	砂土、砂壤土	85～100	0～15	0～15
壤土类	砂壤土	55～85	0～15	0～15
	壤土	40～55	30～45	0～15
	粉砂壤土	0～40	45～100	0～15
黏壤土类	砂质黏壤土	55～85	0～30	15～25
	黏壤土	30～55	20～45	15～25
	粉砂质黏壤土	0～40	45～75	15～25
黏土类	砂质黏土	55～75	0～20	25～45
	粉砂质黏土	0～30	45～75	25～45
	壤质黏土	10～55	0～75	25～45
	黏土	0～55	0～35	45～65
	重黏土	0～35	0～35	65～100

表 3-6　卡庆斯基制土壤质地分类表

质地分类		物理性黏粒含量/%	物理性砂粒含量/%
类别	质地级别名称	草原土及红黄壤类	草原土及红黄壤类
砂土	松砂土	0～5	100～95
	紧砂土	5～10	95～90
壤土	砂壤土	10～20	90～80
	轻壤土	20～30	80～70
	中壤土	30～45	70～55
	重壤土	45～60	55～40
黏土	轻黏土	60～75	40～25
	中黏土	75～85	25～15
	重黏土	>85	<15

(1) 国际制土壤质地分类　国际制土壤质地分类是一种三级分类法，即按砂粒、粉粒、黏粒三种粒级所占百分数进行分类，将土壤划分为砂土、壤土、黏壤土、黏土四类。

国际制土壤分类的步骤有以下几步。

① 根据黏粒含量分为三大类。

a. 黏粒含量＜15%者为砂土质地组或壤土质地组。

b. 黏粒含量在15%～25%者为黏壤组。

c. 黏粒含量＞25%者为黏土组。

② 当黏粒含量＜15%时，根据砂粒含量再作细分。

a. 砂粒含量＞85%者为砂土。

b. 砂粒含量＜85%者为壤土。

③ 当土壤含粉砂粒＞45%时，在各组质地的名称前冠以“粉质”字样；当土壤含砂粒＞55%时，则冠以“砂质”字样。

（2）卡庆斯基土壤质地分类　卡庆斯基土壤质地分类是一种二级分类法，按物理性砂粒和物理性黏粒的百分数将土壤划分为砂土、壤土及黏土三类九级。新中国成立后，我国多采用这种分类。

3. 土壤质地与土壤肥力的关系

（1）砂土类　土粒间为大孔隙，毛管作用弱，排水通气能力强，保水性差，易旱，不易积累还原性有害物质，砂质土主要矿物组成是石英，养分含量低。砂土通气性好，有助于好气性微生物的活动，土壤中有机质易于分解，释放有效养分，促使作物早发，但有机质不易积累，其含量比黏土类少。保肥力弱，施用化肥时，要少量多次，肥效表现为“猛而不足”，前劲大而后劲不足。如只施基肥而不注意追肥，会产生“发小苗而不发老苗”的现象。因此，砂土施肥除增施有机肥作基肥外，还必须适时追肥。砂质土因含水量少，热容量小，易增温也易降温，所以昼夜温差大，作物易受冷害。但砂土有利于薯类及其它块根块茎类作物淀粉的累积。根据砂土的优点，种植生长期短而耐瘠薄的作物，如高粱、芝麻或花生等，并应逐年加以调剂改良，发挥其生产潜力。

（2）黏土类　土粒间为毛管孔隙和非活性孔隙，故通气不良，透水性差，易受渍害和积累还原性物质。排水通气能力差，保水性强，毛管作用明显，抗旱性也差，保肥力强，养分含量高，主要由于黏粒本身的养分含量多，黏粒有较强的吸附能力，使养分不易淋失。黏土通气性差，好气性微生物受到抑制，有机质分解较慢，易于积累腐殖质，故黏土中有机质和氮素含量一般比砂土高。在施用有机肥和化肥时，由于分解慢和土壤保肥性强，表现为肥效迟缓，肥劲稳长。黏土保水力强，含水量大，热容量较大，增温、降温慢，昼夜温差小，与砂土相反，这种土“发老苗不发小苗”。黏土类宜种植禾本科作物如小麦、水稻、玉米等。

黏土干时紧实坚硬，湿时粘工具，耕作费力，宜耕期短，对顶土力弱的种子不易发芽出苗，容易产生缺苗断垄现象。

（3）壤土类　壤土类砂黏适中，大小孔隙比例适当，通透性好，保水保肥性好，养分含量丰富，有机质分解快，保肥性能也强，土性温暖，耕作方便，宜耕期长，耕作质量好，发小苗也发老苗，故适宜种植各种作物。

4. 土壤质地的利用与改良

（1）增施有机肥　增施有机肥料可提高土壤有机质的含量，既可改良砂土，也可改良黏土，是改良土壤质地最有效的方法。因为有机质的黏结力和黏着力比砂粒强，比黏粒弱，其可以改善砂土过砂，黏土过黏的缺点。有机质还可以使土壤形成团粒结构，使土体疏松，增加砂土的保肥性。

（2）客土法　客土法是改良土壤质地的另一种方法。一般要就地取材，因地制宜。在砂地附近有黏土或黏壤土以及河沟淤泥，可采用搬黏压砂的办法；黏土地块附近有砂土或河砂可采用搬砂压泥的办法，通过耕作使砂黏掺和。逐年改良使土壤达到三成泥七成砂或四成泥六成砂的范围内。

三、土壤生物

土壤中生活着各种各样的生物，有动物、植物和微生物。土壤动物种类繁多，有肉眼能直接看见的大型动物，如蚯蚓、蚂蚁和昆虫等，也有需显微镜才能看见的微生物，如各种细菌、放线菌和真菌等。土壤动物的生物量一般为土壤生物量的10%～20%。

土壤植物主要指高等植物的地下部分，包括植物根系和地下块茎等。

土壤微生物具有个体小，数量大，种类多的特点。其种类根据形态可分为细菌、放线菌、真菌和原生动物等。根据需氧状况可分为好气性、厌（嫌）气性和兼气性。根据微生物营养特点可分为自养型和异养型。土壤微生物是土壤中最活跃的部分，微生物的主要作用是转化土壤有机质。在微生物作用下，土壤有机质可进行两个对立的过程，即有机质的矿化和腐殖化过程。这两个过程相互联系不可分割，随外界条件的改变而相互转化。

通常将单位量土壤中所有活着生物的干重称为土壤生物量。一般来说，土壤生物量越大，土壤越肥沃。通常土壤中微生物的生物量显著高于大型动物的生物量，所以土壤中微生物发挥着更重要的作用。

四、土壤有机质

土壤有机质是土壤中一切有机化合物及小部分生物有机体的总称。土壤有机质在土壤中含量少，只占1%～5%，但是土壤的重要组成部分，并被认为是土壤肥力的物质基础，其为植物提供养分，特别是N元素。

1. 土壤有机质的来源与分类

土壤中的有机质最初来源于动植物的残体及其分泌物和排泄物；农业土壤的有机物主要来源于人类施用的有机肥。根据其形态可分为3种类型，新鲜的有机质，主要是指土壤中未分解的生物残体；半分解的有机质，主要是指新鲜有机质经微生物的分解，其最初结构已经被破坏，外观呈黑色；腐殖质，其是有机质经过微生物分解和再合成的一种褐色或暗褐色的大分子胶体物质，它与矿质土粒结合紧密，不能用机械方法分离。

2. 土壤有机质的组成

（1）物质组成　土壤有机质与残体种类相同但数量不同，腐殖质是土壤有机质主要成分。

① 糖类、有机酸、醛、醇、酮类以及相近化合物。

② 纤维素和半纤维素　将半纤维素在稀酸或稀碱的溶液中处理，其易于水解，纤维素则需在较强的酸和碱的处理下才可以水解，二者均能被微生物所分解。

③ 木质素。木质素是复杂的有机化合物，是木质纤维素的主要组分，其特点为：木质素稳定，不易被细菌和化学物质所分解，但可被真菌和放线菌所分解。木质素的成分随植物不同而有所差异。

④ 树脂、脂肪、蜡质和单宁等。该类有机化合物不易溶于水，而易溶于醇、醚及苯，是十分复杂的化合物。除脂肪分解快外，该类物质在土壤中一般都分解得很慢且极难彻底分解。

⑤ 含氮化合物。生物体中的主要含氮化合物为蛋白质，各种蛋白质水解后一般可产生许多种不同的氨基酸。蛋白质的成分除了C、H、O和N外，还含有S、P和Fe等营养元素。一般而言，含氮化合物易被微生物分解。生物体中常有一小部分简单的可溶性氨基酸，可被微生物直接吸收，但大部分的含氮化合物需要经过微生物分解后才能被利用。

（2）化学组成　土壤有机质含有C、H、O，N、P、S、K、Ca、Mg、Fe、Zn和Mn等营养元素。

矿物质由O、Si、Al、Fe、Ca、Mg、K、Na、P、S、Mn、Zn、B、Mo等组成；

植物必需元素包括C、H、O、N、P、K、Ca、Mg、S、Fe、Mn、B、Zn、Cu、Mo、Cl。

3. 土壤有机质的转化

土壤有机质的转化包括有机质的矿质化和腐质化过程，该两个过程需要土壤微生物参与。

(1) 土壤有机质的矿质化　土壤有机质的矿化是指有机质在微生物的作用下被分解为简单的无机物的过程，其最终产物是水、二氧化碳及无机养分离子，如N、P及S等元素的无机离子。

植物利用的氮素主要是无机态化合物NO_3^-、NH_4^+，而土壤中的氮素主要以有机化合物的形式存在，这些含氮化合物不断被分解转化，才能变为无机氮化物，以供植物需求，而微生物在这个转化过程中起重要作用。

有机质的矿质化的意义在于为微生物生命活动提供碳氮养分及能源；提供植物生长所需养分；为腐殖化过程提供基本原料。

(2) 土壤有机质的腐殖化　土壤有机质的腐殖化是指土壤有机质在微生物的作用下生成高分子有机化合物——腐殖质的过程。

腐殖质的形成经历了两个阶段。

① 微生物将动植物残体转化为腐殖质的组分，如芳香族化合物（多元酚）和含氮的化合物（氨基酸和多肽）。

② 在微生物的作用下，各组分通过缩合作用合成腐殖质的过程。

腐殖质的形成和分解是两个对立的过程，其与土壤肥力均有密切的关系，协调和控制这两种作用是农业生产中的重要问题，

(3) 影响土壤有机质转化的因素　土壤有机质的矿质化和腐殖化受多种因素的影响。一些因素影响到有机质的转化方向，一些因素影响到转化速率。

① 有机质的碳氮比。微生物吸收1份氮，就要吸收5份碳用于构成自身细胞，同时要消耗20份碳作为生命活动的能量。因此微生物分解需有机质的C/N为25∶1。若C/N＜25∶1则有机质分解时有多余的氮素释放出来，供植物吸收利用，且分解速率不受影响，若C/N＞25∶1则微生物组成体细胞的氮素不足，有机质分解速率减慢，微生物与植物竞争氮素。

② 土壤通气状况。土壤良好的通气状况有利于好气微生物的活动，使有机质进行好气分解，腐殖质难于积累，反之，则利于积累。

③ 土壤水分。土壤处于风干状态（只含吸湿水），微生物因缺水而活动能力降低，分解缓慢；当土壤湿润时，微生物活动旺盛，分解作用加强，但若水分含量过多，则影响土壤通气，降低其分解速率。

④ 土壤温度。土壤温度升高既可促进矿质化，又可促进腐质化。但随着温度的提高，矿质化速率的提高幅度要大于腐质化。在一定的范围内，有机质的分解随温度的升高而加快。

⑤ 土壤反应（即土壤pH）。不同的土壤反应，有不同种类微生物来分解有机质，从而影响有机质转化的方向和强度。如真菌适于酸性环境（pH3～6），细菌适应于中性环境，而放线菌适应于微碱性环境。

4. 土壤腐殖质

(1) 腐殖质的组分

腐殖质的元素组成复杂，主要含C、H、N、O、S、P，另外还含Ca、Mg、Fe和Si

等；分子结构非常复杂，属于大分子聚合物，以芳香族为主体；表面附以各种功能团，主要功能团为酚羟基、羟基、甲氧基，并有氮环状化合物，这部分氮素较难分解，只有在芳香环被破坏后，才能释放出来。

将土壤中未分解或部分分解的动植物残体分离，然后用不同的溶剂来浸提土壤，根据性质的不同，将腐殖质划分为3个组分：黄腐酸（富里酸）、褐腐酸（胡敏酸）和黑腐酸（胡敏素）。其中胡敏酸和富里酸对土壤肥力的作用大，合称为腐殖酸。

（2）腐殖质的性质　腐殖质不是一类纯化合物，而是代表一类有着特殊化学和生物特性的构造复杂的高分子有机化合物。腐殖酸的分子量因土壤不同而异，褐腐酸大于黄腐酸。据南京土壤研究所研究，我国黑土和砖红壤的褐腐酸相对分子质量平均为2500和2000，黄腐酸为680～1450。腐殖酸是一种亲水胶体，有很强的吸水、保水能力，有较大的比表面。

① 腐殖酸的电性。腐殖酸的组分中有各种含氧功能团，故表现出多种活性。如离子交换，对金属离子的络合能力（腐殖酸可与Fe、Al、Cu、Zn等高价金属离子形成络合物，络合物稳定性随介质pH值的升高而增大，随介质pH值的降低而减小）以及氧化还原性，这些性质均与腐殖酸的电性有关。就电性而言，腐殖酸呈两性胶体，它表面上既带负电又带正电，而通常以负电荷为主。

② 腐殖酸的溶解度。褐腐酸的缩合程度高，分子量大，酸性小，易发生凝聚，可增加土壤的保水、保肥性，具有阳离子交换的性能，阳离子交换量大；褐腐酸不溶于水，呈酸性，与一价金属离子形成的一价盐类可溶于水，而与Ca、Mg、Fe和Al等多价盐基离子形成的盐类的溶解度大大降低。黄腐酸有相当大的水溶性，其溶液的酸性较强，它与一价、二价金属离子形成的盐类也能溶于水。

③ 腐殖酸的凝聚。腐殖质是带电荷的有机胶体，根据电荷同性相斥的原理，所形成的腐殖质胶体在水中是分散的溶胶状态。增加电解质浓度或高价离子，则会使其电性增加而相互凝聚，形成凝胶，腐殖质在凝聚过程中可使土粒胶结起来形成结构体。

5. 土壤有机质的作用

土壤有机质可为植物提供多种养分，土壤有机质是植物和微生物养分的主要来源；土壤有机质可提高土壤的保水保肥能力，腐殖质疏松多孔，又是亲水胶体，能保持大量的水分，能大大提高土壤的保水能力；腐殖质属两性胶体，带正、负电荷，故可吸附阴阳离子，而其电性又以负电荷为主，故它主要吸附阳离子，如K^+、NH_4^+、Ca^{2+}、Mg^{2+}等，该类离子一旦被吸附，可避免随水流失，但其与其它阳离子可以交换，故不失其对作物的有效性，所以具有保肥性；促进土壤结构形成，改善土壤物理性质，腐殖质黏结力强于砂粒，施于砂土后能增加砂土的黏结性，可促进团粒结构的形成，另一方面，由于它疏松、多孔、但黏结力不如黏粒强，所以被它包被后而形成散碎的团粒，使土壤变得疏松而不再结成硬块，所以，有机质可使黏土变松，砂土变紧，调节土壤透水、通气性能，提高土壤耕性，使土壤适耕期长，耕作质量相应提高；提高土壤的缓冲性，稳定pH值；促进微生物活动，是微生物活动的养分和能量的来源；消除农药残毒及重金属污染，以保护环境；对植物生长起刺激作用。

6. 土壤有机质的调节

土壤有机质含量的多少是土壤肥力高低的一项重要标志，在一定的有机质含量范围内，土壤肥力随有机质含量的增加而提高。作物产量也随有机质含量的增加而增加。

土壤有机质的含量决定于年生成量和年矿化量的相对大小，当两者相等时，有机质含量将保持不变。当生成量大于矿化量时，有机质含量将逐渐增加，反之则逐渐降低。有机质的年生成量与施用有机物质的腐殖化系数有关。

因矿质化而消耗的有机质的量占土壤有机质总量的百分数称为矿化率；通常将每克有机物（干重）施入土壤后所能分解转化成腐殖质的质量（干重，g）称之为腐殖化系数，通常为0.2～0.5，同一物质的腐殖化系数因不同的生物、气候条件、土壤组成及耕作条件而异，如水田的腐殖化系数大于旱地。

要想增加土壤中的有机质，一方面要增加有机质的来源，合理安排耕作制度，实施粮、绿轮作，增施各种有机肥料，另一方面则需要了解影响有机质积累和分解的因素，以便对其积累和分解过程加以调节，使有机质的积累和消耗达到动态平衡。

第三节　土壤的基本性质

土壤的基本性质包括土壤的物理性质和化学性质。土壤的物理性质是指由于土壤颗粒的大小分布及其堆积所产生的空隙性质、松紧状况，以及由这两个因素所导致的土壤水、气、热与耕作性能等的变化。土壤的化学性质是指组成土壤的物质在土壤溶液和土壤胶体表面的化学反应，以及与此相关的养分吸收和保蓄过程所反映出来的基本性质，主要包括养分的吸附与释放、营养物质的溶解与沉淀、土壤的酸碱变化和缓冲作用等。

一、土壤孔隙性

土壤由固体土粒和粒间孔隙组成。土壤孔隙性是土壤孔隙的数量、大小、大小孔隙的比例及其性质的总称。

1. 土壤容重和密度的概念

（1）土壤密度　土壤密度是指单位体积固体土粒（不包括粒间孔隙）的干重。其单位是g/cm^3。土壤密度一般为$2.65g/cm^3$。

多数土壤矿物密度在$2.6 \sim 2.7g/cm^3$，而一般土壤有机质的密度为$1.25 \sim 1.40g/cm^3$。由于表层土壤有机质含量较多，其密度通常都低于心土及底土层。

（2）土壤容重　土壤容重指单位体积自然状态土壤（原状土壤）的干重，包括粒间孔隙，其单位是g/cm^3。原状土是指土壤结构和孔隙状况没有受到破坏的土样，土壤仍保持其自然状态下的各种孔隙。干重指105～110℃下烘干土的重量。土壤容重大体为$1.00 \sim 1.70g/cm^3$，是土壤肥力的重要标志之一。

$$土壤容重=\frac{干土重量/g}{土壤体积/cm^3}$$

① 容重的大小受质地、结构、孔隙度和有机质含量等影响。一般质地黏重、无结构、土壤紧实、有机质含量少的土壤的容重大，反之较小。

② 容重的大小反映土壤松紧状况和孔隙状况。容重大，土壤板结，通气透水能力差；容重变小，土壤疏松，结构好，通透性好但保水性差。一般耕层土壤容重在$1.0 \sim 1.3g/cm^3$，较为适中。

③ 利用容重可计算土壤质量和土壤中物质的量及土壤孔隙度。

已知土壤的面积为A，耕作层深度为B，容重为C，某养分含量为土壤质量的D（%）。

$$则土壤的质量=土壤的面积\times耕作层深度\times容重=A\times B\times C$$

$$土壤某养分储量=土壤的质量\times某养分含量为土壤质量的D(\%)=A\times B\times C\times D\times 100\%$$

例1： 计算$1hm^2$耕层20cm深，容重为$1.25g/cm^3$，土壤有机质含量为2%的土壤的质量及其有机质的储量。

由于$1g/cm^3=1t/m^3$　将面积单位换算成平方米，耕作层深度单位换算成米，容重单位换算成吨每立方米再进行计算。

$$\begin{aligned}土壤的质量&=土壤的面积\times耕作层深度\times容重\\&=10000\times 0.20\times 1.25=2500t\end{aligned}$$

有机质储量＝土壤的质量×某养分含量为土壤质量的 D(％)

＝2500×2％＝50t

(3) 土壤孔隙度　土壤孔隙度反映土壤孔隙数量的多少，指在一定体积的土体内，孔隙容积占土体容积的百分数。土壤孔隙包括大小不一形状各异的所有孔隙。

土壤孔隙度(％)＝(1－容重/密度)×100％

例 2：土壤容重为 1.25g/cm^3，土壤密度为 2.65g/cm^3，则该土壤的孔隙度为

土壤孔隙度％＝(1－1.25/2.65)×100％＝53％

2. 土壤孔隙类型及其性质

土壤孔隙的大小和形状不同，无法按其真实孔径计算，故用与一定的土壤水吸力相当的孔径来表示土壤孔隙的大小。

(1) 当量孔径

当量孔径指与一定的土壤水吸力相当的孔径。孔径越小，水吸力越大。

(2) 孔隙类型

根据孔隙中土壤水吸力大小及有效性可将土壤孔隙分 3 种类型。

① 通气孔隙。通气孔隙的土壤孔径大于 0.02mm、土壤水吸力小于 15kPa。水分在重力作用下可短时间排出，向深层渗透；平时该孔隙为空气占据，起通气作用。在灌溉或降雨时，该类孔径可迅速吸收接纳水分流入下层，减少径流洪害。

通气孔隙度(％)＝总孔隙度(％)－田间持水量(容积)(％)

② 毛管孔隙。毛管孔隙的孔径为 0.02～0.002mm、土壤水吸力为 15～150kPa。水分受毛管力作用大于重力作用，因此可保蓄在土壤中。毛管孔隙保存的水分可被植物吸收利用，该隙为有效孔隙。

毛管孔隙度(％)＝田间持水量(容积)(％)－凋萎系数(容积)(％)

植物的细根、原生动物和真菌等很难进入毛管孔隙中，但植物根毛和一些细菌可在其中活动，有利于养分的吸收与转化，

③ 非活性孔隙。非活性孔隙的孔径小于 0.002mm，土壤水吸力＞150kPa。水分受土粒吸力的作用，移动缓慢，且空气难进入，土壤微生物也难进入。这种孔隙几乎是被土粒表面的吸附水所充满。土粒对这些水有较强的分子引力，使它们不易运动，也不易损失。并且植物的根与根毛难以伸入无效孔隙中，因此，其中的水不能为植物所利用。这种孔隙内无毛管作用，也不能通气、透水，耕作的阻力大，(如质地黏重的土壤)，不利于农业的利用，故称为无效孔隙。

非活性孔隙度(％)＝凋萎系数(容积)(％)×容重

土壤孔隙的大小和数量影响土壤的松紧状况，而土壤松紧状况的变化又反过来影响土壤孔隙的大小和数量，二者密切相关。土壤的孔隙状况密切的影响土壤的保水通气能力。土壤疏松时，保水与透水能力强，而土壤紧实时，通气差，渗水慢，在多雨季节易产生地面积水和地面径流；但在干旱季节，由于土壤疏松，则易通风跑墒，不利于水分保蓄，故群众多采用耙、耱与镇压等措施，以起到保墒作用。

土壤松紧和孔隙状况可以影响水气的含量，也就影响到其养分的有效化和保肥供肥性能，还影响到土壤的增温与稳温，因此，土壤松紧和孔隙状况对土壤肥力有巨大的影响。

二、土壤结构性

土壤结构性指结构体及其种类、数量、特征以及其在土体中的排列方式。土壤结构性主要影响土壤的孔隙性质和土壤的松紧状况。

土壤结构体是指固体土粒相互团聚形成的大小不同、形状不一的土团，包括块状、核

状、柱状、片状、粒状、团粒状，其中团粒结构最好（图 3-3）。

（一）土壤结构体的类型及其特性

（1）块状结构　块状结构的特点是近立方体型，纵轴与横轴大致相等，边面与棱角不明显。块状结构按其大小可分为大块状结构（轴长大于 5cm）、块状结构（轴长 3～5cm）和碎块状结构（轴长 0.5～3cm）。

块状结构在土壤质地黏重，缺乏有机质的土层中常见，特别是土壤过湿或过干最易形成该结构。表层多见大块状结构，心土和底土多见块状和碎块状结构。

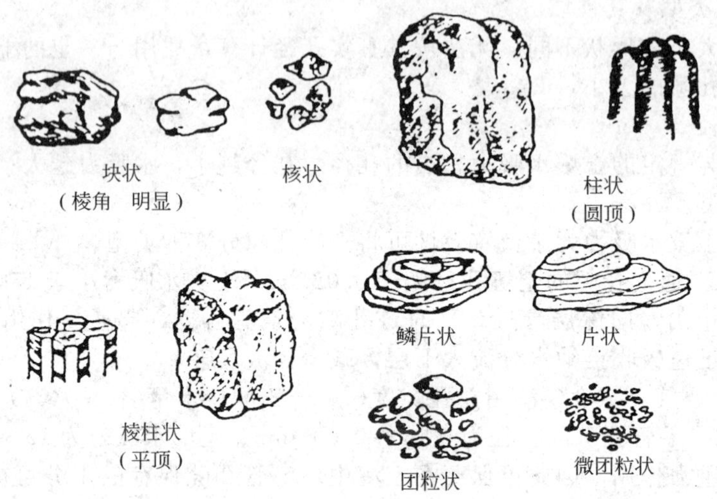

图 3-3　土壤结构体类型示意图

（引自：宋志伟、王志伟．植物生长环境．中国农业大学出版社，2001）

（2）核状结构　核状结构为近立方体，边面和棱角较为明显，轴长 0.5～1.5cm，一般多分布于缺乏有机质的心、底土层中。

（3）柱状结构和棱柱状结构　柱状和棱柱状结构的特点是这类结构纵轴远大于横轴，在土体中呈直立状态。按棱角明显程度将其分为柱状结构（棱角不明显）和棱柱状结构（棱角明显）。

这类结构的土壤土体紧实，结构体内孔隙小，但结构体之间有明显的裂隙。该类结构往往存在于心、底土层中，是在干湿交替的作用下形成的。水稻田心土层中若有柱状结构会引起漏水、漏肥。

（4）片状结构　片状结构的横轴远大于纵轴，呈薄片状，在老耕地的犁底层中常见到，此外，雨后或灌水后所形成的地表结壳和板结层也属于片状结构。片状结构不利于通气和透水，会影响种子发芽和幼苗出土，还会加大土壤水分蒸发，因此生产上要进行雨后中耕松土，以消除地表结壳。

（5）团粒结构　团粒结构是指近似球形、疏松多孔的小团聚体，其直径约为 0.25～10mm。粒径＜0.25mm 以下的团粒称微团粒。生产中最理想的团粒结构粒径为 2～3mm。团粒结构是一种较好的土壤结构类型。

团粒结构分水稳性团粒结构（经水浸泡较长时间不散的团粒结构叫做水稳性团粒结构）和非水稳性团粒结构（经水浸泡立即松散的团粒结构叫做非水稳性团粒结构）。

（二）土壤结构与肥力关系

土壤结构影响土壤松紧度和孔隙性，从而影响土壤肥力，其中团粒结构是提高土壤肥力的最理想的结构。

1. 团粒结构的主要特点和肥力特征

（1）协调土壤水、气矛盾　拥有团粒结构的土壤的大小孔隙比例适当，在团粒内部为小孔隙，而在团粒之间是大孔隙，当降雨或灌水时，水分可很快通过大孔隙进入土层，又能较快地进入团粒内部的小孔隙内，使团粒结构充满水分，减少了地表径流和侵蚀，由于通气孔隙占有一定的比例，不致因水分过多排挤空气而造成通气不良；当土壤干燥时，表土层团粒结构的水分蒸发，慢慢变干，干燥后，团粒的体积收缩，与下面团粒间空隙加大，毛管联系点减少，破坏了与上层的联系，形成隔离层，水分不能源源不断地自下层土壤上升蒸发，使下层团粒内的水分仍被保存着，因此，对于团粒结构多的土壤而言，无论是多雨还是干旱，土壤下层团粒内总保持有一定的水分，可以满足根系的需要，所以，每个团粒就是一个“小水库”，有团粒结构的土壤的水和空气是协调的。

（2）协调土壤有机养分消耗与积累的矛盾　团粒结构大孔隙内有空气存在，故团粒结构表面的有机质能被微生物进行好气分解，成为植物可以利用的养分。团粒内部因为有水分充塞，而造成嫌气环境，腐殖质得以累积，养分可以得到保存，因此，有团粒结构的土壤能源源不断地供给作物需要的养分，团粒结构有“小肥料库”的作用。

（3）能稳定土壤温度，使温度状况适宜　团粒结构土壤的保水性强，温度变化缓慢。

（4）改良土壤耕性　团粒结构土壤的耕作阻力小，耕作效果好，有利于根系伸展。

因此，团粒结构是改进土壤固、液、气三相比的一个重要因素。在有团粒结构的土壤中，水、肥、气和热比较相互协调，团粒结构被称为土壤肥力调节器。

2. 团粒结构土壤的培育措施

（1）精耕细作，增施有机肥　耕作措施如翻耕、晒垡、冻垡和耙地等使土粒细碎；深耕结合施有机肥，以改善通透性，同时提供有机质胶结物，促进结构形成。

在耕层的浅土壤上，采用深耕，加深耕层，结合施用有机肥料，使土粒与有机质混合均匀，做到土肥相融。

（2）合理轮作　合理轮作倒茬、扩大绿肥及牧草的种植面积。

（3）合理灌溉与施肥　灌溉与施肥要求选择合理的方法、合理的水量和合理的次数等。酸性土施用石灰，碱性土施用石膏。

（4）施用土壤结构改良剂　土壤结构改良剂是用来促进土壤形成团粒，提高土壤肥力和固定表土、保护耕层、防止水土冲刷的矿物质制剂、腐殖质制剂和人工合成的聚合物制剂，它是根据土壤中团粒结构形成的客观规律，提取腐殖质、木质素等物质作为团粒的胶结剂。其应用范围主要是一些没有结构的、且质地较粗的砂土或粉砂土。

三、土壤耕性

1. 土壤耕性的概念及衡量标准

土壤耕性是指土壤耕作时或耕作后一系列土壤物理性质及物理机械性的综合反映。衡量耕性的标准有以下几个。

（1）耕作难易　耕作难易包括耕作阻力的大小，是否省时、省力。节能即好耕。砂、砂壤、轻壤及结构好、有机质含量高的土壤易耕。

（2）耕作质量的好坏　耕作质量的好坏包括耕后土块的大小，是否易整平和形成小团粒结构。耕作质量好坏影响种子发芽及出苗的齐、全。

（3）适耕期　适耕期即土壤处于酥软适于耕作的时期，其与含水量多少有关。土壤的适耕期长，含水范围宽，干好耕，湿好耕，不干不湿更好耕。

土壤耕性受土壤的黏结性、黏着性、可塑性等物理机械性影响较大。土壤的黏结性、黏着性、可塑性越强，土壤耕性越差。

2. 土壤的物理机械性

土壤的物理机械性是土壤动力学性质的统称，它包括黏结性、黏着性、可塑性、胀缩性以及其它受外力作用（如农机具的切割、穿插和压板等作用）而发生形变的性质。

（1）土壤黏结性　土壤黏结性是指土粒与土粒之间由于分子引力而相互黏结在一起的性质。土壤黏结性是其抵抗外力破碎的能力，也是土壤耕作时产生阻力的主要原因之一，土壤的黏结性越强，土壤耕性阻力越大。

土壤的黏结性实际上是土粒—水—土粒之间相互吸引而表现的结合力。所以影响土壤黏结性的因素主要是土壤质地、土壤水分及土壤有机质含量。一般来说，质地越黏重的土壤，其黏结性越强，土壤干时，其黏结性很强，随着土壤含水量的增加，土壤黏结性逐渐减弱，再随着土壤含水量的增加，土壤黏结性增强，含水量过高，黏结性又减弱。而质地砂的土壤，土壤干时，其黏结性弱，随着土壤含水量的增加，土壤黏结性增强，含水量过高，黏结性又减弱；土壤有机质可以降低质地黏重土壤的黏结性，提高质地较粗土壤的黏结性。

（2）土壤黏着性　土壤黏着性是指在一定含水量的情况下，土粒黏附于外物表面的性能。土粒黏着性是由水分子和土粒之间的分子引力，以及水分和外物表面接触所产生的分子引力所引起，所以土壤黏着性越强，土粒越易于附着于外物，耕作阻力越大。如土壤过湿时进行耕作，土壤黏着农具，增加土壤与金属的摩擦力，使耕作困难。影响土壤黏着性的因素也是土壤的质地、含水量和有机质含量。一般来说，质地越黏重的土壤，其黏着性越强；随着土壤含水量的增加，土壤黏着性增强，含水量过高或过低，黏着性减弱；土壤有机质可以降低土壤的黏着性。

（3）土壤可塑性　土壤可塑性是指在一定含水量范围内，土壤可被外力塑造成各种形状，当外力解除和土壤干燥后，其仍能保持塑造形状的性能。

影响土壤可塑性的因素是土壤水分和土壤质地。干土没有可塑性，水分含量逐渐增加，土壤表现出可塑性。土壤开始呈现可塑状态时的水分含量称为下塑限。随着水分含量的增加，土壤可塑性增强，当含水量增加到一定值时，土壤失去可塑性。土壤失去可塑性而开始流动时的土壤含水量称上塑限。上塑限与下塑限之间的含水量之差称为塑性指数。土壤中黏粒愈多，质地愈细，可塑性愈强。一般而言，上塑限、下塑限和塑性指数值随着黏粒含量的增加而增大。塑性指数越大，土壤的可塑性越强，土壤耕性越差。

（4）土壤胀缩性　土壤胀缩性是指土壤在其含水量发生变化时体积的变化。一般是吸水后体积膨胀，干燥后体积收缩。

四、土壤胶体

1. 土壤胶体概述

土壤胶体是指土壤中最细微的固体颗粒，胶粒直径一般在1～100nm。土壤中有效粒径1～1000nm的黏粒都具有胶体的性质。

土壤胶体微粒的构造包括以下几方面（图3-4）。

（1）微粒核　微粒核又称胶核，是胶体核心的固体部分，由黏土矿物SiO_2、Fe_2O_3、Al_2O_3和铝硅酸盐等无机物质和腐殖质、蛋白质等有机成分组成。组成微粒核是无机物质的胶体为无机胶体，组成微粒核是有机物质的胶体，主要成分是腐殖质，还包括少量的木质素、蛋白质和纤维素等为有机胶体。

（2）决定电位离子层　决定电位离子层是胶核表面带电荷的部分，所带电的离子决定着胶粒的电荷符号和电位的大小，所以称为决定电位离子层或双电层内层。所带电荷的符号由微粒核的组成和所处条件（如土壤溶液pH等）而定，若微粒核由铝硅酸盐类或腐殖质分子构成，在一般的条件下其带负电荷。

（3）补偿离子层　由于胶粒的表面带电荷，能借静电引力吸引土壤溶液中相反的电荷离子，从而形成补偿离子层，又称双电层外层。

腐殖质胶体含有多种官能团（羧基和酚羟基），属两性胶体，所以在土壤中一般带负电，对土壤胶体电荷影响较大，因而影响到土壤的保肥与供肥性。但有机胶体的稳定性低于无机胶体，容易被微生物所分解，要通过施用有机肥加以补充。

在农业土壤上，有机胶体一般很少单独存在，约有50%～90%是与矿质胶体结合，形成有机无机复合体，又称吸收性复合体。

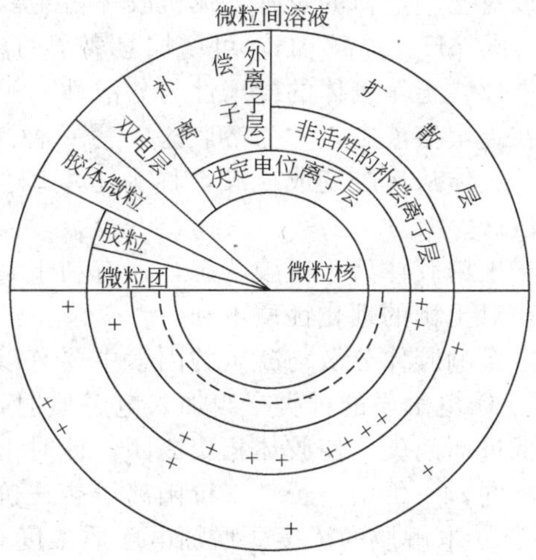

图 3-4　土壤胶体构造图

2. 土壤胶体的特性

（1）具有巨大的比表面和表面能　土壤胶体的表面积随粒径的减小而增大。物体内部分子周围相同分子之间，因在各个方向上受到的吸引力相等而相互抵消；表面分子则不同，由于它们与外界的液体或气体介质相接触，因此在内、外方面受到的是不同的吸引力，不能相互抵消，所以具有多余的能量。这种能量产生于物体表面，故称表面能。因为土壤胶体有巨大的比表面，所以能产生巨大的表面能。

（2）土壤胶体的电荷　所有的土壤胶体都带有电荷。土壤胶体一般带负电荷，但某些情况下也会带正电荷。

土壤胶体产生电荷的原因有如下几个。

① 同晶置换。同晶置换又称为同晶替代，是指铝硅酸盐矿物中的硅氧片或水氧片中的配位中心电子被大小相近，而电性符号相同的离子所取代，但晶层结构不发生变化的作用。由于同晶替代绝大部分是低价阳离子取代高价阳离子，同晶替代的结果使黏土矿物晶层产生剩余的负电荷，如硅氧片中的 Si^{4+} 被 Al^{3+} 所取代，水铝片中的 Al^{3+} 被 Mg^{2+} 或 Fe^{2+} 所取代。

② 晶体表面基团的解离。土壤胶体上的一些基团，由于解离出 H^+，使胶核表面带负电荷，如腐殖质胶体上的羧基、酚羟基等基团解离出 H^+，硅酸盐黏土矿物的晶层表面暴露的—OH 原子团解离出 H^+ 等，这些作用使腐殖质胶体与黏土矿物带负电荷。

③ 胶体表面从介质中吸附离子。胶体表面从介质中吸附离子使胶体带电。

根据土壤胶体电荷产生的原因，可将电荷分为永久电荷和可变电荷两种。永久电荷是指电荷一旦产生即为永久所有，不受外界条件（pH 和电解质浓度等）的影响。电荷数量和性质随溶液 pH 变化而变化的那部分电荷，称可变电荷。由于同晶替代产生的电荷量不受土壤溶液 pH 的影响，只与矿物类型有关，因此属于永久电荷。表面分子解离受介质 pH 的影响，当介质 pH 值升高时，黏土矿物解离 H^+ 的能力强，产生负电荷的量也多，因此，该类电荷属于可变电荷。

影响土壤电荷数量的因素有以下几方面。

① 土壤质地。土壤电荷总量的80%以上都集中分布在黏粒和胶粒部分上，土壤质地越黏，土粒越细，其电荷总量越多。

② 土壤胶体类型。有机胶体所带负电荷为150～450cmol/kg，无机胶体所带负电荷为5～100cmol/kg，有机胶体所带负电荷高于无机胶体。但一般矿质土壤表层，有机质所占的比例很小，由有机胶体提供的负电荷约占土壤负电荷总量的 20%，其余均为无机胶体提供。

所以对土壤电荷的贡献，无机胶体占主要作用。

③ pH。提高 pH，可增加氢离子的离解，使土壤负电荷增多，酸性土壤带电荷少。

(3) 土壤胶体的凝聚性与分散性　土壤胶体有两种不同的状态，一种是胶体微粒均匀分散在土壤溶液中，称为溶胶态，另一种是胶体微粒彼此联结凝聚在一起而呈絮状的凝胶状态。胶体从溶胶变成凝胶，称为土壤胶体的凝聚，胶体从凝胶变成溶胶，称为土壤胶体的分散。

土壤胶体处于凝胶状态，这有利于其形成水稳性团粒结构，而溶胶状态是高度分散的状态，对土壤的理化性质不利。

影响胶体分散与凝聚的因素主要有以下几方面。

① 电解质的种类。当加入电解质时，胶体的电动电位降低而趋近于零，扩散层的厚度降低进而消失，使胶体相聚成团，此时由溶胶转变为凝胶。不同阳离子对土壤胶体的凝聚能力不同，一价阳离子＜二价阳离子＜三价阳离子。

② 电解质的浓度。增加电解质浓度有利于溶胶转化为凝胶（胶体的凝聚），如烂泥田排水以增加电解质浓度有利于土壤胶体的凝聚作用。

五、土壤的保肥性与供肥性

土壤的保肥性是指土壤吸持和保存植物养分的能力。土壤的供肥性是指土壤向植物提供有效养分的能力。土壤保肥性和供肥性是相互矛盾，但二者又是对立统一的。一般来说，供肥能力强的土壤，其保肥能力也强；但保肥能力强的土壤，供肥能力不一定强。

1. 土壤吸收性能的类型

土壤是一个多孔体，同时在土壤表面具有巨大的表面能及电荷，使土壤具有明显的吸附性能，表现在土壤颗粒表面具有能够吸附阴阳离子、气体和液体等物质的能力，称土壤的吸附性能。土壤具有吸附性能，避免了土壤养分的淋失，从而达到保蓄养分的能力，这在植物营养、土壤肥力以及污染土壤的自净能力等方面起着极其重要的作用。

土壤吸附的类型有以下几种。

(1) 机械吸收　机械吸收是指土壤对进入土体的固体颗粒（其粒径大于土粒的粒径）的机械阻留作用。这些物质中的养分在一定条件下转化为植物吸收利用的形态。

(2) 物理吸收　物理吸收即土粒的表面对分子态物质的吸附保持作用。如有机肥中的氨基酸、醇类、生物碱和氨气分子等能被土粒吸附，供植物吸收利用。

(3) 化学吸收　化学吸收是指易溶性盐与土壤中其它物质反应生成难溶性盐而保持在土壤中。这部分养分不能立即被植物吸收，但经过缓慢转化释放后，能被植物吸收。

(4) 生物吸收　生物吸收是指生物将土壤中的养分吸收保留在体内。这部分养分通过生物残体回到土壤，经微生物转化后可供植物吸收。

(5) 离子交换吸收　离子交换吸收是指土壤溶液中的阴阳离子与土壤胶体表面扩散层中的阴阳离子进行交换的过程。溶液中的阴阳离子进入土壤胶体表面扩散层中称为吸附，从而将养分保存起来，土壤胶体表面扩散层中的阴阳离子进入溶液中称为解吸，供植物吸收。阳离子交换是一种可逆反应，当溶液浓度或离子组成改变时，平衡即被破坏，会建立新平衡；阳离子交换是等电荷交换。

(6) 其它吸收方式　还可以通过晶格固定、阴离子的专性吸附等作用将养分保存在土壤中。

2. 土壤的阳离子交换能力

阳离子交换能力是指溶液中浓度相同的各种阳离子被吸附到胶体扩散层中的比例。比例越大，阳离子交换能力越强。阳离子交换能力大小的顺序为：

$$Fe^{3+} > Al^{3+} > H^{+} > Ca^{2+} > Mg^{2+} > NH_4^{+} > K^{+} > Na^{+}$$

在离子浓度相同的情况下，溶液中离子的电荷价越高，阳离子受胶体的吸附能力越大。所以高价离子交换力大于低价离子。离子价相同的情况下，受离子半径及水化半径的影响，半径小，表面电荷浓度大，交换能力越强。

3. 土壤阳离子交换量

土壤阳离子交换量表示每千克干土所吸收的全部交换性阳离子的量（cmol），用CEC表示，其标志着土壤吸附保持阳离子养分多少。

（1）土壤阳离子交换量的意义

衡量土壤保肥能力的大小；反应土壤的耐肥力，CEC大，可一次多施肥而不烧苗。阳离子交换量与保肥力对照见表3-7。

表3-7 阳离子交换量与保肥力对照表

CEC/(cmol/kg)	>20	20～10	<10
土壤保肥力	强	中	弱

（2）影响土壤阳离子交换量大小的因素

① 土壤质地。黏粒数量多，吸附能力强，即土壤质地越黏重，其阳离子交换量越高。

② 土壤有机质含量。有机质含量越高，吸附能力越强，其阳离子交换量越高。

③ 土壤胶体种类。有机胶体吸附能力比无机胶体强，其阳离子交换量较高。

④ 土壤pH。pH降低，可变电荷减少，CEC下降。

4. 盐基饱和度

土壤交换性阳离子可分为2类，致酸离子（H^{+}和Al^{3+}）和盐基离子（K^{+}、Na^{+}、Ca^{2+}和Mg^{2+}等），其中盐基离子为植物所需的速效养分。土壤胶体上所吸附的盐基离子占阳离子交换量的百分比称为盐基饱和度，用BS表示。

$$盐基饱和度=\frac{交换性盐基离子的量/(cmol/kg)}{阳离子交换量/(cmol/kg)}\times 100\%$$

盐基饱和度>80%的土壤，一般认为是肥沃的土壤，呈中性和碱性反应。盐基饱和度在50%～80%的土壤为肥力中等的土壤。盐基饱和度<50%的土壤被认为是肥力较低的土壤，呈酸性反应。

5. 土壤阴离子交换作用

土壤阴离子交换作用即土壤中的阴离子与土壤溶液中的阴离子相互交换的作用。其发生在双电层外层的扩散层，吸持松，易解吸。根据阴离子在土壤中及土壤胶体表面的吸附特点，可将其分为3种类型。易被土壤吸附的阴离子，指易与土壤中阳离子生成沉淀的磷酸根离子和部分有机酸根（如草酸根和柠檬酸根）阴离子；很少被吸收甚至不吸收的阴离子，主要指易与阳离子生成可溶于水的盐的阴离子，如Cl^{-}和NO_3^{-}；介于上述两者之间的阴离子，如硫酸根离子、碳酸根离子和部分有机酸根离子。

6. 土壤供肥性

土壤的供肥性是指土壤供应作物所必需的各种速效养分的能力，也即将缓效养分转化为速效养分的能力。

（1）迟效性养分的转化速率　土壤中的迟效性养分是指土壤中的固态（矿质态和有机态）的须经各种化学和生物化学作用转化为溶解态或交换态后才能被植物吸收利用的养分。土壤中速效养分是指土壤溶液中的溶解态养分，包括土壤胶体表面容易被吸收利用的养分，又称有效养分，土壤中各种速效养分的数量可反映植物根系直接吸收利用的养分数量，可以表明土壤肥劲与供肥能力的大小的关系。迟效性养分转化为速效养分是土壤供肥强弱的另一个重要指标。土壤养分转化速率快，说明速效养分供应及时，肥劲猛，反之亦然。

土壤中速效养分持续供应时间的长短是土壤肥劲大小的表现。养分持续供应时间长，说明土壤养分质量分数丰实，肥劲长而不易脱肥；养分供应的时间短，表明在作物生育的各个时期，特别是中期和后期，养分供应的数量不足，易产生脱肥现象。

(2) 交换性阳离子的有效性　土壤吸附的某种交换性阳离子的量占土壤阳离子交换量的百分数称为该离子的饱和度。饱和度越高，该离子的有效性越高；反之，则低。

例 3：甲土的阳离子交换量为 16cmol/kg，交换性钙为 8cmol/kg；乙土的阳离子交换量为 30cmol/kg，交换性钙为 12cmol/kg。问钙离子的利用率哪种土大，如果把同一作物以同一方法栽培于甲乙两种土中，哪种土更需要石灰质肥料？

解　分别计算甲乙两土钙离子的饱和度：

$$甲土钙离子饱和度=\frac{8}{16}\times100\%=50\%$$

$$乙土钙离子饱和度=\frac{12}{30}\times100\%=40\%$$

答：甲土钙离子饱和度为 50%，乙土钙离子的饱和度为 40%，可见钙离子的利用率甲种土更大，所以同一种作物以同一方法栽培于甲乙两土，乙种土更需要石灰质肥料。

对于某一特定的离子来说，其它与其共存的离子都是陪伴离子。与胶体结合强度大的离子，本身有效性低，但对其它离子的有效性有利，这种因陪伴离子的不同而产生的效应称为陪伴离子效应。作物根系的溶解及螯合作用也影响交换性阳离子的有效性。

六、土壤酸碱性与缓冲性

1. 土壤酸碱性概述

土壤酸碱性反应土壤的酸碱状况，可用 pH 值反映其大小，pH 值越小，酸性越强，反之，碱性越强。我国土壤酸碱分级如下表 3-8 所示。

表 3-8　我国土壤的酸碱分级

pH 值	<4.5	4.5～5.5	5.6～6.5	6.6～7.5	7.6～8.5	8.6～9.5	>9.5
等级	强酸	酸性	微酸性	中性	微碱	碱性	强碱

我国土壤 pH 一般在 4～9 之间。在地理分布上由南向北 pH 逐渐增加，大致以长江为界。长江以南的土壤为酸性和强酸性土壤，长江以北的土壤多为中性或碱性土壤，少数为强碱性土壤。

2. 土壤酸性

(1) 酸性的产生原因

① 气候。高温和多雨利于岩石风化，土壤中盐基离子的淋溶作用较强，盐基离子容易淋失而形成酸性土壤。

② 生物。土壤微生物和根系等活动释放二氧化碳以及微生物分解有机质形成有机酸使土壤酸化。

③ 母质。在其它成土因素相同的条件下，酸性的母岩（如花岗岩、流纹岩等）常较碱性母盐（如石灰岩大理盐）所形成的土壤有较低的 pH 值。

④ 人类活动。施肥，大气污染等对耕作土壤的酸碱度的影响很大，如施酸性肥料和酸雨等。

(2) 酸度种类

① 活性酸。自由扩散于土壤溶液中的 H^+ 浓度所反映出的酸度是实际酸度，对作物生长和养分状况起直接作用。

② 潜性酸。存在于土壤胶体上的 H^+ 和 Al^{3+} 表现出来的酸度是实际的酸度的潜在来源。吸附性 Al^{3+} 被解析到溶液中后，通过水解作用产生 H^+ 而导致酸性增加。

酸度分为交换性酸和水解性酸。

a. 交换性酸。用中性盐溶液与土壤作用所测得的酸度即为交换性酸，包括活性酸和潜性酸的大部分。可作为确定石灰施用量的参考，以 cmol/kg 表示。

b. 水解性酸　水解性酸是用弱酸强碱盐溶液处理土壤测得的酸度，包括活性酸和几乎潜性酸的全部，其代表土壤总酸度。如 CH_3COONa 水解产生 NaOH，pH 值可达 8.5，Na^+ 可以把绝大部分的代换性的氢离子和铝离子代换下来，从而形成醋酸，滴定溶液中醋酸的总量即得水解性酸度。

3. 土壤碱性

（1）碱度的产生

① 碱性盐的水解。土壤弱酸强碱盐（碳酸及重碳酸的钾、钠、钙、镁等盐类）的水解。如 Na_2CO_3、$NaHCO_3$、$CaCO_3$ 等水解产生碱性较大的氢氧化钠、氢氧化钙及弱的碳酸。

② 土壤交换性钠的水解。土壤交换性钠的水解使土壤呈碱性。

③ 硫酸钠被还原产生的 OH^-。

④ 气候。降水量小于蒸发量的地区，盐基上升至表土，使土壤呈碱性。

⑤ 生物。高等植物的选择性吸收，富集钾、钠、钙和镁等盐基离子。如碱蒿富集碳酸钠，芦苇富集碳酸钠。

⑥ 母质。母质的酸碱性直接影响土壤的酸碱性。

⑦ 人类活动。施肥可影响土壤的碱度，如施用石灰、草木灰等碱性肥料。

（2）土壤碱化度　土壤溶液中 OH^- 离子浓度超过 H^+ 离子浓度时表现为碱性反应，土壤的 pH 越大，碱性越强。土壤的碱性主要来源于土壤中交换性钠的水解所产生的 OH^- 以及弱酸强碱盐类（如 Na_2CO_3、$NaHCO_3$）的水解。土壤的碱性除用平衡溶液的 pH 值表示以外，还可用土壤中的碱性盐类（特别是 Na_2CO_3 和 $NaHCO_3$）来衡量之，有时叫做土壤碱度（cmol/kg）。对于土壤溶液或灌溉水、地下水来说，其 Na_2CO_3 和 $NaHCO_3$ 含量也叫做碱度（mmol/L 或 g/L）。

同时，土壤的碱性还决定于土壤胶体上交换性钠离子（Na^+）的相对数量。通常把土壤胶体吸收交换性钠离子数量占阳离子交换量的百分数叫做土壤碱化度或交换性钠百分数。

$$土壤碱化度=\frac{交换性\ Na^+(cmol/kg)}{阳离子交换量(cmol/kg)}\times 100\%$$

当交换性钠饱和度为 5%～20%时称为碱化土，而钠饱和度大于 20%时称为碱性土。土壤碱化度划分标准见表 3-9。

表 3-9　土壤碱化度划分标准

碱化度	5%～15%	15%～20%	>20%
碱化度描述	弱碱化土	碱化土	碱性土

4. 土壤酸碱反应对土壤肥力及植物生长的影响

（1）土壤酸碱性对土壤养分有效性的影响　土壤酸碱性影响土壤养分物质的转化和有效性，土壤中的有机态养分要经过微生物的参与活动才能转化为速效养分以供植物吸收，而适合大多数微生物生长发育的土壤酸碱度为弱酸性至弱碱性，因此土壤养分的有效性一般以

pH6～8 的范围内的有效性最高。

（2）土壤酸碱性对作物生长的影响　大多数作物适宜的 pH 为 6～8，即中性至微酸性。有些作物反应敏感，pH 范围窄，如茶；有些 pH 范围宽，如土豆 pH4～8。在最适范围内，作物产量高，品质好。对于不适应作物生长的过酸或过碱的土壤，应该因地制宜采用适当的措施进行调节，使其适应高产作物发育的要求。酸性土通常用石灰进行改良；草木灰可以作为钾肥来施用，同时又可起到中和土壤酸性的作用；碱性土壤可用石膏、硫磺或明矾（硫酸铝钾）来改良。

（3）土壤酸碱性影响土壤理化性质　酸性土 H^+ 和 Al^{3+} 多，黏粒分解，盐基淋失，不利于结构的形成；碱土 Na^+ 多达 15%，颗粒高度分散，不利通气透水。

5. 土壤缓冲作用

土壤具有的抵抗外来物质引起的酸碱反应剧烈变化的能力即为土壤缓冲作用。

由于土壤具有缓冲性，它可以稳定土壤溶液的反应，使土壤的酸碱变化保持在一定的范围内。如果土壤没有这种特性，那么微生物和根的呼吸、施用的肥料、有机物质的分解等过程均会引起土壤反应的剧烈变化，同时也会引起养分形态的改变而影响养分的有效性，使作物难以适应变化了的环境。

（1）土壤缓冲作用的机理

① 土壤溶液中弱酸及其盐类组成的缓冲体系。土壤溶液中含有碳酸、硅酸、磷酸、腐殖质及其它有机酸及其盐类构成一个良好的缓冲体系，所以对酸碱具有缓冲作用。

$$H_2CO_3+Ca(OH)_2 = CaCO_3\downarrow+2H_2O$$

$$Na_2CO_3+2HCl = H_2CO_3+2NaCl$$

② 土壤胶体的离子的交换吸附作用。

a. 当土壤溶液中 H^+ 浓度增加时，胶体表面的交换性盐基离子会与溶液中的 H^+ 交换，使溶液中 H^+ 的浓度基本上无变化或变化很小。

$$\boxed{土壤胶粒}\text{-}M^+ + H^+ = \boxed{土壤胶粒}\text{-}H^+ + M^+$$

b. 当向土壤溶液中加入碱性物质 MOH 时，其解离产生 M^+ 或 OH^-，由于 M^+ 与胶体上交换性 H^+ 交换，H^+ 转入溶液中，同 OH^- 生成 H_2O，pH 不变或变化极小。

$$\boxed{土壤胶粒}\text{-}H^+ + MOH = \boxed{土壤胶粒}\text{-}M^+ + H_2O$$

③ 土壤中两性物质的存在。土壤中存在的两性物质包括蛋白质、氨基酸和胡敏酸（有机磷酸）等，这些物质对酸碱均具有缓冲能力，如氨基酸的氨基可以中和酸而羧基可以中和碱。

a. 当土壤溶液中 H^+ 浓度增加时，胶体表面的交换性盐基离子与溶液中的 H^+ 交换，使土壤溶液中 H^+ 的浓度基本无变化或变化很小。

$$\underset{\displaystyle NH_2}{R\text{—}CH\text{—}COOH} + HCl = \underset{\displaystyle NH_3Cl}{R\text{—}CH\text{—}COOH}$$

b. 当向土壤溶液中加入 MOH 时，其解离产生 M^+ 或 OH^-，由于 M^+ 与胶体上交换性 H^+ 交换，H^+ 转入溶液中，同 OH^- 生成 H_2O，pH 变化极小。

$$\underset{\displaystyle NH_2}{R\text{—}CH\text{—}COOH} + NaOH = \underset{\displaystyle NH_2}{R\text{—}CH\text{—}COONa} + H_2O$$

（2）影响土壤缓冲性的因素

① 黏粒的含量。黏粒含量越多，吸附的供交换的离子越多，缓冲性能就越强。所以，土壤质地越黏重，土壤的缓冲性能越强。

② 无机胶体的类型。土壤比表面越大，带负电荷越多的胶体，缓冲性能越强。

③ 有机质含量。有机胶体吸附性能强，有机质含量越高的土壤其缓冲性能越强。

(3) 土壤的缓冲性　土壤的缓冲性是指使土壤溶液的 pH 改变一个单位所需要加入的酸或者碱的量。需加入的量越大，土壤的缓冲性能越强。缓冲性能越强的土壤，其稳定性越好。农业上常用增施有机肥、砂土掺黏等措施以增强土壤的缓冲性能。

(4) 土壤酸碱度的调节

① 碱化土壤的调节。使土壤酸化，应施酸性物质，如有机肥、生理酸性肥料、硫磺和石膏等。

② 酸化土壤的调节。使土壤碱化，应施生理碱性肥料，施石灰，包括生石灰，熟石灰和石灰石粉等。注意过量使用石灰会使有机质过度分解，导致土壤板结。

③ 增施有机肥。增施有机肥可提高土壤缓冲性。

七、土壤其它化学性质

1. 土壤溶液

土壤溶液中物质的形态多种多样，包括无机物和有机物。无机物包括 Ca^{2+}、Mg^{2+}、K^+、Na^+ 和 NH_4^+ 等各种盐类、溶解的气体及胶体颗粒。有机物主要包括可溶性蛋白、糖类、氨基酸、腐殖质和它们的盐类。

土壤溶液中离子浓度不停地变化，离子主要来源于矿物的风化、有机质的矿质化以及施肥等，溶液中的离子大部分被植物吸收，其余的随水淋失或重新生成难溶性物质沉淀在土粒表面。

2. 土壤的氧化还原反应

氧化还原反应中氧化剂（电子受体）和还原剂（电子供体）构成了氧化还原体系。土壤中能够产生氧化还原的物质很多，存在有多种氧化还原体系。土壤中的氧化剂有 O_2、NO_3^-、Fe^{3+}、Mn^{4+}（MnO_2）、SO_4^{2-} 和 H^+ 等，均可作为电子受体被还原。土壤中的还原剂主要包括有机物质，尤其是新鲜的未分解的有机物质，包括有机酸、酚类、醛类和糖类等化合物。它们在适应的温度、湿度和 pH 条件下具有较强的还原能力。

作物所需的矿质养分有些需要呈氧化态时才能被植物吸收，如磷以 $H_2PO_4^-$ 或 HPO_4^- 的形态被吸收，硫以 SO_4^{2-} 的形态被吸收；有些养分则需要以还原态才能被吸收，如铁、锰分别以 Fe^{2+}、Mn^{2+} 形态被吸收。有机质在氧化态矿化速率快，养分释放快，利于植物吸收，不利于有机质的积累，在还原态矿化速率慢，养分释放慢，不利于植物吸收，但利于有机质的积累。所以氧化还原电位的高低能影响到各种变价养分元素的有效性，过高或过低均会影响到作物的生长。

第四节　土壤肥力因素

一、土壤水分

水是植物生长的基本条件，是植物的重要组成成分，是植物光合作用的原料，是养分进入植物的外部介质或载体，是维持植物体内物质分配、代谢和运输的重要因素，同时也在植物生态环境中起着特别重要的作用，如调节体温。而土壤水分是植物吸水的主要来源。

土壤水分是土壤的重要组成成分，是土壤肥力的重要因素，土壤中矿物质的风化、有机质的合成与分解以及土壤中一切物质的转化和营养元素的溶解和吸收都必须有水分参与。土壤水分太少则引起干旱，太多又导致涝害，都对植物的生长不利。土壤干旱时，水分紧附在土粒上，植物根系吸收困难，致使植物因缺水而发生萎蔫。而当发生涝害时，土壤孔隙几乎全部被土壤水分所占据，植物根系得不到氧气，二氧化碳积累产生毒害。积水时间较长时，根系腐烂，叶片失绿，植物枯死。

（一）土壤水分的类型及其有效性

1. 土壤水分的类型

（1）吸湿水　土粒表面靠分子引力从空气中吸附的气态水并保持在土粒表面的水分称为吸湿水。其厚度只有2～3个水分子层。吸湿水受土粒表面分子引力的吸附力大，不能移动，无溶解能力，吸附力远大于植物根系吸水力，植物不能吸收，属于无效水。

土壤吸湿水含量与土壤质地、空气的相对湿度和有机质的含量有关。一般土壤质地越黏重，空气的相对湿度越大，有机质的含量越高，土壤吸湿水含量越多；相反则少。当土壤空气中水汽饱和时，土壤吸湿水达到最大值，此时的土壤含水量称为吸湿系数，又称最大吸湿量。

（2）膜状水　在土壤吸湿水外围，靠土粒剩余分子引力从液态水中吸附的一层极薄的水膜为膜状水。膜状水达到最大量时的土壤含水量称为最大分子持水量。由于膜状水受力为土粒表面剩余分子引力，比吸湿水受力小，植物能吸收其中一部分；膜状水具有液态水的性质，但溶解力较弱，移动缓慢，只有当植物的根系与它接触时才能被吸收利用。

植物因无法吸收水分而发生永久萎蔫时的土壤含水量称为凋萎系数（萎蔫系数）。凋萎系数是植物可利用的土壤有效水分的下限，其大小因土壤质地和作物种类不同而发生变化。

（3）毛管水　毛管水是指土壤依靠毛管力保持在毛管孔隙中的液态水。毛管力比植物根吸水力小，所以毛管水具有自由水的性质特点，可以上下左右移动，移动速度快，溶解力强，数量多，是旱地植物吸收利用的土壤水分的主要形态，也是土壤中既能被土壤保持又能被植物利用的主要水分。

根据毛管水在土壤中存在的位置不同，可将其分为毛管悬着水和毛管上升水。

① 毛管悬着水。毛管悬着水是指在地下水位较深（地势较高处）的土壤中，降水或灌溉后，靠毛管力保持在上层土壤孔隙中的水分。土壤悬着水达到最大数量时的土壤含水量称为田间持水量，其是土壤吸湿水、膜状水和毛管悬着水的总和。继续供水，水向下层渗透（浪费）。当土壤水分减少到一定程度（一般为田间持水量的60%时），较粗毛管孔隙悬着水出现断裂呈非连续状态，此时的土壤含水量称为毛管断裂含水量。此时毛管水的运动缓慢，水量又少，难于满足植物的需要，植物表现出缺水症状，这时应及时灌溉，而不能等到土壤含水量降到凋萎系数时才抗旱。

② 毛管上升水。毛管上升水是指在地下水位较高（地势低洼处）的土壤中，地下水借毛管力作用上升保持在毛管孔隙中的水分。毛管上升水达到最大量时的土壤含水量称为毛管持水量。

（4）重力水　重力水是指土壤水分超过田间持水量后，受重力作用沿大孔隙向下渗漏的这部分水。受重力作用，容易进一步向土壤深层运动（若地下水位高，则补给地下水；若遇不透水层则滞留，引起通气不良）。重力水具有自由水的特点，对旱地土壤而言是多余水。当土壤全部孔隙都充满水时的土壤含水量称为饱和持水量，又称全蓄水量。

2. 土壤水分的有效性

（1）土壤水分常数　对某一土壤来说，土壤吸湿系数、萎蔫系数、毛管持水量、田间持水量和饱和持水量等的数值是固定的或变化极小，称之为土壤水分常数。

土壤水分常数不仅反映土壤水分的数量和能量水平，也可反映土壤水分的吸持和运动状态及被植物利用的难易程度。

（2）有效性　土壤中各种形态的水分并不是都能被植物吸收利用。其中不能被吸收利用的水称为无效水（低于凋萎系数的水）；能被吸收利用的水称为有效水（从凋萎系数至田间持水量），有效水又分为速效水（易效水）和迟效水（难效水）。速效水为田间持水量至生长阻滞含水量（毛管断裂含水量）；迟效水为毛管断裂含水量至凋萎系数（图 3-5）。

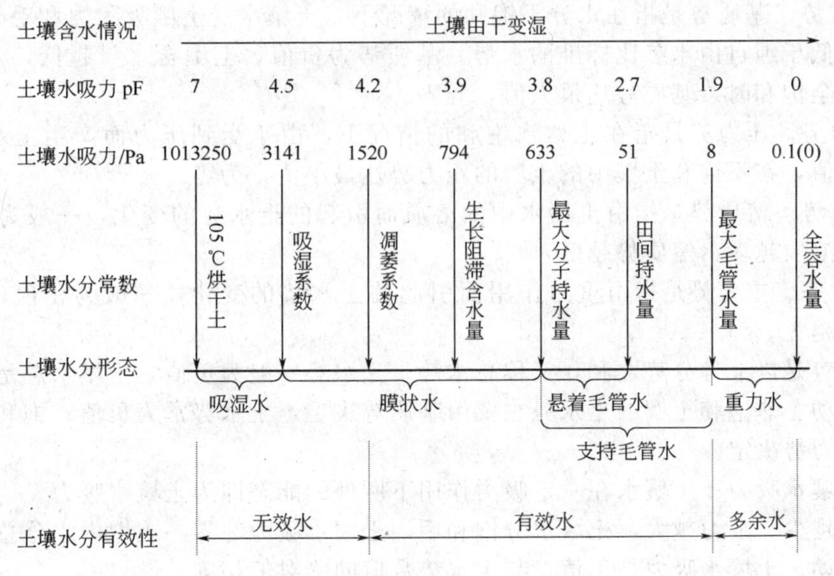

图 3-5　土壤水分有效性图解

土壤有效水的多少与土壤质地和有机质含量有密切关系。一般而言，质地过沙或过黏的土壤，有效水少；壤质土，有机质含量高，结构好的土壤的有效水则多。

（二）土壤水分的含量与表示方法

1. 土壤含水量的表示方法

（1）土壤质量含水量　土壤质量含水量即土壤水分质量与烘干土质量的比值，其为最常用的土壤含水量的表示方法。

国家法定计量单位：g/kg，但习惯用质量百分数（%）表示。

$$\text{土壤含水量}(\%)=\frac{\text{水分质量(g)}}{\text{烘干土质量(g)}}\times 100\%$$

$$\text{土壤含水量}(\text{g/kg})=\frac{\text{水分质量(g)}}{\text{烘干土质量(g)}}\times 1000$$

（2）土壤容积含水量　土壤容积含水量为土壤中水的容积占土壤容积的百分数。

$$\text{土壤含水量}(\%)=\frac{\text{土壤水的容积}}{\text{土壤总的容积}}\times 100\%$$

$$=\text{土壤含水量}(\%)\times\text{土壤容重}$$

（3）相对含水量（%）　相对含水量即土壤自然状态下的含水量占田间持水量的百分比。

（4）土壤水的贮量　土壤含水量用水层厚度表示，便于与降水量和作物吸水量比较，也可用灌水定额表示，用以计算灌溉水量。

$$\text{水层厚度(mm)}=\text{土壤含水量(质量,\%)}\times\text{土壤容重}\times\text{土层厚度(mm)}$$

$$\text{灌水定额}(\text{m}^3/\text{hm}^2)=[\text{田间持水量}(\%)-\text{实际含水量}(\%)]\times\text{面积}(\text{hm}^2)\times\text{湿润深度(m)}\times\text{容重}$$

2. 土壤水分能量水平的表示方法

土壤水分能量水平是用能量的方法反映土壤水分问题。

（1）土水势　土壤水受各种力的作用，自由能的变化与参比标准下纯自由水自由能的差值即为土水势。由于标准状态下的水势为零，因此水分受到吸力作用后，水势变为负值，受到斥力作用后，水势为正值。单位为 Pa。

土水势由基质势，压力势，溶质势和重力势构成。

① 基质势。基质势是指在水分不饱和的情况下，土壤水受土壤吸附力和毛管力的制约，其水势自然低于纯自由水参比标准的水势。基质势为负值，土壤含水量越低，基质势越低，土壤水分完全饱和时，基质势达最大值，为零。

② 压力势。压力势是指在土壤水饱和的情况下，由于受到压力而产生土水势的变化。压力势为正值，在不饱和土壤中的土壤的压力势达最小值，为零。

③ 溶质势。溶质势是指由土壤水中的溶质而引起的土水势的变化，一般为负值，土壤水中溶解的溶质越多，溶质势越低。

④ 重力势。重力势是指由重力作用而引起的土水势的变化，一般为正值，高度越高，重力势的值越大。

土壤水势是以上各分势之和，又称总水势。土水势一般为负值，土壤水总是由土水势高处向低处移动。非饱和土壤的土水势主要由基质势决定，土水势常为负值；饱和土壤的土水势主要由压力势决定。

（2）土壤水吸力　土壤水在一定吸力作用下所处的能态即为土壤水吸力。

土壤水越少，吸力越大，土壤水分饱和后，土壤水吸力为零。土壤内水分总是由吸力低处向高处移动。土壤水吸力是正值，与土水势数值的绝对值相等。

（3）土壤水分特征曲线　土壤水分特征曲线是土壤水吸力与土壤水含量之间的相关曲线，反映土壤水分对植物的有效性（图 3-6）。

（三）土壤水分的运动

1. 饱和水运动

土壤所有的大小孔隙都充满水时的水流叫饱和流。饱和水运动有三种情况：一是垂直向下的饱和水运动，发生在雨后或稻田灌水以后；二是水平方向的饱和水运动，如发生在灌溉渠道两侧的侧渗，水库的侧渗，或在不透水层上的水分沿倾斜面的流动等皆为水平饱和流；三是垂直向上的饱和水运动，发生在地下水位较高的地区，或因不合理灌溉抬高了地下水位也会引起垂直向上的饱和流，这是造成土壤返盐的重要原因。

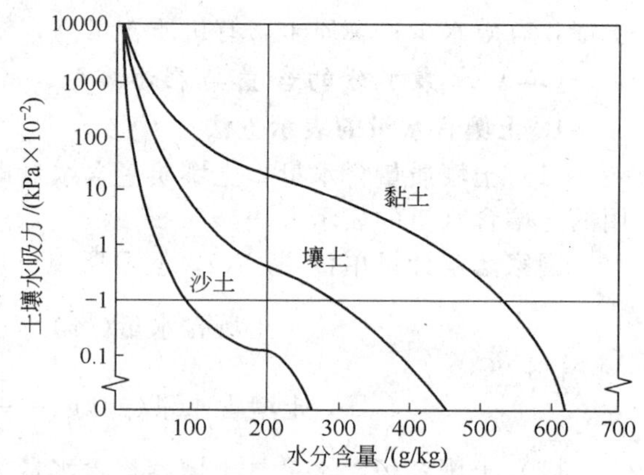

图 3-6　不同质地土壤水分特征曲线

饱和流的推动力是重力势和压力势梯度。饱和流中的土壤导水率称为饱和导水率（k），饱和导水率是单位水压梯度下的流量，影响饱和导水率的因素主要有土壤中粗孔的孔径和数量，孔径愈大，粗孔数量愈多，饱和导水率就愈高，水愈容易通过。一般来说，对 k 值而言，砂土大于壤土大于黏土。

在生产中，要求土壤保持适当的饱和导水率。若 k 值过小，则造成透水通气差，易引起地表径流，水田中还原的有害物质易在土壤中积累。若 k 值过大则会造成漏水漏肥的现象。

2. 非饱和水运动

土壤中只有部分孔隙中有水时的水流叫不饱和流，其是大部分土壤中水分流动的形式。不饱和流的推动力主要是基质势梯度（或土壤水吸力梯度）和重力势梯度，不饱和水的运动是从土壤水吸力低处（毛管粗的地方）流向高处（毛管细的地方），其导水率小于饱和导水率，而且随土壤水吸力的增加而迅速减少。在水吸力较高时，导水率极低，水分运动速度非常缓慢。

对于饱和流而言，导水性最好的是粗孔多的土壤，如砂土和有团粒结构的土壤，而在不饱和流中，细孔多的黏土和壤土比砂土的导水性好。因为在相同的土壤水吸力下，土壤水的连续程度好，因此，在不饱和流中，导水率随土壤水吸力的增加而降低，或土壤含水量的减少而降低，这种情况在砂土较为急剧，在黏土中较为缓和，壤土居中。

3. 土壤中的水汽运动

土壤中水汽运动的主要方式是扩散，即由蒸汽压高的地方向蒸汽压低的地方进行扩散移动。土壤气相水在孔隙内的运动实际上是水汽分子从一个地方向另一个地方的扩散运动。它服从于一般气体扩散定律。

在干旱期间，土壤水不断以水汽形态由表土向大气扩散，这称土面蒸发。土面蒸发分为三个阶段。

（1）大气蒸发力控制（蒸发率不变）阶段　大气蒸发力控制阶段控制土面蒸发的因素是大气蒸发力，包括太阳辐射、温度、空气湿度和风力等。如果土壤的导水率大于蒸发力，则蒸发损失的水分可以得到源源不断的补充，蒸发率不变。这一阶段蒸发损失的水分多。但若大气蒸发力很强，蒸发率大，土壤含水量降低得快，不能长久维持蒸发失水与导水补给的平衡，则此阶段维持的时间短；反之，若蒸发率小，则此阶段维持的时间长。雨水或灌水后及时中耕或地面覆盖是减少土壤水损失的重要措施。

（2）土壤导水率控制阶段　土壤导水率控制阶段控制土面蒸发的因素是土壤导水率，发生的条件是土壤水分流向土表的流量小于大气蒸发力，因而只能导来多少水，蒸发多少水，蒸发量降低。随着蒸发失水使土壤含水量减小，导水率越来越低，蒸发量也随之降低。该阶段维持的时间不长。当土面的水汽与大气中的水汽达到平衡时，土面就成为风干状态的干土层。除地面覆盖外，中耕具有良好的保墒效果。

（3）扩散控制阶段　通过以上两个阶段土壤蒸发失水，土壤表层变干，导水率几乎降为零，水分不能以液态运行到地表，而是在干土层下先汽化为水汽，再散发到大气中，这一阶段蒸发量减小。只要土表有1～2cm的干土层就能显著减低蒸发率。这一阶段可通过镇压以防止蒸发，抑制水汽向大气中扩散。

从以上三个阶段可以看出，保墒重点应该在第一阶段末和第二阶段初。

（四）植物生长对水分环境的适应

水分在植物的生长发育和生理生化过程中有着重要的作用。植物生长离不开水，但各种植物对水分的需求量是不同的。一般阴性植物要求较高的湿度，阳性植物对水分要求相对较少。根据植物对水分需求量的不同，可将植物分为陆生和水生两类。

1. 陆生植物

生长在陆地上的植物统称为陆生植物。根据陆生植物所处的环境及本身的适应性可再分为旱生植物、中生植物和水生植物三类。

（1）旱生植物　旱生植物是指长期处于干旱的条件下，能长时间忍受干旱而正常生长发育的植物类型。这类植物多分布于雨量稀少的荒漠地区和干燥的低草原上，个别的也可见于城市环境中的屋顶、墙头和危岩陡壁上。根据它们的形态和适应环境的生理特性又可分为少浆植物（或硬叶旱生植物）如柽柳、胡颓子、桂香柳，多浆植物（或肉质植物）如龙舌兰、仙人掌。少浆液植物适于在干旱地区的沙地或沙丘中栽植；在潮湿地区其只能栽培于温室的人工环境中。多浆液植物在湿润地区多在温室内盆栽，炎热干旱地区可露地栽培。

（2）中生植物　中生植物是比较适应生长在水湿条件适中的环境中的植物。大多数植物属于中生植物，不能忍受过干和过湿的条件，如香樟、楠、枫香、苦楝和梧桐等。

（3）湿生植物　湿生植物是指适于生长在水分比较充裕的环境下，不能忍受长时间的水分不足，抗旱力最弱的陆生植物。在土壤短期积水时，其可以生长，过于干旱时易死亡或生长不良。根据实际的生态环境又可分为喜光湿生植物（或阳性湿生植物）如鸢尾、落羽杉、池杉和水松，耐阴湿生植物（或阴性湿生植物）如蕨类、海芋和秋海棠等。

2. 水生植物

生长在水中的植物叫水生植物。根据生长环境中水的深浅不同，它们又可分为3类，挺水植物（植物体大部分挺出水面，根系浅，茎秆中空）如芦苇、香蒲；浮水植物（叶片漂浮在水面，气孔分布在叶的上面，茎疏松多孔，根漂浮或伸入水底），包括半浮水型如睡莲、萍蓬草和全浮水型如浮萍、满江红；沉水植物（整个植物沉没在水下，根退化或消失）如金鱼藻和苦草等。

将植物划分为以上几类不是绝对的，因为它们之间并没有明显的界限。同时，在年生育期内，同一种植物对水分的需要量随物候而异，植物早春萌发需水量不多，枝叶生长期需水分较多，开花期需水分较少，结实期需水分较多。在植物的生命周期中，植物体的含水量一般随年龄增长而递减。水分不足对植物的生长发育不利。但当土壤含水量过高时，由于土壤孔隙空气不足，根系呼吸困难，常使其窒息、腐烂或死亡，特别是肉质根类植物。

二、土壤空气

土壤空气是土壤的重要组成成分，是土壤肥力的重要因素，是植物生长的基本条件，影响土壤内化学和生物等过程以及养分的转化。

（一）土壤空气的组成特点

土壤空气来源于空气，与大气组成相似，又有差异。

① 土壤空气中氧气浓度比大气低。土壤空气中氧气浓度比大气低是土壤中各类生物消耗氧的结果。

② 土壤中二氧化碳浓度比大气高。微生物分解有机质产生二氧化碳；植物根系呼吸作用产生二氧化碳；土壤中的碳酸盐遇无机盐或有机酸产生二氧化碳。

③ 土壤空气中水汽常呈饱和状态。

④ 土壤空气中可能含有还原性气体。土壤空气中可能含有硫化氢和甲烷等还原性气体。

（二）土壤空气的交换与调节

1. 土壤空气交换的基本形式

（1）气体扩散　土壤空气与大气组成成分相似，但浓度不同，因而可导致气体扩散。气体扩散是指气体分子由浓度高（气压大）处向浓度低（气压小）处的移动，交换速度较慢，但气体扩散是气体交换的主要方式。土壤中二氧化碳向大气扩散，大气中氧气向土壤扩散，永不停止。

（2）气体的整体交换　大气温度升降，风力增大，降水，人为灌溉都可引起土壤整体气体与大气交换。如土温高于气温，土内空气受热膨胀而被排出土壤，气压低，大气的重量减少，土壤空气被排出。土壤空气与大气交换，改善了土壤的通气性。

2. 土壤空气状况的调节

土壤通气性能直接影响植物的生长发育及形态。首先表现为对根的影响，大多数通气良好的土壤中的植物根系发育良好，根系长、颜色浅、根毛多，根的生理活动旺盛，具有较好的吸收能力；在通气性差的土壤中，往往因缺氧造成根系粗而短、颜色发暗、根毛大量减少，生理活动受阻，吸收能力大幅度下降。同时，缺氧和一些还原性气体的增多会造成根系毒害作用，使根系染病率上升，严重时致死。

土壤空气状况的调节主要通过改良土壤质地，改善土壤结构来实现；采取合理灌溉，开沟排水等措施，并要注意合理施用有机肥料。

三、土壤热量

土壤热量状况是土壤肥力的组成因素，其的增减导致土壤温度变化，从而影响土壤内化学和生物等过程以及养分的转化。

（一）土壤热量的来源及影响因素

土壤温度是土壤热量状况的具体指标，它取决于土壤热量的收入和支出；当土壤接受热量时，土壤温度增高；当土壤失去热量时，土壤温度降低。

1. 土壤热量的来源

（1）太阳辐射　太阳辐射能是土壤热量的主要来源。

（2）生物热　有机质矿化分解，释放能量。

（3）地热　地热对土温影响小，其是由地球内部的岩浆传导至地表的热。但因地壳导热能力差，这部分热量占的比例小，但温泉附近，这一热源不可忽视。

2. 影响土温的因素

（1）纬度和海拔高度　纬度愈高，土温愈低；同一纬度，海拔愈高，土温愈低。

（2）地形　在北半球，南坡土温较高，北坡土温较低。

（3）覆盖　植被、积雪等覆盖物覆盖地面可防止土壤热量的散失，起保温作用。

（二）土壤热性质

1. 土壤热容量

土壤热容量可分为质量热容量（C_m）和容积热容量（C_v），是指单位质量或体积土壤温度增加1℃所需的热量。单位J/(g·℃）或J/(cm^3·℃)。在干燥土壤中，土壤容积热容量等于土壤质量热容量与土壤容重（d_v）的乘积：

$$C_v = C_m \times d_v$$

式中，C_v 为容积热容量；C_m 为质量热容量；d_v 为土壤容重。

① 热容量大小反映温度变化的难易程度。热容量大，土温不易升降，温差小；反之，温差大。

② 热容量大小主要由土壤含水量决定。土壤含水量多，热容量大，反之，热容量小。

2. 土壤导热性

土壤吸收一定的热量后，除用于本身的升温外，还将热量传给临近土层。土壤传导热量的特性称土壤导热性。土壤导热性的大小用导热率来衡量。

① 导热率　导热率（λ）是指单位厚度的土层，温差为1℃，每秒钟通过单位面积的热量。单位：J/(cm·s·℃)。

② 导热率大小反映表土吸热后土温增加的难易程度及温差大小。导热率高的土壤，热量在上下层间传导快，地表土温的日较差较小；相反，导热率低的土壤，热量在上下层间传导慢，地表土温的日较差较大。

③ 导热率大小决定于土壤含水量和松紧状况。土壤导热率随含水量的增加而增加，因为含水量增加后，不仅在数量上水分增加易于导热，而且水分增加后使土粒间彼此相连，增加了传热途径。所以湿土比干土导热快。在低温时，导热率与土壤容重呈正比关系。因为容重小，孔度高，因为孔隙中的空气可被认为不传热，所以导热率低；容重大，土粒彼此接触紧密，易于导热。一般而言，土壤含水量对土壤导热率增大的影响比容重增加的影响要显著得多。所以干燥、疏松的土壤的热量传导得慢，潮湿土壤传导热量快。

土壤热量的传导总是从温度高处向土温低处进行。

3. 土壤导温率

是指标准状态下，在土层垂直方向上，每厘米距离内有1℃的土层温差时，每秒钟流入每立方厘米土壤断面面积的热量，使单位体积（1cm^3）土壤所发生的温度变化。

土壤导温率与导热率成正比，与容积热容量成反比。

$$K=\lambda/C_v$$

式中，K 为土壤导温率；λ 为土壤导热率；C_v 为土壤容积热容量。

土壤导温率的大小同样取决于三相物质的比例。一般而言，土壤固相部分较稳定。土壤导温率主要取决于水和空气的比例，干土温度易上升，湿土温度不易上升。

容积热容量不变时，导温率与导热率的增高是一致的，但如果容积热容量发生变化时，则二者的表现就不一致了。如当干土水分开始增加时，土壤导温率因导热率的增大而增大。但当水分增加到一定程度后，导温率反而降低。

4. 土壤吸热性和散热性

（1）土壤的吸热性　土壤的吸热性是指土壤吸收太阳辐射的性能，其强弱决定于土壤颜色、湿度和地面状况等。土壤颜色愈深，湿度愈大，地面愈凹凸不平，吸热性就愈强。

（2）土壤的散热性　土壤散热性是指土壤向大气散失热量的性能，其主要与土壤水分蒸发和土壤的热辐射有关。土壤水分蒸发愈强烈，土壤散失的热量也愈多。当天气晴朗无遮蔽物时，土壤辐射强，散热多，降温快，如果天气有云雾或烟雾，则辐射弱，散热少。

（三）土壤温度

1. 土温变化规律

（1）土温的日变化　土温日变化是指土壤温度的高低随昼夜发生周期性变化，一般情况下，最低温出现在早晨5～6时，最高温出现在下午1～2时。

（2）土温的年变化　土温的年变化是指土壤温度随一年四季发生周期变化，通常全年最高温出现在7～8月份，最低温出现在1～2月份。

影响土温的因素有地形、坡向、大气透明度，地面覆盖，土壤颜色质地和孔隙状况等。

2. 土温对肥力和作物生长的影响

土温影响养分的有效性，土温过低，导致土壤某养分缺乏；土温影响作物种子萌发和根系的生长吸收功能，种子萌发随平均土温的提高而增加，2～4℃根系开始缓慢生长，10℃以上根系生长活跃，超过30℃根系的生长开始受阻；土温影响微生物活动及土壤有机质转化，大多数土壤微生物活动最适应的温度为15～45℃，土温适合，微生物活动旺盛，土壤有机质分解迅速而彻底，可以释放更多的有效养分以供植物的吸收利用，土温过高或过低，微生物的活性均会受到抑制；此外，土温影响土壤的化学和物理变化过程，影响有效养分的释放。

3. 土温的调节措施

① 中耕松土，灌溉排水。

② 增施有机肥，覆盖秸秆或化学覆盖剂等，此外，还有铺砂盖草等，都可以起到保墒增温的效果，塑料薄膜进行地表覆盖不仅有明显的增温作用，也有一定的保墒效果。

③ 建温室及大棚。

④ 设置风障，建立防风林。寒冷多风地区设置风障能起到降低风速，减少地面乱流和蒸发耗热的作用，可以有效地提高地温。

四、土壤养分

土壤养分指的就是这些主要依靠土壤来供给植物的必需的营养元素。土壤养分是土壤肥力的重要因素之一，是植物生长发育的必要条件。因此，在评价土壤肥力时，必须十分重视土壤养分的供应状况。

1. 土壤养分来源

高等植物正常生长所必需的营养元素，除碳、氢、氧三者主要元素来自空气和水外，其余的包括氮、磷、钾、钙、镁、硫（以上称大量元素）以及铁、锰、硼、锌、铜、钼、氯、镍（以上称微量元素）等都主要靠土壤供给。耕作土壤中植物所需养分的来源途径有以下几条。

（1）施肥　施入的各种化学肥料和有机肥料是土壤养分的主要来源。

（2）根茬残体或秸秆还田　每季作物收获后都将有相当一部分根茬、根系和落叶遗留在土壤中。据资料报道，一年生作物中，大豆的残留比例高，约为30%，甘薯、玉米和水稻等为10%～20%，依次通过根茬残体和稻草还田。作物的养分及有机质都能够在一定程度上得到补充。这些有机质在土壤中分解并释放出各种养分，直接或间接地提供作物利用。

（3）生物固氮作用　土壤中具有固氮作用的微生物种类很多，包括细菌、放线菌和蓝藻等，还有生产上广泛应用的豆科作物根瘤的共生固氮，这些都是增加土壤氮素的重要途径之一。

（4）作物根系对养分的富集　作物庞大的根系可以将其所及土体内的养分富集于植物和根系物质之中。作物死亡以残株或残茬形式留在表层，土壤表层的养分不断丰富。尤其是双子叶植物，如棉花、大豆等主根可达土层深处3～5m之多，对养分的富集有很大作用。

（5）降雨（雪）增加土壤养分　降水中的氮素通常是NH_4^+-N和NH_3-N。雨（雪）降落量随季节和地理位置而异。

此外土壤矿质土粒的风化也能释出大量元素（氮素除外）和微量元素。

2. 土壤养分的分类

（1）根据土壤养分有效性分类

① 有效养分。有效养分是指能够直接或经过转化而被植物吸收利用的土壤养分。

② 速效养分。速效养分是指在作物生长季节内，能够直接，迅速为植物吸收利用的土壤养分，该类养分基本上为矿质养分。

③ 无效养分。无效养分即不能被植物吸收利用的土壤养分，也有人叫它迟效养分。

一般来说，速效养分仅占很少部分，不足全量的1%，应该注意的是速效养分和迟效养分的划分是相对的，二者总处于动态平衡之中。某种养分总量叫做该养分的全量。

（2）根据养分在土壤中存在的化学形态分类

① 水溶态养分。凡是溶于水的养分均称为水溶态养分，此类养分存在于土壤溶液中。水溶态养分对作物高度有效，极易被吸收，包括大部分无机盐离子和小部分分子量小、结构简单的有机化合物。例如，NH_4^+、NO_3^-和K^+等，以及简单的氨基酸、尿素和葡萄糖等。

② 交换态养分。交换态养分是指吸附于土壤胶体表面的交换性离子，如NH_4^+和K^+等。土壤溶液中的离子与土壤胶体上的离子可以进行交换，并保持动态平衡，二者没有严格界限，对植物都是有效的。因此，水溶态养分和交换态养分合称为速效养分。

③ 缓效态养分。缓效态养分是指某些矿物中较易释放的养分。如黏土矿物中固定的钾以及部分黑云母中的钾。这部分养分对当季植物的有效性较差，但可作为速效养分的补给来源。在判断土壤潜在肥力时，其含量具有一定的意义。

④ 难溶态养分。难溶态养分是指存在于土壤原生矿物中且不易分解释放的养分。如氟磷灰石中的磷和正长石中的钾。它们只有在长期的风化过程中才能释放出来，才可被植物吸

收利用。难溶态养分是植物养分的贮备。

⑤ 有机态养分。有机态养分是指以有机态化合物形式存在于土壤中的养分。它们多数不能被植物吸收利用，需经过分解转化后才能释放出有效养分。

土壤中各种形态的养分没有截然的界限，由于土壤条件和环境的变化，土壤中的养分能够发生相互转化。

3. 我国主要土壤养分的分布特点

(1) 氮　我国土壤耕层中的全氮含量一般为0.05%～0.25%。其中东北地区的黑土是我国土壤平均含氮量最高的土壤，一般为0.15%～0.35%。而西北黄土高原和华北平原的土壤含氮量较低，一般为0.05%～0.1%。华中和华南地区，土壤全氮含量有较大的变幅，一般为0.04%～0.18%。在条件基本相近的情况下，水田的含氮量往往高于旱地土壤。我国绝大部分土壤施用氮肥都有一定的增产效果。

(2) 磷　磷是农业上仅次于氮的一个重要土壤养分。土壤中大部分磷都是无机状态(50%～70%)，只有30%～50%是以有机磷形态存在的。

我国北方土壤中的无机磷主要是磷酸钙盐，而南方主要是磷酸铁、铝盐类。其中有相当大的部分是被氧化铁胶膜包裹起来的磷酸铁铝，称为闭蓄态磷。

我国土壤全磷含量一般为0.02%～0.11%，其中北方土壤的全磷含量一般比南方土壤高，我国土壤的全磷含量大体上从南向北有增加的趋势。如东北地区的黑土和白浆土的全磷含量一般为0.06%～0.15%，而我国南方的红壤和砖红壤全磷含量一般为0.01%～0.03%。

土壤全磷含量的高低通常不能直接表明土壤供应磷素能力的高低，它是一个潜在的肥力指标，但是当土壤全磷含量低于0.03%时，土壤往往缺磷。在土壤全磷中，只有很少一部分是对当季作物有效的，称为土壤有效性磷。

近年来，随着产量的提高，我国土壤缺磷面积不断扩大，原来那些对磷肥效果不明显的地区表现了严重的缺磷现象，如广大的黄淮海平原，西北黄土高原以至新疆等地都大面积缺磷。而原来缺磷的地区，由于长期施磷，磷肥效果下降，这主要是指华中和华南某些缺磷水稻土。在华中华南中高产水稻土上，随着有机肥的施入，磷已可满足作物需要，而在大面积的酸性旱地土壤以及部分低产水田上，缺磷仍然是相当严重的。

(3) 钾　土壤中钾全部以无机形态存在，而且其数量远远高于氮磷。我国土壤的全钾含量也大体上是南方较低，北方较高。南方的砖红壤，土壤全钾含量平均只有0.4%左右，华中和华东的红壤则平均为0.9%，而我国北方包括华北平原、西北黄土高原以至东北黑土地区，土壤全钾量一般都在1.7%左右。因此，缺钾主要在南方，但北方已开始出现缺钾现象。

土壤中的微量元素大部分是以硅酸盐、氧化物、硫化物和碳酸盐等无机盐形态存在。在土壤溶液中有一部分微量元素以有机络合态存在。通常把水溶液或交换态的微量元素看作是对作物有效的。土壤中微量元素供应不足的一个原因是土壤本身含量过低，另一种原因是含量并不低，甚至很高，但是由于土壤条件（主要是土壤酸碱度和氧化还原条件）造成有效性降低而供应不足。在前一种条件下，需要靠补施微量元素肥料来补充不足，后一种情况下，有时只需改变土壤条件，增加土壤微量元素的有效性就可增加供应水平。

4. 土壤养分的消耗与调节

土壤溶液中的有效养分都是水溶性的离子或是简单的有机分子，它们在土壤溶液中通过质流或扩散作用到达植物根系表面而被植物吸收利用。这些有效养分也经常受到损耗。

(1) 土壤养分的主要损耗途径

① 随雨水或灌溉水淋失。

② 经生物作用变成气体散入空气中而损失。

③ 在土壤中经化学作用变成无效养分。

④ 经物理化学作用，有效养分被固定在矿物晶格中变成无效养分。

⑤ 经生物作用，有效养分变成有机物质暂时成为无效养分。

(2) 调节土壤养分状况的途径　农业生产中，调节土壤养分状况，以满足作物在不同生育阶段对养分的需要，是获取农作物优质高产的重要环节。调节土壤养分状况可有以下几种途径。

① 培肥土壤，增强土壤自调能力。实践表明，土壤肥力越高，土壤自身协调作物营养供需能力就越强。提高肥力的一项重要措施就是增施有机肥，提高土壤有机质含量。土壤有机质不仅自身含有各种养分，而且对提高土壤保肥性，增强土壤供肥性都有重要作用。为此，应广辟有机肥源，一要管好人、畜粪尿，建卫生厕所和积肥池；二要大搞高温堆肥；三要推行秸秆还田。

② 根据作物需要，实行合理施肥。根据作物需要，实行合理施肥是调节作物和土壤养分供需的最主要技术措施。要达到科学合理施肥，必须实行“看天、看地、看禾苗”的三看施肥，即根据当地气候条件、土壤养分供应能力和作物生长情况决定施肥的种类、数量和时间。要建立测肥点，根据当地土壤养分变化，制定施肥方案。选用专用化肥，采用深施、集中施、分层施等施肥技术，提高化肥当季利用率。同时，根据不同作物对不同微量元素的需求量及土壤的丰缺状况，确定微肥的施用量。

③ 调节土壤营养的环境条件，提高土壤供肥力。土壤供肥力不仅决定于土壤养分含量，而且还决定于水、热条件以及土壤反应、氧化还原状况等多种因素。因此，通过调控这些因素也可达到调节土壤养分的目的。“以水调肥”、“以温调肥”、施用石灰等都是调节土壤养分的重要措施。

④ 平整规划土地。要充分利用农闲季节，分批开展土地平整与培土做畦，实行田、林、路、沟、渠统一规划，桥、涵同时配套。在沟水引灌不能达到的地方，积极发展井灌，杜绝大水漫灌，实行节水灌溉。

五、土壤肥力在园林绿化中的应用

1. 土壤水、气、热的调节

土壤的透气性和热量都受水分含量的影响，一般而言，土壤中水多，气就少，透气性差，土壤温度变化缓慢。所以在生产中常通过调节土壤的水分来调节土壤的通气性和热量。

(1) 合理灌溉和排水，调节土壤水、气、热　人工灌溉是补充土壤水分的常用方法。灌水的时间、数量和方法应根据具体情况而定。一般在天气干旱、土壤含水量在土壤相对含水量的 60%以下时应灌水。常用的灌水方法有漫灌、淹灌和沟灌，但提倡尽量采用节水灌溉，如滴灌和喷灌等。在土壤水分过多的情况下，要通过排水来调节其通气状况。

(2) 合理耕作，蓄水保墒，通气调温　通过耕翻、松土，以利于土壤通气，也利于水分渗入土壤，增加土壤含水量，同时还可调节土壤温度的变化。

(3) 地面覆盖，保墒增温　利用薄膜、农作物秸秆覆盖地面，可有效避免土壤水分蒸发和热量散失，同时秸秆腐质化可增加土壤有机质的含量。

2. 土壤养分的调节

(1) 合理施肥，增加土壤养分　植物对养分的吸收有根部营养和根外营养两种方式。根部营养是指植物根系从土壤或营养环境中吸收养分的过程，根外营养是指植物通过叶、茎等根外器官吸收养分的过程。

园林树木的施肥方式应以基肥为主，基肥和追肥兼施。基肥一般在栽植前施入土壤中或施入栽植穴中，必须施足基肥。基肥以有机肥为主，常用的有厩肥、堆肥、饼肥、骨粉和粪干等，且应是腐熟好的，切忌用生粪。此外，还可在早春和深秋土壤结冻前给大树施农家肥，即刨开树盘，将农家肥施入，再覆土，春夏之际，随灌水及降雨，使肥分逐渐渗入植株根部为其吸收利用。树木生长期要追肥（补肥），追肥是补充基肥的不足，应选用速效或半速效性肥料，常用的有化肥、人粪尿和饼肥水等。追肥可根据植株的生长情况而定，做到合理施肥。一般花灌木应在花前或花后进行。观果树木可按有关果树种类不同的养护技术要求进行。

园林树木的施肥方法有环状沟施肥法、穴施法、放射状开沟施肥法、全面施肥法、树木注射法和根外施肥法等。

树木施肥时应注意不要靠近树干基部；不要太浅，避免简单的地面喷撒；不要太深，一般不超过 60cm。

施肥量应根据树种、树龄、生长期和肥源以及土壤理化性质等条件而定。一般胸径在 15cm 以下的，每 3cm 径施堆肥 1.0kg，胸径在 15cm 以上的，每 3cm 胸径施堆肥 1.5kg。树木青壮年期欲扩大树冠及观花、观果植物可适当增加施肥量。

（2）合理轮作和配置，协调土壤养分　不同植物吸收养分的能力不同，吸收的类型和数量不一样，所以，采用合理的轮作和不同种类的搭配可平衡土壤不同养分的含量。

（3）保持凋落物层，维持养分循环　植物凋落物中含有各种养分，如回收利用，可增加土壤有机质含量，维持养分循环，改良土壤质地。

（4）通过调水，调节土壤养分转化的速率　水少气多，土壤养分转化速率快，供给植物的养分多，但土壤保蓄养分减少；水多气少，土壤养分转化速率慢，植物可利用的养分减少，但土壤保蓄养分增加。

土壤的水、肥、气、热是相互联系、相互影响的。一个因素的变化会影响其它因素的有效性，所以，在植物生长发育过程中，土壤水、肥、气、热各因素不停变化，只有相互协调，植物才能生长良好，我们要随时根据不同的情况进行调节，以满足植物生长发育的需要。

第五节　土壤资源

一、土壤的形成

1. 岩石矿物的风化

岩石矿物的风化是指在大气、水、温度的变化和生物活动等外界因素的作用下，地壳表层坚硬的岩石矿物逐渐崩解破碎成碎块和细粒，同时岩石的矿物成分和化学组成发生改变，形成新的矿物。按照风化作用的因素和特点，可将风化作用分为物理风化、化学风化和生物风化三种类型。

（1）物理风化　物理风化是指岩石崩解破碎而不改变其矿物成分和化学成分的过程，即岩石矿物在自然因素作用下发生的物理变化。影响物理风化的因素主要是温度和水分。在长期冻融交替和热胀冷缩的作用下，岩石发生崩解破碎。同时植物的根系沿着岩石裂缝生长也可导致裂缝越来越大，最终导致岩石破碎。虽然岩石的矿物组成和化学组成没有发生改变，但物理风化使岩石产生机械破碎，岩石由大变小，由粗变细，成为大小不等的石砾和碎屑，表面积大为增加，成为疏松多孔的堆积物，获得了岩石所不具备的对水分和空气的通透性，为化学风化和生物风化创造了有利条件。物理风化造成的岩石碎屑，其粒径一般都大于 0.01mm，构成母质和土壤的粗粒部分。

（2）化学风化　化学风化是指在水分、氧气和二氧化碳等因素的参与下，岩石所发生的一系列化学分解作用的过程。化学风化主要包括以下几个方面。

① 水化作用。水化作用是指矿物和水化合称为一种含水矿物的作用。

$$CaSO_4 + 2H_2O \longrightarrow CaSO_4 \cdot 2H_2O$$

（硬石膏）　　（石膏）

$$2Fe_2O_3 + 3H_2O \longrightarrow 2Fe_2O_3 \cdot 3H_2O$$

（赤铁矿）　　（褐铁矿）

② 水解作用。水解作用是指水分子解离出的氢离子和矿物中的离子发生的置换作用。

$$2KAlSi_3O_8 + CO_2 + 2H_2O \longrightarrow H_2Al_2Si_2O_8 \cdot H_2O + 4SiO_2 + K_2CO_3$$

（正长石）　　（高岭石）　　（胶体二氧化硅）　　（钾盐）

$$Ca_{10}(PO_4)_6 \cdot F_2 + 7H_2O + 7CO_2 \longrightarrow 3Ca(H_2PO_4)_2 + 7CaCO_3 + 2HF$$

（磷灰石）　　（磷酸二氢钙）

③ 氧化作用。氧化作用指大气中的氧与矿物发生的作用。

$$2FeS_2 + 2H_2O + 7O_2 \longrightarrow 2FeSO_4 + 2H_2SO_4$$

（黄铁矿）　　（硫酸亚铁）

以上各种化学风化作用是相互作用，同时进行的。

化学风化的结果是改变了原来岩石矿物的化学组成和性质。化学风化作用把原先固定在矿物结构中的无机养分释放出来，如钾、铁、钙、镁、铜、锌等，它们是植物养分的来源，同时还形成新的矿物，主要是黏土矿物，使土壤逐步积累黏粒。

(3) 生物风化　生物风化指在生物的作用下，岩石发生的机械破碎和化学分解过程。低等植物如地衣的菌丝以及高等植物的根系对岩石的穿插；土壤中各种动物如鼠类、蚯蚓、昆虫等对岩石造成的机械破碎作用。藻类、地衣和微生物等在岩石表面生长，分泌出酸溶解岩石，从中吸收养分，以及植物的根系分泌物等都能使岩石矿物遭到分解和破坏。

上述三种风化作用是相互联系、相互影响的，同时同地对岩石进行作用。岩石的风化为土壤的形成打下了基础，也为土壤的演化创造了条件。疏松多孔的风化产物更有利于生物的活动，溶解释放的养分使得植物得以生长，植物的茂盛又为微生物和土壤动物的活动提供了有利条件。

2. 土壤的形成过程

土壤的形成是一个物理、化学及生物化学过程。它既包括了各种风化作用，也包括各种生物活动，是一个综合性的过程，它是物质的地质大循环和生物小循环矛盾统一的结果。物质的地质大循环是指地面岩石的风化、风化产物的淋溶、搬运与堆积，进而产生成岩作用，这是地质表面恒定的周而复始的大循环；而生物小循环是植物营养元素在生物体与土壤之间的循环，植物从土壤中吸收养料，形成植物体，后者供动物生长，动植物残体再回到土壤中，在微生物体的作用下转化为植物需要的养分，促进土壤肥力的形成与发展。地质大循环涉及的空间大，时间长，植物的养分元素不积累；而生物小循环涉及的空间小，时间短，可促进植物养分元素的不断累积，使土壤中有限的养分元素发挥作用。

地质大循环和生物小循环的共同作用是土壤发生的基础，没有地质大循环，岩石矿物的养分难于释放，生物小循环就不能进行；没有生物小循环，只有地质大循环，岩石风化释放出来的养分难以富集，土壤就难以形成。在土壤形成过程中，两种循环过程相互渗透和不可分割地同时进行，它们之间通过土壤相互连接在一起。

3. 土壤形成的影响因素

土壤形成因素又称成土因素，是影响土壤形成和发育的基本因素，它是一种物质、力和条件等的组合，已经对土壤形成影响或将影响土壤的形成。土壤的特性和发育受外部因素的制约，对这些因素的研究和划分有助于人们认识土壤。19 世纪末，俄国土壤学家道库恰耶夫对俄罗斯大草原的土壤进行了调查，认为土壤是在五大成土因素即母质、气候、生物、地形和时间作用下形成的。他提出土壤好像一面镜子，可以反映自然地理景观，土壤是成土因素综合作用的结果，成土因素在土壤形成过程中起着同等重要和相互不可替代的作用；成土因素的变化制约着土壤的形成与演化；土壤分布由于受到成土因素的影响而具有地理规律性。实际上，人类的活动对土壤的形成也产生了重要的影响，土壤的发生发展是五大自然因素和人为因素综合作用的结果。

(1) 自然因素

① 母质。地壳表层的岩石经过风化，变为疏松的堆积物，这种物质叫风化壳，它们在地球上广泛分布。风化壳的表层就是形成土壤的重要物质基础——成土母质。母质不同于岩石，它疏松多孔，具有初步的肥力基础，但它具有的肥力因素远远不能满足植物的需要。

母质是土壤赖以形成的初始物质，它对土壤的形成过程和土壤属性均有很大的影响。母质在矿物学和化学组成上的不同直接影响土壤的理化性质，如酸性岩（花岗岩等）形成的母质其 SiO_2 含量高达 65%以上，相对地 Fe、Al、Ca、Mg 等其它成分就少，而 SiO_2 难以风化，故多形成砂性土。相反，如玄武岩等基性岩因 SiO_2 少，而 Fe、Al、Ca、Mg 含量较多，常形成养分含量较高的盐基性土壤。其它沉积岩发育的土壤也继承了母岩的某些特性。母质对土壤的理化性质也有很大的影响。不同母质所形成的土壤的养分状况有所差异，例如钾长岩风化后所形成的土壤有较多的钾，斜长岩风化后所形成的土壤有较多的钙；成土母质与土壤质地密切相关，例如南方红壤中，红色风化壳和玄武岩上发育的土壤质地较黏重，在花岗岩和砂页岩上发育的土壤，质地居中，而在砂岩和页岩上发育的土壤的质地最轻。

② 气候。对土壤形成来说，气候既是因素也是条件。气候直接影响着土壤的水、热状况，影响着土壤中矿物质、有机质的转化过程及其产物的迁移，而且对生物的活动也有的影响。气候对土壤形成的影响主要体现在两个方面，一是直接参与母质的风化，水热状况直接影响着矿物质的分解与合成；二是影响植物生长和微生物的活动，从而影响有机质的积累和分解，决定养分物质循环的速度。而大气降水和太阳辐射是土壤水分和热量的根本来源，影响成土过程的气象因素主要是降水量、降水分布、热辐射平衡、气温及其变幅、大气湿度、干燥度和风等。土壤的水、热状况的差异直接影响着植被类型的更替、有机质积累的类型和数量以及微生物的生命活动，进而影响土壤中有机物质的分解和合成、腐殖质的类型等。气候因素还影响土壤中物质的淋溶与淀积，随着降水量的增加，一般土壤的氢离子浓度增加，钙积层深度增加，全氮量增加，胶粒量增加，阳离子代换量增加。在半湿润的温带，随着气温的增高，土壤有机质和全氮量下降。

③ 生物。土壤形成的生物因素包括植物、土壤微生物和土壤动物。生物因素是促进土壤发生发展最活跃的因素。由于生物的生命活动，把大量的太阳能引进成土过程，使分散的营养元素向土壤表层富集，使土壤具备肥力特性，推动土壤的形成和演化。营养元素的生物学积累和循环在成土过程中起主导作用，直接的作用是绿色植物通过庞大的根系进行选择性的吸收，从而改变了某些元素和化合物在地质循环中的迁移特点和顺序，使部分营养元素集中和积累起来。据估计，在地球陆地上，植物每年形成的生物量约为 3.5×10^{10}t，相当于 8.9×10^{17}J 的能量。微生物作为地球上最古老的生物体，已存在达数十亿年，它在土壤形成过程中的作用是非常复杂和多种多样的。大量的微生物参加了土壤有机质的转化过程，不仅给作物提供了大量的经矿质化而释放出来的营养物质，而且形成了腐殖质其为标志土壤肥力高低的重要物质。某些微生物自身能合成有机质，而不利用太阳能。因此，远在绿色植物出现之前，自养和异养微生物群落就已开始参与成土过程。此外，生物活动还改变了周围环境的湿度、温度和空气状况，从而间接影响土壤的性状，例如在针叶林植被下能形成强酸性的灰化土。

④ 地形。在成土过程中，地形是影响土壤和环境之间进行物质、能量交换的一个重要

条件，主要通过其它成土因素对土壤形成起作用。地形对土壤形成所起的作用有两方面，一方面表现在母质在地表的再分配，另一方面表现在对水、气、热等能量的再分配。不同地形部位常分布有不同的母质，如山地上部主要是残积母质，坡地和山麓地带的母质多为坡积物，在山前平原的冲积扇地区，成土母质多为洪积物。地形高低不同，坡向不同，地表的水热状况就不同。即便是在一个气候带内，因地形的变化，地面承受的降水和太阳辐射也发生相应的有规律的变化。如随海拔高度的升高，地面辐射的加强，气温随之有规律地下降，平均每上升 100 米，气温下降 0.6℃。迎着潮湿气流的坡面，常形成地形雨，局部降雨增多。因坡度陡缓和坡面长短的不同，地面接收的降水量和降水在地表的再分配也不同。此外，阳坡较阴坡接受的太阳辐射多。这种水热状况的差异直接反映到植物生长和有机质分解与合成的过程，从而影响着土壤的形成。

⑤ 时间。土壤发生和发育必然经过相当长的时间，时间越长，受气候作用越久，土壤发生层的分化越明显，土壤个体发育越显著，与母质差别越大，土壤相对年龄长。在土壤系统发育上，即土壤类型的转化或土壤发育阶段上，时间也具有重要的意义。

（2）人为因素　土壤形成作用传统的看法认为，土壤是母质、气候、生物、地形和时间作用下形成的，而低估了人类对土壤形成的影响。自然土壤一经开垦利用，除继续受到自然因素的影响外，还强烈地受到人类活动的影响。不应把人为因素和自然因素等同看待，因为它们有着本质的区别。人类活动对土壤的影响是有意识、有目的和定向的。在逐渐认识土壤发生发展客观规律的基础上，人类利用和改造土壤、培肥土壤，它的影响是比较快的。而且，人类活动受社会制度和生产力的影响，不同的社会制度和不同的生产力水平下，人类活动对土壤的影响和效果可以有很大的差别。另外，人类对土壤的影响还具有两面性，合理利用科学，有利于土壤肥力的提高，利用不当，就会破坏土壤，例如我国不同地区土壤的退化主要是人类不合理利用土壤造成的。

虽然各个成土因素对土壤形成起着不同的作用，但是它们对土壤形成的影响并不是孤立的，而是紧密地、综合地影响着土壤的形成。各个成土因素是相互不能代替而又不可分割的。

二、土壤层次构造

土壤剖面是指从地表向下挖掘出的土壤垂直切面。土壤剖面由平行于地面、外部形态各异的层次所组成，这些层次叫做发生层。不同条件下形成的土壤具有不同的发生层组合，这些发生层组合叫做土壤层次构造或剖面构型。不同土壤及土壤的不同层次受各种成土因素的作用不同，表现出不同的形态特征。因此，土壤剖面形态是土壤内部性质的外在表现，是土壤发生、发展的结果，是土壤成长历史的记录。对土壤剖面的观察是认识土壤、利用土壤和改良土壤的基础。

1. 自然土壤剖面

发育完好的自然土壤剖面有 O 层（残落物层）即未分解或半分解的枯枝落叶层；A 层即腐殖质层；B 层即淀积层；C 层即母质层；R 层即基岩层。因此，自然土壤剖面的典型构型为：O—A—B—C—R。另外还有 E 层，又称为灰化层。此层的黏粒和金属离子强烈淋溶，抗风化强的矿物砂粒相对富积，从而使此土层呈白色。此层多出现在 A 层之下，B 层之上，我国过去多记为 A_2。此外，还有 K 层，即位于 A 层之上的矿质结壳层；D 层，即半风化母岩碎屑层。有时还有过渡层，凡兼有两种主要发生层特性的土层，分界线不明显，可分出过渡层。

2. 旱耕土壤剖面

旱耕土壤受人类耕作栽培的影响，剖面发育为耕作层（A）、犁底层（P）、心土层（B）和底土层（C）。因此，剖面的典型构型为：A—P—B—C—R。土壤厚度为 A、P、B 层厚度之和。

（1）A层　A层是熟土层，活土层，厚约15～25cm，疏松多孔，多为团粒和小块状结构，是土壤养分、植物根系和土壤生物的主要聚积区，也保持着大量水分。

（2）P层　P层是犁底层。因常受犁压而变得紧实，厚约10cm，多为片状结构，通透性差，对作物有不利的影响。因此，破除犁底层，加厚耕作层是培肥旱土的重要方式之一。

（3）B层　B层为半熟化层，厚约20～60cm，多为块状和核状结构，是土壤水分的重要储备库。

（4）C层　C层是生土层、死土层，厚约30～60cm，受人类活动和生物影响小，土壤发育弱，多为核状或碎屑结构。该层对物质转运和稳定土温等有一定的作用。

3. 水耕土壤剖面

水耕土壤受人类水耕熟化的影响，剖面发育为耕作层（A）、犁底层（P）、潴育层（W）和底土层（C）。剖面的典型构型为：A—P—W—C。土壤厚度为A、P、W层厚度之和。

（1）A层　A层是水耕熟化层，厚约10～20cm，泥土疏爽，多为微团粒结构，是土壤养分、植物根系和土壤生物的主要聚积区。

（2）P层　P层是犁底层。因常受犁压而变得紧实，厚约10cm，多为片状结构，有托水托肥的作用。但其过厚过紧对水稻生长发育不利。

（3）W层　W层是潴育层，厚约30～60cm，此层受A层夏季淹水种稻而冬季放干种植绿肥、油菜、小麦等旱作物而出现氧化还原交替现象，A层淋溶的还原物在此层氧化形成铁锰新生体。此层对水稻生长期间的有害还原物的排出与消除起着重要作用，是水稻高产的重要保障。

（4）C层　C层是底土层，厚约20～30cm，受人类活动和生物影响小，土壤发育弱。其对水分渗漏和物质转运有一定的作用。

（5）其它　其它有G层即潜育层，其受长期淹水作用，还原性强。若以小写字母附在其它字母之后则表示有潜育倾向，如，Pg表示犁底层有潜育倾向。S层即流沙层，质地砂性，漏水漏肥。E层即渗育层，水分侧向渗漏漂洗。若以小写字母附在其它字母之后，则表示有渗育倾向。

三、土壤分类与分布

（一）土壤的分类

1. 土壤分类的概念

土壤分类是在系统认识土壤的基础上，根据土壤属性的相似性和差异性，按照一定的分类原则和系统，将客观存在的不同土壤进行划分归类，并给以合理命名。土壤分类学是“土壤科学中的科学”，是土壤学领域的“上层建筑”。

2. 土壤分类的目的

① 了解各事物间的关系。

② 使已积累的知识系统化。

③ 便于学术交流。

④ 核心目的是为了更好地认识与利用土壤。

3. 土壤分类的依据

① 成土因素对土壤形成的影响和作用。

② 成土过程的特性特征。

③ 土壤属性的差别。

4. 我国土壤发生学分类

1978 年，在中国土壤学会组织下，我国土壤工作者集思广益，建立了统一的土壤分类系统，即“中国土壤分类暂行草案”（1978），经过第二次全国土壤普查检验后，于 1984 年和 1988 年两度修订，确立了“中国土壤分类系统”（1992）。这一分类系统经少许修改，在 1998 年版的《中国土壤》一书中得到充分体现。土壤分类系统的逐步修订代表了我国土壤科学的发展。

（1）分类的基本原则　①发生学原则。发生学原则即必须以成土因素、成土过程和土壤属性（较稳定的性态特征）三结合作为土壤发生学分类的基本依据。②统一性原则。在土壤分类中，必须将耕种土壤和自然土壤作为统一的整体进行土壤类型的划分。

（2）分类单元的划分　第二次全国土壤普查汇总的中国土壤分类系统采用土纲、亚纲、土类、亚类、土属、土种和亚种 7 级分类，是以土类和土种为基本分类单元的分级分类制。土类以下细分亚类，土种以下细分亚种。土属为土类和土种间的过渡单元，具有承上启下的作用。土类以上归纳为土纲、亚纲，以概括土类间的某些共性。

① 土类。土类为分类的基本单元，其分类依据有以下几方面。

a. 地带性土壤类型和当地的生物、气候条件相吻合；非地带性土壤类型（如岩成土、水成土）可由特殊的母质或过多的地表水或地下水的影响而形成。

b. 在自然因素与人为因素（如耕作、施肥、灌溉、排水等）作用下，具有一定特征的成土过程，如灰化过程或潜育化过程、黏化过程、富铝化过程、水耕熟化过程等。

c. 每一个土类具有独特的剖面形态及相应的土壤属性，特别是具有作为鉴定该土壤类型特征的诊断层，例如，灰化土的灰化层、褐土的黏化层和红壤的富铝化层。

d. 同一土类必定有其相似的肥力特征和改良利用的方向与途径。例如红壤的酸性、盐土的盐分和褐土的干旱问题。

② 亚类。亚类的主要分类依据有以下几方面。

a. 同一土类的不同发育阶段表现为成土过程和剖面性态上的差异。

b. 不同土类之间的相互过渡，表现为主要成土过程中同时产生附加的次要成土过程，例如，盐土和草甸土之间的过渡类型有草甸盐土亚类和盐化草甸土亚类。

③ 土属。土属具有承上启下的特点，是土壤在地方性因素的影响下所表现出的区域性变异。

a. 成土母质类型。

b. 地形部位特征。

c. 水文地质条件。

d. 古土壤形成过程的残留特征，例如，残余盐土和残余沼泽土等。

e. 耕种影响。

④ 土种。土种是基层分类的基本单元。同一土种发育在相同的母质上，并且有相似的发育程度和剖面层次排列。

⑤ 亚种。亚种为土种范围内的细分。依据土种在耕性、质地、养分和耕层厚度等差异。

（3）土壤命名　本分类系统的土壤命名采用分级命名法，即土纲、土类、土属和土种等都可单独命名，习惯名称与群众名称并用。土纲名称由土类名称概括而成；亚纲名称则在土纲名称前加形容词构成；土类名称以习用名称为主，也部分采用了经提炼后的土壤俗名；亚类名称在土类名称前加形容词构成；土属名称从土种中加以提炼选择；土种和变种的名称主要从当地土壤俗名中提炼而得，但应对同土异名或异土同名作仔细分析后决定取舍。

（二）我国土壤的分布

1. 土壤分布概况

我国地域辽阔，地形复杂，条件多变。在不同的水、气、热、母质和生物等作用下，形成了不同土壤类型（图 3-7）。土壤分布与地理位置、生物气候条件相适应，表现为广域的水平分布规律和垂直分布规律。与地方性的母质、地形、水文和成土时间相适应，表现为中域或微域分布规律。受人类耕作施肥等影响，表现为生产性规律。

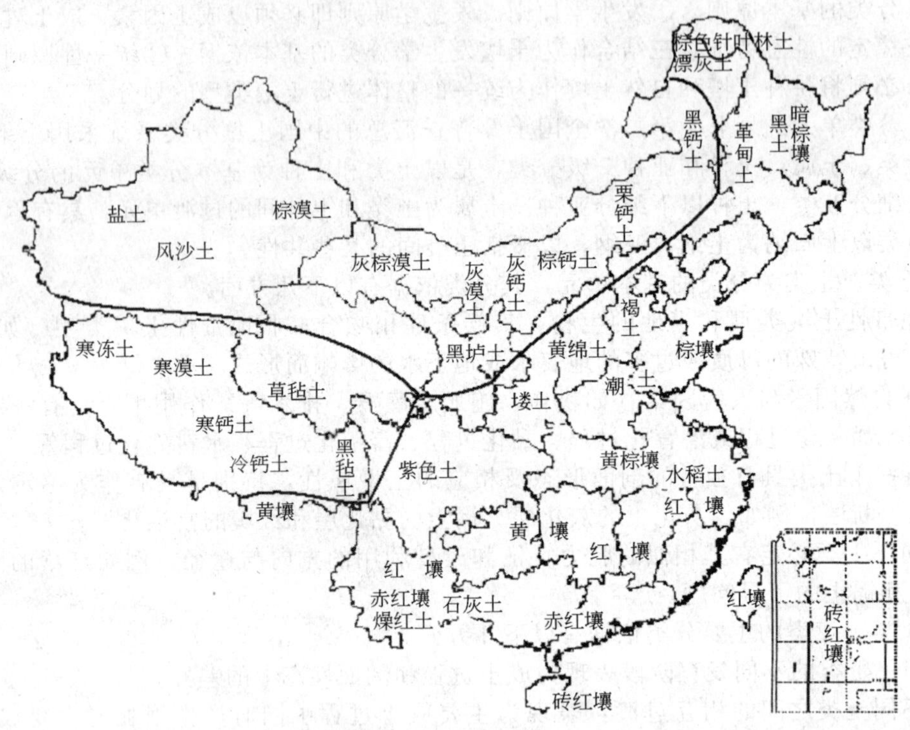

图 3-7　我国主要土壤分布及土壤分区示意图

2. 土壤的纬度地带性分布规律

气温和土温受太阳热量影响的不同，出现从赤道向两极呈递减的分布规律，形成了自然气候的纬度地带性。如赤道—热带—亚热带—温带—寒带—极地的气候带。不同的气候带，相应会出现不同的植物带和土壤带。出现自南而北的土壤演替规律。例如，在我国东部季风区，由南向北依次分布着：砖红壤→赤红壤→黄壤和红壤→黄棕壤→棕壤→暗棕壤→棕色针叶林土。

3. 土壤的经度地带性分布规律

在我国北部和西北部干旱草原区，从东到西，由沿海逐渐向内陆深入，因距海洋远近的不同，出现降水量的差异，相应地生物、气候呈现有规律的变化，使土壤类型也发生相应地有规律地更替，表现出土壤的经度地带性分布规律：黑土→黑钙土→栗钙土→棕钙土→灰漠土→灰棕漠土→棕漠土。

4. 土壤的垂直地带性分布规律

随着山体高度的增加，水热条件和生物发生变化，使土壤类型出现类似于从南向北的演替规律。越是南边的山体，越高的山体，土壤垂直谱系越完整。如湖南南岳山，从山脚到山顶依次出现红壤（海拔 650m 以下）→黄壤（650～850m）→山地黄棕壤（850～1150m）→山地灌丛草甸土（1150m 以上）的垂直地带性分布规律。

5. 高山土系列

在我国西南部的青藏高原，具有“世界屋脊”之称，表现出特有的高原气候，使土壤形成为高山土系列。随着青藏高原地势的增高和水、热及生物的变化，土壤类型也相应地出现黑毡土→草毡土→冷钙土→寒钙土→寒漠土→寒冻土的演替。

6. 土壤的区域性分布规律

另有一些土壤，它们的分布主要受非地带性因素（如母质、水文、地形、耕作等）的制约，多镶嵌在地带性土壤的带谱中，称为非地带性分布，又称区域性分布。如受水分影响的草甸土和沼泽土，受水耕熟化影响的水稻土，受现代水流沉积影响的潮土，受母岩影响的紫色土和石灰土，受流沙影响的风沙土，受干旱水文影响的盐碱土和依靠灌溉耕作的灌淤土等。

四、我国主要土壤资源

1. 热带、亚热带的主要地带性土壤

热带、亚热带的主要地带性土壤有铁铝土纲的砖红壤、赤红壤、红壤和黄壤，淋溶土纲的黄棕壤以及半淋溶土纲的燥红土。其中，铁铝土分布广，主要分布在我国水热条件最优越的地区，面积大，所处地形又以低山、丘陵和台地为主，故其开发利用价值高，是我国极为重要的土壤资源。但土壤酸性普遍较强，应适当施用石灰，降低土壤酸性。

2. 我国东部温带土壤

东部温带的地带性土壤较多，主要有淋溶土纲的黄褐土、棕壤、暗棕壤、白浆土、棕色针叶土、漂灰土和灰化土，半淋溶土纲的褐土、灰褐土、黑土和灰色森林土。

3. 我国西部温带土壤

我国西部温带地带性土壤有钙层土纲、干旱土纲和漠土纲，共3个土纲，9个土类。属于草原土壤系列，越往西，越干。其中，重要的土类有黑钙土、栗钙土、棕钙土、灰棕漠土。

4. 我国西南高山土壤

我国西南高山土壤是指青藏高原和与之类似海拔，高山垂直带最上部，在森林郁闭线以上或无林高山带的土壤，是在特殊的高山高原气候下形成的土壤。土壤有机质的腐殖化程度低，矿物质分解微弱，土层浅薄，粗骨性强，层次分异不明显。因此将高山土壤作为独特的系列划分开来，共有黑毡土（亚高山草甸土）、草毡土（高山草甸土）、冷钙土（亚高山草原土）、寒钙土（高山草原土）、冷棕钙土（山地灌丛草原土）、冷漠土（亚高山漠土）、寒漠土（高山漠土）和寒冻土（高山寒漠土）等8个土类。这些土壤分步区主要为牧区和无人区，耕地极少。

5. 我国主要区域性土壤

我国地域辽阔，地形复杂，成土条件除降雨量、积温等有连续变化的因子外，还有成土母质、水文条件、现代河湖沉积、人类耕种熟化等非连续变量因子条件。在以这些非连续变量因子为主的作用下，形成了许多区域性土壤。这些土壤包括初育土纲、半水成土纲、水成土纲、盐成土纲和人为土纲，共5个土纲，27个土类。主要土类如风沙土、盐土、紫色土、石灰岩土、水稻土、潮土、沼泽土等。

第六节　园林苗圃的土壤管理

一、园林苗圃的用地选择

苗圃是培育苗木的场所，苗圃地的好坏直接影响到所育苗木的产量和质量。苗木苗圃用地所需要的条件通常有以下几个方面。

1. 苗圃的位置

首先要选择交通便利，靠近铁路、公路或水路的地方，以便于苗木和生产物资的运输。其次，苗圃地应设立在苗木需求中心，这样可以减少运输过程中苗木失水而导致的苗木质量降低。另外还应该注意尽量远离污染源。

2. 地形地势

苗圃地应选择背风向阳、排水良好、地势平坦的开阔地带。其坡度一般不应超过 3°，坡度过大容易造成水土流失，使土壤肥力下降。

3. 土壤

苗圃地土壤好坏直接影响着苗木的营养条件。园林苗圃选址要具有长期观念。根据园林苗圃作物生长周期的需要，选择深厚、肥沃和具有水浇条件的土壤，而荒地、板结、漏肥漏水或盐碱含量过重的土壤不宜选用。

苗木适宜生长于具有一定肥力的砂质壤土或轻黏质土壤上。过于黏重的土壤的通气性和排水都不良，有碍其根系的生长，且雨后容易板结，过于干旱易龟裂，不仅耕作困难，而且冬季苗木冻拔现象严重；过于砂质的土壤疏松，肥力低，保水力差，夏季表土高温易灼伤幼苗，移植时土球易松散。

土壤的酸碱度对苗木的生长影响很大，不同树种对酸碱度的适应范围不同，在培育苗木时必须考虑树种适生的 pH 值范围，一般针叶树种苗木适宜的 pH 值在 5～7；阔叶树种苗木适宜的 pH 值在 6～8。

二、园林苗圃的土壤耕作

耕地作为一种农事活动又叫做整地，是土壤耕作的主要环节。

1. 耕地深度

耕地的深度对耕地的各项效果有直接的影响。一般播种育苗，播种区的耕地深度以20～25cm 为宜；扦插苗和移栽苗因根系的分布较深，耕地深度以 25～35cm 为宜。

耕地的深度还要考虑气候和土壤条件，在气候干旱的条件下宜深，在湿润的条件下可浅些；土壤较黏的圃地宜深，沙土宜浅；秋耕宜深，春耕宜浅。

2. 耕地时间和季节

耕地一般在春秋两季进行。土壤持水量在 40%～60%时为耕地最适宜时间。因为此时土壤可塑性、凝聚力、黏着力和阻力最小。土壤经深耕以后，若过于松散，其毛细管作用被破坏，根系吸水就困难，所以耕后必须适度镇压土壤。

三、覆盖保墒

为了保蓄土壤水分，减少灌溉量，同时也防止水分蒸发引起的土壤板结，因此有必要采取覆盖措施。

播种后用稻草等覆盖物进行覆盖，能保持土壤水分，防止板结，促使种子发芽整齐。尤其在北方地区，对于小粒种子的树种，除了灌足底水外，播后均应进行覆盖，以利出苗。

覆盖应就地取材，以经济实惠为原则。要注意不能引来病虫害，不妨碍灌水时水分渗入土壤；重量较轻，不会压坏幼苗又便于运输。一般只要稀疏的覆上一层覆盖物，使土面似见非见，就可起到良好的保墒作用。在种子发芽时，应注意及时撤除覆盖物，以防影响幼苗出土，待出苗较多时，将覆盖物移至行间，幼苗出齐后撤除覆盖物，并进行松土，以保证苗床中的水分。

现用的覆盖材料有塑料薄膜、秸秆、稻草、苔藓、树木枝条以及腐殖质土和泥炭等。

四、中耕除草

中耕除草工作主要集中于苗木生长的前期。松土，一般结合除草，在降雨和灌溉后及土壤板结的情况下进行。松土，一般每年4～6次，灌溉条件差应增加次数。松土深度，以不伤苗木根系为原则。方法如下。

① 一般，针叶树苗，小苗宜浅；阔叶树苗，大苗宜深；株间宜浅；行间宜深。出苗初期，一般松土深度为2～4cm，速生期可逐步加深到6～12cm。

② 撒播苗及条播苗等，应在雨后旱前及灌溉、间苗、施肥、拔草等作业后，结合清沟，及时进行松土、盖土，以增强苗木的抗逆力。

一年中的深中耕通常结合秋施基肥进行，以利于根系生长和树势恢复。

中耕除草可以疏松表层的土壤，减少土壤水分的蒸发，增加土壤的保水蓄水能力，促进土壤空气流通，提高土壤中有效养分的利用率，从而促进苗木根系的生长。

五、合理灌溉

调节水分是播种管理的关键。土壤中有机物的分解，苗木对营养的吸收等都与土壤的水分有关。特别是在幼苗期，苗木对水分的要求极其严格，略有缺水即容易发生萎蔫现象，水分过多则易发生烂根。所以灌溉时要注意以下两个方面。

① 土壤水分要适宜，过多过少都会影响苗木的生长发育。

② 灌溉的时间、数量及次数，应根据不同树种的特性、苗木的生长期、土壤特点和气候条件等具体情况而确定。

常用的灌溉方法有地面灌溉、喷灌和滴灌三种。

第七节　设施园艺土壤的管理

一、设施栽培土壤的特性

园艺设施如温室和塑料拱棚内温度高，空气湿度大，气体流动性差，光照较差；而作物种植茬次多，生长期长，故施肥量大，根系残留量也较多，因而使得土壤环境与露地土壤很不相同，影响设施作物的生育。将保护地土壤的特性与自然土壤和露地耕作土壤比较，其主要有以下特性。

1. 次生盐渍化

由于温室是一个封闭（不通风）的或半封闭（通风时）的空间，自然降水受到阻隔，土壤受自然降水自上而下的淋溶作用几乎没有，使土壤中积累的盐分不能被淋洗到地下水中。

由于室内温度高，作物生长旺盛，土壤水分自下而上的蒸发和作物蒸腾作用比露地强，根据“盐随水走”的规律，这也加速了土壤表层盐分的积聚。

此外，如果在施肥量超过植物吸收量时，肥料中的盐分在土壤中越聚越多，也会形成土壤的次生盐渍化。设施生产多在冬、春寒冷季节进行，土壤温度也比较低，施入的肥料不易分解和被作物吸收，也容易造成土壤内养分的残留。人们盲目认为施肥越多越好，往往采用加大施肥量的办法以弥补地温低、作物吸收能力弱的不足，结果适得其反。当其氨态氮浓度过高时危害最大。据沈阳农业大学园艺系调查，当地多年种植蔬菜的温室的土壤盐分浓度（EC值）很多已近临界值。由于设施土壤培肥反应比露地明显，养分积累进程快，所以容易发生土壤次生盐渍化。并且土壤养分也不平衡。一些生产年限较长的温室或大棚，因养分不平衡，土壤中N、P浓度过高，导致K相对不足，Zn、Ca、Mg也缺乏，所以温室番茄

“脐腐”果高达70%～80%，果实风味差，病害也多，这与土壤浓度障碍导致自身免疫力下降有关。

一般设施农业土壤盐类浓度随着使用年限的增加而提高。盐分含量提高，使土壤溶液浓度升高，危害植物生长。一般设施农业土壤溶液的浓度可达1000mg/kg以上，而露地土壤溶液浓度为500～3000mg/kg。植物所需的溶液浓度通常在800～1500mg/kg。测定表明，当土壤溶液浓度达到2000mg/kg时，作物完全萎蔫，甚至死亡。

2. 有毒气体增多

在设施农业土壤上栽培植物时，栽培者会向土壤中施用大量铵态氮肥，由于室内温度较高，很容易使铵态氮肥气化而形成NH_3，NH_3浓度过高，会使植物茎叶枯死。在土壤内通气条件好时，氨于1周左右会氧化产生NO_2，同时，施入土壤中的硝态氮肥，如通气不良，也会被还原为NO_2。NO_2含量过高，植物叶片将会中毒，出现叶肉漂白，影响植物的正常生长。一般的测定方法为：用pH试纸在棚顶的水珠上吸收，若试纸显蓝色，说明设施内存在的气体为NH_3；若试纸呈现红色，则说明室内气体是NO_2。此外，土壤中含有的硫和磷等物质在通气不良时会产生H_2S、PH_3等有毒气体，也会对植物产生毒害作用。

3. 高浓度CO_2

微生物分解有机质的作用和植物根系的呼吸作用会使室内CO_2显著提高，如其浓度过高，会影响室内O_2的相对含量。但是CO_2可以提高土壤的温度，冬季也可为温室提高温度。CO_2也是植物光合作用的碳源，可以提高植物光合作用的产量。

4. 病虫害发生严重

在设施生产中，设施一旦建成，就很难移动，连作的现象十分普遍，年复一年的种植同一种植物。加之保护地环境相对封闭，温暖潮湿的小气候也为病虫害繁殖、越冬提供了条件，使设施地内作物的土传病害十分严重，类别较多，发生频繁，危害严重，使得一些在露地栽培可以消灭的病虫害，在设施内难以绝迹，例如根际线虫，温室土壤内一旦发生就很难消灭，黄瓜枯萎病的病原菌孢子是在土壤中越冬的，设施土壤环境为其繁衍提供了理想条件，发生后也难以根治。过去在我国北方较少出现的植物病害，有时也在棚室内发生。

5. 土壤肥力下降

设施内作物栽培的种类比较单一，为了获得较高的经济效益，往往连续种植产值高的作物，而不注意轮作换茬。久而久之，使土壤中的养分失去平衡，某些营养元素严重亏缺，而某些营养元素却因过剩而大量残留于土壤中，露地栽培轮作与休闲的机会多，上述问题不易出现。设施内土壤有机质矿化率高，N肥用量大，淋溶又少，所以残留量高。沈阳农业大学园艺系定位试验证明氮的总残留量＞NO_3-N淋溶量＞NH_3挥发量＞吸收量。调查结果表明，使用3～5年的温室的表土的盐分可达200mg/kg以上，严重的达1～2g/kg，已达盐分危害浓度低限（2～3g/kg）。设施内土壤全P的转化率比露地高2倍，对P的吸附和解吸量也明显高于露地，P大量富集（可达1000mg/kg以上）。最后导致K的含量相对不足，K失衡，这些都对作物生育不利。

由于保护地内不能引入大型的机械设备进行深耕翻，少耕、免耕法的措施又不到位。连年种植会导致土壤耕层变浅，发生板结现象，团粒结构破坏、含量降低，土壤的理化性质恶化。并且由于长期高温高湿，有机质转化速度加快，土壤的养分库存数量减少，供氮能力降低，最终使土壤肥力严重下降。

二、设施土壤管理

设施土壤管理的首要问题是整地。整地一般要在充分施用有机肥的前提下，提早并连续进行翻耕、灌溉、耙地、起垄和镇压等项作业，有条件的最好进行秋季深翻。整地作畦最好能做成“圆头形”，也就是畦或垄的中央略高，两边呈缓坡状而忌呈直角，这样有利于地膜覆盖栽培。畦或垄以南北方向延长为宜。当畦或垄做好后，不要随意踩踏。畦或垄的高度一般条件下为 10～15cm，过高影响灌水，不利于水分横向渗透。在较干旱的大面积地块中，应该在畦或垄沟分段打埂，以便降雨时蓄水保墒。整地时，土壤一定要细碎疏松，表里一致。畦或垄做好后要进行 1～2 次轻度镇压，使表里平整，有利于土壤毛细管水和养分上升。

在保护地栽培条件下，可以通过以下几种方式对土壤进行改良和培肥。

1. 改善耕作制度

换土、轮作和无土栽培换土是解决土壤次生盐渍化的有效措施之一，但是劳动强度大不易被接受，只适合小面积应用。轮作或休闲也可以减轻土壤的次生盐渍化程度，达到改良土壤的目的，如蔬菜保护设施连续使用几年以后，种一季露地蔬菜或一茬水稻，对恢复地力、减少生理病害和病菌引起的病害都有显著作用。

当设施内的土壤障碍发生严重，或者土传病害泛滥成灾，常规方法难以解决时，可采用无土栽培技术，使得土壤栽培存在的问题得到解决。

2. 改良土壤理化性质

连年种植导致土壤耕层变浅，发生板结现象，团粒结构被破坏，可通过土壤改良提高理化性质，主要有以下几种方法。

① 植株收获后，深翻土壤，把下层含盐较少的土翻到上层与表土充分混匀。

② 适当增施腐熟的有机肥，以增加土壤有机质的含量，增强土壤通透性，改善土壤理化性状，增强土壤养分的缓冲能力，延缓土壤酸化或盐渍化过程。

③ 对于表层土含盐量过高或 pH 值过低的土壤，可用肥沃土来替换。

④ 经济技术条件许可者可开展无土栽培。

3. 以水排盐

合理灌溉降低土壤水分蒸发量，有利于防止土壤表层盐分积聚。设施栽培土壤出现次生盐渍化并不是整个土体的盐分含量高，而是土壤表层的盐分含量超出了作物生长的适宜范围。土壤水分的上升运动和通过表层蒸发是使土壤盐分积聚在土壤表层的主要原因。灌溉的方式和质量是影响土壤水分蒸发的主要因素，漫灌和沟灌都将加速土壤水分的蒸发，易使土壤盐分向表层积聚。滴灌和渗灌是最经济的灌溉方式，同时又可防止土壤下层盐分向表层积聚，是较好的灌溉措施。近几年，有的地区采用膜下滴灌的办法代替漫灌和沟灌，对防治土壤次生盐渍化起到了很好的作用。闲茬时，浇大水，使表层积聚的盐分下淋以降低土壤溶液浓度。或夏季换茬空隙，撤膜淋雨或大水浸灌，使土壤表层盐分随雨水流失或淋溶到土壤深层。

4. 科学施肥

平衡施肥减少土壤中的盐分积累是防止设施土壤次生盐渍化的有效途径。过量施肥是蔬菜设施土壤盐分的主要来源。目前我国在设施栽培尤其是蔬菜栽培上盲目施肥现象非常严重，化肥的施用量一般都超过蔬菜需要量的 1 倍以上，大量的剩余养分和副成分积累在土壤中，使土壤溶液的盐分浓度逐年升高，土壤发生次生盐渍化，引起生理病害。要解决此问题，必须根据土壤的供肥能力和作物的需肥规律，进行平衡施肥。

配方施肥是设施园艺生产的关键技术之一，我国园艺作物配方施肥技术研究要远远落后于大田作物，设施栽培中，花卉与果树配方施肥更少有研究，设施配方施肥技术研究正处于起步阶段，一些用于配方施肥的技术参数还很缺乏。

增施有机肥，施用秸秆能降低土壤盐分含量。设施内宜施用有机肥，因为其肥效缓慢，腐熟的有机肥不易引起盐类浓度上升，还可改进土壤的理化性状，使其疏松透气，提高含氧量，对作物根系有利。设施内土壤的次生盐渍化与一般土壤盐渍化的主要区别在于盐分组成，设施内土壤次生盐渍化的盐分是以硝态氮为主，硝态氮占到阴离子总量的50%以上。因此，降低设施土壤硝态氮含量是改良次生盐渍化土壤的关键。

施用作物秸秆是改良土壤次生盐渍化的有效措施，除豆科作物的秸秆外，其它禾本科作物秸秆的碳氮比都较宽，施入土壤以后，在被微生物分解过程中，其能争夺土壤中的氮素。据研究，1g没有腐熟的稻草可以固定12～22mg无机氮。

在土壤次生盐渍化不太重的土壤上，每亩[1]施用300～500kg稻草较为适宜。在施用以前，先把稻草切碎，一般应小于3cm。施用时要均匀地翻入土壤耕层。也可以施用玉米秸秆，施用方法与稻草相同。施用秸秆不仅可以防止土壤次生盐渍化，而且还能平衡土壤养分，增加土壤有机质含量，促进土壤微生物活动，降低病原菌的数量，减少病害。

根据土壤养分状况、肥料种类及植物需肥特性，确定合理的施肥量和施肥方式，做到配方施肥。控制化肥的施用量，以施用有机肥为主，合理配施氮、磷、钾肥。化学肥料做基肥时要深施并与有机肥混合施用，作追肥要“少量多次”，以缓解土壤中的盐分积累。也可以抽出一部分无机肥进行叶面喷施，即不会增加土壤中盐分含量，又经济合算。

5. 定期进行土壤消毒

土壤中有病原菌、害虫等有害生物和微生物，也有硝酸细菌、亚硝酸细菌和固氮菌等有益生物。正常情况下这些微生物在土壤中保持一定的平衡，但连作时，由于作物根系分泌物质的不同或病株的残留，引起土壤中生物条件的变化打破了平衡状况，造成连作的危害。由于设施栽培有一定空间范围，为了消灭病原菌和害虫等有害生物，可以进行土壤消毒。

(1) 药剂消毒　根据药剂的性质，有的需灌入土壤中，也有的洒在土壤表面。使用时应注意药品的特性，兹举几种常用药剂为例加以说明。

① 甲醛（40%）。甲醛用于温室或温床床土消毒，可消灭土壤中的病原菌，同时也杀死有益微生物，使用浓度为50～100倍。使用时先将温室或温床内土壤翻松，然后用喷雾器均匀喷洒在地面上再稍翻一番，使耕作层土壤都能沾着药液，并用塑料薄膜覆盖地面保持2d，使甲醛充分发挥杀菌作用以后揭膜，打开门窗，使甲醛散发出去，两周后才能使用。

② 硫磺粉。硫磺粉用于温室及床土消毒，可消灭白粉病菌和红蜘蛛等。一般在播种后或定植前2～3d进行熏蒸，熏蒸时要关闭门窗，熏蒸一昼夜即可。

③ 氯化苦。氯化苦主要用于防治土壤中的线虫。将床土堆成高30cm的长条，宽由覆盖薄膜的幅度而定，每30cm注入药剂3～5mL至地面下10cm处，之后用薄膜覆盖7d（夏）到10d（冬），以后将薄膜打开放风10d（夏）到30d（冬），待没有刺激性气味后再使用。本药剂使用后也同时杀死硝化细菌，抑制氨的硝化作用，但在短时间内即能恢复。该药剂对人体有毒，使用时要开窗，使用后密封门窗保持室内高温，能提高药效，缩短消毒时间。

上述3种药剂在使用时都需提高室内温度，使土壤温度达到15～20℃以上，10℃以下不易气化，效果较差。采用药剂消毒时，可使用土壤消毒机，土壤消毒机可使液体药剂直接注入土壤到达一定深度，并使其汽化和扩散。面积较大时需采用动力式消毒机，按照其运作方式有犁式、凿刀式、旋转式和注入棒式4种类型。其中凿刀式消毒机是悬挂到轮式拖拉机上牵引作业的。作业时凿刀插入土壤并向前移动，在凿刀后部有药液注入管将药液注入土壤之中，而后以压土封板镇压覆盖。与线状注入药液的机械不同，注入棒式土壤消毒机利用回转运动使注入棒上下运转，以点状方式注入药液。

---

[1] 1亩≈667m²。

(2) 高温法消毒

① 蒸汽消毒。蒸汽消毒是土壤热处理消毒中最有效的方法，它是以杀灭土壤中有害微生物为目的。大多数土壤病原菌用60℃蒸汽消毒30min即可杀死。但对于TMv（烟草花叶病毒）等病毒，其需要90℃蒸汽消毒10min。多数杂草种子需要80℃左右的蒸汽消毒10min才能杀死。土壤中除病原菌之外，还存在很多氨化细菌和硝化细菌等有益微生物，若消毒方法不当，也会引起作物生育障碍，必须掌握好消毒时间和温度。

蒸汽消毒的优点是：a. 无药剂的毒害；b. 不用移动土壤，消毒时间短、省工；c. 通气能形成团粒结构，提高土壤通气性、保水性和保肥性；d. 能使土壤中不溶态养分变为可溶态，促进有机物的分解；e. 能与加温锅炉兼用；f. 消毒降温后即可栽培作物。

土壤蒸汽消毒一般使用内燃式炉筒烟管式锅炉。燃烧室燃烧后的气体从炉筒经烟管从烟囱排出。在此期间传热面上受加热的水在蒸汽室汽化，饱和蒸汽进一步由燃烧气体加热。为了保证锅炉的安全运行，应以最大蒸发量要求设置给水装置，蒸汽压力超过设定值时安全阀打开，安全装置起作用。

在土壤或基质消毒之前，需将待消毒的土壤或基质疏松好，用帆布或耐高温的厚塑料布覆盖在待消毒的土壤或基质表面上，四周要密封，并将高温蒸汽输送管放置到覆盖物之下。每次消毒的面积与消毒机锅炉的能力有关，要达到较好的消毒效果，每平方米土壤每小时需要50kg的高温蒸汽。目前也有几种规格的消毒机，因有过热蒸汽发生装置，每平方米土壤每小时只需要45kg的高温蒸汽就可达到预期效果。根据消毒深度的不同，每次消毒时间的要求也不同。

② 高温闷棚。在高温季节，灌水后关好棚室的门窗，进行高温闷棚杀虫灭菌。

(3) 冷冻法消毒　把不能利用的保护地撤膜后深翻土壤，利用冬季严寒，冻死病虫卵。

6. 种耐盐作物

种植田菁、沙打旺或玉米等吸盐能力较强的植物，把盐分集中到植物体内，然后将这些植物收走，可降低土壤中的盐害。据分析，生产100kg玉米，就相当于从土壤中带走6.2kgN、3.4kgP_2O_5、12.7kgK_2O、4.9kgCaO和2.6kgMgO。蔬菜收获后种植吸肥力强的玉米、高粱、甘蓝和南瓜等作物，能有效降低土壤盐分含量和酸性，若土壤有积盐现象或酸性强，可选择耐盐力强的蔬菜如菠菜、芹菜、茄子、莴苣等或耐酸力较强的油菜、空心菜、芋头、芹菜，达到吸取土壤盐分的目的。

第八节　城市园林土壤的管理

一、城市园林土壤的特性

1. 土壤无层次

人为活动产生各种废弃物，过去长期多次无序侵入土体。地下施工翻动土壤，破坏了代表土壤肥力的原土壤表层或腐殖层，形成无层次、无规律的土体构造。

2. 土壤密实、结构差

城市土壤有机质含量低、有机胶体少，土体在机械和人的外力作用下，挤压土粒，土壤密实度高，破坏了通透性良好的团粒结构，形成理化性能差的密实、板结的片状或块状结构。

3. 土壤侵入体多

土壤中掺入大量的各种渣砾和地下构筑物及管道等，占据地下空间，改变了土壤固、液、气三相组成和孔隙分布状态及土壤水、气、热和养分状况。

4. 土壤养分匮缺

城区内园林植物的枯枝落叶大部分被运走或烧掉，使土壤不能像林区自然土壤那样落叶归根、养分循环。在土壤基本上没有养分补给的情况下，还有大量侵入体占据一定的土体，致使植物生长所需营养面积不足，减少了土壤中水、气和养分的绝对含量。植物在这种土壤上生长，每年都要从有限的营养空间吸取养分，势必使城市土壤越来越贫瘠。

5. 土壤污染

城市人为活动所产生的洗衣水、菜瓜汤、油脂和酸碱盐等物质进入土体内，超过土壤自净能力，造成土壤污染。近年来，一些城市用10%～20%的氯化钠盐作为主要干道的融雪剂，融化的盐水已构成影响植物生存的新污染源。

二、城市园林土壤的改良利用

1. 适地适树

根据不同的城市土壤类型所提供的植物生存条件，严格选择适宜和抗逆性强的树种。在紧实土壤或窄分车带上（带宽小于2m），要选择抗逆性强的树种栽植；绿地渣砾含量30%左右的土壤，要植喜气树种而不要植喜水肥树种；在湖边等处地下水位高的绿地上，要选择喜湿树种栽植；在盐碱绿地上（含盐量大于0.3%或pH大于8）要选择耐盐碱树种栽植；在楼北绿地上，要选耐阴、萌动晚的树种栽植。绿化用地在绿化设计时要力求做到适地适树。

2. 改土适树

(1) 增加土壤养分　为改善城市植物养分贫乏的状况，结合城市土壤改良，进行人工施肥，采取适用于城市植物的肥钉、肥棒和缓释肥等不同类型的肥料和相应的施肥器械及施肥方法，增加土壤有机质含量。施肥时间、深度、范围和施肥量等的确定，要以有利于植物根系吸收为宜。还可选栽具有固氮能力的植物以改善土壤的低氮状况。

(2) 改善土壤通气状况

① 为减少土壤密实对城市植物生长的不良影响，除选择一些抗逆性强的树种外，还可通过向土壤中掺入碎树枝和腐叶土等多孔性有机物或混入少量粗砂等，以改善其通气状况。必要时，地下埋设通气管道，安装透气井等。对已种树木的地段，可在若干年内分期改良。在各项建设工程中，应避免对绿化地段的机械辗压，对根系分布范围的地面，应防止践踏。

② 园林绿地人行道铺装时，在条件可能的情况下，要改成透气铺装，促进土壤与大气的气体交换。

(3) 调节土壤水分

① 根据土壤墒情，做到适时浇水，以满足植物对水分的需求。浇水方法，可根据土壤类型确定。保水差的土壤，浇水要少量多次；板结土壤，浇水时应在吸收根分布区内松土筑埂。

② 扩大城市地表水面积，减少地面铺装，增加地下水，提高土壤含水量。

(4) 为减少城市构筑物对植物生长的不利影响，对植物有限营养面积内的土壤进行分期分段深翻改良和进行根系修剪，选择浅根地被植物和改进植物配置，以减少共生矛盾。为改进城市街道植物生存空间过于狭小的状况，应合理设计道路断面。

(5) 防止化雪盐危害

① 严格控制化雪盐的用量，及时消除融化雪水，严禁将带盐的雪堆放到树木根区；改善行道树土壤的透气性和水分供应，增施硝态氮、钾、磷、锰和硼等肥料，以利于淋溶和减少对氯化钠的吸收而减轻危害。

② 改进现有路牙结构，并将路牙缝隙封严，阻止化雪盐水进入植物根区。

第九节 坡地经济林土壤的改良利用

一、坡薄土改良工程

1. 坡耕地的改良

坡耕地是指分布在山坡上，土层浅薄，地面平整度差，跑水、跑肥、跑土突出，作物产量低的旱地。坡耕地的存在严重制约旱地作物产量的大幅度提高。2007 年 6 月水利部副部长鄂竞平透露，在全国现有 $1.2\times10^{8}hm^{2}$ 耕地中，坡耕地为 $2.1\times10^{7}hm^{2}$，这些坡耕地每年流失土壤约 $1.5\times10^{9}t$，占全国水土流失总量的 1/3。

四川省紫色丘区坡土改梯土的经验比较丰富，如传厢并土改土法，聚土垄作改土、爆破改土、用钢钎、十字锹深啄改土、分台修筑地埂改土等。在坡改梯地建设中有以下几个主要环节。

(1) 改形工程　改形工程主要包括降缓坡度、保护表土、增厚土层和修筑地埂等环节。

① 降缓坡度。按等高线设计台位，降缓坡度是坡改梯的核心。2005 年 4 月 4 日至 4 月 29 日，由省政协农委牵头的联合调研组公布，四川省 5°以上的坡耕地约 $2.31\times10^{6}hm^{2}$，占旱耕地面积的 76%。但这部分坡耕地每年的土壤侵蚀量达 $2.3\times10^{9}t$，占耕地侵蚀量的 96%。5°～25°尚需改造的坡耕地有 $9.65\times10^{5}hm^{2}$，通过改造为坡度在 3°以下的缓坡地或水平梯地，变“三跑土”（跑土、跑水、跑肥）为“三保土”（保土、保水、保肥），增强土壤保蓄水分、养分的能力，从而达到旱地作物优质、高产的目的。

坡改梯的梯地设计为：梯地宽度主要取决于坡度大小和土层厚度，又要适应机耕，一般 3°～6°的情况下，梯地的宽度以 15～20m、长 50～100m 为宜，以利于排灌和机耕。地面坡度与梯地间高度和梯地宽度相关联（表 3-10）。

表 3-10　地面坡度与梯地设计参考值

土面宽度/m 地面坡度 梯壁高/m	<4°	4°	5°	6°	7°	8°	9°	10°
1.0	>15	14.3	11.4	9.5	8.1	7.1	6.3	5.7
1.2	>18	17.2	13.7	11.4	7.8	8.5	7.6	6.8
1.4	>21	20.0	18.0	13.3	11.4	10.0	8.8	8.0
1.6	>24	22.9	18.3	15.2	13.0	11.4	10.1	9.1

修筑梯地是丘陵山区建设高产稳产农田的一项重要措施。其方法是：通常采用走向大致沿着等高线延伸，而每一台阶则沿着坡面切高填低，以达到最终使每一梯地面基本平整的要求，但边坡壁仍然要保持与地平面约 75°的斜面，以防梯台垮塌。切面设计见图 3-8。

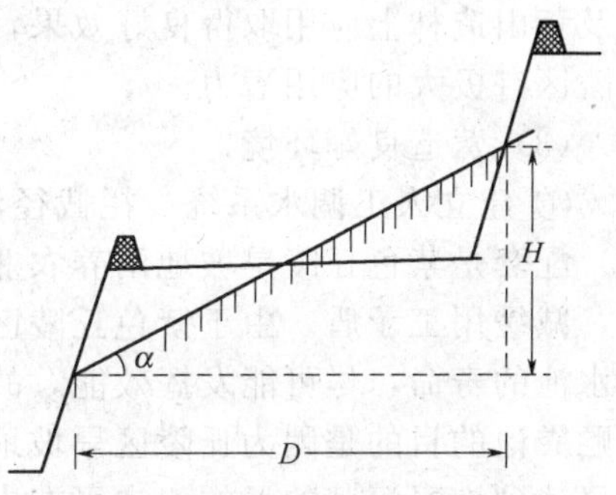

图 3-8　坡改梯纵切面设计图
α—地面坡度；H—梯壁高；D—梯田面宽（包括梯壁，田基）

在施工时，要将原有表层土集中堆置，再进行挖填。一般情况下，将每一梯地按前面设计图切高填低，但如果梯壁不高则也可以采取部分下切上垫，尤其在做背沟时更可如此操作（图 3-9）。

② 保护表土。表土是耕作土壤的精华，肥力较

高，结构良好，通透性和蓄水保肥力较强。在建设梯地时，必须保好表土。保护表土的方法有三：一是等高横向中带堆土法；二是横向纵厢堆土法；三是逐台下翻法。在水平梯地修筑的最后一个环节，就是必须将表土铺填回地面。如果修筑时裸露的石块较多，则可暂时在堆垒的土堆上种植庄稼，待挖填方中翻出的石块风化后再将表土回填至表层（图 3-10）。

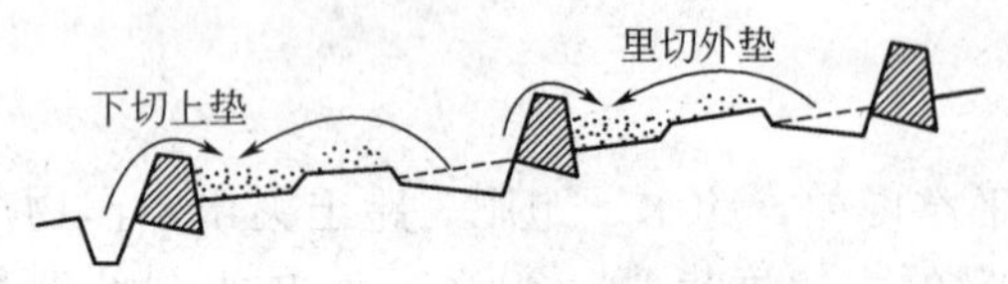

图 3-9 水平梯地挖填土施工图

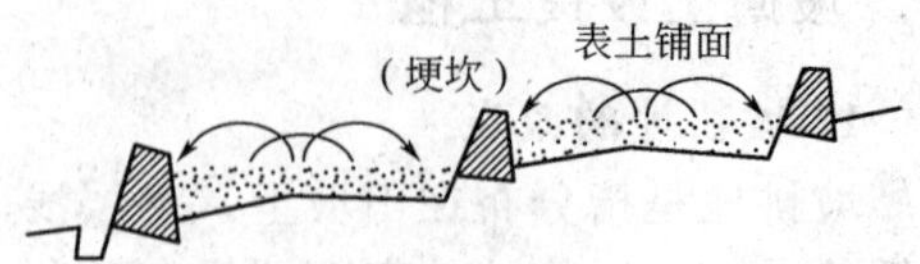

图 3-10 水平梯地修筑中表土回填

③ 增厚土层。土壤本身是巨大的天然水库。中低产土改造，增厚土层是关键。高标准梯台地要求土层深度要达 80～100cm，一时土层达不到这个厚度也不能低于 50cm。然后在每年农闲季节，将沉沙凼中的泥沙回填土面。增厚土层有利于作物根系的下扎、吸收水分和养分，同时能使土壤保蓄更多的水分，增强土壤抗旱能力。

④ 修筑地埂。坡改梯后做到地面平整，台位清晰，必须有牢固的地埂作保证。地埂一般不宜过高，提倡“矮坎窄梯”，坎高约 100cm。地埂材料要因地制宜，就地取材，可用条石、块石、卵石和三角架预制件，可半土半石，也可是石骨埂、土埂和埂坎的保护利用，可因地制宜地种植速生树木、果木、灌木、草类、黄花菜、药材和豆科绿肥等，既绿化了地埂，又避免雨水直接打击，防止冲刷，减缓风化，加固地埂，防止垮塌。

（2）旱坡地聚土免耕 “旱地聚土免耕耕作法”是一种生态上具有防蚀、抗旱和培肥的自调能力，经济上增产、增质和节劳省工，技术上简便易行，比较高效的旱坡地开发生态工程。其做法是将 1m 宽的土层全部垒加到预先已经施用底肥的相邻 1m 宽的地面上，也可以将两面各 0.5m 表土垒于中间 1m 已预施底肥的土面上（图 3-11）。

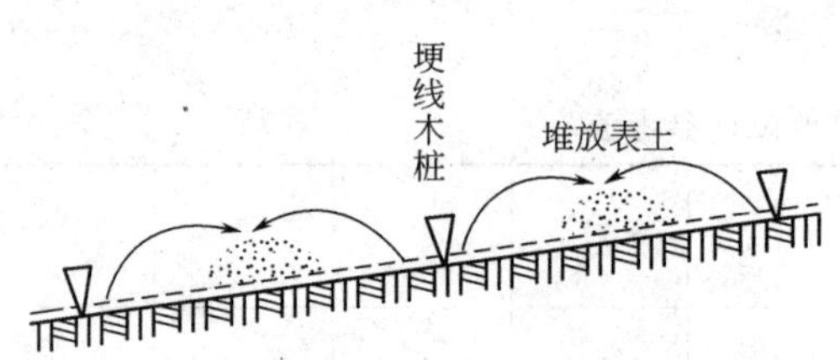

图 3-11 旱坡地聚土改土示意图

在聚土后，裸露出来的母岩、母质经过挖砾，再经风化成土后回聚堆土，然后改造上轮聚土底部的母岩和母质。这项技术的特点是能造就 50cm 厚的耕作层，并用较简易的方法把肥料施在离地表 35cm 以下，既减少肥料的损失，又促进作物的后期生长，它还利用筑垄、季节性免耕、覆盖等措施，减少水土流失。这项技术可广泛应用于南方红黄壤丘陵地区，特别是紫色土丘坡地区和旱地上。土壤类型包括紫色土、黄壤、红壤、赤红壤和潮土等。近年来，在建设小果园、小桑园、小菜园、小药园以及荒山造林上应用取得良好效果，增产效益为 15%～30%，减少水土流失 70%，在红壤丘陵区有极大的应用潜力。

（3）营造良好环境

① 建立人工调水系统，拦截径流。其主要内容就是建设三池（蓄水池、沉沙池和贮粪池）配套是紫色丘陵旱坡地雨养农业高产体系中的重要内容之一。目的在于延长水池使用寿命，减缓用工矛盾。由于紫色丘陵区母岩易于风化、石骨子易随水冲走，淤塞水池。要延长蓄水池的寿命，尽可能发挥效能，故在蓄水池前修一个沉沙池，池内的泥沙可随时取出。修建贮粪池的目的是因为丘陵区旱坡地一般分布的台位高，远离农舍，有机肥施用困难，贮粪池可达到泡青沤肥的目的，也可在农闲时担粪入坑贮粪，待农忙时用，有利于缓解劳动力的冲突，不误农时。

② 建立抗旱养地耕作制度，改善生态环境。建立抗旱养地耕作制度，改善生态环境是

紫色丘陵旱坡地雨养农业高产技术体系的重要内容。改坡耕地的单一种植制度为间套作，改落后的果粮间作耕作制度或完全清耕的耕作制度为肥土与瘦土作物间套作的耕作制度，例如在经济园林行间间种绿肥，使整个地面周年都在地被物的覆盖之下，起到保土保水肥土的作用。这样必然达到用地养地的目的，既改良培肥地力，又获得作物的优质高产。

2. 客土改良和以水改良

对黏重土壤采取掺沙改黏，对河沙土、山沙土和石骨子土，采用掺泥改沙。对强酸性的红黄壤，宜施用石灰改良，抑制铝的活动性。滨海盐渍土、江淮冲积土上的次生盐碱土，则可采用灌水洗盐，排水去碱法，以创造适宜于作物良好生长的土壤环境。

二、果树的大窝塘种植

果树采取大窝（穴）、大肥和大苗定植是促进果树早生快发早收效的基础。大窝塘种植也可叫做大窝耕作法，这是过去山西、山东和河北等省长期沿用的改土培肥种植大宗农作物的成功经验。然后其方法在云南、四川和重庆等省市应用推广。经实践证明，这是快速改土培肥的有效途径。

1. 大窝塘种植的技术规程

在坡改梯的基础上，窝心距按果树成林后所需要的规格确定，错窝排列，牵绳定点，开挖圆筒形大窝。打窝规格在普通作物大窝塘基础上扩大一倍，即窝面、窝底的直径和窝深均为 1m，要求底平壁直。挖窝时，先把挖出的表土和底土分别堆放在窝间地面上。然后，将表土回填窝底达 10～20cm 垫底，再放入秸秆 10～20kg/窝，再将表土全部入坑以避免流失，暂时栽种蔬菜或种植绿肥。底土或岩石碎块暂放地表风化数月至 1 年，待其散碎或人工击碎后与堆肥混合均匀将窝面填平，促进土肥相融，加速生土熟化。接着种植果树，并套种绿肥。

2. 大窝塘种植的优点

根据各地经验，概括起来有以下几点优点：第一、当年改土，当年利用；第二、省工，效宏（效果显著），比起全面深改少用许多工，整个土层变得深厚肥沃；第三、保水、保肥、保土，每个窝就是一个小水库、小肥料库，土与肥均不易被冲走；第四、土肥相融，土壤熟化度高；第五、通风透光，管理方便，大窝是错窝排列的，无论横行还是斜行均为一条线，有利于通风透光，边际效应好，同时也方便管理。

三、果园土壤的一般改良技术

利用丘陵山坡地建设果园，要根据地形和土壤条件选择改良方法。用土层较浅薄、土壤较贫瘠的丘陵、山地建苹果、梨、桃、李、柑橘等果园，最好进行开园整地和培肥地力，果树栽植后再进行相应的改良。如果栽植果树前没有进行过开园整地和培肥地力，而果苗栽下后发现耕作层浅、结构不良、肥力低、有机质少和酸碱度不适宜等，则应针对存在的具体问题，及早采取有效措施进行改良。

1. 地表改形

如果是在坡度较大的坡地建园，在建园之前必做的工作就是地表改形。在 10°～25°的坡地进行坡改梯，根据坡度设计梯面宽度和梯壁高差，通过爆破、人工挖砾、夯实梯壁、平整地面等环节建造梯台地。

2. 深耕改土

如果是坡度较大、水土流失重和耕作层浅的果园，建园前未进行地表改形，可选用以下方式深耕改土。第一、补修梯地或挖鱼鳞台，用以降低坡水流速，从而减少表层熟土冲刷流失；同时深耕台面行间，加深耕作层，重视农家肥和大压绿肥，并进行合理间作，以加深土壤活动层和加速土壤熟化，逐步建成适宜果树生长的园地。第二、实行大窝种植。根据果树成林后的大小及根系分布状况，通过爆破或人工挖硋，在坡面上建造深度和直径大体 1m 的圆筒形大窝，再将肥土、堆肥与挖出击碎的生土充分拌和后回填，最后盖上表土至窝面平整。注意窝内不能渍水，如果岩性致密不易走水，则采用窝内爆破较佳。

3. 改良土壤结构

结构差的黏土、砂土和砂砾土，首先进行"客土"，对砂砾土则要捡去大砾石而掺塘泥或黏土，再结合精耕细作、重施有机肥和合理轮间套作，逐渐创造结构良好的土壤。

4. 增加土壤有机质

有机质含量是判断土壤肥力的重要指标，也是果树生长的重要条件。我国果园的有机质含量一般只有 1%～2%，按多数果树的需要应为 3%～5%。增加和保持土壤有机质含量的方法是：种植和绿肥压青；增施堆厩肥、土杂肥和作物加工废料；秸秆还田以及秸秆地面覆盖等。

5. 调节土壤酸碱度

果树种类不同，对土壤酸碱度的要求也不同。如苹果最适宜的土壤 pH 值为 5.4～6.8，梨为 5.8～7.0，桃为 4.5～7.0，柑橘为 5.5～6.5。pH 值为 6 时，磷的有效利用率最大，此时磷是磷酸一钙状态；pH 值小于 5.5 时，土壤中的氧化铝和铵离子的危害作用最强，使磷酸和铜变成固态而不能为根系吸收。我国南方土壤多为酸性，必然影响养分的活性，或造成有效养分缺乏，或某些游离态养分增加而对果树产生危害。调节的方法有以下几种。

(1) 酸性土的调节　pH 值 5.5 以下的酸性土，应多施碱性和微碱性化肥，如碳酸氢铵、氨水、石灰氮、钙镁磷、磷矿粉和草木灰等，必要时可增施石灰，以中和土壤中的酸。

(2) 碱性土的调节　pH 值超过 8 的碱性土会使苹果、梨和柑橘等果树发生生理障碍，出现叶片黄化和缺素症。调节的方法有以下几种。

① 施肥调节。多施有机肥和酸性化肥，如硫酸铵、硝酸铵、过磷酸钙和硫酸钾等，用这些化肥中的酸去中和土壤中的碱。

② 引水调节。建立灌排系统，定期引淡水灌溉，进行灌水洗盐和冲淡盐碱含量，务使含盐量降低到 0.1%以下。

③ 表土覆盖。地面铺沙、盖草或盖腐殖质土，以防止盐碱随毛管水上升集结地表。

④ 地被物调节。营造防护林和种植绿肥，用以降低风力风速，减少水分蒸发，防止土壤返碱。

⑤ 中耕切断毛管。雨后或灌溉后及时中耕，可以切断土壤毛细管，抑制盐碱随着毛管上升，减少水分蒸发造成地表反盐反碱。

四、低产茶园土壤的改良

在我国，茶树适合在南方云雾多、昼夜温差大的山地酸性土壤中生长。对于土壤而言，提高肥力，营造清洁的土壤，是建设高产优质茶园的必备条件。低产茶园土壤改良措施有以下几方面。

1. 整地施肥

在建园前，近乎沿着等高线挖坑，宽度 1m，深度根据原有土层厚度和基岩性质挖硋 0.5～1m。向每公顷茶园土坑中施入 22500～30000kg 堆渣肥或作物秸秆等有机肥，并与挖出的生土充分拌匀后全部回填。

2. 实行垄作

将相邻土坑之间的土壤集中垒于土坑之上稍夯实，呈瓦背形即可在垄背上开窝施用适量基肥后栽种茶苗，并灌定根水。

3. 茶园土壤管理

建园后的茶园土壤管理主要是耕作施肥。

（1）充分深耕与施足肥料　深耕能够消除土层板结，改善土壤“三相”比与通透性。深耕时间可在9～10月秋茶收后进行，对老林茶园要与改树同期；耕作深度力求15cm以上。坡度不陡的茶园可采用机械来完成耕作作业。在耕作的同时，进行开沟施肥，注意有机肥与无机肥料配施：按有机肥4500kg/hm^2、高氮化肥1125kg/hm^2施肥后立即盖土。根据土壤有效养分含量适当补充必要的养分。但切忌过量使用化肥，防止高残留有害物质进入茶园，这是营造清洁茶园的根本要求。

（2）覆盖　一般园地铺草以22500～30000kg/hm^2鲜草为宜。通过地面覆盖可以有效截留大气降水，防止水土流失，减少土面蒸发。覆盖物腐烂后又能增加茶园的有机质。

【本章小结】

土壤是地球陆地上及浅水域底能够产生绿色植物收获物的疏松表层。土壤肥力是土壤同时不断地供给和协调植物生长发育所需要的水、肥、气、热等生活因素的能力。

土壤由固体、液体和气体三相物质组成。其中，固相包括无机体（矿物质）和有机体，是组成土壤的基本成分。固体部分与孔隙大约各占土壤总体积的一半。在孔隙里充满着水分和空气。土壤矿物质是土壤中所有固态无机物质的总称。土壤中的矿物质可分为原生矿物和次生矿物两类，各自对土性和肥力产生影响。岩石是一种或数种矿物组成的天然集合体。岩石矿物风化成为各种类型的土壤母质。土粒可按照直径分级，如卡庆斯基制将小于1mm的土粒以0.01mm为界分为物理性砂粒与物理性黏粒。土壤质地是指土壤中各粒级土粒所占的比例及其表现出的物理性质。卡庆斯基制将土壤质地划分为砂土类、壤土类和黏土类，各类之间的性质和肥力差异很大，应合理利用和改良。土壤中生活着各种生物，其中微生物对土壤有机质的转化最为重要。土壤有机质的转化包括矿质化和腐质化过程，影响微生物活动的因素控制着有机质的转化途径和速率。土壤有机质主要是腐殖质，其中腐殖酸包括胡敏酸和富里酸，胡敏酸对土壤肥力和植物生长的作用最重要，因此要增加土壤有机质的来源和调控其转化条件。

土壤的基本性质包括土壤的物理性质和化学性质。土壤的物理性质包括土壤孔隙性、结构性、物理量机械性及耕性。土壤的化学性质主要包括养分的吸附与释放、营养物质的溶解与沉淀、土壤的酸碱变化和缓冲作用等。土壤孔隙性包括土壤孔隙度和孔隙类型。土壤孔隙度常用平均密度2.65和容重来计算。土壤结构包括土壤结构性和土壤结构体，土壤结构体中的团粒结构是最理想的结构，因此要重视其培育。土壤耕性是指土壤耕作时或耕作后一系列土壤物理性质及物理机械性的综合反映。衡量耕性有3个标准。土壤耕性受土壤物理机械性影响较大。土壤胶体是指土壤中最细微的固体颗粒。土壤胶体微粒的构造和性质对养分的保蓄和供应有重要作用。土壤的保肥性是指土壤吸持和保存植物养分的能力。在土壤6种吸收性能类型中，阳离子交换吸收最为重要。土壤阳离子交换量可衡量土壤的保肥力，盐基饱和度反映土壤的肥沃度。土壤的供肥性是指土壤供应作物所必需的各种速效养分的能力。土壤酸碱性可用pH值衡量，pH值越小，酸性越强，反之，碱性越强。我国土壤由南向北pH值逐渐增加。土壤酸碱反应影响土壤肥力及植物生长。土壤缓冲作用是指土壤具有抵抗外来物质引起的酸碱反应剧烈变化的能力。缓冲性能越强的土壤，其稳定性越好。农业上常用增施有机肥和砂土掺黏等措施来增强土壤的缓冲性能。

土壤肥力因素主要介绍了土壤中水、肥、气和热4个因素。土壤水分包括土壤水的类型和土壤水分表示方法（土壤含水量的数量与能量表示方法）。土壤空气是土壤的重要组成成分。土壤空气包括土壤空气交换的基本形式及主要方式、土壤通气性对植物生长发育的影响和调节土壤空气的措施。土壤热量主要内容包括土壤热量的影响因素、土壤热性、土温对肥力和作物生长的影响及其调节措施。土壤养分是指主要依靠土壤来供给的植物必需的营养元素。土壤养分状况包括土壤养分的来源、形态与地位、分布特点和调节措施。土壤肥力在园林绿化中的应用就是对肥力四因素进行调控，即通过合理耕作、灌排水、施肥或控肥，从而达到园林植物生长发育稳、匀、足、适的最佳肥力条件。

岩石矿物风化为母质，再经成土作用形成土壤。认识土壤的主要途径是观察分析土壤剖面。土壤剖面是指从地表向下所挖掘出的垂直切面。土壤剖面根据条件变化通常有3种划分法：自然土壤、旱耕土壤和水耕土壤剖面。根据土壤属性的相似性和差异性，可进行土壤分类命名。我国当前采用土壤发生学分类原则，由高到低用7级分类。土壤的分布与地理位置和生物气候条件相适应，表现为广域的水平分布规律和垂直分布规律，以及非地带性分布。通过选择与调节，各种土壤都可发展与之相适应的园林植物，但较适合园林植物的土壤应是肥力高，区域气候条件好的土壤。

园林苗圃地土壤管理的重点包括园林苗圃选址、土壤精耕细作、覆盖、结合施肥进行中耕松土以及合理排灌。

设施园艺土壤管理是根据设施栽培土壤的特性进行土壤改良和培肥，如改善耕作制度、改良土壤理化性质、以水排盐、科学施肥、土壤消毒和种耐盐作物。

城市园林土壤管理要根据其土壤特性进行改良利用，如适地适树、改土适树。

坡地经济林土壤改良利用主要方法有以下几种，坡耕地的改良、不良质地客土改良、化学性质的改良和以水改良。重点内容为果园和茶园的土壤改良。

【思考题】

1. 什么是土壤、土壤肥力、岩石、土壤矿物质、母质、土壤质地和土壤有机质？

2. 试述不同质地土壤的主要肥力特征。

3. 试比较下列几种土壤的水、肥、气、热状况。

① 上为砂质土壤（厚约20cm），下为黏质土壤（厚约60cm），农民叫蒙金土或砂盖黏。

② 上为黏层（厚约20cm），下砂层，农民叫倒蒙金土或黏盖砂。

③ 土壤下有砂砾层（表土不到30cm，砂砾层厚50cm以上），农民叫旱龙道。

④ 土壤下为砂黏相互间夹重叠（砂层厚约15cm，黏层厚约5cm）。

⑤ 黏质土壤（地下水位高或地下水位低）。

⑥ 壤质土壤。

⑦ 砂质土壤。

农民喜欢哪些土壤？如何改良？

4. 某土壤，已测得物理性黏粒（<0.01mm）含量为45%，大于1mm的石砾含量为3%，用前苏联卡庆斯基制土壤质地分类标准，查出其质地名称。

5. 试述土壤质地利用改良的措施。

6. 影响土壤有机质转化的主要因素有哪些？土壤腐殖质的基本特征？

7. 有机质对土壤肥力有哪些贡献？怎样调节土壤有机质？

8 什么是土壤密度、土壤容重和土壤孔隙度？

9. 土壤容重为1.20g/cm^3，土壤密度为2.65g/cm^{3}时，该土壤的孔隙度为多少？

10. 试述土壤结构体和结构性的含义，团粒结构的主要肥力特征及团粒结构的培育措施。

11. 什么叫做土壤耕性？衡量土壤耕性的标准是什么？

12. 试述土壤胶体的主要特性及其与肥力的关系。

13. 试述土壤阳离子交换吸收性能的特点。

14. 设甲土的阳离子交换量为10cmol/kg土，交换性钙为6cmol/kg土；乙土的阳离子交换量为30cmol/kg土，交换性钙为15cmol/kg土。问钙离子的利用率哪种土大？如果把同一作物以同一方法栽培于甲乙两种土中，哪种土更需要石灰质肥料？

15. 试述土壤酸碱度与土壤肥力和植物生长的关系。

16. 什么叫萎蔫系数和田间持水量？

17. 简述土壤水分的类型和特征及有效水的范围。

18. 能够进行土壤水分含量的各种表示方法的计算。
19. 什么是土水势？它由哪几个分势组成？
20. 什么是土壤水分能量特征曲线？有何意义？
21. 土壤空气与大气组成有何不同？
22. 土壤空气交换的基本形式有哪些？哪种是气体交换的主要方式？怎样进行土壤空气状况的调节？
23. 什么叫土壤容积热容量？其大小与土壤温度变化有何关系？
24. 农谚说："锄头有水，锄头有火"，试说明其科学道理。
25. 简述温度调节主要的措施。
26. 简述土壤养分的来源及其消耗途径，农业生产上如何调节土壤养分状况？
27. 简述成土条件对土壤的影响。
28. 试述自然土壤剖面和旱耕地剖面构型的差异。
29. 试述我国土壤分类的原则和分类制。
30. 试述我国土壤分布的纬度地带性规律和经度地带性规律。
31. 就你所知有哪几种重要的区域性土壤？
32. 通过查阅资料或实地调查，掌握你家乡或你认为重要的几种土壤的特性和利用要点。
33. 如何选择园林苗圃地才能为苗木培育创造良好的基础条件？
34. 怎样管理园林苗圃地才能培育出高产健壮苗木？
35. 设施园艺土壤有哪些特性？如何管理才能克服其不良性状？
36. 试述城市园林土壤存在的问题与改良方法。
37. 试述坡薄土的改良利用。
38. 分述果园和茶园土壤改良利用的方法。

第四章 园林植物的营养环境

【学习要求】

技能目标：

【学习】园林植物的营养环境的内容，如化学肥料、有机肥、生物肥、生物有机肥的种类及在培肥土壤改善植物营养状况等方面的作用及发展趋势。

【熟悉】熟悉营养施肥等环境条件对园林植物的影响；有机肥和生物肥等有机肥料的生产过程及原理；氮、磷、钾等化学肥料的性质、特点及原理。

【学会】化学肥料的定性鉴定、土壤速效养分的测定、营养土和营养液的配制、植物营养缺素症的观察诊断和有机肥发酵、腐熟等基本技能，应用到调节施肥措施上，以满足园林植物正常生长的营养条件。

必要知识：

【了解】植物必需的营养元素、植物对矿质营养的吸收规律；植物营养临界期和植物营养最大效率期的基本概念和施肥的基本原理。

【理解】不同植物的需肥时期、施肥方式对肥效的影响。化学肥料、有机肥、生物肥、生物有机肥的内涵及发酵、腐熟的原理及其肥效规律。

【掌握】不同肥料的特点、施肥方法以及配方施肥技术。化学肥料的定性鉴定、土壤速效养分的测定、营养土和营养液的配制、植物营养缺素症的观察诊断的原理与技术。

【实训项目】

实训十一　土壤有机质和氮磷钾的速测（195 页）

实训十二　园林（园艺）植物缺素症的观察与诊断（197 页）

实训十三　化学肥料的定性鉴定（200 页）

实训十四　营养土和营养液的配制（203 页）

第一节　园林植物营养与肥料

一、园林植物营养

（一）园林植物营养的概念

园林植物在生长发育的全过程中，除了从外界环境中吸收光、CO_2、H_2O 外，还必须从外界环境中吸收所需的营养物质如硝酸铵、氨基酸、磷酸钠、核酸、硫酸钾等氮、磷、钾的无机盐及一些简单的有机物质，才能维持其正常的生长发育。这部分营养物质称之为园林植物营养。

在生长发育过程中，植物主要从土壤中吸收营养物质，一部分用来建造自身的结构物质，另一部分用来参与体内的各种代谢和生理调节作用。采用现代分析技术测定表明，组成植物体的化学元素有 70 余种。这些化学元素对植物具有直接或间接的营养作用。其中已确定 17 种化学元素为植物生长所必需的营养元素，即碳（C)、氢（H)、氧（O)、氮（N)、磷（P）、钾（K）、钙（Ca）、镁（Mg）、硫（S）、铁（Fe）、硼（B）、锰（Mn）、锌（Zn）、氯（Cl）、铜（Cu）、钼（Mo）和镍（Ni）共17种。其中碳、氢、氧是组成植物的主要元素，占干物质重的90%以上，它们大部分来自水与空气，其它营养元素均来源于土壤。在这些来源于土壤的元素中，植物对氮（N）、磷（P）、钾（K）、钙（Ca）、镁（Mg）和硫（S）的需要量较多，因而称为“大量元素”。而对铁（Fe）、硼（B）、锰（Mn）、锌（Zn）、氯（Cl）、铜（Cu）、钼（Mo）和镍（Ni）的需要量较少，称为“微量元素”。必需营养元素对植物的营养和生理功能都是同等重要的，不可相互替代。氮、磷、钾三种元素单靠土壤供应常感不足，需要通过施肥来加以补充，所以氮、磷、钾常称为肥料的“三要素”。

（二）园林植物对养分的吸收

植物吸收养分的主要器官是根和叶，因此，常把植物营养分为根部营养和叶部营养两种方式。

1. 植物根部对养分的吸收

植物根部可以吸收气态、离子态和分子态的养分。离子态养分是植物吸收的主要形态，其次是少量的有机态分子，如氨基酸、糖类、尿素和维生素等，植物也可以吸收CO_2、O_2和水汽等气体。大部分分子态养分需要经过微生物分解转变为离子态养分后才能被植物大量吸收利用。养分的吸收过程一般包括四个步骤：即养分由土体向根表的迁移；养分从根表进入根内自由空间，并在细胞膜外表面聚集；养分跨膜进入原生质体；养分由根部运输到地上部。

(1) 养分向根部的迁移　养分向根部的迁移是指分散在土体中的养分输送到根表的过程。一般经过质流、截获和扩散三种方式进行。

① 质流。质流是指养分作为土壤溶液中的溶质随土壤溶液运送到根表的过程。质流是由植物的蒸腾作用而引起的。通过这种方式养分迁移的距离较长，数量较多。

② 截获。截获是指根系在土壤里伸展过程中吸取直接接触到的养分。一般根系截获养分不到吸收总量的10%。

③ 扩散。扩散是养分依靠自身的化学势自发地从浓度高向浓度低的地方的迁移过程。由于植物根系不断吸收养分，使根际土壤溶液中养分浓度相对降低，根际土壤与土体溶液间出现养分浓度差，导致养分由土体向根表迁移。这种迁移一般速度慢，距离也短。影响扩散作用的主要因素有土壤水分的含量、不同土体间土壤溶液中离子的浓度差以及根系的吸收活力。

由于不同养分在土壤中存在的形态和移动速率不同，且不同植物根系伸展和接触土壤的特点各异，因此，对于不同植物吸收的养分总量，这三种养分运送方式所占的比例也是不同的，对于同一种植物吸收的不同养分，三种运送方式所占的比例也有很大的差异（表4-1）。

表4-1　月季根部的养分供应

养　分	供应比例/%		
	质　流	扩　散	截　获
N	82	11	7
P_2O_5	20	56	24
K_2O	30	63	7

注：引自北京农业大学．植物营养．1992。

由上表可知，扩散和质流是土壤养分迁移到根表的主要途径，但二者所起的作用不同。长距离时，质流是补充养分的主要形式；而在短距离内，扩散则起主要作用。

(2) 养分在细胞膜外表面聚集　到达根系的养分离子必须穿过由细胞间隙、细胞壁微孔和细胞壁与原生质膜之间的空隙构成的自由空间才能到达细胞质膜。

(3) 养分的跨膜吸收过程　养分通过自由空间到达原生质膜后，还需穿过该膜和各种细胞器，才能进入细胞内部，参与各种代谢过程。

(4) 养分由根部运输到地上部　根吸收的养分首先进入木质部导管，然后向上运输。其中一部分养分由根的外表皮，穿过皮层进入中柱，另一部分则通过木质部和韧皮部的薄壁组织由根系向地上部运输。

2. 根外营养

根外营养是指植物通过植物地上部分（主要是叶部）吸收养分进行营养的方式。它是补充根部营养的一种辅助手段，对加强植物营养也具有一定的意义。只是在植物生长后期根系吸收能力减弱，出现缺素症状，或因遭受自然灾害而需要迅速补充养分等特殊情况时，才应用根外营养。

(三) 植物营养的阶段性

植物从种子萌发到种子形成的不同生育阶段中，除了萌发期靠种子营养和生育末期根部停止吸收营养外，植物都要通过根系从介质中吸收养分。植物根系从介质中吸收养分的整个时期叫作植物营养期。植物在不同阶段对营养元素的种类、数量和比例等都有不同的要求，这种特性就是植物营养的阶段性。

植物营养吸收的一般规律是：生长初期吸收的数量、强度都较低，随着时间的推移，其对营养物质的吸收量逐渐增加，到成熟期，又趋于减少。一般植物营养有两个关键时期，即植物营养临界期和植物营养最大效率期。

1. 植物营养临界期

植物营养临界期是指某种养分缺乏、过多或比例不当，对于植物生长发育起着明显不良影响的那段时间。在营养临界期，植物对某种养分需求的绝对数量虽然不多，但很迫切，若因某种养分缺乏、过多或比例不当而受到损失，即使在以后该养分供应正常也很难弥补。

同种植物的不同营养元素以及同种营养元素对不同的植物的营养临界期不完全相同，但多出现在植物生育前期。大多数植物磷素营养的临界期多出现在幼苗期，或种子营养向土壤营养的转折期。

2. 植物营养最大效率期

植物营养最大效率期是指某种养分能够发挥最大效能的那段时间。这一段时间，植物对某种养分的需求和吸收量都是最多的。一般在这一段时间，植物的生长发育最旺盛，吸收养分的能力最强，如能及时满足植物对养分的需求，其增产效果非常显著。

根据植物吸收营养的方式及植物营养的阶段性可知，以盆栽为主的园林植物在生长的过程中受到较大的限制，只靠土壤中的养分是不能满足需要的，必须通过施肥来补充养分。花卉、树木种类及其生长发育阶段不同，对养分的需要也各不相同。同一种植物在不同的生长发育阶段对养分的需要量和种类是不一样的。如草花类苗期需氮量大，因此氮的供应量应该多些，以满足枝叶迅速生长的需要；花芽分化需磷、钾较多，应增施磷、钾肥；坐果期应控制施肥，以免因施肥过多，使营养生长过盛，于坐果不利；花期增施磷肥，可促使花大，花多，且提早开放。在深秋、初冬施用磷、钾肥，可促进木质化和增强花卉植物和园林植物的抗逆性和抗寒性。多施钾肥还可以提高植物的抗病能力。

不同种类的园林植物对肥料养分要求的种类也不相同。如桂花、茶花喜猪粪尿，忌人粪尿；桂花、茶花、杜鹃花、米兰、茉莉、栀子花忌碱性肥料。每年重剪的花卉需加大量磷、钾肥，以利新枝萌发；球根类花卉如百合、水仙、仙客来、唐菖蒲和大丽花等，对钾肥的需要量大于氮肥；观叶类植物则因长叶的需要，往往要求氮肥多于磷、钾肥；对于观花性的植物，特别是花型大的，在开花期前必须根据生长情况施以适量的完全肥料，如菊花属头状花序，形美色艳，如果在花期养分供不应求，将导致花朵不能盛开，大大降低了观赏效果；以观果为主的花卉，则应在其开花期适当控制浇肥水，而在壮果期施以较多的完全肥料。在生长发育的全过程中，园林植物对各种营养要求的量也是不同的。如在生长旺盛的时期，其对氮肥的需要量较大，而在开花坐果期，则对磷、钾的需要量较大。某些植物在有些地区则对微量元素的要求比较迫切。因此，应根据园林植物的营养特点，做到合理施肥。

二、肥料

1. 肥料的概念

就广义来讲，凡是施入土壤或喷洒于植物地上部分的能够改善植物生长发育和营养条件的一切有机物和无机物质都称为肥料。肥料的种类很多，按肥料的成分和性质可分为以下几种。

（1）有机肥料　有机肥是指含有较多有机质的肥料，如各种粪尿肥、厩肥、堆沤肥和绿肥等在农业生产上又叫农家肥料。有机肥属完全肥料。

（2）化学肥料　化学肥料又称无机肥料，是指工厂制造或开采矿石经加工而成的各种商品肥料或是作为肥料用的工厂的副产品。如碳酸氢铵、硫酸铵、氯化铵、尿素；过磷酸钙、钙镁磷肥、磷矿粉；硫酸钾、氯化钾；各种微量元素肥料和复合肥料。

（3）生物肥料　生物肥料如根瘤菌剂及各种生物制剂等，其是依靠有益微生物的作用，提供或改善植物的生长和营养条件。

因此，对于园林植物的施肥，必须了解施肥的目的及影响施肥因素和肥料对园林植物生长的影响，才能促进树木花卉的正常生长发育，使其枝叶茂盛，花色鲜艳，以达到最佳观赏效果。

2. 肥料对园林植物生长的影响

为了保证植物的正常生长，必须向土壤补充肥料，即进行施肥。肥料不仅能营养植物，而且还能调节土壤反应，改善土壤结构，协调土壤中水、肥、气、热，从而有利于植物的生长。如氮是植物体内含量较多的元素，占树干重的1%～3%，在营养生理上具有很重要的作用。氮是蛋白质的构成成分，含量约为16%～18%，而蛋白质是细胞的主要组成部分。所以没有氮，就没有蛋白质，植物的生命活动也就不能进行，因此，氮有“生命元素”之称。同时氮也是叶绿素、酶和多种维生素的组成成分。氮主要加强植物的营养生长，促进枝叶繁茂。缺氮时植物生长瘦弱，植株矮小，叶色变浅，叶片少而小并过早木质化。氮在树体内可以转移，即可从较老的叶子向幼嫩部分转移，缺氮时，先从下部叶片缺绿变黄，并逐渐向上发展。开花结果后，氮会向花与果实转移，此时缺氮，叶片枯黄尤为明显。氮供应过多则会导致徒长，延缓木质化过程和推迟休眠期，因而使植物的抗性降低，如容易感染病虫害、降低抗寒力等。缺磷会抑制花芽分化，影响植株的生长，对植物生长的不利影响仅次于缺氮。磷还可以提高树木的抗旱、抗寒、抗病和抗倒伏能力，促进花芽形成和花大色艳，果实早熟，提高植物移植的成活率。磷供应不足时，植物生长受到抑制，通常表现为根系不发达；严重缺磷时树的侧芽退化，小枝短，下部的叶片、叶色发暗呈紫红色，并易枯萎脱落，而且花量减少，开花迟而小，果实亦小而少，并导致严重的落花落果。

在生长过程中，植物会不断地从土壤中吸收大量的营养元素。由于树的寿命较长，长年累月从土壤中吸收这些养分必然会使土壤中的营养元素逐渐减少，土壤肥力水平下降。尤其是园林绿地中的树木不会像自然界的树木那样有“自肥作用”（树木的落叶回归土壤，腐烂后形成腐殖质，变成树木所需要的营养元素），土壤更容易贫瘠，使树木生长不良，甚至衰弱死亡。

一般情况下，在苗期应多施磷、钾肥，促进根系生长、复青壮苗和增强抗逆性；生长旺期应以氮肥为主；越冬期或后期，又应多施磷、钾肥，提高植物抗旱和抗寒能力。此外，还要考虑土壤因素、园林植物因素和气候因素等的影响。

第二节　化学肥料

一、概述

18 世纪中叶，英国首先制造出磷肥；1870 年，德国生产钾肥；20 世纪初，用氮气和氢气合成氨研制成功，大大推动了氮肥工业的发展。近年来，复合肥料、微量元素肥料和长效肥料又相继问世。

1. 化学肥料的概念

化学肥料又称无机肥料，是指在工厂中经化学方法制成的或用矿石加工制造的肥料。产品大部分为无机物，但也有部分有机物质，如尿素等。

2. 化学肥料的种类

化学肥料的种类很多，一般依据所含营养元素可分为以下五类。

(1) 氮肥　在农业生产中常用的氮肥有尿素、碳酸氢铵、硫酸铵和氨水等。根据氮素的形态不同，人们常将氮肥分为铵态氮肥（如碳酸氢铵、硫酸铵和氨水等）、硝态氮肥（如硝酸铵和硝酸钙等）和酰胺态氮肥（如尿素和石灰态氮等）。

(2) 磷肥　磷肥是在农业生产中广泛使用的化学肥料，常用的肥料品种有过磷酸钙、重过磷酸钙和钙镁磷肥。人们常按磷肥的溶解性分为水溶性磷肥（如过磷酸钙和重过磷酸钙等）、弱酸溶性磷肥（如钙镁磷肥和钢渣磷肥等）和难溶性磷肥（如磷矿粉等）。

(3) 钾肥　钾肥的品种较少，常用的只有氯化钾和硫酸钾，其次是钾镁肥和窑灰钾。草木灰中含有较多的钾，因此，常把草木灰当作钾肥施用。我国的钾肥资源较少，目前主要靠进口。

(4) 复合肥　在一种化肥中同时含有氮、磷、钾三要素中两种和两种以上标明量的肥料就称为复合肥料。含有任何两种要素的复合肥料称为二元复合肥；同时含有三要素的肥料称为三元复合肥。复合肥分为化成复合肥和混成复合肥。化成复合肥是经化学反应制成的，通常是一种盐，有较固定的化学组成，如磷酸一铵 $NH_4H_2PO_4$ 或磷酸二铵 $(NH_4)_2HPO_4$。而混成复合肥是由两种和几种盐按一定比例混合而成的，制成的肥料是混合物。化成复合肥和混成复合肥在肥效上没有太大的差异。

复合肥的有效成分一般用分析式表示，即 $N\text{-}P_2O_5\text{-}K_2O$ 表示相应的养分百分含量。如 10-10-10 表示含氮、磷、钾各 10%。几种养分的总和称为养分总量，总量高于 30%的复合肥习惯上称为高浓度复合肥。国家规定，总养分量要在 25%以上的复合肥才能作商品出售。目前许多地方生产的复合肥多为混成复合肥，其养分总量多在 30%以下。

为了更好地满足作物对多种养分的需要和弥补某些土壤某种营养元素的不足，在三元复合肥料中再加入某些营养元素如微量元素制成的肥料称为多元复合肥料。此外，国际市场上还生产含有农药或生长调节剂的多功能复合肥料。

(5) 微量元素肥料　微量元素肥料的种类很多，我国目前应用的有 10 多种。作物需要微量元素的数量少，因此，施量过多会阻碍作物生长，甚至毒害死亡；但用量过少又不起明显的作用。所以微肥的施用，既要"准"又要"稳"，"准"就是缺什么施什么，"稳"就是施用量、施用浓度要适宜，不能盲目施用。由于微量元素易被土壤固定，有效性低，土壤施肥肥效不易充分发挥，所以，微肥除了作基肥施用外，常用作种肥（包括浸种、拌种和沾秧根）和根外施肥。

3. 化学肥料的特点

（1）有效成分含量高　化肥的有效成分是以肥料中的有效元素或这种元素氧化物的重量百分比来表示的。如碳酸氢铵的含氮量是17%，其含氮量是人粪尿的20倍以上，每施1kg碳酸氢铵相当于施用人粪尿肥20～30kg。

（2）便于存储和运输　化学肥料由于有效养分含量高，体积小，多呈颗粒状或粉状，便于包装、存储和运输。

（3）方便施用　化学肥料由于有效养分含量高，溶解性好，体积小，在农业生产上施用方便，既可单独施用，又可与其它肥料配合施用。

（4）肥效发挥快　化学肥料大多数都易溶于水，在水中的溶解度较高，施肥后能较快被植物吸收和利用，肥效发挥快。

4. 我国的化肥发展现状

（1）耕地施肥现状　目前，我国耕地潜在肥力不足，全国土壤结构呈现多氮缺磷少钾的局面。造成这一局面的原因有多方面，除了农民的施肥习惯外，我国磷肥和钾肥生产力不足以满足农用所需是造成我国耕地肥力不足的主要原因。新中国成立以来，我国化肥的用量一直呈上升的趋势，1978年我国化肥施用量仅为884吨，1998年已经达到4085万吨。20年间化肥施用量增长3.62倍，年均增长8%。化肥施用量的快速增长，对于我国粮食综合生产能力的提高起到了重要的作用，粮食综合生产能力提高了2亿吨，平均每年提高约100万吨。从长远发展来看，化肥的合理使用不仅是农业增产的重要物质基础，同时也是降低农业生产成本、提高农业经济效益的重大潜力所在。

随着我国农业和农村经济的快速发展，化肥在农业生产中的用量也发生了变化。据中国农科院统计资料，我国粮食作物的化肥用量已从20世纪80年代占总量的80%降至目前的60%，而经济作物、水产和养殖业生产用肥的比例则上升40%，这充分说明，化肥不仅对种植业增产发挥着十分重要的作用，同时对渔业、畜牧养殖业的增产也发挥着重要的辅助作用。如海水淡水养殖、秸秆氨化和草原肥草等也开始大量使用尿素等，相关的化肥市场正在逐步得到开发。

而我国化肥市场的格局是：氮肥基本自给自足，磷肥1/3靠进口，钾肥则大部分需要进口。据国家统计局统计，2004年，我国化肥产量4519万吨，净进口1243万吨。进口产品主要是钾肥、磷酸二铵和三元复合肥。在化肥生产中，高浓度和复合肥料的品种及产量逐年上升。在氮肥总量中，高浓度尿素产量占60%以上；高浓度磷肥（磷铵、重钙、硝酸磷肥和氮磷钾复合肥）产量已上升到总产量的45%以上。

（2）我国的化肥工业状况　我国化肥工业存在的一些特殊问题。

① 化肥资源较紧张。国际上以天然气为原料生产的氮肥占85%。而我国的氮肥原料以煤为主，天然气仅占20%，这是由我国能源结构特点决定的。我国磷矿以中低品位为主，近年来，优质磷矿石的大量出口和矿山的无序开采已影响到国内磷肥企业的原料供应。硫磺进口量持续上升，硫资源的价格风险较大。钾资源难以保证农业生产要求，供需缺口大。

② 化肥产品中氮磷钾比例不尽合理。化肥行业的产品结构尚不适应农业发展的需要。农业部门要求施肥的氮磷钾比例为1∶0.37∶0.25。由于资源限制，钾肥国产量小；氮磷比也达不到农业部门的要求。高浓度化肥比例偏低，而国际上基本以高浓度化肥为主。在我国氮肥中，高浓度的尿素和硝酸铵约占56%，低浓度的碳铵和硫酸铵等占40%多；磷肥中高浓度的磷酸二铵和重钙约占23%，低浓度的普钙和钙镁磷肥占77%。

③ 化肥施用的复合化程度低。化肥产品以单一元素化肥为主。我国复合肥、专用肥比例相当小，跟不上农业生产对化肥需求的变化。近年来，发达国家的化肥生产主要以复合肥

料为主，英国复合肥料占80%、美国占65%、法国占61%、日本占55%，它们正在进一步向多功能、专用化方向发展。

我国氮磷钾复混肥的生产也有了较大的发展，复合肥的生产能力已突破1000万吨；获得复混肥生产许可证的企业达2500多家，生产能力在近10000万吨。各种专用肥发展得也很快，但与发达国家相比，差距依然巨大。

④ 科学施肥的水平低。长期以来，施肥技术与肥料品种不配套，施肥技术手段落后，这致使化肥比例严重失调、化肥投入效益明显下降。在施肥中，还存在重氮肥轻磷钾肥，重大量元素肥，轻微量元素肥的现象。目前，我国化肥总量已基本能满足农业生产的需求，但我国的化肥基本是低浓度、单一元素肥料，高浓度、复混（合）肥的比例还比较小。我国用肥总量中，有机肥仅占25%，而较合理的比例应为40%左右。化肥中氮、磷、钾的比例1∶0.4∶0.17，较世界平均水平1∶0.5∶0.48相差较大。

我国目前施肥率高于世界平均施肥率，但化肥利用率却比较低，平均只有30%～35%，世界发达国家的肥料利用率在60%以上，也就是说，每年有1000多万吨的化肥流失，其中以氮肥损失率最高。这不仅浪费资源，造成了巨大的经济损失，影响农业生产，而且对环境产生污染，对土体、大气和人体健康也会造成危害。在化肥的施用过程中，如果不注意科学施肥，会造成土壤和大气的环境污染、施肥效益下降、土壤肥力下降、耕层变浅、土壤保水保肥能力下降以及土壤的板结难耕等问题，施肥的养分不协调，农产品品质受到影响，农民投入产出比下降等一系列后果，从而影响农业的可持续发展。

在化肥的生产和使用过程中，提高科学施肥的水平，应大力推广平衡施肥，其主要特点是根据土壤的养分结构和农作物生长特性，科学配方，均衡地向农作物提供必需的营养元素，提高肥料的利用率和土壤肥力。实现平衡施用氮、磷、钾肥，结合有机肥的施用，改善土壤理化性状，是提高土壤肥力切实可行的途径；改变偏施氮肥，均衡施用氮、磷、钾肥和微量元素肥料，促进作物生长、发育和对养分的吸收转化，还可改善农作物品质。

二、土壤氮素与氮肥

1. 土壤中的氮素及其转化

（1）土壤中氮素的来源及其含量　土壤中氮素的来源主要有施入土壤中的化学氮肥和有机肥料；动植物残体的归还；生物固氮；雷电、降雨和灌水带来的NH_4-N和NO_3-N几个方面。我国耕地土壤全氮含量一般在0.04%～0.35%，与土壤有机质含量呈正相关。

（2）土壤中氮的形态　土壤中的氮素可分为有机态氮和无机态氮两大类。

① 无机态氮。无机态氮在土壤中含量很少，只占全氮含量的1%～10%，主要包括铵态氮、硝态氮和亚硝态氮等。

② 有机态氮。有机态氮是土壤中氮素的主要存在形态，一般占全氮含量的90%以上，有机态氮大部分不能被植物直接吸收利用，须经过矿化作用分解成无机态氮才能被植物吸收利用。

（3）土壤中氮的转化

① 氮素的矿化与生物固持作用。所谓的氮素的矿化作用是指土壤中有机态氮在微生物的作用下分解释放出铵或氨的过程，这一过程为植物提供可吸收的速效养分。

土壤中的微生物同化无机态氮并将其转化为细胞体有机态氮的过程称为生物固持作用。

氮素矿化与生物固持是土壤中两个相反的作用过程，这两个过程的相对强弱受能源物质的种类、数量（主要是有机物质的化学组成和C/N），水和热条件等因素的影响很大。

② 铵的黏土矿物固定与释放。影响土壤对NH_4^+固定的因素有黏土矿物的种类、数量、土壤质地和土壤的pH等因素。一般认为，土壤中固定态铵与交换性铵处在相互转化的动态

平衡中，随着交换性铵的降低，有一部分固定态铵可以转化为交换性铵而表现出对生物的有效性。

③ 硝化作用。土壤中的铵或氨，在有氧的条件下，经亚硝化细菌和硝化细菌的作用氧化为硝酸盐的过程称为硝化作用。硝化作用产生的硝酸盐易随水流失和发生反硝化作用而损失。

影响硝化作用的条件主要有以下几个方面。a. 土壤通气性。硝化细菌是好气性微生物，它的活性受土壤通气性影响很大，而土壤通气性又受控于土壤含水量，一般在田间最大持水量的50%～60%时，硝化作用最旺盛。由于硝化作用需要良好的通气条件，所以硝化作用一般在通气良好的旱地土壤中以及水田表面的氧化层中进行。b. 土壤反应。土壤pH与硝化作用具有很好的相关性，在pH 5.6～8.0的范围内，随着pH上升，硝化作用的速率成倍增加。c. 土壤温度。在一定的温度范围内，温度的升高能促进硝化作用的进行，一般来讲硝化作用最适宜的土温为20～25℃，但是不同气候条件下土壤中的硝化细菌最适宜的温度是不一样的。d. 施肥。一般来讲，施用有机肥料能促进硝化作用，因为有机肥料中具有大量的有硝化活性的微生物。

④ 反硝化作用。反硝化作用是指在厌氧条件下，硝酸盐或亚硝酸盐被还原为气态氮（分子态氮或氮氧化物）。

影响反硝化作用的条件有土壤的通气条件、土壤中有机物质含量和土壤温度。研究表明，反硝化作用的最适温度为30～35℃，最适为pH5～8。反硝化作用导致氮损失，尤其水稻田，因反硝化作用而损失的氮量约占化肥损失的3%～5%。

⑤ 氨的挥发。氨的挥发损失是氨从土表或水面散发到大气中而造成的氮素损失，并污染大气。

影响氨挥发损失的因素很多，主要是pH值，碱性条件有利于NH_3挥发。氨挥发与土壤中的$CaCO_3$含量呈正相关，铵与$CaCO_3$生成$(NH_4)_2CO_3$；其与土壤温度呈正相关；还与施肥深度有关，一般肥料表施大于深施；与土壤水分含量呈反相关；与土壤中NH_4^+的含量呈正相关。

⑥ 硝酸盐的淋洗损失。硝态氮肥容易随水渗漏或流失，可达施入氮量的5%～10%。硝酸盐的淋洗损失导致氮素损失，并可污染水体。

氮素损失的途径主要有氨的挥发，硝酸盐淋失与反硝化作用。

2. 氮肥的种类、性质与施用

氮肥生产是我国化肥工业的重点，氮肥产量占化肥总产量的绝大部分。氮肥种类很多，大致可分为铵态氮肥（NH_4^+）、硝态氮肥（NO_3^-）、酰胺态氮肥和缓效肥。各类氮肥的性质在土壤中的转化和施用既有共同之处，也各有特点。

氮是肥料三要素之一，作物需要量比较大，通常需要施用化学氮肥来满足作物对氮素的需求。氮肥是我国生产量最大，施用量最多的化肥之一。但是氮肥利用率较低，一般为30%～50%，有时甚至更低，对大气和水体会造成污染。因此科学合理施用氮肥不仅可提高作物产量，降低成本，而且有利于保护环境。目前常用的氮肥多是速效氮肥，速效氮肥的利用率较低，常有大量氮素损失。所以近20年来研制出缓效肥（长效肥）。所谓缓效肥就是指在水中的溶解度较小，能慢慢地不断地释放出或转变为有效性速效氮的肥料。优点在于，可减少氮素的淋失、挥发、固定及反硝化作用所引起的损失；满足作物整个生育期对氮素的需要；一次大量施肥时，不致引起烧苗现象，故可不必分次施肥，节省劳力。但由于缓效肥的成本较高，在农作物上应用少。国外在公园草地、观赏植物及某些果树上施用尿素甲醛较普遍。我国在生产实践上施用缓效肥的还没有，还处在试验阶段。

(1) 铵态氮肥

铵态氮肥是含有铵离子（NH_4^+）或氨（NH_3）的含氮化合物，包括碳酸氢铵（NH_4HCO_3）、硫酸铵［$(NH_4)_2SO_4$］、氯化铵（NH_4Cl）、氨水（$NH_3 \cdot H_2O$）和液氨（NH_3）。它们易溶于水，是速效养分；易被土壤胶体吸附，不易淋失；碱性条件下易发生氨的挥发损失；高浓度的$NH_4{}^+$易对作物产生毒害，造成“氨的中毒”；作物吸收过量的铵会对Ca^{2+}、Mg^{2+}和K^+的吸收产生抑制作用。

① 液氨（NH_3）。液氮的含氮量为82.3%，是由合成氨工业制造的氨直接加压、冷却、分离而成的高浓度液体肥料。液氨呈碱性反应，常温常压下呈气态；贮存时需要特殊的容器，施用也需要特殊的施肥工具。其施入土壤后很快转化为NH_4OH，被土壤胶体吸附或发生硝化作用。施用后，短时间内土壤碱性增强，但长期施用不会给土壤带来危害。

在生产上，液氨应深施，且用施肥机具施用，施在耕作层的中下部，即15～20cm；施用过程中不要与皮肤直接接触，以免造成严重的冻伤。

② 氨水（$NH_3 \cdot H_2O$）。氨水含氮15%～17%，呈液态，储存与施用过程中易挥发损失氨，也易导致中毒。氨的浓度越高、气温越高，挥发越大。溶液的pH10左右，呈碱性反应，具有强烈腐蚀性。施入土壤后，短时间内会解除碱性，这主要是因为土壤解离的H^+、作物选择性吸收解离的H^+、硝化作用产生的硝酸等，中和氨水的碱性。

在生产中氨水常作基肥、追肥施用，不宜作种肥。施用应深施并覆土，也可通入CO_2，形成NH_4HCO_3或$(NH_4)_2CO_3$，或表面撒矿物油，减少挥发。氨水不宜与种子一起贮存，以免影响种子发芽。

为减少挥发，施用时可采取稀释19～20倍，并深施。也可加入吸附性物质如泥土、泥炭。应在阴天、早晨或傍晚施用，减少挥发。施用时减少与植物叶片的接触，以免灼伤叶片。应使用耐腐蚀容器贮存，置阴凉干燥处保存。

③ 碳酸氢铵（NH_4HCO_3）。碳酸氢铵肥料的含氮量为17%左右。它是在氨水中通入CO_2离心、干燥而成的，其制造流程简单，能量消耗低，投资省，建设速度快，因此我国生产碳酸氢铵的小氮肥厂较多。肥料呈白色细小的结晶，易溶于水，属速效性肥料；肥料水溶液pH8.2～8.4，呈碱性反应；化学性质不稳定，易分解挥发损失氨；应保存在密封、阴凉干燥处；贮存、运输过程中，其易发生潮解、结块。施入土壤后，碳酸氢铵很快解离为均能被作物吸收利用的NH_4^+和HCO_3^-，不残留任何副成分。

在生产中常作基肥、追肥；但不宜作种肥，因为分解产生的氨会影响种子的呼吸和发芽；深施并覆土，以防止氨的挥发。可制成粒肥，能提高利用率，但需提前施用，一般水田提前4～5d，旱作提前6～10d；用量可较粉状减少1/4～1/3。

④ 硫酸铵［$(NH_4)_2SO_4$］。硫酸铵简称硫铵，是应用较早的固态氮肥品种，一般称为标准氮肥。含氮量为20%～21%；纯品为白色结晶，有少量杂质时多呈微黄色；物理性状良好，不吸湿、不结块；易溶于水，肥料水溶液呈酸性反应；化学性质稳定，常温常压下不挥发、不分解；碱性条件下，发生氨的挥发而损失氮。因此，硫酸铵不能与碱性物质混合贮存和施用，属于生理酸性肥料，长期施用会使土壤酸度增强。

酸性土壤施用硫铵，会使土壤酸性增强，应配合施用石灰，但注意石灰与硫铵应分开施用；石灰性土壤含有大量$CaCO_3$，施用硫铵对土壤酸度的影响较小，但会引起氨的挥发损失，应深施。

硫铵在生产中常适宜作基肥、追肥和种肥。适宜各种作物，喜硫作物施用效果更好；稻田不宜长期施用，稻田长期施用会使SO_4^{2-}在土壤中大量积累，嫌气条件下产生FeS和H_2S，影响水稻根系的呼吸，发生水稻的黑根病；应深施并覆土。

⑤ 氯化铵（NH_4Cl）。氯化铵简称氯铵，含氮量为24%～25%，由合成氨工业制成的氨与制碱工业相联系而制成的。物理性状较好，吸湿性略大于硫酸铵；易溶于水，肥料水溶液

呈酸性反应；化学性质稳定，不挥发、不分解。

氯化铵在生产中常作基肥、追肥，不宜作种肥。适宜稻田长期施用，稻田氯易淋失，不会给土壤带来危害；土壤中氯的存在能抑制亚硝化毛杆菌的活性，从而抑制土壤中 NH_4^+ 转化为 NO_3^- 的硝化作用，减少了 NO_3^- 的淋失。不宜在忌氯作物（烟草、茶叶、薯类等）上施用，以免影响作物产量，特别是品质；适宜于棉麻类作物，氯的存在有利于碳水化合物在地上部的积累，增加纤维的强度和长度；碱性条件下，其易发生氨的挥发损失氮，因此，不能与碱性物质混合贮存和施用；属于生理酸性肥料，由于作物的选择性吸收，会引起环境的酸化，氯化铵施入土壤后对土壤的影响大于硫铵，长期施用会使土壤酸度增强和土壤板结（因 $CaCl_2$ 的溶解度大于 $CaSO_4$），大量施用氯化铵（特别是酸性土壤）应配施石灰和有机肥料；应深施覆土，特别是在石灰性土壤上。

（2）硝态氮肥（NO_3^-） 硝态氮肥有硝酸铵、硝酸钠和硝酸钙，它们的共同特点有：①易溶于水，属速效性氮肥。②易淋失不易被土壤胶体吸附。③嫌气条件下易发生反硝化作用，生成 N_2 和 N_2O 等损失氮素。④作物吸收过量 NO_3^- 不会发生中毒现象。⑤吸湿性较大，物理性状较差。⑥易爆、易燃，贮存和运输过程中应采取安全措施。⑦易淋失，稻田施用淋失更多，其会渗透到还原层易引起反硝化作用，以气态氮方式损失氮素。

硝酸铵（NH_4NO_3）是硝态氮肥的主要代表，其肥料的含氮量为33%～34%。呈白色结晶，含杂质时呈淡黄色，易溶于水，速效；吸湿性强，溶解时发生强烈的吸热反应；贮存和堆放不要超过3米，以免受压结块；易爆易燃，属热不稳定肥料，运输过程中的振荡摩擦发热能使其逐渐分解放出 NH_3；施入土壤后，NH_4^+ 和 NO_3^- 能被作物吸收。

硝酸铵在生产中适宜作追肥、种肥，一般不作基肥。追肥要少量多次；作种肥时注意用量，并尽量不使其与种子直接接触，小麦拌种不超过2.5kg/亩，且应干拌；不宜水田施用，避免硝态氮的淋失和反硝化损失氮；不宜与有机肥混合施用，易造成嫌气条件，发生硝化作用。

（3）酰胺态氮肥 尿素［$CO(NH_2)_2$］是酰胺态氮肥的代表，其肥料的含氮量为42%～46%，含氮较高，是固态肥料含氮最高的单质氮肥。白色针状或棱柱状结晶；易溶于水，易吸湿，特别是在温度大于20℃、相对湿度80%时吸湿性更大；目前加入疏水物质制成颗粒状肥料，以降低其吸湿性；尿素制造过程中需要高温高压，但温度过高，会产生缩二脲，尿素中缩二脲含量应小于2.0%。

尿素施入土壤后，在脲酶的作用下，尿素分子不断转化为碳酸氢铵或碳酸铵，这样才能被植物吸收和利用。脲酶的活性受土壤温度、水分和酸度的影响。中性、温度较高、水分适宜时转化较快；温度为7℃转化率100%时需要7～10d，温度为30℃时仅需1d。尿素中的缩二脲施入土壤后也会发生转化，施入旱地29d，其有60%分解成 NH_4HCO_3，而水田分解得更快。

尿素不提倡作种肥使用，因尿素分解产生 NH_4HCO_3、$(NH_4)_2CO_3$ 和 NH_4OH，该类物质挥发产生氨，影响种子的呼吸和发芽，尿素肥料中含有的缩二脲对种子发芽有抑制作用；若作种肥，用量要限制，并且避免与种子直接接触；尿素适宜追肥，特别是作根外追肥，喷施浓度为0.2%～2%。尿素品质鉴定指标包括含氮量和缩二脲含量。

3. 氮肥的合理分配与施用

（1）合理分配氮肥 氮肥的合理分配需要考虑的因素主要是气候条件、土壤条件、作物营养特性和氮肥本身的性质。凡是铵态氮肥特别是碳铵、氨水都要深施盖土，防止挥发，由于它们都是速效肥，在土壤中又不易流失，故可作基肥和追肥，适宜在水田、旱地施用；硝态氮肥在土中移动性大，肥效快，适宜作旱地追肥等等。总之，要根据氮肥的特性来考虑它的施用方法。

(2) 严格控制氮肥用量　施氮量过少，作物的产量太低；施氮量过多，氮肥利用率低，造成浪费，而且还会污染环境，所以确定适当的施肥量就显得非常重要。常用养分平衡法计算氮肥用量。

(3) 氮肥应深施覆土　氮肥的施用深度应在15～20cm。

(4) 氮肥与其它肥料配合　在缺乏有效磷和有效钾的土壤上，单施氮肥效果很差，增施氮肥还有可能减产。因为在缺磷和钾的情况下，蛋白质和许多重要含氮化合物很难形成，严重地影响了作物的生长。各地试验已经证明，氮肥与适量磷钾肥配合增产效果显著。

(5) 与氮肥增效剂配合施用　如与脲酶抑制剂，硝化抑制剂配施，可以提高氮肥利用率。

三、土壤磷素与磷肥

磷是植物生长发育不可缺少的营养元素之一。许多土壤磷素供应不足，因此定向地调节土壤磷素状况和合理施用磷肥是提高土壤肥力，达到作物高产优质的重要途径之一。

(一) 土壤中的磷素及其转化

1. 土壤中磷的含量

我国耕地土壤的全磷量为0.2～1.1g/kg，呈地带性分布规律，从南到北、从东到西逐渐增加。土壤中全磷的含量只能反应磷素的潜在供应水平，土壤中的各种含磷化合物对当季作物是否有效要看它们在土壤中的形态和转化。

2. 土壤中磷的形态

(1) 有机态磷　土壤中的有机态磷占土壤全磷量的10%～50%，其来源有动物、植物、微生物和有机肥料几个方面。土壤母质的全磷量、地理气候条件、土壤理化性状和耕作管理措施等不同，导致土壤中的含量差异较大。

(2) 无机态磷　土壤中的无机态磷占土壤全磷量的50%～90%，主要包括土壤液相中的磷（以 $H_2PO_4^-$ 和 HPO_4^{2-} 为主）、固相的磷酸盐和土壤固相上的吸附态磷。

3. 土壤磷素的转化及固定

(1) 土壤磷的释放　土壤磷的释放包括难溶性磷酸盐、矿物态磷酸盐和化学沉淀形成的磷酸盐经过物理的、化学的和生物化学的风化作用，变成溶解度较大的磷酸盐；无机磷的解吸，吸附态磷重新进入土壤溶液的过程；由于植物吸收降低溶液中磷的浓度引起解吸或阴离子交换等；有机物分解释放的磷。

(2) 土壤中无机磷的固定　土壤中无机磷的固定包括化学沉淀；土壤中无机磷与钙离子（碱性土壤）反应产生沉淀，与铁、铝离子（酸性土壤）反应产生沉淀；吸附反应，包括静电吸附和专性吸附（含铁、铝氧化物及其水化物较多的土壤）。

(二) 磷肥种类、性质与施用

1. 水溶性磷肥

(1) 过磷酸钙　过磷酸钙即普通过磷酸钙，简称普钙，是酸制法磷肥的一种，是用硫酸分解磷灰石或磷矿石而制成的肥料。

普钙的主要含磷化合物是水溶性磷酸一钙 [$Ca(H_2PO_4)_2 \cdot 2H_2O$]，占肥料总量的30%～50%；难溶性硫酸钙（$CaSO_4 \cdot 2H_2O$），占肥料总量的40%；3%～5%游离磷酸和硫酸，原因是制造过程加入过量酸和贮存过程中磷酸一钙的解离；少量杂质，难溶性磷酸、铁铝盐和硫酸铁、铝盐；成品中含有有效磷（以 P_2O_5 计）12%～20%。灰白色、粉末状；呈酸性反应，有一定的吸湿性和腐蚀性；潮湿的条件下易吸湿、结块；易发生磷酸的退化作用，即过磷酸钙在贮存和运输过程中的特殊作用，过磷酸钙吸湿或遇到潮湿条件或放置过长，会发生多种化学反应，主要是指其中的硫酸铁、铝杂质与水溶性的磷酸一钙发生反应生成难溶性的磷酸铁、铝盐，降低了磷肥肥效的现象。

因此，过磷酸钙含水量、游离酸含量都不宜超标，并且在贮存和运输过程中应注意防潮，贮存时间也不宜过长。

过磷酸钙适用于各类土壤及作物，可以做基肥、追肥和种肥。无论施入何种土壤，都易被固定，移动性较小。石灰性土壤磷的移动试验表明：过磷酸钙施入土壤 2～3 个月，90％磷酸移动不超过 1～3cm，绝大多数集中在施肥点周围 0.5cm 范围内。因此，合理施用过磷酸钙应做到减少肥料与土壤的接触，增加肥料与植物根系的接触，以提高过磷酸钙的利用率。

根据普钙的性质及施用原则，合理的施用方法如下。

① 集中施和分层施。过磷酸钙可作基肥、种肥和追肥，但无论作什么肥，都以集中施用效果好。因为集中施（条施、穴施）可减少肥料与土壤的接触面，减少固定，同时增加了与根群的接触机会，施肥点浓度较大，有利于磷酸根向根表扩散，使根系容易吸收磷营养。在集中施的基础上采取分层施效果更好，即大部分磷肥作基肥深施，少部分浅施或作种肥，或进行水稻点秧根。

② 与有机肥混合施。普钙与有机肥混合施可减少磷的固定，因一方面减少与土壤的接触，另一方面有机肥的分解产物可减少土壤中铁、铝等对磷的固定。

③ 制成颗粒肥。把过磷酸钙制成粒径为 3～5mm 的颗粒，在固定力强的土壤上施用是比较有效的。因为它是逐步溶解出有效磷的，有效时间较长；同时又减少与土壤的接触。颗粒肥适宜机械施用，作种肥很安全。但粒径不能太大，颗粒太大会减少磷肥与根系的接触。在石灰性土上施用普钙时不一定要制成颗粒。根据试验表明，施用粉状和颗粒状过磷酸钙，所获产量没有多大差异。

④ 在酸性土上施用，要配施石灰。先施石灰翻犁耙匀后再施磷肥，不要把石灰与普钙混合，以免降低磷肥的有效性。

⑤ 作根外追肥。将过磷酸钙作根外喷施肥也是一种经济有效的方法，它可以防止磷在土壤中被固定，又能被作物直接吸收。根据试验材料，柑橘在生理落果后喷 3％的过磷酸钙浸出液不但可以增产，而且还可提高全糖量；在水稻、玉米、小麦等谷类作物中后期喷过磷酸钙溶液，可增加它们籽实的千粒重。喷施前先将过磷酸钙加 10 倍水浸泡过夜，取其清液用水稀释到所需浓度后喷施。

过磷酸钙的施用量主要是根据作物对磷的要求和计划产量，以及土壤有效磷的含量来决定，一般作基肥的用量为 20～30kg/亩，作追肥的用量一般 10～20kg/亩，作种肥 4～5kg/亩。过磷酸钙特别适合在缺硫的土壤施用。

（2）重过磷酸钙　重过磷酸钙简称重钙，是一种高浓度磷肥，系由硫酸处理磷矿粉制得磷酸后，再以磷酸和磷矿粉作用而制得。含磷（P_2O_5）40％～52％，为普通过磷酸钙的 3 倍，故又称浓缩过磷酸钙，三倍磷肥或三料磷肥。其主要成分是磷酸一钙，不同的是它不含石膏，因此含磷量远比过磷酸钙高。

性质比普通过磷酸钙稳定，易溶于水，水溶液亦呈酸性反应，吸湿性较强，易结块。由于不含铁、铝等杂质，吸湿后不发生磷酸退化现象。其在土壤中的转化和施用与普通过磷酸钙一样，但用量应减少一半以上。

2. 弱酸溶性磷肥

弱酸溶性磷肥是指能溶于 2％柠檬酸或中性柠檬酸铵溶液的磷肥，又称枸溶性磷肥，包括钙镁磷肥、沉淀磷肥、脱氟磷肥和钢渣磷肥等。这类磷肥均不溶于水，但能被作物根系分泌的弱酸溶解，也能被其它弱酸溶解供植物吸收利用。弱酸溶性磷肥在土壤中的移动性很差，不会流失，肥效比水溶性磷肥缓慢，但肥效持久。

钙镁磷肥是热制磷肥的一种，成分比较复杂，主要成分是α-$Ca_3(PO_4)_2$，含有效磷（P_2O_5）14%～19%。钙镁磷肥一般为黑绿色或灰棕色粉末，不溶于水，但能溶于弱酸。无腐蚀性，不吸湿，不结块，物理性质良好，便于运输、贮存和施用。因含有30%的CaO和15%左右的MgO，是一种碱性肥料，pH为8.0～8.5。钙镁磷肥也可以看作含磷、钙、镁、硅的多元肥料，其肥效不如过磷酸钙，但后效长。

酸性条件有利于弱酸溶性磷酸盐转化为水溶性磷酸盐，提高磷肥的肥效。而在石灰性土壤中，在微生物和根系分泌的酸的作用下，其也可逐步溶解释放出磷酸盐，但速度较慢。因此，钙镁磷肥最好施在酸性土壤上。钙镁磷肥宜作基肥并及早施用，一般不做追肥和种肥，对喜钙、镁和硅的作物较好。

3. 难溶性磷肥

难溶性磷肥所含磷酸盐大部分只能溶于强酸，肥效迟缓，肥效长。磷矿粉和骨粉是难溶性磷肥的代表。

磷矿粉是磷矿石经过机械粉碎磨细而成的。既是各种磷肥的原料，也可以直接做磷肥施用，但一般需要经过鉴定和选择后才能直接施用。磷矿粉的质量取决于两方面：全磷含量；弱酸溶性磷酸盐的含量。一般要求磷矿粉中弱酸溶性磷占全磷的比例较大，这才适合直接施用，肥效也好。通常磷矿粉中磷的可给性用枸溶率表示，即磷矿粉中2%柠檬酸溶性磷占全磷的百分数。凡枸溶率≥10%的磷矿粉才可以直接用作肥料，否则应用于加工其它肥料。

磷矿粉是难溶性磷肥，肥效缓慢，只能做基肥施用。提高磷矿粉有效性的关键在于创造酸性条件，使其溶解度增加，加速释放磷酸。在使用中还要考虑以下因素。

① 作物种类。一般豆科作物吸磷能力强，而禾本科则弱。因此，磷矿粉应首先施在豆科绿肥作物上，充分利用其吸收难溶性磷的能力，把难溶性磷转变为有机体的磷，通过翻压绿肥腐解，提供给后茬作物利用。多年生的经济林木，如橡胶、茶和柑橘等对难溶性磷矿粉的吸收能力也很强，用磷矿粉做基肥效果也很好。

② 土壤条件，土壤酸性愈强，磷矿粉的肥效也就愈好。因此，磷矿粉适宜在酸性土壤施用。

③ 肥料的细度。一般要求磷矿粉颗粒有90%能通过100目（0.149mm）的筛孔为宜。磷矿粉的施用方法与过磷酸钙不同，磷矿粉应采用撒施做基肥的方法，以增加磷矿粉与土壤颗粒的接触面，以利于提高肥效。

磷矿粉应该与酸性肥料或生理酸性肥料配合施用，以提高磷矿粉中磷的有效性。磷矿粉具有释放养分缓慢而后效较长的特点，每次用量不宜过少；由于当年利用率不高，残留较多，也不必年年施用。

（三）磷肥的合理分配与施用

1. 土壤供磷能力

（1）全磷　土壤全磷高时不一定磷素供应良好，但土壤全磷低时，常表现供磷不足。如土壤中全磷量在0.08%～0.1%以下，多数情况下施用磷肥可能增产。

（2）土壤有效磷　用土壤有效磷含量来判断土壤磷素供应水平对指导施肥有实际意义。

石灰性土壤上用Olsen法（0.5mol/L $NaHCO_3$）浸提土壤，酸性土壤用0.03mol/L HF-0.025mol/L HCl浸提来测定土壤有效磷。磷肥应优先分配在有效磷较低的土壤上。

2. 作物需磷特性与轮作特点

① 作物需肥特性。不同作物对磷肥反应不一样。因此在同一土壤上，磷肥应优先分配在豆科作物或对磷肥反应良好的作物上，如糖和油菜等作物。

② 水旱轮作。应遵循旱重水轻，淹水以后土壤中磷的有效性提高。

③ 豆科作物与粮食作物轮作。磷肥应重点分配在豆科作物上；若轮作中作物对磷反应的营养特性相似时，应优先分配在越冬作物上。冬小麦/夏玉米轮作体系，磷肥应重点分配在冬小麦，夏玉米则利用其后效。

3. 磷肥特性

（1）水溶性磷肥　普钙和重钙适合各种作物与土壤，作基肥或追肥。

（2）弱酸溶性磷肥　钙镁磷肥等作基肥施用，在酸性土壤或中性土壤上优于碱性土壤。

（3）难溶性磷肥　骨粉和磷矿粉应施在酸性土上作基肥。

4. 磷肥与其它肥料配合使用

磷肥与有机肥混合施用可减少磷的固定，因一方面减少与土壤的接触，另一方面有机肥的分解产物可减少土壤中铁、铝等对磷的固定。

5. 施肥技术

磷肥应以基肥为主，配施种肥，早施追肥；水溶性磷肥相对集中施用，弱酸溶性和难溶性磷肥在酸性土壤上撒施较好。

四、土壤钾素与钾肥

钾是植物生长的必需营养元素，为肥料三要素之一。我国大部分土壤含钾较高，施用有机肥又可以使土壤中的钾素得到补充，因此钾素的矛盾并不突出。近年来，由于生产水平提高，氮磷肥施用量增加等，不少地区出现缺钾现象。我国钾肥资源匮乏，影响钾肥肥效的因素较多，因此如何有效施用钾肥在农业生产中越来越重要。

钾在作物体内的流动性很大，缺钾首先表现在衰老的组织，即老叶上，以后逐渐向新叶扩散。若新叶出现缺钾症状，则表明严重缺钾。

1. 土壤中钾的形态和转化

（1）土壤中的钾素含量和形态　地壳中钾的含量（平均）约为2.3%，大部分土壤含钾量为0.5%～2.5%，平均为1.2%。红壤、砖红壤等风化强烈，是含钾量最低的土壤种类。钾素在我国的地域性分布规律：由北向南、由西向东渐减，东南地区土壤多缺钾。

土壤的钾素形态分为矿物态钾、缓效态钾以及速效态钾（水溶性钾和交换性钾）。

① 矿物态钾。矿物态钾占全钾量的90%～98%，存在于微斜长石、正斜长石和白云母中，以原生矿物形态分布在土壤粗粒部分。

② 缓效态钾。缓效态钾约占全钾量的2%，最高可达6%。主要为晶层固定态钾和存在于次生矿物如水云母和以及部分黑云母中的钾。

③ 速效性钾。速效钾占全钾的1%～2%，其中交换性钾约占90%，水溶性钾约占10%。

土壤中各种形态的钾在土壤中并不是孤立存在的，它们之间可以相互转化，处在动态平衡之中

$$水溶性钾 \rightleftharpoons 交换性钾 \rightleftharpoons 非交换性钾 \leftarrow 矿物态钾$$

（2）土壤中钾素的转化

① 矿物态钾和缓效态钾的释放。土壤中的矿物态钾和缓效态钾经物理、化学和生物的作用能缓慢释放出来供作物吸收利用。

② 土壤中钾的固定。土壤溶液中钾及交换性钾进入矿物晶格，从而降低钾的有效性。

2. 钾肥的种类、性质和施用

（1）氯化钾（KCl）

① 氯化钾的性质。氯化钾主要是由光卤石（$KCl \cdot MgCl_2 \cdot H_2O$）、钾石矿或盐卤（$NaCl \cdot KCl$）加工而制成的。$K_2O$含量为60%，氯化钾为白色或淡黄色、紫红色结晶；易溶于水，对作物是速效的；有一定吸湿性，长久贮存会结块；属化学中性、生理酸性肥料。

② 氯化钾施入土壤后的转化。施入土壤中的氯化钾很快溶解在土壤溶液中，增加了K^+的浓度，其中一部分被作物吸收利用，另一部分与土壤中的阳离子进行交换反应。在多雨季节以及灌溉条件好的地块容易造成钙的淋失，导致土壤板结。其在酸性土壤中的交换反应会引起土壤酸化，酸性土壤上施用氯化钾应配施有机肥及石灰。

③ 氯化钾的施用方法。氯化钾可作基肥、追肥，不宜作种肥，以免造成盐害，影响种子的萌发和幼苗的生长。氯化钾不宜在盐碱地上施用，适宜在水田上施用；在酸性土壤施用时，应配施有机肥和石灰；耐氯弱的作物慎用；适宜在棉麻类作物上施用。

（2）硫酸钾（K_2SO_4）

① 硫酸钾的性质。硫酸钾主要是以明矾石和钾镁矾为原料经煅烧加工而成的。硫酸钾为白色或淡黄色结晶；K_2O含量为50%～52%，易溶于水，对作物是速效的；吸湿性较小，不易结块；属化学中性、生理酸性肥料。

② 硫酸钾施入土壤后的转化。施入土壤中的硫酸钾很快溶解在土壤溶液中，增加了K^+的浓度，其中一部分被作物吸收利用，另一部分与土壤中的阳离子进行交换反应。

③ 硫酸钾的施用方法。硫酸钾可作基肥、种肥、追肥和根外追肥。适宜在喜硫作物（十字花科和葱蒜类）以及对氯敏感的作物上施用；不宜在水田中施用。

（3）草木灰

① 草木灰的成分和性质。草木灰是植物燃烧后的残渣；因为有机物和氮素大量被烧失，草木灰的主要成分是灰分元素，即P、K、Ca、Mg（Ca、K较多，磷次之）和Fe等微量元素。

不同作物的灰分的成分差异很大，一般木灰含Ca、K和P多；而草灰含Si多，P、K和Ca略少。

同一作物的不同部位的灰分中元素的含量也不同，幼嫩组织灰分含P、K较多，衰老组织含Ca、Si多。

草木灰中90%的钾是碳酸钾（K_2CO_3），其次是KCl和K_2SO_4，均为水溶性的，对作物速效，但易受雨水淋失；草木灰中含有CaO和K_2CO_3，呈碱性反应；在酸性土壤施用，其不仅能供应钾，而且能降低土壤酸度和补充Ca、Mg等元素。

② 草木灰的施用方法。草木灰可作基肥、追肥，也可作根外追肥和盖种肥。草木灰不宜与铵态氮肥、腐熟的有机肥混合施用，以免造成氨的挥发。

3. 钾肥的合理分配和施用

（1）土壤供钾能力　钾肥的肥效在很大程度上取决于土壤钾的有效水平，与土壤的供钾能力呈负相关。

① 土壤速效钾。土壤速效钾是作物钾的主要来源，其中水溶性钾仅占1%，其它为交换性钾；土壤缓效性钾是土壤速效性钾的补充来源。

② 土壤质地。土壤质地影响土壤的供钾能力，同等量的速效性钾含量的土壤上，施用钾肥后，黏重土壤的肥效比砂质土壤差。一般砂质土壤供钾能力弱，所以要把有限的钾肥施在缺钾的砂质土壤上。

（2）植物物需钾特性　不同作物需钾量不同，吸钾能力不同，肥效也不同；同一作物不同品种对钾的需求量也不同；不同生育期的作物对钾的需要不同，一般作物苗期是钾素的营养临界期，所以钾肥应早施。

（3）肥料特性　不同钾肥种类的性质不同，如硫酸钾和氯化钾均为生理酸性肥料，适宜用于石灰性土壤，在酸性土壤上施用时应配合施用适量石灰等。氯化钾适宜用于水田，而不宜用于盐碱地，而硫酸钾不宜用于水田。

（4）气候条件　降水过多会引起土壤中水溶性钾流失，钾肥施用应少量多次。

（5）与氮、磷和有机肥配合施用　严格控制用量，避免土壤干湿交替引起的钾素固定。钾肥应深施，并且集中施用。作物钾素的营养临界期在苗期，钾肥以作基肥或早施追肥效果较好。

五、微量元素肥料及施用

1. 微量元素肥料的种类及性质

（1）铁肥

① 无机铁肥。目前无机铁肥主要有硫酸亚铁（$FeSO_4 \cdot 7H_2O$，含铁20%）以及硫酸亚铁铵［$(NH_4)_2SO_4 \cdot FeSO_4 \cdot 6H_2O$，含铁14%］等。

② 螯合铁肥。螯合铁肥主要有FeEDTA（含铁9%～12%）、FeEDDHA（含铁6%）等。螯合铁价格较贵，因而施用成本高，目前施用的螯合铁有腐殖酸铁和氨基酸螯合铁等。

（2）硼肥　常用硼肥有硼酸和硼砂等。硼酸（H_2BO_3），含硼（B）17.5%，白色结晶或粉末状，溶于水；硼砂（$Na_2B_4O_7 \cdot 10H_2O$），含硼（B）11%，性状同硼酸；硼泥，含硼（B）1%～2%，是工业废渣，碱性。

（3）锰肥　常用锰肥有硫酸锰（$MnSO_4 \cdot 3H_2O$）和氯化锰（$MnCl_2 \cdot 4H_2O$）。硫酸锰含锰（Mn）26%，粉红色结晶，易溶于水。氯化锰含锰（Mn）27%，性质与硫酸锰相同。

（4）铜肥　常用铜肥有硫酸铜（$CuSO_4 \cdot 5H_2O$），含铜量（Cu）25%，为蓝色结晶，易溶于水。

（5）锌肥　常用锌肥有硫酸锌（$ZnSO_4 \cdot H_2O$），含锌（Zn）35%；氯化锌（ZnCl），含锌（Zn）48%，一般为白色结晶，易溶于水。

（6）钼肥　常用钼肥有钼酸铵［$(NH_4)_6MoO_4 \cdot 4H_2O$］，含钼（Mo）54%；钼酸钠（$Na_2MoO_4 \cdot 2H_2O$），含钼（Mo）35%。它们都是水溶性钼肥，钼肥主要施在豆科作物和十字花科作物上，肥效显著。

2. 影响微肥有效施用的因素

（1）土壤因素　土壤中微量元素供应不足主要原因有2个方面。

① 土壤中微量元素的含量偏低。土壤中微量元素的含量主要受成土母质的影响，因为不同母质发育的土壤微量元素含量差异很大，比如，由花岗岩发育的土壤，无论是全B含量还是有效B含量都很低，易缺B，黄土母质发育的土壤Mo的含量低，易缺Mo。

② 土壤条件不良，使土壤中微量元素处在难于被吸收利用的状态。微量元素在土壤中的形态主要受土壤酸碱反应的影响，因为土壤的酸碱度会影响到微量元素在土壤中的溶解和沉淀，从而影响到微量元素的有效性。碱性条件会引起Fe、Mn、Zn、Cu、B等养分的沉淀，从而导致这些养分的缺乏，酸性条件会促进土壤对Mo的吸附，因而缺Mo多发生在酸性土壤上。

（2）作物的种类　不同作物对微量元素的需要量不同，一般来讲，豆科作物、十字花科作物对微量元素的需要量比禾本科作物大，首先容易感受到土壤中微量元素供应不足，对施用微肥有良好的反应。

（3）N、P、K化肥的施用水平　N、P、K化肥施用水平越高，作物生长越旺盛，对微量元素的需要量越多，越容易感受到土壤中微量元素相对供应不足，而N、P、K化肥尤其是含副成分少的高效复合肥，随肥料带入土壤中的微量元素远远不能满足作物生长发育，这时也会使作物产生微量元素的缺乏，所以不仅在缺乏微量元素的低产田上有微量元素供应不足的问题，而且在N、P、K化肥施用水平比较高的高产田块上，同样存在微量元素供应不足的问题。

(4) 有机肥料的施用量　有机肥料中含有一定的微量元素，施用有机肥料能有效地减轻和预防微量元素的缺素症。

3. 微肥的一般施用技术

微肥的施用方法很多，可以以基肥、种肥和追肥的方式施入土壤，也可直接施在植物体的某个部位，所以，可以把施用微肥的方法分为土壤施肥和植物体施肥。

(1) 土壤施肥　可溶性微肥施入土壤后，部分易被固定，但施入的微肥不仅当年有效，其还有后效，故土壤施微肥可隔一至数年施用一次。微肥施用量少，施用时须均匀，可以把微肥与干土或与化学肥料或有机肥料拌匀后一起施用。

(2) 植物体施肥　植物体施肥是施用微肥最常用的方法，包括拌种、浸种、蘸秧根和叶片喷施。

4. 微肥施用应注意的问题

(1) 施用要均匀，要控制好浓度和用量　因为微量元素从缺乏到过量的临界范围小，施用不均匀或浓度过高会对作物产生毒害作用。

(2) 注意改善土壤的环境条件，尤其是土壤的酸碱反应　微量元素在土壤中的有效性很大程度上受土壤环境条件影响，尤其是土壤的酸碱反应，改善土壤环境条件可提高微量元素的有效性。如海南酸性土壤中钼的有效性低，可施用石灰来减轻缺钼症状。

(3) 注意不同作物对微量元素的反应　有些时候，土壤中的微量元素对一种作物来说是缺乏的，但对另外一种作物来说则可能是充足的，不能在任何作物上都盲目地施用微肥，比如在缺B的地区，首先建议在油菜、甜菜上施用B肥，不能盲目地在其它作物上施用B肥，缺Mo的土壤首先应建议在豆科作物上施用Mo肥，不能在其它作物上盲目施用Mo肥。

(4) 微肥与其它肥料混合时，要注意微肥与其它肥料产生不利的化学反应　比如ZnO、$ZnSO_4$与磷肥混合时会生成难溶性的$Zn_3(PO_4)_2$，降低Zn的有效性，所以Zn肥不能与磷肥，尤其是水溶性磷肥混合施用。

(5) 配施大量元素肥料　微肥只有在施用大量元素的基础上施用才能较好地发挥肥效。

第三节　有机肥料

众所周知，如前所述，植物除光合作用外，所需营养主要是从根系所吸收的矿质营养。然而，如果在植物的生长过程中，仅仅依靠无机化学肥料，容易导致环境污染，造成土壤板结，肥力严重下降，土壤可耕作性能严重退化。而有机肥料恰恰能弥补这些不足，其不仅能给植株生长提供各种营养要素，更能改良土壤，培育提升土壤肥力，因而在农业生产中，生产和施用有机肥料有着十分重要的作用。尤其是园艺园林植物生产栽培具有特殊性，更应重视有机肥料在园艺园林植物生产中的特殊作用。

在我国悠久的农业生产中，对有机肥料的利用，积累了丰富的经验，极大促进了我国包括园林园艺在内的农业技术的发展，为灿烂的中华文明奠定了重要基础。这些都是与有机肥料的特点和作用分不开的。

一、有机肥料的作用

在自然界中，通过光合作用等同化作用过程，植物合成和积累了大量的有机物，各种有机物又以动植物遗体等方式，通过微生物的分解及矿化过程，被转化为矿质营养及小分子有机物等，它们可再被植物重新吸收利用，如此循环往复，构成了生物体、有机物及无机自然界、土壤等的物质和能量循环的生态学基本规律。因此，有机肥料在植物的生长发育过程中可以发挥重要作用。

何谓有机肥料？简言之就是含有有机物的肥料。在我国传统的长期农业生产过程中，广大农民以人畜粪便、植物残体等有机物为原料，经过堆积发酵，经过微生物作用及一定的矿化过程，转变成无机和有机养分，成为植物能够吸收的、明显促进植物生长发育的自然肥料。有机肥料一般由正在进行矿质化的有机质或腐殖质及已完成转化的速效矿质营养两部分组成。

有机肥料在植物生长和改良土壤等方面有着重要作用。

1. 为植株生长提供均衡而全面的营养成分

有机肥料是一种完全肥料，不仅含有氮、磷、钾等主要元素，还含有硼、锌、钼等作物生长所必需的其它大量营养元素和微量营养元素。有机肥料中的有机物在发酵过程中以及施入土壤以后，在放线菌、细菌以及真菌等微生物作用下，复杂的有机大分子物质被分解、矿化、释放出各种无机养分，可以被植物根系直接吸收利用；而且一般有机物在微生物作用下分解矿化时间长，所以肥效时间长久。同时，研究还证实，有机肥料中主要营养元素的含量均匀全面，十分有利于作物的正常生长发育。由于有机肥分解时间较长，不容易因多施有机肥而造成某种营养元素大量增加，营养比例失调，破坏土壤营养平衡，产生降低肥力甚至造成植物体内因无机盐类积累而产生毒害等方面的负效应。甚至还有研究证实，有机肥料（不能是速效有机肥）施得越多，土壤营养元素越向平衡方面发展，越有利于作物对养分的吸收、利用和生长。

2. 促进植物根系有益微生物繁殖和作物对营养物质的吸收利用

有机肥料含有大量的有机物质是各种微生物生长和繁衍的优良场所。在有机肥料发酵、腐熟过程中，有害虫卵和有害微生物等能够基本上被杀灭，因此有机肥料施入土壤后，将为土壤有益微生物尤其是根系附近土壤微生物提供充足的有机营养，将有力促进土壤有机物持续、均匀地矿化和释放植物所需的各种营养；与此同时，大量研究证实，在微生物的持续发酵过程中，还可同时形成碳水化合物、蛋白质、氨基酸、酰胺、磷脂等以及各种酶、维生素、生长素及类激素等可溶性小分子的活性有机化合物，以改善植物的营养状况，促进植物根系的生长，促进根系对养分的吸收，促进叶绿素、蛋白质和核酸等的合成，促进植物的新陈代谢，促进植株的生长。

3. 改良土壤，改善土壤理化性质

土壤施用有机肥后，一方面通过分解和矿化过程，释放无机养分供植物利用，另一方面又通过腐殖质过程不断为土壤更新添加新的腐殖质，改善土壤性能。在这个过程中，有机物分解可形成有机胶体，而土壤中存在大量无机胶体，如此形成大量的不同粒径的有机无机团聚体，促进土壤保土、保水、保肥和透气，改善土壤，促进植物根系的发展和植株的生长。此外，有机肥料还具有很强的缓冲能力，可缓冲因长期施用化肥而引起土壤酸碱度的变化，或改善土壤本身的不良酸碱反应，提高土壤自身的抗逆性，提高土壤的理化性能。

4. 提高土壤肥力，减少养分固定

研究证实，有机肥料一般具有较强的阳离子代换能力，可以吸收更多的钾、镁、锌等营养离子和元素，防止其随雨水流失，提高土壤保肥能力；有机质分解时产生的有机酸、腐殖质酸等酸类都是很强的螯合剂，可与土壤中的钙、镁、铁、铝等阳离子形成稳定的络合物，促进土壤中难溶性盐类（如难溶性的磷酸盐等）物质的溶解，防止土壤对这些营养物质的固定，提高土壤的有效肥力。一些腐殖酸类有机肥类的效果更为明显。

5. 提高土壤和植株抗旱耐涝及抗病能力，提高植物品质

有机肥料施入土壤后，由于其改善了土壤的理化性质，可显著增强土壤的蓄水保水能力，因此可在干旱情况下，明显提高作物的抗旱能力；同时由于有机肥提高和改善了土壤的孔隙度，因而能提高植物根系的耐涝能力。同时事实证明，使用有机肥的植株生长更为健壮，与使用化肥相比，可减少农药用量1/3以上。因为有机肥在堆制过程中可产生多种特效菌，其中放线菌能分泌出多种抗生素等，抑制植物病原微生物活动，防治植物病害，使植物品质更为优良。这在园艺园林植株的种植过程中表现得更为明显。

6. 提高生物资源的利用率，改善和美化环境

众所周知，无论是乡村和城市，在人们生活及工农业生产中必将产生大量有机废弃物，以及人畜粪便等，如果不进行合理处置，必将极大地污染和破坏环境。将这些有机废弃物进行发酵处理，制作成有机肥料，是其重要方法之一。因此及时收集、发酵和施用有机肥料，不仅可变废为宝，据研究还可减轻农药残留量和重金属对土壤、植株的危害，对改善乡村和城市生态环境有重要作用。

随着科学技术及商品经济的发展，现代有机肥概念远远超出上述狭义有机肥的范畴。有机肥的积累和发展极大地促进了我国农作物栽培、园林园艺种植的发展。

二、有机肥料的特点和施用方法

有机肥料种类繁多，由于其富含各种类型的有机化合物，因此必须经过一系列微生物的发酵、腐殖质化、矿质化过程才能形成丰富的植物所能吸收的各种养分。在生产实践上，一般根据肥料中有机化合物的来源及其熟化过程，将有机肥划分为粪尿肥、厩肥、秸秆肥和土杂肥等。由于动物性有机化合物来源有限、腐化过程漫长、腐化产物复杂，一般多以植物性有机化合物为原料堆制有机肥。

1. 人畜粪尿与厩肥

粪尿肥是人畜粪尿及禽类粪便的总称，厩肥是家禽家畜粪便及圈养场地垫材堆积发酵肥料的总称。

一般说来，人畜尿液的主要成分多为动物体代谢后产生的小分子物质，容易被微生物及植物吸收利用；其粪便也多在肠道中经过肠道微生物作用，在堆积过程中也容易被微生物分解矿化，故在有机肥中属于速效肥类，尤其是人畜尿液及粪水，其多在农业生产中作为追肥使用（表4-2）。但由于人畜粪尿中往往容易含有多种有害寄生虫卵、病原微生物、病毒等，粪尿肥必须经过充分消毒和熟化。

表4-2 新鲜家禽粪尿养分含量表 单位：%

肥料种类	水分	有机质	N	P_2O_5	K_2O
猪粪	82	15.0	0.56	0.40	0.44
猪尿	96	2.5	0.30	0.12	0.95
牛粪	83	14.5	0.32	0.25	0.15
牛尿	94	3.0	0.50	0.03	0.65
马粪	76	20.0	0.55	0.30	0.24
马尿	90	6.5	1.20	0.01	1.50
羊粪	65	28.0	0.65	0.50	0.25
羊尿	87	7.2	1.40	0.03	2.10
鸡粪	77.1	23.4	0.55	0.50	0.95

注：引自徐秀华．土壤肥料学．中国农业大学出版社，2007。

对于厩肥来说，由于家禽家畜在圈、棚、栏等养殖场所内，多使用植物性饲料，使用秸秆等垫圈材料，因此厩肥中含有较多纤维素、木质素等难分解有机成分，新鲜厩肥更必须经过较长时间的发酵腐熟过程，肥效较粪尿肥长久，含有较多腐殖质，多作为基肥使用（表4-3）。

表 4-3 厩肥平均养分含量表 单位：%

厩肥种类	水分	有机质	N	P_2O_5	K_2O	CaO	MgO	SO_3
猪厩肥	72.4	25.0	0.45	0.19	0.60	0.08	0.08	0.08
牛厩肥	77.5	20.3	0.34	0.16	0.40	0.31	0.11	0.06
马厩肥	71.3	25.4	0.58	0.28	0.53	0.21	0.14	0.01
羊厩肥	64.4	31.8	0.83	0.23	0.67	0.33	0.28	0.15

注：引自徐秀华. 土壤肥料学. 中国农业大学出版社，2007。

在园林园艺植物栽培实践中，由于生产周期或施肥间隔较长，要求肥效长久，因此多将人畜粪尿或厩肥混合堆制，其制作过程可概括如下。

(1) 原料堆垛　将厩肥、人畜粪尿等原料与石灰等消毒剂搅拌均匀，有条件的可添加一定量的促进发酵的微生物制剂或其它配料，堆垛，压实；如果植物性原料较多，可在发酵一段时间后再压实。

(2) 发酵腐熟　由于发酵料中含有较多粪尿等原料，微生物等容易吸收利用和分解，微生物作用活跃，发酵料矿质化、腐殖质化过程较迅速，温度上升较快，不仅可基本杀灭其中有害病原生物，而且可以大约在10～20d的时间内完成有机肥的腐熟过程（如果新鲜植物秸秆较多，则腐熟时间适当延长）。发酵过程一般是前一阶段为好氧性微生物作用，有机物矿化作用较快；后阶段随着氧气的减少逐步转变为嫌气厌氧发酵，以逐步转变形成腐殖质为主。

(3) 后熟保肥　发酵料腐熟后，肥料中不仅含有较多的腐殖酸等有机养分，同时还含有较多植物容易吸收的无机矿质状态养分及有机小分子养分等，必须采取加土压实等嫌气厌氧措施，即后熟保肥措施，进一步增加肥料中腐殖质的含量，吸附小分子营养，延长肥力的有效时间，防止养分流失。

如此，粪尿厩肥既含有植物所需的速效性养分，又具有较长时间的肥效性，因此既可以作为基肥使用，也可以作为追肥使用。可全面撒施或集中使用，用量一般为15～22.5t/hm^2。

2. 堆肥与沤肥

堆肥和沤肥是我国广大农村地区广泛使用的有机肥料，一般由植物秸秆、杂草、塘泥、牲畜粪便等堆积沤制而成。

(1) 堆肥　堆肥是将有机原料及其配料经过堆积发酵制肥的简称。配料一般包括促进微生物繁殖的人畜粪尿、化学氮肥、微生物制剂等微生物繁殖促进剂，有机物腐殖过程中的中和有机酸度增加的酸度中和剂如石灰、草木灰等，养分吸附剂如泥土、泥炭等。堆肥可分为普通堆肥和高温堆肥两种形式。普通堆肥中，泥土含量较高，有机成分相对较少，发酵温度较低，腐熟过程中温度变化不大，腐熟时间较长，适合于常年堆制；高温堆肥中，一般是以植物性秸秆、杂草等为主要原料，发酵过程温度高，腐熟时间短，可形成大量腐殖质。

堆肥制作过程包括以下几个阶段。

① 原料堆垛。将植物秸秆、杂草及其它原料、配料等混合堆垛。由于初期主要是好氧性细菌活动，因此可以是松散性堆积。必要时，可设置地下通风沟。

② 发酵腐熟过程。由于微生物的剧烈作用，堆温迅速上升，蛋白质、简单糖类、淀粉等微生物容易利用的物质迅速分解，纤维素、木质素等有机物被迅速腐殖化和矿质化；随着堆料中腐殖质的增多和氧气的消耗，嫌气性微生物大量增加，堆温下降，堆料中的腐殖质继续增加，堆肥进入后熟阶段；

③ 后熟保肥阶段。随着堆温继续下降，分解腐殖质等有机物的放线菌等微生物显著增加，嫌气纤维分解菌、嫌气固氮菌和反硝化细菌逐渐增多，进一步增加堆料中小分子养料及

无机矿质养料的含量。可进一步采取加土压实等措施以促进有机物进一步腐熟。

堆肥肥效性一般较长，一般作为基肥使用，用量大约为15～30t/hm^2。腐熟优质堆肥也可以作为追肥使用。

(2) 沤肥　所谓沤肥，就是鱼塘湖泊中的水生植物及水生小动物等死亡后沉积于淤泥底部，经过微生物的长期作用，所形成的富含植物所需养分的有机肥料。由于水中氧气含量少，有机物分解速度慢，且经过一系列嫌气及厌氧微生物在常温条件下长时间的作用，腐熟时间长，有机质分解充分，速效养分相对含量较多，同时腐殖质积累较多，且有机质及氮素等矿质营养损失少，是优质的有机肥料。

由于沤肥腐熟时间长，肥粒细腻，含水量高，通气性能较差，因此在施用前，一般应进行数天堆制，以增加其通气性能和改善微生物区系。沤肥多作为基肥使用，用量一般为60～75t/hm^2，也可以作为园林园艺植物的追肥使用。在我国南方大部分地区，鱼塘湖泊众多，沤肥自然丰富，可作为园林园艺植物的优良有机肥料。

3. 其它有机肥料

(1) 沼气池肥　沼气池肥是以各类植物秸秆、杂草和人畜粪尿等为主要原料，在厌氧条件下制取沼气后的残留物，其含有较多植物可以吸收利用的有机和无机营养。沼液含有较高的速效氮，可以作为速效肥使用；沼渣与沤肥相当，含有较高的腐殖质及小分子植物营养，可作为基肥使用。

(2) 食用菌渣肥　食用菌肥是木材、秸秆等植物性原料在培养和收获食用菌子实体后残留下来的培养基料。木材或植物秸秆等有机物经过食用菌菌丝分解后的产物，以及其内的菌丝细胞残留部分可组成蓬松多孔的有机分子多聚体，经过粉碎，堆积发酵可形成食用菌肥，其具有透气性能好、养分较为充分、能改善土壤性能等特点，可作为园艺植物优良的基肥使用。

4. 有机肥料的特点

由于有机肥料富含有机高分子化合物，因此必须经过一系列微生物的发酵分解才能成为能够被植物体吸收利用的无机矿质营养，因此有机肥料具有明显不同于无机肥料的显著特点。一是有机肥释放的可被植物体迅速吸收的速效性养分较少，因此施肥时必须一次性加大有机肥的施用量，才能满足植物体生长发育的营养需要，这增加了肥料的运输困难。但有时施用有机肥时还应添加无机速效性肥料；二是肥效时间长久，肥效缓慢，因此可延长肥料的施用间隔，尤其适合于园林园艺植物的种植生产；三是养分齐全，可改良土壤，增长地力，一般不容易造成植物缺素病症，植物生长健壮，植物品质高等。

在生产实践中，由于无机肥的速效和有机肥的缓效、长久等特点，常将无机肥和有机肥混合施用，作为种肥、基肥、追肥等，以提高肥效效果。

三、生物肥料特点和施用方法

所谓生物肥料就是指含有特定微生物，能够获得特定肥料效应的生物制品。生物肥料的核心是微生物，其本身不含有植物所需要的营养成分，而是施入土壤后，其中的菌类或其它微生物依靠土壤中的营养、水分等大量生长繁殖，通过合成和分泌某些植物或土壤所需的特效性物质，活化养分、改良土壤、增强植物抗性、显著提高土壤养分，促进植物生长，提高植物品质，所以也称为菌肥。

1. 固氮菌肥类

根据固氮菌类微生物营养方式的不同，固氮菌肥分为共生性固氮肥料和自生性固氮肥料。前者主要是指能与豆科植物共生结瘤的根瘤菌制剂，即根瘤菌肥；后者主要包括固氮菌科固氮菌属细菌，其中以园褐固氮菌应用最多。

(1) 根瘤菌制剂　根瘤菌制剂只能与一种或一类豆科植物形成有效根瘤。有效根瘤的特点是，根瘤主要生长在主根或靠近主根的部位，结瘤大而饱满，呈粉红色；无效根瘤结瘤少，且多分散在侧根上，个体小，灰白或青色。只有有效根瘤才能完成良好的固氮功能。

根瘤菌肥多用于拌种，一般按一定比例与水混匀后拌种，略风干后播种。

(2) 自生固氮菌肥料　自生固氮菌肥料是自生性固氮微生物，其生理及固氮过程系自行在土壤中独立完成，因此适合于在各种植物施用。其中园褐固氮菌等不仅具有较强的固氮作用，还能合成和分泌维生素 B_1、维生素 B_2、维生素 B_{12} 和生长素等活性物质，可以促进植物生长发育。

自生固氮肥可以与有机肥配合，作基肥、追肥施用，也可以撒施、条施和穴施，有较强肥效。作追肥时，可将菌肥与水调成糊状，施于植物根部，其可利用植物根系分泌物生长繁殖，一般于植物开始旺盛生长前（如开花前等）施用；对于移栽植物，可采取蘸秧根的办法施用。

固氮菌肥施用，要求土壤通气良好，含水量较低（一般为土壤持水量的 60%～80%），pH 值中性或微碱性（酸性土壤可用石灰调节土壤酸度），忌阳光直射及与杀菌剂、速效氮肥等混用。其中自生固氮菌肥在土壤中含有较丰富的有机物时固氮效果更好。

2. 磷、钾菌肥类

(1) 磷细菌肥类　一般说来，磷细菌肥类微生物不能直接吸收或固定磷素营养，而是其分泌物能强烈分解土壤中有机或无机磷化合物，使土壤中可吸收的可溶性磷素养分显著增加，供植物吸收利用。此外，其还能促进土壤中自生固氮菌和硝化细菌的活动，分泌激素类物质，促进植物生长。

磷细菌肥可作为基肥、追肥和种肥，尤其特别适合缺磷但有机质丰富的土壤，可与有机肥、固氮肥和抗生菌肥等配合使用。

(2) 钾细菌肥类　钾细菌又名硅酸盐细菌，能对土壤中的云母、长石等含钾的铝硅酸盐、磷灰石等进行分解代谢，释放出钾、磷及其它灰分元素并溶入土壤中，其中一部分可被菌体细胞吸收。菌株死亡后，可释放较多钾素营养，供植物利用。此外，其还可合成和分泌促进植物生长的少量生长素和赤霉素。

钾细菌肥可作为基肥和追肥，也可以拌种或蘸秧根，在喜钾植物中肥效更显著。

3. 其它菌肥类

(1) 抗生菌肥类　抗生菌肥的主体通常是放线菌类微生物，其能分泌杀灭有害真菌、细菌等的抗生素类物质及促进植物生长的激素类物质。如我国使用多年的“5406”，属于拮抗性放线菌，不仅具有肥效，而且还可以抑制多种植物病害。

“5406”抗生菌肥可作基肥、追肥、种肥，也可以浸种和蘸秧根。

(2) 菌根菌肥类　在植物生长过程中，许多微生物可与植物根系形成共生体，即菌根。菌根菌肥就是含有这些共生微生物的生物制品。其中多数为内囊霉科中的多数属、多数种，可在植物根组织内形成囊泡结构，形成丛枝状菌根（简称 VA 菌根），帮助和促进植物对磷、硫、钙、锌等矿质元素及水分的吸收。目前已应用到多种园林园艺植物的栽培实践中。

4. 生物有机肥

近年来，随着工厂化制肥技术的发展，形成了以多种有益微生物及其生活基质（实际上就是有机肥料）组成的活性生物肥料复合体，即生物有机肥料。根据土壤种类或特殊要求，生物有机肥中的活性微生物可以是根瘤菌类、固氮菌类、解磷菌类、解钾菌类和菌根菌类的细菌、真菌和放线菌中的一种或很多种，因为这些微生物已经对基质中的有机肥料进行了充分的腐熟发酵，该类肥料既含有大量的腐殖质等有机性养分及有益菌类，又含有植物可立即吸收利用的速效性养分，且肥效长久、缓慢释放，还能明显改善土壤，已成为肥料工业发展的主要方向之一。

生物有机肥具有含有益微生物数量和群类多，环境适应能力强，营养成分全面，营养功能好，肥力效果长久，富含有机质和生理活性物质，可改良土壤，明显促根系发育和植物生长，施用方便，符合生态环保等特点，已成为有机植物生产中的重要组成部分。

一般说来，生物肥料含有大量活体好气性微生物，因此施用时，必须注意满足其生长繁殖条件，如不能与杀菌物质一起施用，避免阳光直射等，这样才能充分发挥微生物的肥效作用。

第四节　园林植物施肥技术

施肥技术是将肥料施入各种栽培基质或直接施于植物的一种手段。施肥技术包括施肥时间及其养分配比、施肥时期和施肥方式等。

施肥技术的核心和关键是提高肥效。肥效由形态肥效、浓度肥效、时期肥效和位置肥效四个因素组成。它们分别是指肥料中养分形态的有效性，如 NO_3^--N、NH_4^+-N 等；肥料入土后养分在土壤中的浓度对肥效的影响，以及其与施肥量有关；在植物吸肥的关键时期能否得到充足的营养和能否将肥料施用于不断伸展的根系吸收层，如表施、深施。

任何一种肥料的施用，要充分发挥其肥效，就必须兼顾上述构成肥效的四个方面。通常在确定肥料的品种以后，以施肥量即浓度的控制为施肥技术的核心。提高施肥效率、减少肥料损失及对环境的影响，谋求施肥的最大效益是把握施肥技术是否合理的关键所在。

一、施肥量

施肥量受树种、土壤状况、肥料的种类以及植物在各物候期的需肥情况等多方面因素的影响。因此很难有统一的施肥量，以下几点原则，可供参考。

1. 根据不同树种而异

树种不同，对养分的要求也不同，如油松、悬铃木、刺槐、臭椿等耐瘠薄的土壤；梧桐、梅花、梓树、茉莉、牡丹和桂花等树种喜肥沃土壤。开花结果多的大树应较开花结果少的小树需肥多，树势弱的也应多施肥。不同的树种施用的肥料种类不同，如幼龄针叶树不宜施用化肥；喜酸性土壤的花木如栀子花、八仙花、杜鹃和山茶等，应多施酸性肥，不能施石灰、草木灰等；观花观果树种应增施磷肥。施肥量过多或不足对树木生长发育均有不良影响。施肥量既要符合树体要求，又要以经济用肥为原则。

2. 根据对叶片的分析而确定施肥量

树叶所含的营养元素量可反映树体的营养状况，所以近 20 年来，广泛应用叶片分析法来确定树木的施肥量。此法不仅能查出肉眼见不到的症状，还能分析出多种营养元素的不足或过剩，以及能分辨两种不同元素引起的相似症状，而且能在病症出现前及早测知。

随着电子技术的发展，目前植物上用如下公式精确计算施肥量，在计算前先要测出植物各器官每年从土壤中吸收各营养元素的量，减去土壤的供应量，同时要考虑肥料的损失。肥料利用率是指当季植物从所施肥料中吸收的养分占施入的肥料养分总量的百分数。

$$\text{施肥量}=\frac{\text{植物吸收肥料元素量}-\text{土壤供给量}}{\text{肥料利用率}}$$

二、施肥时期

同一种类、同一数量的肥料，给同一种植物施肥，因施入的时期不同而收到的效果也不同。只有将其在植物生长最需要营养物质时施入，才能获得事半功倍的效果。具体的施肥时期由下列因素决定。

1. 适时

适时即应根据树种不同生长发育时期进行施肥。一年内园林植物的生长历经不同的物候期，即根系活动、萌芽抽梢、开花结果和落叶休眠。每个物候期来临时，这个物候期就是园林植物当时的生长中心，树体内营养物质的分配，也是以当时的生长中心为重心的。因此在每个物候期即将到来之前，施入当时生长所需要的营养元素，这样才能使肥效充分发挥作用，园林植物才能生长良好。如果施肥不当，肥效不大甚至还将造成损失。对园艺植物如苹果、杏等施用速效氮肥的试验表明，施用时期处于树木年生育节奏和养料分配中心时，即使以大量的超常规的施肥水平施入氮肥量，仍能提高开花坐果的效果，但施氮肥期晚于这个分配时，即使少量施入，也会加剧生理效果。一年之内，根系在地上部分萌发之前及秋末落叶之后均在快长，在早春根系生长之前及快落叶时施入基肥和磷肥，对根系生长极为有利。早春施速效性肥料不应过早，过早根系尚未恢复生长不能吸收，肥水易流失。萌芽抽枝发叶期需吸收较多的氮肥，于3～4月份时施以氮为主的肥料，保证营养生长旺盛进行，使植物体量不断增大。6月份后，树木陆续进入花芽分化和开花结果期，6月份前后应控氮并及时施入以磷为主的肥料，保证花芽顺利分化。非观花、观果树可适当多施些氮肥以减缓营养生长向生殖生长的转化速度。总之，掌握树木生长中心的转移和养料分配的规律，适期施肥才能取得理想的结果。

2. 适树适用

适树适用即施肥期与树种及其用途相关，园林绿地上栽植的植物种类很多，又有观叶、观花、观果及行道树等之分，它们对营养元素的要求在种类和时期上是不同的。行道树、庭荫树和针叶树等以观赏枝叶树形为主，应从早春开始就施入以氮为主的肥料，促其枝叶迅速增长，叶色浓绿光亮，遮荫效果好，就是夏季也可多施无妨，只需保证枝条安全越冬即可。

若属于前期生长型的树木，如银杏、油松和墨松等，枝叶生长和树冠迅速扩大期在3～6月份，冬季施基肥及早春施肥非常重要，能保证枝叶及时获得必需的养料，为树木全年的体量增长打下了基础，如悬铃木、榆树和雪松等，枝条全年生长，这类园林植物除休眠季施基肥外，在5～6月份枝叶速生期还应追肥，这样才能保证养料的充分供应，园林植物全年生长良好。如春季施肥不足，可在六月份左右速生期以追肥形式补充养料来弥补春肥不足。

一年多次抽梢开花的园林植物，如月季、紫薇、白兰等，除休眠期施基肥外，每次开花后应及时补充因抽梢、开花消耗掉的养料，这样才能保持不断的抽梢开花，否则会因消耗太大引起开花不良或植株早衰。一般是花后立即施以氮、磷为主的肥料，既促枝叶生长又促开花。

观果植物的施肥原则与观花植物相似，如在早春时期，葡萄树体的营养状况直接影响到花芽的质量和坐果率，在开花前10～15d给葡萄施肥，可起到保花促果的作用。

3. 根据适宜的时间和天气进行施肥

园林植物的施肥，要选择晴天且土壤干燥时进行。在阴雨天或土壤过湿时施肥，肥分会随重力水下渗流失。如夏季大雨后，土壤中的硝态氮大量淋失，这时追施速效氮肥，其效果就比雨前施用要好。根外追肥最好在清晨、傍晚或阴天进行，雨前或雨天则无效。干旱时，在沙质土壤上单施氮肥反而会降低树木的生长量，而与磷、钾配合使用则可以避免这种情况的发生。而在湿润时，单施氮肥时效果很好。

总之，掌握树木生长中心的转移和养料分配的规律，根据不同园林植物的用途及观赏目的，适时适树适期地施入恰当的肥料，这样才能达到理想的效果。

三、施肥方式

施肥方式就是将肥料施于土壤和植株的途径与方法。因为园林植物生长于土壤中，所以大部分肥料只有通过土壤才能供给植物营养。

科学施肥的基本要求是：尽量施于植物根系易于吸收的土层，以提高肥料被植物吸收的利用率；选择适当的施肥位置及方法，以减少肥料的固定、挥发和淋溶损失。另外还要根据不同树种的用途和时期采取相应的施肥方式。下面以苗圃、城市园林植物为例进行介绍。

（一）苗木的需肥时期与施肥方法

1. 苗木的需肥时期

苗木在幼苗期对氮、磷的需要量虽然不多，但很敏感。这个时期氮和磷对幼苗地下和地上的生长都起重要作用。此期间如能满足幼苗的需要，就给培育壮苗创造了良好的生长条件。多数树种苗木到速生期需要氮、磷、钾的数量最多。所以施肥应在幼苗期和速生期进行。到速生期后期要停止施氮肥，以利于苗木充分木质化。

在北方含钾较多的土壤上育苗，在幼苗期一般不需施钾肥，以后的需要量因树种而异，有的速生期需要多，有的硬化期多，有的这两期几乎无差别。针叶树种如云杉和松树在速生期施钾肥能提高其抗寒性。

总之，要根据不同树种的需要，在它最需要的时期施肥，这样才能得到良好的效果。

2. 苗木的施肥方法

（1）基肥与种肥

① 基肥。最好在耕地前施基肥。施肥要深，因为秋季要深耕，耕作层的湿度和温度都比浅层好，有利于肥料分解。过浅微生物少，湿度小，氨态氮损失较多。深度以不少于15～17cm 为宜。

② 种肥。种肥对促进幼苗期苗木生长的效果很好。因为许多树种的种子发芽生根就能吸收磷素，一般用磷肥制成颗粒肥料作种肥。绝对不能用粉状的磷肥作种肥，因为它会烧死幼苗。

（2）土壤追肥

① 追肥时期。追肥适时与否对追肥效果影响很大。早追肥苗木质量好。在幼苗期开始追肥，合格苗产量高。一年生播种苗氮的追肥期一般应从幼苗期前期开始，第一次少量追肥。以后几次追肥应从幼苗期后半期始，到速生期的高生长第一个生长高峰之前一周左右为止，这一时期为“追肥适期”。最后一次追肥最迟不应晚于两个高生长高峰之间的暂缓期。氮的追肥量应以这一时期为最多。磷素在土壤中容易被固定，所以一般不用于土壤追肥，多与有机肥混合作基肥。磷酸二氢钾和过磷酸钙都适用于根外追肥。对于二年生以上的留床苗，在春季第一次追施氮、磷肥的时间因生长类型不同而异。如，两种生长型的苗木都从生长初期开始追肥，磷肥一次追施完，以后分几次追适氮肥。全期生长型苗木的追肥同一年生播种苗，春季生长型苗木的追肥以生长初期和高生长速生初期为重点。高生长停止后，为了促进苗木直径和根系的生长，可在茎、根速生期之前追施最后一次氮肥。为防止松类秋季二次高生长，施氮肥量不宜太多。当年移植苗从成活后期开始追肥，以后的追肥期参照留床苗。钾肥一般从速生初期开始追肥。在缺钾地区应在成活期开始追钾肥。追肥次数每年 3～

4次。从追肥对苗木生长的效果看，同量的肥料多次效果好。但次数多费工，具体次数要根据土壤质地和雨量分布情况及树种特性而定。

② 土壤追肥技术。

a. 沟施。沟施又叫条施，即把肥料施在沟中，可用液体肥也可以干施。液体追肥，先将肥料溶于水，再浇在沟中；干施肥时为了撒肥均匀，可用数倍或几十倍的干细土与肥料混合均匀后再撒于沟中，最后用土覆盖，以防损失肥效。

施肥后盖土与否对效果影响很大。例如氨水和碳酸氢氨等施用后，如不盖土，肥分损失很大。撒施肥料时，严防撒到苗木叶子上，否则会严重灼伤苗木以至死亡。

追肥深度及沟距以使肥料能最大限度地被苗木吸收利用为原则。具体深度因肥料性质和苗根分布深度而异。一般应达到7～10cm。

b. 浇灌。先把肥料溶于水，再浇于苗行间，然后灌溉。

c. 撒施。把肥料与干土混合后撒在苗行间，盖土，并灌溉。

以上3种施肥方法以沟施法的肥料被吸收率最高。其它方法的共同缺点是：施肥浅，肥料不能全部被盖上，或不能盖土，因而降低了肥料的利用率。以尿素为例，用沟施法当年苗木吸收率为45%，随灌溉水施用的为27%，撒施尿素的吸收率仅为14%。氨水和碳酸氢铵如果不盖土，氨的损失就更大。所以追肥必须盖土且要有一定厚度。硫酸铵如果不盖土，氨态氮损失很多。

（二）城市园林植物需肥时期与施肥方法

1. 城市园林植物需肥时期

树木休眠期和栽植前需施基肥。树木生长期的追肥可以按照植株的生长势进行。花灌木应在花前、花后进行。果木应按有关果木种类不同的养护技术要求进行。施肥量应根据树种、树龄、生长期和肥源以及土壤理化性状等条件而定。一般乔木胸径在15cm以下的，每3cm胸径应施堆肥1.0kg，胸径在15cm以上的，每3cm胸径施堆肥1.0～2.0kg。在青壮年期的树木，欲扩大其树冠，观花及观果植物，应适当增加施肥量。

2. 施肥方法

施肥的效果与施肥方法有密切关系，而土壤施肥方法要与树木的根系分布特点相适应。把肥料施在距根系集中分布稍深、稍远的地方，以利于根系向纵深扩展，形成强大的根系，扩大吸收面积，提高吸收能力。

（1）基肥　基肥又称底肥，多在冬季树体休眠期结合土壤翻耕施用。施用的肥料以人畜粪便、堆肥或饼肥等迟效性有机肥料为主。基肥可以不断地供给树木生长所需的养料，又能改良土壤的理化性状。为调节各种养分的适当比例，以及考虑到磷、钾肥在土层中不易移动的特点，也可以在施入的有机肥中加入少量的速效氮肥和部分磷、钾肥。

具体的施肥深度和范围与树种、树龄、砧木、土壤和肥料性质有关。如银杏根系大，分布深远，施肥宜深，范围也要大一些。根系浅的悬铃木、洋槐及矮化砧木施肥应较浅。幼树根系浅，根分布范围小，一般施肥范围小而浅，并随树龄增大，应逐年加深和扩大施肥范围，以满足树木根系不断扩大的需要。沙地等易导致养分流失，施基肥要深些。各种肥料元素在土壤中移动的情况不同，施肥深度也不同，如氮肥在土壤中移动性较强，既可浅施也可施到根系分布层，以被树木吸收。钾肥的移动性较差，磷肥的移动性更差，所以，宜深施至根系分布最多处。同时，由于磷在土壤中易被固定，为了充分发挥肥效，将过磷酸钙或骨粉与圈肥、厩肥、人粪肥等混合堆积腐熟后施用，效果较好。基肥因发挥肥效较慢应深施。基肥的施用方法有环状施肥、放射状施肥、穴施及全面施肥等。

① 环状施肥法。环状施肥法简称环施。在树冠投影的外缘，挖30～40cm宽的环状沟，

沟的深度视树种、树龄及肥料种类等因素而定，深根性的乔木施肥宜深些；浅根系的乔木，如碧桃、刺槐及梅花、悬铃木、迎春等观花灌木，施肥不宜过深。施肥的深度还应随着树的年龄的增加而加深。一般沟深为 20～50cm。挖沟后，将肥料均匀撒在沟内，然后填土平沟。此法施肥时，肥料与树的吸收根接近，因而容易被根系吸收，但受肥面积小，同时挖沟时常会损伤部分根系。

② 放射状施肥法。放射状施肥法又称辐射状施肥法。其方法是以树干为中心，向树冠外缘呈放射状方向挖沟，一般每株树挖 5～6 条均匀分布的沟，沟深随着向树干外缘方向由浅而深，挖沟后将肥料均匀撒于沟内后覆土填平。这种方法伤根少，树冠投影范围内的根系都能吸收养分。施肥沟的位置应不断更换，以扩大施肥面积。

③ 穴状施肥法。穴状施肥法又称穴施。在树冠投影范围内，按一定距离进行挖穴。挖穴的数量根据树的大小而定，即大树多挖些，小树少挖些。在一株树周围，近外缘多挖些，近树干少挖些。穴的大小约为 30cm。肥料施入穴中后，覆土填平。这种方法操作比较简单，根系吸收面积大。

④ 全面施肥法。常结合冬季深翻，将肥料撒入土面，然后翻土时将肥料拌入土中。这种方法的根系吸收面积大，肥料分布均匀，但肥料中的磷钾肥容易被土壤吸附固定。

(2) 追肥　追肥是在树木生长发育时期施用速效肥料。追肥时间及追施肥料的种类应根据树木的生长规律而定。在春天开花后桃花、蜡梅、梅花和垂丝海棠等树种，应施以氮为主的花后肥，以促进其营养生长，为以后的花芽分化与开花打好基础；七八月时正值花芽分化期，应在 8 月中下旬起增施磷肥，促进花芽分化。当树发生缺素症而生长不良时，也应及时补给相应的养分。追肥主要施用速效性肥料，以及时满足植物生长发育的需要。对于抗寒性较差的树种，应在 8 月下旬后停止施用氮肥，以免导致树木秋发过旺，从而易遭严寒冻害。树木追肥可将肥料溶解于水后，喷施于土壤，或将肥料进行沟施或穴施。

(3) 根外追肥　根外追肥是将肥料配成溶液后喷洒在树的枝叶上，营养元素通过气孔和皮孔进入植株体内供树木利用的一种施肥方法。通常在出现缺素症或花芽分化和结果时采用，当开花树种花芽分化时，应喷施过磷酸钙或磷酸二氢钾溶液；当树种如杜鹃、广玉兰和栀子花等出现缺铁而黄化时，应及时喷施硫酸亚铁溶液；开花坐果期则可喷施磷钾肥和硼酸等。由于叶片上的气孔在叶背为多，喷施时应尽量将溶液喷在叶子背面。

根外追肥用肥量少，肥效发挥快，可避免土壤的吸附，又可与农药同时混合喷施，方法十分简单方便。但根外追肥不能完全代替土壤施肥，如喷施氮素后，其运转有一定的局限性，喷后仅叶片内含氮量增加，而其它器官仍然缺氮。所以追肥应以土壤施肥为主，根外追肥为辅。

四、配方施肥

配方施肥也称测土配方施肥，是我国施肥技术的一项重大改革，是农业科技部门和科技人员综合运用现代农业科学理论和先进测试手段，根据作物的需肥规律、土壤的供肥性能与肥料效应，在施用农家肥为基础的条件下，提出氮、磷、钾和微量元素肥料的适宜用量和比例及其相应的施肥技术，为农业生产单位或农户提供科学施肥指导和服务的一种技术系统。多年的生产实践证明，实行配方施肥既能提高肥料的利用率，获得增产，又能改善农产品的质量，提高农业经济效益、生态效益和社会效益，是一项增产节肥、增收节支的施肥技术。一般增产率达 15%～20%，高的达 30%以上，配方施肥运用土壤测试技术，检测土壤养分以及进行肥料效应的田间试验，使这项施肥技术具有科学性和实用性。

(一) 配方施肥的基本方法

配方施肥包括配方和施肥 2 个程序。“配方”的核心是肥料的计量即根据土壤、植物状况，产前定肥、定量。目标产量确定后，按产量的要求，估算作物需要吸收多少氮、磷、钾，根据土壤养分的测试值计算土壤供肥性能，以确定氮、磷、钾肥料的适宜施肥量。如土壤缺少某一种微量元素或作物对某种微量元素反应敏感，还要有针对性地适量施用这种微量元素肥料。配方施肥还应包括一定数量的农家肥以保持地力的稳定与提高。“施肥”的任务是肥料配方在生产中的执行，保证目标产量的实现，即根据配方确定的肥料品种、用量和土壤、作物特性，合理安排基肥和追肥比例以及施用追肥的次数、时期、用量和施肥技术，以发挥肥料的最大增产作用。

（二）配方施肥的施肥量估算

确定经济合理的施肥量是施肥技术的核心，也是计算肥效和投肥效益的基础。施肥量受土壤、栽培条件、气候、植物类型、肥料价格、目标产量等诸多因素的影响。

施肥量可分为以谋求作物最高产量为目标的最高产量施肥量、以获得单位肥料经济效益最高的经济施肥量和以受肥料数量限制的相对优化施肥量。现代施肥技术所需寻求的是最佳施肥量即经济施肥量。

1. 最佳施肥量的概念

最佳施肥量也叫经济施肥量，指在单位面积上施用一定量的肥料后所获得的经济效益最高的施肥量。它取决于单位肥料的植物增产量、收获的植物产品的经济价值以及所施肥料的经济价值。

肥料与作物产量的相关，即增产效益，一般呈抛物线状（图 4-1）。肥料的增产效应大体上可分为三个阶段。第一阶段，施肥量低，增施单位肥料所获得的增产量较高。第二阶段，施肥量较高，增施单位肥料获得的增产明显递减（报酬递减），直至作物达到最高单产，即在一定栽培条件下增产的极限。第三阶段，进一步增施肥料时，作物不仅不能增产，反而引起减产。这样就形成了一条曲线，生产上所需要寻求的就是经济效益最高时的肥料施用量。

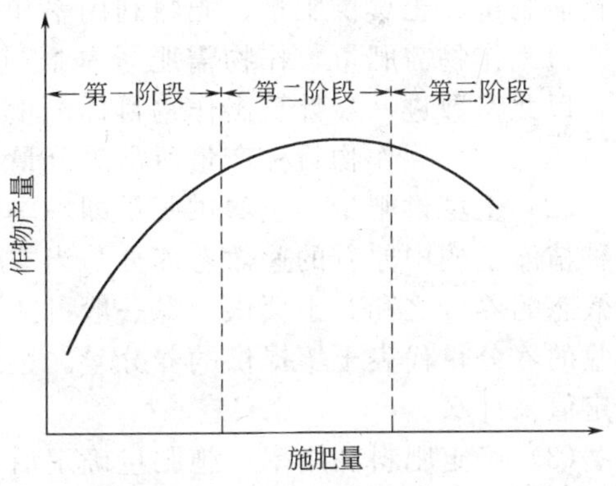

图 4-1　肥料的增产效应
（引自现代化学肥料学．奚振邦，中国农业出版社，2003）

2. 最佳施肥量的确定

为了节约肥料，减轻劳动力，降低生产成本，达到合理施肥的目的，必须在肥料施用前进行用量的确定。由于肥料来源不同，产地不同，所含养分的比例也不一致。肥料用量确定可以按以下方法进行。

(1) 根据全年需肥量累计估算施肥量

① 田间试验法。在苗圃、花圃等生产单位，可采用小区试验方法。即取同样面积大小的地块，在一定的条件下，种植同品种的苗木或花卉，采用相应的栽培和管理方法，只在施肥量上比较，积累多年施肥量试验的结果，观察生长状况和开花结果的多少，得出施肥量。

② 调查统计法。通过各园林单位、各公园平时对各种植物进行施肥的用量资料和经验收集，进行汇总比较，找出参考依据，再通过实践，反复比较，结合本地区的土壤条件确定本地不同园林植物的需肥量。

(2) 肥料效应函数法　肥料效应函数法一般以单因子或多因子多水平回归设计为基础，建立肥料效应方程式，求出经济施肥量和最高产量施肥量，作为建议施肥量的依据。最简单的是一元肥料效应中经济施肥量的确定。一般来说，养分与作物增产量的关系可用一元二次方程式 $y=A+Bx+Cx^2$ 表达。y 为作物产量，x 为施肥量，A 为不施该种肥料（$x=0$）的产量，B、C为回归系数。由上式可导出求作物最高产量施肥量的公式即$x=\frac{-B}{2C}$。再考虑单位肥料价格Px和单位肥料的增产量Py时，便可获得求取经济效益最高时的施肥量$x_0=\frac{\frac{Px}{Py}-b}{2C}$。

(3) 效应函数图解法　将试验中不同施肥量下获得的作物产量按价格转换为不同产值，并计算与施肥量相关的函数式，绘制成产值随施肥量增长变化的曲线。肥料价格计算成肥料投入价值，按施肥量增长绘一直线，为肥料投入增长线，在产值增长线上，绘一平行于肥料投入增长线的切线，此切线之斜率随肥料投入线斜率而变化，因而切点将在产值曲线上移动，由切点作一垂线，延伸至横坐标，则垂线与横坐标之交点即为经济施肥量。施用这一数量的肥料，理论上单位面积所能获得的利润最高。

3. 施肥量的估算与参数的选择

配方施肥的核心是要为一定产量指标施用适量的肥料。因此施肥必须有个产量标准，有此基础，方可做到计划用肥，即“以产定肥”。那么，如何确定这个目标产量（产量标准）成为此法议题之一。根据我国近多年来各地试验研究和生产实践，可从“以地定产”、“以水定产”和“以土壤有机质定产”等三方面入手。其中以“以地定产”较为常用，此法为王竺美、周鸣铮首先提出，之后全国各地纷纷建立了当地作物与土壤肥力的“以地定产”式，并已在配方施肥中广泛应用。在推广配方施肥时，常常不易预先获得空白产量，可以当地前三年作物平均产量为基础，增加10%～15%作为目标产量。目标产量法是根据作物产量的构成，由土壤和肥料两个方面供给养分的原理来计算肥料的施用量。应用时由作物目标产量、作物需肥量、土壤供肥量、肥料利用率和肥料中有效养分含量等五大参数构成。

(1) 作物需肥量　作物需肥量是通过作物收获物的养分含量分析测定得到的一系列参数，以此参数进一步计算出作物目标产量所需养分总量。计算公式是：

$$\text{作物目标产量所需养分量}=\text{目标产量}\times\text{单位产量养分吸收量}$$

(2) 土壤供肥量　土壤供肥量即一季作物在生长期中从土壤中吸收的养分量。它是在作物种植前土壤中原有的速效态养分与当季作物生长期间由土壤中缓效态养分经过转化后成为速效态的养分之和。土壤供肥量一般可从空白区（不施肥区）的产量求出，即空白区产量所吸收的养分量代表土壤提供的养分量。也可在不施肥的情况下采取土样进行测定，利用养分测定值来计算。

(3) 确定肥料利用率　施肥量确定后，还要根据不同肥料确定其利用率。肥料养分利用率的确定常采用田间试验方法，是指当季作物从所施肥料中吸收的养分占施入肥料养分总量的百分数。而无数试验表明，它不是一个恒值，它因作物种类、土壤肥力、气候条件和农艺措施的不同而变化，在很大程度上取决于肥料用量、用法和施用时期。其算式为：

$$\text{肥料利用率}(\%)=\frac{\text{施肥区作物吸收养分量}-\text{无肥区作物吸收养分量}}{\text{肥料施用量}\times\text{肥料中养分含量}}\times100\%$$

例1：某花圃草花区施用尿素10kg，含氮量46%，经分析一季花草植株吸氮总量结果为：施肥区花草植株总吸氮量为8.5kg，而未施肥区为5.4kg，问尿素的利用率是多少？

$$\text{尿素利用率}(\%)=\frac{8.5-5.4}{10\times46\%}\times100\%=67\%$$

(4) 肥料用量的换算　施肥量应按肥料所含营养成分进行换算，其换算方法如下。

① 已知确定养分的用量，换算成肥料用量。

$$\text{肥料施用量(kg)}=\frac{\text{确定养分量}}{\text{肥料含养分百分率}}$$

例 2：月季花苗床用 3kg/亩氮素作追肥，要施碳酸氢铵多少千克（碳酸氢铵含量按 17%计）？

$$碳酸氢铵用量(kg)=\frac{3}{17\%}=17.6kg$$

② 已确定肥料用量，求所含养分量。

肥料养分数量(kg)=肥料用量(kg)×肥料所含养分的百分率

例 3：金橘施 25kg/亩过磷酸钙作基肥，可折合多少五氧化二磷（过磷酸钙含 P_2O_5 以 14%计）？

$$P_2O_5(kg)=25kg\times14\%=3.5kg$$

③ 有机肥料与无机肥料的换算。一般可采用“产量差减法”或“养分差减法”进行换算。

a. 产量差减法。先进行试验，取得某一种有机肥料单位面积施用量能增产的作物产量，然后从目标产量中减去有机肥料能增产的产量，减去后的产量就是应施化肥才能得到的产量，即可计算出化肥施用量。

例 4：苗圃地施用 2000kg 厩肥，其施氮区产量比不施氮的空白区可增产 127kg，则 100kg 厩肥可增产树苗为：$\frac{127}{2000\div100}=6.35kg$

即 1 千克厩肥可增产树苗 0.0635kg。

有一地块稻谷目标产量为 375kg，计算用厩肥为 1000kg，其余用尿素补充，施用尿素植物每 100kg 产量吸收氮量为 2kg，问尚需施用尿素多少千克（尿素含氮 46%，利用率为 40%）？

1000kg 厩肥可增产稻谷：1000×0.0635=63.5kg

施用化肥应得到的产量为：375−63.5=311.5kg

应施尿素量为：$\frac{311.5\times0.02}{46\%\times40\%}=33.86kg$

b. 养分差减法。在掌握各种有机肥料利用率的情况下，先计算出有机肥料当季能提供的养分量，然后从作物需要养分总量中减去有机肥料可利用吸收的量，即为化肥施用量，其计算公式为：

$$化肥施用量=\frac{总需肥量-有机肥施用量\times养分含量\times有机肥当季利用率}{化肥养分含量\times化肥当季利用率}$$

例 5：总需氮量为 15kg，计划施用含氮量 0.5%的厩肥 2000kg，厩肥当季利用率为 20%，问应施尿素多少千克（尿素含氮 46%，利用率为 40%）？

$$应施尿素(kg)=\frac{15-2000\times0.5\%\times20\%}{46\%\times40\%}=70.65kg$$

(5) 施肥量的计算　有了以上数据，就可用肥料施用量公式来计算出各种肥料的施用量。

例 6：某农户承包种植 $5hm^2$ 苗圃，种植前测定出土壤中的 N、P、K 养分含量为：氮 $90kg/hm^2$，有效磷（P_2O_5）$37.5kg/hm^2$，有效钾（K_2O）$106kg/hm^2$，苗圃目标产量为 $8400kg/hm^2$，每公顷打算施厩肥 30000kg（含 N 0.125%，含 P_2O_5 0.05%，含 K_2O 0.1%），问需要施用多少尿素（含氮 46%，利用率为 60%）、过磷酸钙（含 $P_2O_5$20%，利用率为 20%）和氯化钾（含 K_2O 50%，利用率为 30%）？

从生长经验可知：形成 100kg 苗木经济产量约需 N 2.4kg，需 P_2O_5 1.25kg，需 K_2O 3.13kg。按 $8400kg/hm^2$ 目标产量计算，$5hm^2$ 水稻需 N、P_2O_5 和 K_2O 的数量为：

$$总需N量=8400\times2.4\%\times5=1008kg$$

总需 P_2O_5 量＝8400×1.25％×5＝525kg

总需 K_2O 量＝8400×3.13％×5＝1314.6kg

厩肥所能提供的养分量为：

厩肥含有效 N＝0.125％×30000×5＝187.5kg

厩肥含有效 P_2O_5＝0.05％×30000×5＝75kg

厩肥含有效 K_2O＝0.1％×30000×5＝150kg

根据土壤和厩肥能提供养分的数量，需补充养分的数量为：

补充 N 量＝1008－(90×5)－187.5＝370.5kg

补充 P_2O_5 量＝525－(37.5×5)－75＝262.5kg

补充 K_2O 量＝1314.6－(106×5)－150＝634.6kg

将上述三种养分的补充量转化为三种化肥的需用量，则为：

$$需用尿素(kg)=\frac{370.5}{46\%\times60\%}=1342.39kg$$

$$需用过磷酸钙(kg)=\frac{262.5}{20\%\times20\%}=6562.5kg$$

$$需用氯化钾(kg)=\frac{634.6}{50\%\times30\%}=4230.67kg$$

五、营养土、营养液的配制

1. 营养土的配制

各类园林植物适宜的营养土各种各样，不同生长期的同一种园林植物对营养土的要求也各不相同。

定植用营养土要比繁殖用或幼苗期用的营养土腐殖质成分偏低一些。

配置比例一般为 3～4 份园土、4～5 份提供营养和有机质的成分和 1～2 份沙、煤渣或蛭石等。有时可根据需要加入硫酸亚铁来调节酸碱度或加入一些消毒剂及排水通气的成分。

2. 营养液的配制

营养液是指将含有植物生长发育所必需的各种营养元素的化合物和少量的为使某些营养元素的有效性更为长久的辅助材料，按一定的数量和比例溶解于水中所配制而成的溶液。营养液中必须含有植物生长发育所必需的全部营养元素，在水培中，营养液是植物唯一的营养来源，现已明确的高等植物必需的 17 种营养元素中，除了碳、氢和氧外，其余的 14 种营养元素均由营养液来提供。营养液中的各种化合物都必须以植物可以吸收的形态存在，并且在植物生长发育过程中，能在营养液中较长时间地保持其有效性；各种营养元素的数量和比例应符合植物正常生长发育的要求，各种化合物组成的总盐分浓度及其酸碱度应适宜植物正常生长发育的要求。

营养液浓度是指在一定质量或一定体积的营养液中，所含有的营养元素或其化合物的量。其表示方法很多，有化合物质量/升（g/L 或 mg/L）表示法，即每升（L）营养液中含有某种化合物的质量；元素质量/升（g/L 或 mg/L）表示法，即每升营养液中含有某种营养元素的质量；摩尔/升（mol/L）表示法，即每升营养液含有某物质的摩尔数。此外，还有渗透压和电导率等间接表示法。

在一定体积的营养液中，各种必需营养元素盐类的数量的规定称为营养配方。目前营养液配方有几百例，可根据配制目的确定一种配方，并适当加以调整，微量元素用较为通用的配方。

生产上配制营养液时，为了方便，一般先配制成浓缩贮备液（母液），然后再稀释形成生产用营养液（栽培液）。配制母液时，应注意，有些营养元素的离子浓度达到一定值时就会互相作用形成难溶性的沉淀，所以不能将所有盐类都溶解在一起。一般分成 A、B、C 三种母液，并用不同颜色明确标识。A 母液以钙盐为中心，凡不与钙作用而产生沉淀的盐都可溶在一起。B 母液以磷酸盐为中心，凡不与磷酸根作用而产生沉淀的盐都可溶在一起。C 母液是由铁和微量元素合在一起配制而成的。母液的浓缩倍数以各种盐类在溶液中不致过饱和而析出为准。一般 A、B 母液浓缩 100 倍或 200 倍，C 母液浓缩 1000 倍。栽培液一般用母液来配制，在各种母液混合加入的过程中，同样要防止沉淀的产生。

【本章小结】

园林植物在生长发育的全过程中，除了从外界环境中吸收光、CO_2 和 H_2O 外，还必须从外界环境中吸收所需的营养物质，如硝酸铵、氨基酸、磷酸钠、核酸、硫酸钾等氮、磷、钾的无机盐及一些简单的有机物质，这样才能维持其正常的生长发育。这部分营养物质称之为园林植物营养。

植物吸收养分的主要器官是根和叶，所以常把植物营养分为根部营养和叶部营养两种方式。

从种子萌发到种子形成的不同生育阶段中，植物除了萌发期靠种子营养和生育末期根部停止吸收营养外，植物都要通过根系从介质中吸收养分。植物根系从介质中吸收养分的整个时期叫植物营养期。植物在不同阶段对营养元素的种类、数量和比例等都有不同的要求，这种特性就是植物营养的阶段性。

植物吸收营养的一般规律是：生长初期吸收的数量、强度都较低，随着时间的推移，其对营养物质的吸收量逐渐增加，到成熟期，又趋于减少。一般植物营养有两个关键时期，即植物营养临界期和植物营养最大效率期。

植物营养临界期是指某种养分缺乏、过多或比例不当，对于植物生长发育起着明显不良影响的那段时间。

植物营养最大效率期是指某种养分能够发挥最大效能的那段时间。这一段时间植物对某种养分的需求和吸收量都是最多的。

就广义来讲，凡是施入土壤或喷洒于植物地上部分，能够改善植物生长发育和营养条件的一切有机物和无机物质都称为肥料。肥料的种类很多，按肥料的成分和性质可分为以下几种。

有机肥料是指含有较多有机质的肥料，如各种粪尿肥，厩肥，堆沤肥和绿肥等，它们在农业生产上又叫农家肥料。有机肥属完全肥料。

化学肥料又称无机肥料，是指工厂制造或开采矿石经加工而成的各种商品肥料或是作为肥料用的工厂的副产品。如碳酸氢铵、硫酸铵、氯化铵、尿素；过磷酸钙、钙镁磷肥、磷矿粉；硫酸钾、氯化钾；各种微量元素肥料和复合肥料。

生物肥料如根瘤菌剂及各种生物制剂等，是依靠有益微生物的作用，提供或改善植物的生长和营养条件。

施肥技术是将肥料施入各种栽培基质或直接施于植物的一种手段。施肥技术包括施肥时间及其养分配比、施肥时期和施肥方式等。

施肥技术的核心和关键是提高肥效。肥效由形态肥效、浓度肥效、时期肥效和位置肥效四个因素组成。它们分别是指肥料中养分形态的有效性，如 NO_3^-—N 和 NH_4^+—N 等；肥料入土后养分在土壤中的浓度对肥效的影响，以及其与施肥量的关系。在植物吸肥的关键时期能否得到充足的营养和能否将肥料施用于不断伸展的根系吸收层，如表施、深施。

确定施肥量的原则为根据不同树种而异；根据对叶片的分析而定施肥量。

肥料利用率是指当季植物从所施肥料中吸收的养分占施入肥料养分总量的百分数。

施肥量=(植物吸收肥料元素量-土壤供给量)/肥料利用率

确定施肥时期的原则为：首先，要适时即应根据树种不同生长发育时期进行施肥；其次，要适树适用即施肥期与树种及其用途相关；此外，还要根据适宜的时间和天气进行施肥。

施肥方式包括基肥与种肥；沟施、浇灌和撒施；环状施肥法、放射状施肥法和穴状施肥法。

配方施肥也称测土配方施肥，是我国施肥技术的一项重大改革，是农业科技部门和科技人员综合运用现代农业科学理论和先进测试手段，根据作物的需肥规律、土壤的供肥性能与肥料效应，在施用农家肥为基础的条件下，提出氮、磷、钾和微量元素肥料的适宜用量和比例及其相应的施肥技术，为农业生产单位或农户提供科学施肥指导和服务的一种技术系统。

营养液是指将含有植物生长发育所必需的各种营养元素的化合物和少量的为使某些营养元素的有效性更为长久的辅助材料，按一定的数量和比例溶解于水中所配制而成的溶液。

此外本章介绍了氮、磷、钾等化学肥料的性质、特点与施用方法以及有机肥料的性质、特点与施用方法，复合肥料及生物肥料的特点及施用方法。

【思考题】

1. 什么叫做园林植物营养？园林植物对养分的吸收有何特点？
2. 什么叫做肥料？肥料对园林植物生长有何影响？
3. 化学肥料的种类有哪些？有何特点？
4. 生产上如何提高碳铵施用的肥效？
5. 硫酸铵施用于酸性土和碱性土会引起土壤怎样变化？
6. 施入土壤中的磷肥为什么当季利用率很低？在园林植物栽培中，如何提高磷肥利用率？
7. 钾肥合理施用的途径有哪些？
8. 简述施用微量元素肥料时应注意的问题。
9. 有机肥有哪些常见种类？有机肥与无机肥相比较有哪些特点？施用时应遵循哪些原则？
10. 简述有机肥料在改良土壤和植物生长过程的作用。
11. 简述有机肥产生肥力的基本原理。
12. 生物肥料有哪些特点？使用时要注意哪些事项？
13. 施肥的基本原理是什么？有哪些方式？如何正确运用？
14. 如何确定园林植物的最佳施肥量？
15. 什么叫配方施肥？生产上应如何正确运用？
16. 营养土、营养液应如何配制？

技能实训

实训一　城市典型植物群落调查

一、实训目标及要求

【安全目标】 每位学生必须遵守与学校的安全协议和道路交通法规，在景区、景点或调查地段的位置选择中，注意各个调查点的安全、合理设置，不影响街区、道路车辆行人通行和加强自我保护。

【技能目标】 通过调查城市绿地（人工绿化的绿色地域系统，包括各种公园绿地、街道绿地、居住绿地和机关单位绿地等），尤其要查清作为城市的"绿色卫士"——行道树的生存状态，对所调查城市植物群落（个人只分析其调查片区）作特征分析，判断调查区是否达到国家级或省级园林城市标准，根据现有植物群落的分布和管理状况，提出合理化建议。

二、实训原理

通过勘踏，初步了解所调查城市植物群落的外貌特征；然后确定样段、样方深入细致调查；分析整理，归纳调查城市的植物群落特征。

三、实训材料及用品

① 测量仪器：指南针、气压高度表和放大镜

② 调查测量设备：皮尺、钢卷尺、测绳和 2m 杆两根

③ 文具用品：彩笔、铅笔、橡皮、小刀、米尺、记录表、记录本、绘图本和资料袋

四、实训操作规程

（一）踏勘

在教师带领下，全班按照一定的线路行进，初步观察确定被调查城市植物群落分布的大体状况，选出能代表当地一般情况的调查地段或调查片区。对该地段或片区情况进行描述和记载，主要项目有：调查地段或片区所处该城市中心标志性建筑物的方位（包括经纬度）、海拔高度、地形地貌以及土壤状况等。记载的目的是供资料分析时参考。

（二）详查样地的设置

1. 取样数目

如果群落内部植物分布和结构都比较均一，则采用少数样地；如果群落结构复杂且变化较大、植物分布不规则，则应提高取样数目。

2. 取样技术

取样技术包括有样地取样技术（指有规定面积的取样，如样方法，也叫做最小面积调查法，样线法）、无样地取样技术（指不规定面积的取样，如点四分法）及行道树生长状况调查。

（1）样方法　在一块样地单位上选定样点，将指南针放在样点的中心，水平向正北 0°，

东北 45°，正东 90°引方向线，量取相应的长度。则四点可构成所需大小的样方。

① 样方的范围。选择具有代表性的小面积统计植物种类数目，并逐步向外围扩大。

② 记录方法。以面积大小为 x 轴，以种数为 y 轴，填入每次扩大面积后所调查的数值。并连成平滑曲线。曲线上由陡变缓之处相对应的面积就是群落的最小面积。

③ 植物群落调查所用的最适样方大小。乔木层惯用样方大小为(10×10)～(40×50)m^2，灌木层为（4×4）～(10×10)m^2，草本层为（1×1）～(3×3.3)m^2。

④ 样方数目。乔木：2 个；灌木：3 个；草本：5 个。

a. 样方内的乔木应记载每株树（胸径 4cm 以上）树高（目测）、胸径、冠幅、第一活枝高和生长状况等。

b. 记载每种植物的名称（不能确定名称的采集标本）、株数、平均高度、生长状况和分布状况等。

（2）样线法

① 样线的设置。主观选定一块代表地段，并在该地段的一侧设一条线（基线）。然后沿基线用随机或系统取样选出待测点（起点）。沿起点分别布线进行调查。

② 样线的长度和取样数目。草本：6 条 10m 样线；灌木：10 条 30m 样线；乔木：10 条 50m 样线。

③ 样线的记录。记录样线两侧 0.5m 范围内每种植物的个体数（N）。

（3）点四分法（中心点四分法，中点象限法） 在所要调查的林分中，用测绳或皮尺在群落中设置若干条平行线，在线上每隔 5m 或 10m 机械布点（或进行随机布点）。在每个点上用木杆作一垂线，划分为四个象限，在每个象限中找距点最近的一棵树，记载树种名称，测定点树距离、胸径、树高（目测）和冠幅，共计测定 20 个点，记录数据。

（4）城区行道树调查

行道树与城市和道路环境及人们生活息息相关。行道树有许多功能，如遮荫、调节温湿度、降低噪音、净化空气等。

① 行道树布局和生长状况。主要调查记录树木种群名称、树间距、树高（目测）、胸径和冠幅。

② 行道树生存状况。主要调查记录是否有刀伤、刻痕、铁丝、绳索捆绑或是否受油腻生活污水及酸碱性污水侵袭。

五、实训结果

分析群落生态调查的相关参数结果记录并进行结果计算

1. 盖度（cover degree，或 coverage）

盖度指的是植物地上部分垂直投影面积占样地面积的百分比，即投影盖度。盖度等级有 0～5%、5%～25%、25%～50%、50%～75%、75%～95%，95%～100%。

2. 频度（frequency）

频度即某个物种在调查范围内出现的频率。常按包含该种个体的样方数占全部样方数的百分比来计算，即：频度＝(某物种出现的样方数/样方总数)×100%，如 $f0$(0-10)，$f1$(11-20)……

3. 树胸径

胸径指树木的胸高直径，大约指距地面 1.3m 处的树干直径。乔木须测定此项指标，一般以 10cm 分级为宜，如 0～10cm，10～20cm……可用卷尺测量圆周值换算直径。

4. 覆盖率

某区域绿地覆盖率即为所有绿地面积（含草坪面积）占该区域总面积的百分率，进而可进一步推算某城市绿地覆盖率。

5. 城市植物群落的管理维护状况

尤其应对行道树生存状况进行分析，并提出方向性措施。

六、参考指标（国家级园林城市）

1. 城市绿化覆盖率和人均公共绿地面积

（1）城市绿化覆盖率　100 万人口以上、50 万～100 万人口、50 万以下人口城市，在秦岭淮河以北的分别应达到 31%、33%和 35%；在秦岭淮河以南的分别应达到 34%、36%和 38%。

（2）人均公共绿地　秦岭淮河以北城市分别应达到 $6m^2$、$6.5m^2$ 和 $7m^2$；秦岭淮河以南的分别应达到 $6.5m^2$、$7m^2$ 和 $8m^2$；城市中心区人均公共绿地应达到 $5m^2$ 以上。

2. 道路绿化

① 城市道路绿化应符合《城市道路绿化规划与设计规范》，道路绿化普及率、达标率分别在 95%和 80%以上，市区干道绿化带面积不少于道路总用地面积的 25%。

② 全市形成林荫路系统，道路绿化具有本地区特点。

3. 居住区绿化

① 新建居住小区绿化面积占总用地面积的 30%以上，辟有休息活动园地，旧居住区改造，绿化面积不少于总用地面积的 25%。

② 全市“园林小区”占 60%以上。

4. 单位绿化

① 市内各单位重视庭院绿化美化，全市“园林单位”占 60%以上。

② 城市主干道沿街单位 90%以上实施拆墙透绿。

七、实训报告

实训报告内容应包括题目、时间地点、技能目标、仪器用品、操作步骤、结果（附记录表）分析或小结。

实训二　光照强度、空气温湿度及土温的观测

一、实训目标及要求

【安全要求】 严格按照操作规程使用照度计，以免由于操作不规范而对照度计造成损坏；对温度表要小心拿放，防止打碎后割伤手指。

【技能要求】 了解照度计的构造和工作原理，学会使用照度计，掌握光照强度的测定方法；了解温度表的构造和原理，熟悉常用温度表的种类、用途及安装，掌握空气和土壤温度的观测方法；理解测定空气湿度的原理，并掌握查算湿度的方法。

二、实训仪器设备

照度计、干球温度表、湿球温度表、最高温度表、最低温度表、地面温度表、地面最低温度表、地面最高温度表、曲管地温表、记录本、铅笔、橡皮

三、实训仪器的构造及原理

1. 照度计的构造和工作原理

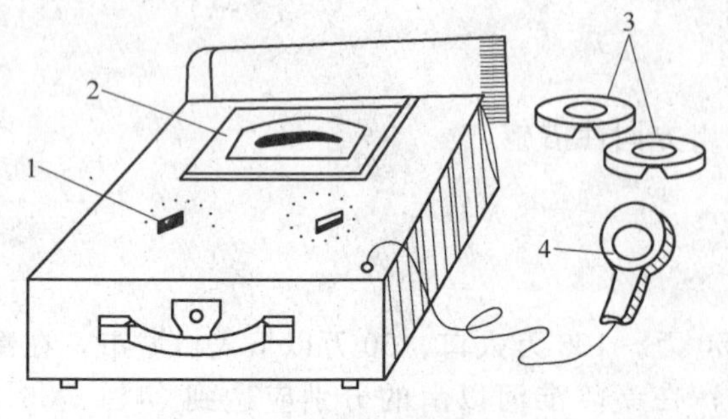

图实 2-1 照度计
1—量程开关；2—指示部分；3—滤光器；
4—感应部分（光电池）

照度计是测量光照强度的仪器，根据光电效应原理制成。照度计的构造主要由感应部分（包括光电池和滤光罩）、电流表（指针和刻度盘）和量程开关三部分组成（图实 2-1）。光电池由硒半导体或硅半导体元件制成，装在圆形有柄的胶木盒内。光电池用电线连接到电流表，光线照射在光电池的光感应面上可产生相应强度的电流，把电流换算成照度值，表示在电流表的刻度板上。这样，电流表上的指针示度就是光照强度的读数，即可以直接由电流表读出照度值，单位为勒克斯（lx）。

2. 温度表的构造原理

测定气温和土温用的温度表都是玻璃液体温度表，其构造主要分为四部分，即感应球部、毛细管、刻度磁板和外套管。温度表的感应部分是一个充满测温液体的球部，其外形有球状或柱状等。毛细管一端封闭，另一端与感应球部相连，球部和毛细管的一部分充满感应液（水银或酒精）。这种温度表就是利用感应液体随温度改变而引起体积膨胀的原理，由毛细管中液柱的位置变化来测定温度的。通过毛细管后面的刻度磁板可以读出温度的具体数值。常用的感温液（或测温液）有水银和酒精两种，其中主要是水银。因为水银的比热小，导热系数大，沸点高，内聚力大，用水银作为感温液可以使温度表有较高的测温精度。但由于水银的凝固点较高（－38.9℃），故不宜用来测量低温。而酒精的凝固点较低（－117.3℃），可以代替水银测低温。但酒精的膨胀系数不稳定，易挥发，与玻璃有浸润作用，误差较大，故不常采用。常用的温度表有以下几种。

（1）干、湿球温度表　干、湿球温度表即普通温度表，是由两支型号完全一样的温度表组成，其感应液为水银。干球温度表如图实 2-2 所示，用以测定空气温度；如果温度表的感应球部裹着湿润的纱布则称为湿球温度表（图实 2-3）。

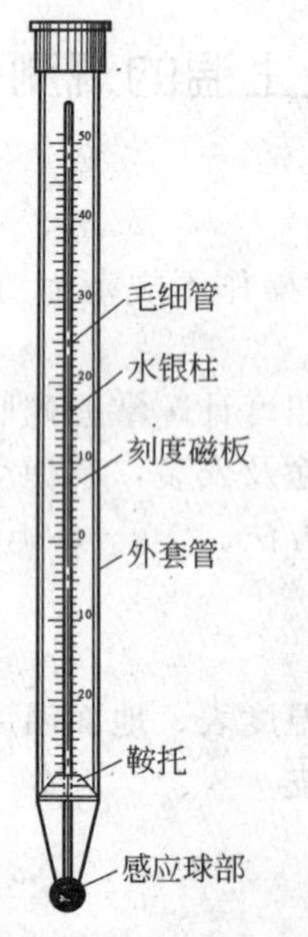

图实 2-2 干球温度表

图实 2-3 湿球温度表

（2）最高温度表　最高温度表是专门用来测定一定时段内的最高温度的温度表，感应液为水银。其构造与普通温度表基本相同，不同之处在于：在接近球部的毛细管里嵌有一根玻璃针，使这段毛细管变得更狭窄（图实 2-4）。当温度上升时，球部内的水银膨胀，压力增大，迫使水银挤过窄口沿毛细管上升；当温度下降时，球内水银收缩，但由于无足够的压力使已上升的水银挤过窄口回至球部，因而水银就在窄口处断开。这样，窄口以上的水银顶端就保持在过去曾感应到的最高温度示度处。

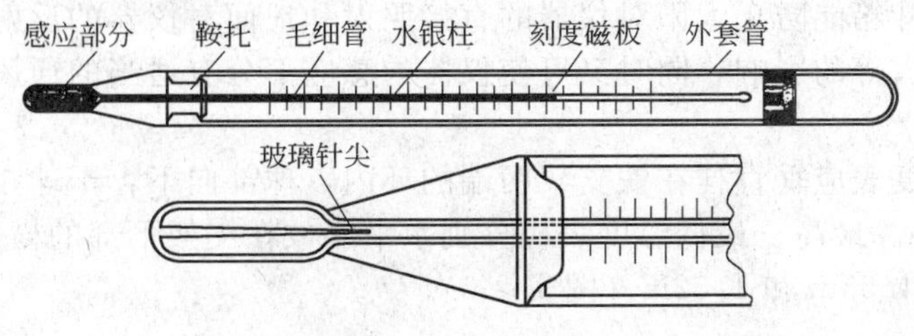

图实 2-4　最高温度表

为了防止毛细管内的水银受重力影响下滑，最高温度表应平放，球部稍低。

（3）最低温度表　最低温度表是专门用来测定一定时段内的最低温度的温度表，感应液为酒精。其构造特点是：在它的毛细管内有一哑铃形游标（图实 2-5）。当温度下降时，酒精柱收缩下降，借助酒精柱顶端表面张力的作用，带动游标一齐下降；当温度上升时，酒精可以绕过游标，从游标与毛细管壁间的缝隙上升，而不致带动游标。所以，游标远离球部一端的示度即为前一段时间内温度表曾感受到的最低温度。

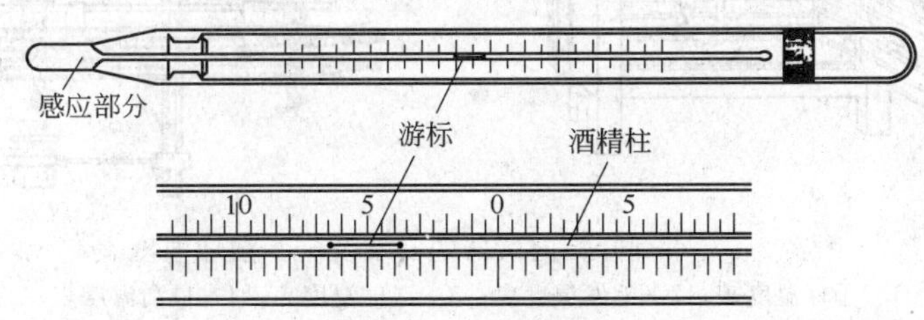

图实 2-5　最低温度表

为防止游标因重力下滑，在使用时也应将最低温度表平放，球部稍高。

（4）曲管地温表　曲管地温表一套共 4 支，分别用来测定深度为 5cm、10cm、15cm 和 20cm 浅层土壤的温度。曲管地温表的球部为圆柱形，球部与表身弯曲成 135°。4 支温度表的长度不同，安装后其读数部分裸露在地面以上。为了防止套管内空气的对流，套管内刻度板以下部分应用棉花充填。

四、实训操作规程

1. 照度计的使用和光照强度的测定

测量光照强度时先将光电池的插头插入电流表输入插口，然后将照度计的光感应面水平放在待测位置，打开电源和相应的量程开关。光电池附有相应的滤光器，当光照很强时，必须将滤光器放在光电池上。读数器中显示的数字与量程值的乘积即是光照强度值，单位是勒克斯（lx），即光照强度（lx）＝读数×量程。连续观测三次，并记录数据。某测定点的光照强度值为连续三次记录数据的平均值。观测完毕后，盖上遮光罩，关闭电源。在测定光照强度时，应注意以下几点。

① 照度计的感应部分必须保持水平，并使感应面保持清洁。

② 使用指针式照度计要防止电流过大损坏电流表，测量时，量程键的选择应从高量程

开始，若电流表指针偏转不显著，再顺次选择低量程开关。

③ 不要让光电池长时间暴露在光线（尤其是强光）下，测量时，一般在强光下暴露时间不超过 30s，弱光下不超过 60s，不测量时应盖上遮光罩，以防止光电池老化。

④ 照度计不使用时应把开关拨至“关”挡。

2. 温度表的安装和空气温度的观测

（1）百叶箱内气温表的安置　测定空气温度时，气温表必须安装在特制的小百叶箱内的温度表支架上。百叶箱能防止太阳对仪器的直接照射和地面对仪器的反射辐射，又能保护仪器免受强风、雨或雪等的影响，同时又可使仪器的感应部分有适当的通风，感应外界温度和湿度的变化。

其中干湿球温度表应垂直挂在铁支架两端的环内，球部向下，干球在东，湿球在西，球部中心离地面 1.5m。最高、最低温度表应分别水平安放在支架下部的横梁钩上，球部朝东，而且离地面分别为 1.53m 和 1.52m（图实 2-6）。

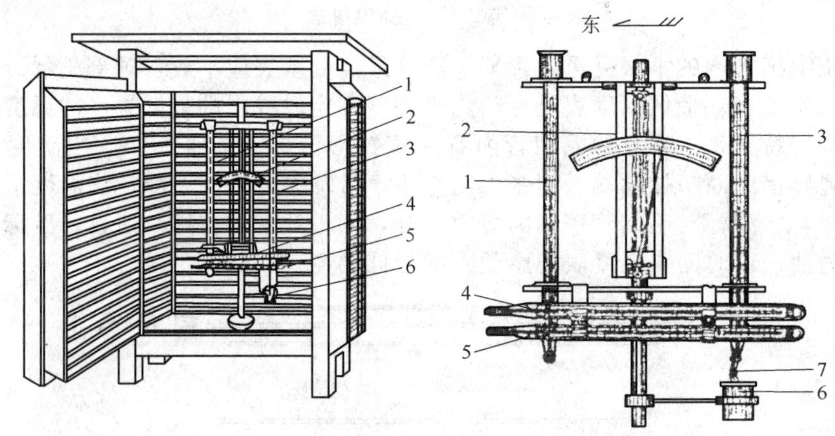

图实 2-6　小百叶箱内仪器的安装及干、湿球温度表

1—干球温度表；2—毛发湿度表；3—湿球温度表；4—最高温度表；5—最低温度表；6—水杯；7—纱布条

（2）气温的观测方法　轻轻打开百叶箱，按干球温度表、湿球温度表、最低温度表和最高温度表的顺序读数记录，复读后调整最高温度表和最低温度表。干湿球温度表每天观测 4 次，分别在北京时间 02:00、08:00、14:00、20:00 时进行观测。最高、最低温度表每天 20:00 观测 1 次。观测时要注意以下几点。

① 读数力求快而准，先读小数、后读整数，并复读。读数要精确到 0.1℃。

② 勿使头、手或灯（如夜间观测）靠近球部，不要对着温度表呼吸。

③ 避免视差，观测时必须保持视线和水银柱顶端或酒精凹液面底齐平。

④ 观测最低温度表时，眼睛应平直地对准游标远离感应球的一端，观测酒精柱顶时，对准凹液面底的位置。

⑤ 最高、最低温度表观测后应及时调整。

a. 最高温度表调整。手握住表身，感应部分向下，手臂向前伸出约 30°的角度，将表前后甩动，直到毛细管水银柱示数接近当时的干球温度。调整后把表放回原处时，应先放感应球部，后放表身，以免毛细管水银上滑。

b. 最低温度表调整。抬高温度表的感应球部分，表身倾斜使游标滑动到酒精柱的顶端。最低温度表也应水平安放，安放时应先放表身，后放感应球部，以免游标下滑。

3. 地温表的安装和土壤温度的观测

(1) 地温表的安装　地面温度表和曲管地温表应安装在观测场南侧、面积为 2×4m² 的裸地上，地表应疏松、平整、无杂草，且与整个观测场地面相平。

① 地面温度表的安装。3 支地面温度表并排平放在地段中央偏东的地面上，球部向东，由北向南依次为地面温度表、地面最低温度表、地面最高温度表，表身相距 5cm。球部和表身一半埋入土中，一半露在地面上边（图实 2-7），埋入土中部分的球部与土壤必须密贴，不可留有空隙；露出地面部分的球部和表身要保持干净。

② 曲管地温表的安装。曲管地温表安装在地面最低温度表的西边约 20cm 处。按 5cm、10cm、15cm 和 20cm 的顺序自东向西排列，各温度表之间相距 10cm。安装时球部向北，表身南倾与地面成 45°角。4 支曲管地温表沿东西方向排列整齐，表身红线应与地面相平，露出地面的表身应用叉形木架或竹架支牢（图实 2-8）。

图实 2-7　地面温度表安装示意图

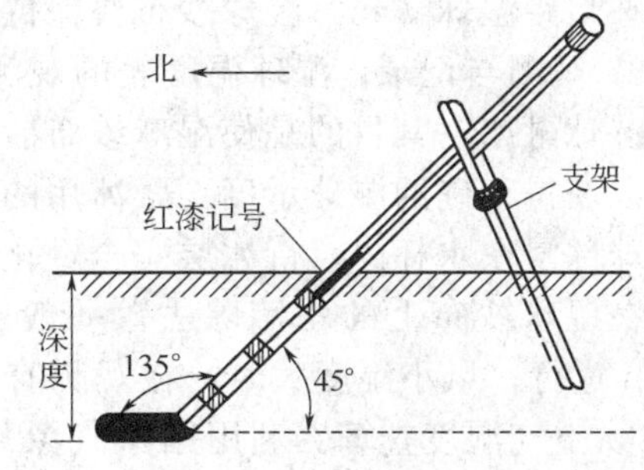

图实 2-8　曲管地温表安装示意图

安装时，在埋设地段的地面上划出安装位置，然后挖一条长约 40cm，宽约 20cm 东西向的小沟。沟的北壁为一垂直面，南壁与地面成 45°的斜坡。沟底由东向西逐渐加深并呈阶梯状，每个阶梯距地面的垂直深度分别为 5cm、10cm、15cm 和 20cm。沟底与沟坡的土层要压紧。然后，将各支温度表按顺序背靠南壁放入沟中，其感应球部朝北，并与沟底相贴，注意各表的深度、角度和距离均应符合安装要求，最后填土将沟填平。填土时，土层也须适度压紧，使表身与土壤间不留空隙。整个安装过程，动作应轻巧，以免损坏仪器。

为便于正确安装地温表和日后检查深度变化，在安装前用米尺和量角器量准地温表埋置的深度部位，并在表身的相应处做一红漆记号，安装后的土面应与记号平齐。另外，为了观测时不践踏土壤，应在曲管地温表北面 40cm 处沿东西方向设置一踏板。踏板长 100cm，宽约 30cm。

(2) 土壤温度的观测　观测时，要求踏在踏板上俯视读数，按照地面普通温度表、地面最低温度表、地面最高温度表、5cm、10cm、15cm 和 20cm 曲管地温表的顺序进行观测记录。复读后调整最高温度表和最低温度表。地温表每天观测 4 次。地温观测时应注意以下几点。

① 踏板读数，不可将地温表取离地面。

② 夏季高温，8 时观测后，将地面最低温度表收回，放在阴凉处或室内（出现雷雨天气时应及时放回原处），20 时观测前再放回原处。

③ 夏季估计可能降雹时，应提前用防护罩把地温表罩好，雹停后立即取下。

④ 地面温度表被雪覆盖，应于观测前 10min 将其取出置于雪面上，球部及表身一半埋入雪中。

⑤ 当地面温度低于－36℃时，将水银温度表收回室内，而只用最低温度表进行观测。

4. 空气湿度的测定

利用干湿球温度表测定温度，通过查算可测得空气湿度。

（1）空气湿度的测定原理　小百叶箱内的干湿球温度表处在同一环境中，当空气未饱和时，湿球纱布上的水分随时都在蒸发，蒸发过程中消耗的热量来自周围空气。所以，湿球温度低于干球温度（空气温度），它们的差值称作“干湿差”。空气湿度小，湿球纱布上的水分蒸发快，失热多，则干湿差大；反之，则干湿差小。因此，可以根据湿球温度和干湿差来确定空气湿度。

（2）空气湿度的测定方法

① 湿球的包扎。将湿球温度表从百叶箱中取出，先用清洁的水将球部洗净，然后把长约 10cm 的纱布在蒸馏水中浸湿，平贴无绉地包卷在水银球上，纱布的重叠部分不要超过球部周围的 1/4。包好后，用纱线把高出球部上面的纱布扎紧，再用纱线把球部下面的纱布紧靠着球部扎好，但不宜过紧，以免纱布吸水不良，最后减去多余的纱布，纱布下端浸入水杯内。杯口距湿球 3cm。湿球纱布要保持清洁、湿润，每周应换一次纱布。

② 观测与记录。湿球温度表的观测和记录与干球温度表相同。湿球结冰时，在观察前先对湿球融冰，其目的是使湿球纱布能有足够的水分（或冰衣），保持湿球表面有良好的蒸发，以获得正确的湿球示度。融冰用的水温不可过高，用相当于室温的水即可。融冰时，将湿球球部浸在水杯内，待冰层完全融化（用湿球温度的示度来判断），移开水杯，用杯口将聚集在湿球纱布上的水滴除去。一般在观测前 30min 左右进行融冰；风大时可在观测前 20min 进行；风小湿度大时，在观测前 50min 进行。

③ 空气湿度查算。利用国家气象局编制的《空气相对湿度查算表》来查算空气湿度。只要测得干球温度（t,℃）、湿球温度（t_W,℃）和大气压强（p，hPa），借助《空气相对湿度查算表》，从相应表中可查得空气的相对湿度（U）。大气压强由气压表测量，一般取 $p=1000$hPa。

五、实训结果

1. 光照强度的观测记录

选择多处测定点，用照度计观测不同光照环境下的光照强度，每个点连续观测三次，并记录数据，填入表实 2-1。

表实 2-1　光照强度的测定记录　　　单位：lx

测定时间：____年____月____日

测定次数	测定点 1	测定点 2	测定点 3
第 1 次			
第 2 次			
第 3 次			
平均值			

2. 空气温、湿度的观测记录

（1）温度表的器差订正　由于制造的材料、技术和测温液体（水银或酒精）日久分化等原因，温度表都存在不同程度的仪器误差，这种仪器误差简称器差。将每支温度表和标准温度表进行鉴定比较，得出温度表的误差订正值，并制成温度表的器差表，列在温度表的鉴定证上。

温度表的观测读数必须进行器差订正，消除温度表本身的误差后才能得到实际的温度值。订正公式为：实际值＝读数值＋器差（订正值）

（2）记录查算　记录所观测到的温度填入表实 2-2，并进行相应的订正和查算，求出一天中的平均温度和平均湿度，确定其最高温和最低温。

表实 2-2　空气温、湿度的观测记录

观测时间：____年____月____日

时间	温度值	干球温度表/℃	湿球温度表/℃	最高温度表/℃	最低温度表/℃	相对湿度/℃
2:00	观测值					
	订正值					
8:00	观测值					
	订正值					
14:00	观测值					
	订正值					
20:00	观测值					
	订正值					
	平均值或极值					

3. 土温的观测记录

观测地温表，记录观测值，并对观测温度进行器差订正，结果填入表实 2-3。

表实 2-3　土温的观测记录

观测时间：____年____月____日

时间	土 温	0cm 处温度/℃	地面最高温度	地面最低温度	5cm 处温度/℃	10cm 处温度/℃	15cm 处温度/℃	20cm 处温度/℃
2:00	观测值							
	订正值							
8:00	观测值							
	订正值							
14:00	观测值							
	订正值							
20:00	观测值							
	订正值							
	平均值或极值							

六、实训报告

1. 个人独立完成对光照强度、气温和土温的观测记录及空气湿度的查算，并填写表实 2-1、表实 2-2 和表实 2-3。要求记录清楚，数据齐全，订正、查算结果正确。

2. 画出一天中气温随时间的变化图和土温的垂直分布图，并进行分析。

实训三　收听（看）天气预报

一、实训目标及要求

【安全目标】 学生必须加强自我保护。在气象台（站）或实验室内，听（看）天气预报，要保持个人卫生，听取教师的指导，按要求正确使用仪器，并注意对仪器的维护。防止如触电、着火、中毒、灼伤和划伤等事故的发生。

【技能目标】 能理解天气预报用语，听（看）懂天气预报节目，根据预报时效，正确使用天气预报。在园林生产管理中，为充分利用有利的气象条件，克服与抗避灾害性天气，提供合理化意见。

二、实训原理

天气预报是根据气象观（探）测资料，应用天气学、动力学和统计学的原理和方法，对某区域或某地点未来一定时段的天气状况作出定性或定量的预测。准确地预报天气一直是大气科学研究的一个重要目标。天气预报的历史可以从最早的看云识天气和根据物像来推测天气开始，以后经历了单站预报，天气图预报，到目前的应用气象卫星、天气雷达等先进的探测资料和用计算机进行天气预报的阶段。伴随着科技的不断进步，天气预报得到了快速的发展。

三、实训材料及用品

广播、收音机、电视机、铅笔和橡皮

四、实训操作规程

1. 收听气象广播

天气预报广播通常是定时进行的，一般每天数次广播本地的短期天气预报，有时还进行灾害性天气（如霜冻等）和专业气象预报（森林火险预报等）。收听天气预报时，一定要注意预报时效，即这份天气预报在哪个时段有效，同时要注意某项天气现象将发生在哪个地域，必须掌握专用术语及其含意。

（1）时间用语　我国气象广播统一用北京时间（表实 3-1）。

表实 3-1　天气预报时间用语

时间用语	时间范围	时间用语	时间范围
白天	08:00～20:00	夜间	20:00～08:00
早晨	05:00～08:00	傍晚	18:00～20:00
上午	08:00～12:00	上半夜	20:00～24:00
中午	11:00～14:00	半夜	23:00～02:00
下午	12:00～18:00	下半夜	0:00～05:00

（2）天空状况用语　天空状况以云量（即把全部天空当做 10 份，有云部分占的份数为云量）的多少来区别。晴天指天空中无云或中低云量即小于 1 成，或高云量即小于 3 成；少云指天空中有 1～3 成中低云或 4～5 成高云；多云指天空中有 4～7 成中低云或 6～8 成高云或者天空有一半以上的云层；阴天指云层满天或占了绝大部分天空，看不见日、月和星。

（3）风的预报用语　风按风力等级预报。预报风力时可有一级间隔，如偏北风 3～4 级。

（4）降水预报用语　降水按降水等级预报。各种降水预报允许有 1 级间隔，如“中到大雨”。

（5）辅助用语　间：间或之意，如：“晴间多云”。转：天气由前者转变为后者。如：“多云转阴”。

（6）各类警报、报告和消息的含义

① 大风警报。24 小时内平均风力或阵风强度达到 7 级或 7 级以上时发布。

② 冷空气消息。当北方有较强冷空气生成并且南下，有可能影响本地时发布。

③ 寒潮警报。当北方强冷空气暴发南下，预计有寒潮发生时发布。

④ 降温报告。未来有较强冷空气南下，气温将有比较明显的下降时发布。

⑤ 低温报告。在冷空气比较强，最低气温预计将要降得比较低，如在春秋季将有霜出现，在冬季将有冰冻出现时发布。

⑥ 高温报告。估计将连续 3 天或 3 天以上出现最高气温在 35℃以上时发布。

⑦ 森林火险等级用语。按林业部门的需要，根据空气湿度、温度、风力及降水，结合植被状况等综合制定出森林火险等级。一般采用五级制火险等级（表实 3-2）。

表实 3-2 森林火险等级用语

火险等级	火险名称	燃烧特性	蔓延性	防火措施
1	低级燃烧	不易燃烧	可蔓延	用火较安全
2	低级燃烧	不易燃烧	可蔓延	用火较安全
3	中级燃烧	可以燃烧	易蔓延	用火应加强注意
4	高级燃烧	容易燃烧	最易蔓延	控制火源加强巡视
5	特级燃烧	很易燃烧	强烈蔓延	严格控制一切火源，昼夜加强巡视

2. 收看天气预报节目

中央电视台每天定时播放中央气象台录制的卫星云图演变情况和发布主要城市的短期天气预报。各地气象台也通过当地电视台发布本地区的短期天气预报。收看天气预报电视节目时，要了解常用天气符号及含意。同时简单识别卫星云图的特征，通过卫星云图分析本地区天气将产生的变化。

观看卫星云图时，白色表示反射率大的云，其余为晴空。在晴空区内，蓝色表示海洋，绿色表示陆地，另外，可以从云图特征识别来预报本地天气状况。当本地上空有云带出现时，地面多为阴雨天气；当本地处于密蔽云区时，地面多有强降水；当本地上空无云时，一般为晴好天气。利用卫星还能监视热带风暴的动向。

电视台播放天气预报时，往往用一些符号图形表示未来天气（图实 3-1）。

晴	多云	阴天	小雨或中雨	大雨	暴雨
冰雹	雷阵雨	雨夹雪	小雪	中雪	大雪
雾	霜冻	6 级风	7 级风	8～12 级风	台风

图实 3-1 电视天气预报常用天气符号图形

为了说明某些天气现象的分布特征，在播出的底图上会绘出若干等值线，如：等雨量线、等温线、等压线、大风区等，来表示这些天气现象的地域分布情况。

3. 正确认识和使用天气预报

（1）对不同种类的天气预报要区别对待　对未来 1～2d 的大范围的天气形势（如高压、低压和台风等）的演变趋势，一般能比较准确的预报出来。从总体上讲，长期预报准确率较低，宜作参考。短期天气预报和危险性天气警报的准确率较高，在接收到危险天气预报后，应果断采取应急措施，切不可抱侥幸心理。

（2）要做充分准备　由于受目前气象科学的发展水平和我国技术水平的限制，天气预报还达不到 100％的准确率。因此，要充分准备，以求有备无患。

五、实训报告

（1）报告内容　实训报告应包括题目、时间地点、仪器用品、操作步骤和结果（附记录表）分析或小结。

（2）根据收听的本地天气预报广播和收看的中央电视台天气预报节目，结合本地气象站的观测资料，做出未来 24 小时天气预报填入表实 3-3。

表实 3-3　______地区未来 24 小时天气预报

20　　年　　月　　日

白天：天　气：______

风　力：______

最高气温：______

夜间：天　气：______

风　力：______

最低气温：______

备注：

实训四　园林小气候的观测

一、实训目标及要求

【安全目标】 学生必须遵守道路交通法规，特别是在事故多发地段，一定要听从老师教导，加强自我保护。在园林景区、景点的选择及多项目观测中，应注意对仪器的维护，防止因折损玻璃仪器等而造成人身伤害，同时尽量不要毁坏绿地等场景设施。

【技能目标】 能准确选择测点及观测高度、深度和观测时间，及时利用常见的观测仪器进行小气候观测，学会园林小气候观测资料的整理和分析方法，发现小气候特征，为合理营造园林景观小气候效应提供科学依据。

二、实训原理

小气候是指近地层（0～2m）的光、温、湿和风的状况，以及土壤上层、表层的热状况和水分状况。目前小气候观测还没有统一的观测规范和手册，因而，观测种类多种多样，各单位可根据需要、任务和研究目的来确定观测项目、仪器设置、观察方法和资料整理方法等。

三、实训材料及用品

阿斯曼通风干湿表、轻便风向风速表、地面温度表、插入式地温表、照度计、测杆、特制纱布、铁锹、米尺、茶色镜

四、实训操作规程

1. 观测点的选定

小气候具有“范围小”、“差异大”、“很稳定”的特点，而园林小气候又受当地自然地理条件、植物和园林技术措施的影响。因此，在测点的选择上与常规气象观测有很大的差异。园林小气候观测选择测点时应该考虑以下原则。

（1）代表性　代表性指选定的测点在自然地理条件、植物种类配置、植物种长势以及园林技术措施等方面要能够代表园林或研究地段的一般情况。例如，在研究景园的小气候效应

时，应当选择在土壤性质、植物种类品种、种植密度以及各项园林技术措施等方面都能代表整个景园的一般情况的地段。

(2) 比较性　除测点间进行对比的因子有不同处理外，其它条件，如观测时间和观测高度等要保持一致。如在进行温室效应观测时，温室内外两对比点的仪器安置高度、观测时间、观测方法以及使用的仪器型号等要一致，这样所测得的资料才能说明温室内外的差异。

(3) 观测地段面积的大小　进行多个项目观测时，要将仪器布置在一定面积的地段上。面积过小，仪器间相互影响较大；而观测地段过大时，又可能造成观测时间上的差异，同时也给观测工作带来很大的不便。因此，在确定最小观测面积时，研究人员可遵循以下原则：当研究地段的活动面与周围地段的活动面差异大时，观测地段的最小面积要大些；反之，可适当小些。一般观测地段的最小面积为 10m×10m。

2. 观测项目、观测高度和观测深度（土壤条件）的确定

(1) 观测项目　园林小气候的观测项目要根据研究目的和任务来确定。例如，要研究防护林带的防风效应时，观测项目重点放在林带迎风面和背风面风速上；如研究防护林带的气象效应，还应对温度（包括空气温度和土壤温度）、湿度（空气湿度和土壤湿度）和风速进行对比观测。常见的观测项目有不同高度的空气温湿度、不同深度的土壤温湿度、风速风向、光照度、地面最高温度、地面最低温度以及观测时的日光状况等。另外，根据需要还可进行太阳直接辐射、天空反射辐射以及地面反射辐射的观测。

(2) 观测高度和深度　进行园林小气候观测时，各要素的观测高度和深度一般遵循以下原则。

① 空气温度和湿度。在园林小气候观测中，一般取 20cm、150cm、2/3 株高和植物层顶处 4 个高度进行空气温湿度的观测。20cm 代表植物株间贴地层小气候；150cm 处资料可与大气资料进行对比；2/3 株高是植物枝叶最茂密的地方，这里气象要素变化最剧烈，而且也是光合作用最强的层次。

② 风的观测。通常取 20cm、2/3 株高和植物层顶等 3 个高度进行风的观测。

③ 光照度的观测。通常取植物层顶（代表植株外自然光照）、2/3 株高和地面（反映植物下部的透光情况）3 个高度进行光照度的观测。

④ 土壤温度的观测。通常取 0cm、5cm、10cm、15cm 和 20cm 等深度进行观测。根据需要也可用插入式地温表加测更深层次的地温。

在实际工作还应当注意以下两点。①以上所列各观测高度和深度是指一般情况，观测中可以根据研究任务的具体要求进行调整。例如要研究气象要素在园林环境中的垂直分布时，可在此基础上增加观测高度和深度，以便准确反映出气象要素的变化规律。②需要进行全生育期观测时，由于植物在不断长高，仪器高度也要相应调整。一般植物每长高 20cm，仪器高度就要调整一次。

3. 观测时间的确定

观测时间对于资料的准确性和比较性有很大的影响。小气候观测时间的确定应遵循以下原则。

① 尽可能同大气候观测时间一致，同步观测，以便相互比较。

② 所选观测时间得到的日平均值要尽可能接近实际的日平均值。

③ 所选观测时间要能够反映出气象要素的日变化特征，包括振幅和位相。

④ 根据研究目的确定观测时间。如逆温、干热风和霜冻的观测。

4. 常用园林小气候的观测仪器

进行小气候观测，要求所用仪器本身不会扰乱测点附近的小气候环境，并有足够的精确度，同时，仪器体积小，便于携带和使用。

（1）观测温湿度的仪器　观测土壤温度一般用地面温度表、曲管地温表和插入式地温表。观测空气的温度和湿度的主要仪器是阿斯曼通风干湿表。

（2）观测风的仪器　小气候观测中，常用于风速和风向观测的仪器是轻便风向风速表（便携式风速表）和热球式微风仪。

（3）观测光照度的仪器　光照的测定常用照度计。

5. 园林小气候资料的记载

小气候观测资料的记载应包括测点情况和气象资料两部分，即进行平行观测。测点情况包括地理位置、海拔高度、地形、地貌、土壤、植被以及园林技术措施等。园林小气候观测项目记录表如表实 4-1 所示。

表实 4-1　园林小气候观测项目记录表

测点情况：

高度（深度） 项目	地面(0cm)	土壤				株间 (20cm)	2/3 株高	150cm	植物层顶
		5cm	10cm	15cm	20cm				
温度/℃									
风速/(m/s)									
光照度/lx									
相对湿度/%									
备注									

观测时间：20　年　月　日　时

五、实训结果

资料的整理和分析应在观测后立即进行。主要包括对各项观测记录进行器差订正和整编，以便及时核实记录的合理性。一般整编主要包括计算平均值、选取极值和计算极差等。

日平均值的求算方法因具体要素而异，例如日平均温度（T_m）的计算方法有以下几种。

1. 每天进行 4 次观测时，其计算公式为：

$$T_m=\frac{T_{02}+T_{08}+T_{14}+T_{20}}{4}$$

2. 每天进行 3 次观测时，其计算公式为：

$$T_m=\frac{2T_{08}+T_{14}+T_{20}}{4}$$

或
$$T_m=1/4\{1/2(T_{\text{前日}20}+T_{\text{当日最低}})+T_{08}+T_{14}+T_{20}\}$$

上述公式中，T 代表温度值；下标即观测时刻。

为了揭示气象要素随时间、高度的变化特点和规律，还应对各要素资料进一步分析。一般是以时间作为横轴，要素值作为纵轴来了解气象要素随时间的变化规律；以空间位置作为纵轴，要素值作为横轴来揭示气象要素的空间分布规律。并且对各测点资料进行对比分析，从而发现园林小气候特征。

六、实训报告

1. 报告内容

报告内容包括题目、时间地点、技能目标、仪器用品、操作步骤和结果（附记录表）分析或小结。

2. 设计一个园林小气候观测方案。

3. 结合教学实习，进行一次园林小气候综合观测，并分析气象要素的时空分布规律。

4. 进行园林小气候观测，并将结果记入表实 4-1。

实训五　土壤样品的采集与制备

一、实训目标及要求

【安全目标】 每位学生必须遵守道路交通法规，在调查地段的位置选择中，注意各个调查点的安全和合理设置。遵守实验室规则，防止土铲、剖面刀、钢卷尺对人身的伤害，仪器要轻拿轻放。

【技能目标】 了解耕层土壤混合样品采集应遵循的原则，即“随机”、“多点”和“均匀”；掌握采集与制备的方法，使分析测定结果具有代表性。

二、实训原理

土壤样品的采集与制备是对土壤进行化学诊断的一个重要环节。要以分析测定所用的少量土样反映一定范围内土壤的客观情况，必须使所采集与制备的样品具有代表性。

三、实训材料及用品

取土铲、剖面刀、铅笔、钢卷尺（1.5m）、塑料袋（能盛装 1～2kg 土样）、盛土盘（20cm×30cm）、标签、土壤筛（1mm 18 目、0.25mm 60 目等）、研钵、牛角勺、广口瓶（250mL、500mL）、木棒、镊子和晾土架等

四、实训操作规程

1. 土壤样品的采集

土壤样品的采集方法因分析目的的不同而有差异。如为了进行土壤物理性质测定而进行的采样，须采原状土样；为了研究盐分在剖面中的分布和变动而采集的土样，要自地表起每 10cm 或 20cm 采集一个样品；为了研究土壤基本的理化性状而进行的采样，应按土壤的剖面层次、自下而上地分层采集各层中部的典型样品；为研究土壤肥力状况或了解植物生长期内土壤养分的供求情况而进行的采样，一般采集耕层混合土样。

（1）确定采样单元　采样单元是指采集的一个土样所代表的实际地块。一般应根据分析土壤类型、测定目的、肥力状况、地形、前茬（或种植作物）以及耕作栽培习惯等因素而定。一个采样单元的面积以 1～3hm^2 为宜，最大不能超过 5hm^2。试验田以一个试验为一个采样单元，或一个试验区组为一个采样单元。保护地栽培以一栋温室或大棚为一个采样单元。

（2）样点布局　由于土壤的不均匀性，耕层土壤混合样品采集必须按照一定的采样布点路线和多点、均匀、随机的原则同时兼顾采样单元内土壤的全面情况，不要过于集中，更不能在田边、路边、沟边、肥料堆底和特殊地形部位等没有代表性的地点取样。布点形式以蛇形较好。只有在采样单元面积小、地形平坦、肥力比较均匀的情况下，才采用对角线或棋盘式采样（图实 5-1）。

（3）采样点数的确定　采样点数可根据面积、土壤肥力差异及分析测定目的而定。一般采集 5～20 点组成一个混合样品。在试验田，一个采样单元可取 5 点。露地栽培地块，按采样单元面积确定采样点数，面积小于 1hm^2，取 5～10 点；面积 1～2hm^2，取 10～15 点；面积大于 2hm^2，取 15～20 点。

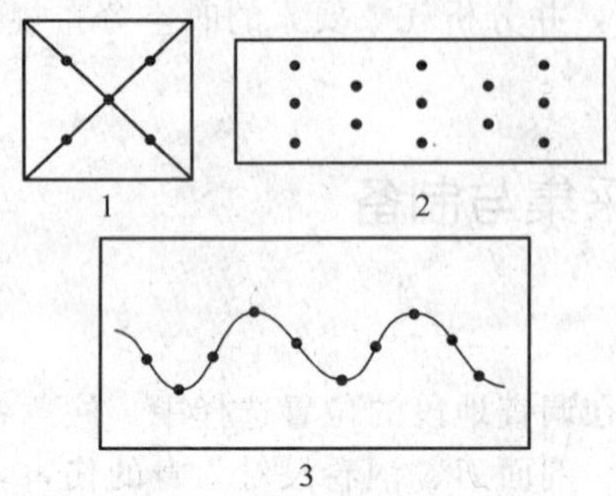

图实 5-1 样点田间布局
1—对角线布点法；2—棋盘式布点法；
3—蛇形布点法
（引自：吴国宜．植物生产与环境．
中国农业出版社，2001）

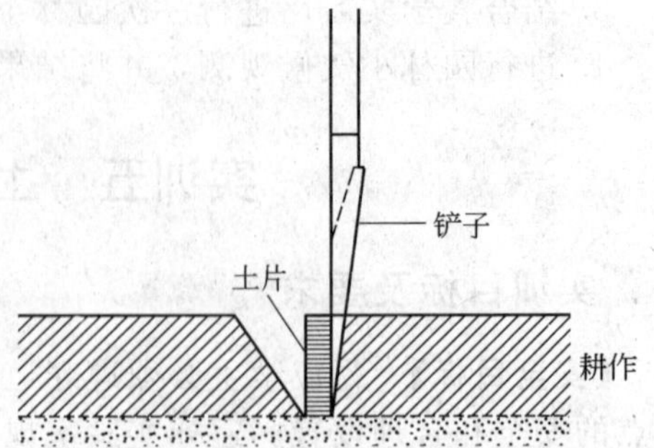

图实 5-2 小土铲采样图
（引自：吴国宜．植物生产与环境．
中国农业出版社，2001）

（4）采集的方法　可用小土铲取样，也可用土钻取样。用小土铲取样时，可在切割的土面上根据采土深度取上下一致的一薄片（图实 5-2）。用土钻取样时，土钻一定要垂直打入土内，用土钻取样工作量小，取土方便，每个取样点的取样深度、重量易于掌握；但螺旋钻不适合干硬及过砂的土壤。

（5）采样的深度　农田土壤样品一般采取耕作层 0～10cm 的土壤，个别耕层深的，最深可采到犁底层。对于根系分布较深的苹果、梨、核桃、银杏、柿树和板栗等果树和对分析目的有特殊要求者，可适当增加层次和深度，但一般不要超过 1m。

（6）土样处理　用四分法缩分土样。将采集好的各点样品集中起来，混合均匀。每个混合样品的重量一般以 1kg 左右为宜。土样重量过大时，可将全部土样放在盘子或塑料布上，用手捏碎后，用四分法将多余的土弃去，直至达到所需的数量为止（图实 5-3）。

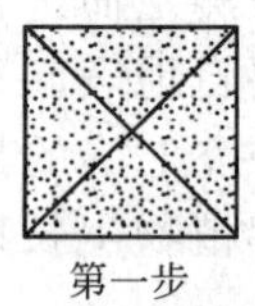

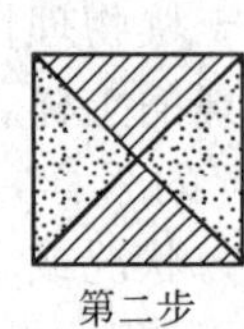

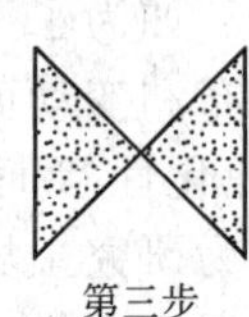

图实 5-3 四分法缩分土样

采好的土样可装入布袋或塑料袋中。装袋后，立即书写标签一式两份，一份装入口袋内，一份系在口袋外。标签上应用铅笔写明采样地点（县、乡、村、组、地块名称等）、采样深度、样品编号、采样时间、采样人、土壤名称等，并将这些内容登记于专用的记载本上，以备查看。除以上内容外，采样记录还应包括地形、地质、水文情况、作物种类及作物生长状况等。

2．土壤样品的制备

（1）样品制备的目的：①剔除土壤以外的侵入体（如植物残茬、石粒或砖块等）和新生体（如铁锰结核和石灰结核等），以除去非土样成分。②适当磨细，充分混匀，使分析时所称取的少量样品具有较高的代表性，以减少称样误差。③进行全量分析项目测定的样品需要磨得更细，以使分解样品的反应能够完全。④使样品可以长期保存，不致因微生物的活动而霉坏。

（2）样品制备步骤

① 风干剔杂。采回的土壤样品，应立即弄碎大土块，在盛土盘或塑料布上摊成均匀的薄层，放在阴凉、干燥、通风的室内阴干，阴干过程中要经常翻动，随手捏碎土块，剔除植物残体和混入的其它物体。严禁日光晒或烘烤，防止酸碱等气体及灰尘的污染。如果拣出的石块、结核物较多，应将其称重，并计算所占百分数。

② 磨细过筛。将风干后的土样倒入塑料板或钢玻璃底的木盘上，用木棍碾碎磨细，使

之全部通过 1mm（18 目）孔径的筛子。充分混匀后，用四分法分成两份，一份装入磨口瓶中，供质地、吸湿水、pH 值和速效养分等的测定用；另一份继续研磨直至全部通过 0.25mm（60 目）筛子为止，供测定有机质和全氮等之用。

应强调指出，不允许直接在磨细的 18 目样品中筛出一部分作为 0.25mm（60 目）或 0.15mm（100 目）的土样使用。

③ 土样保存。样品装瓶后，填写标签一式两份，写明土样编号、采样地点、土壤名称、采样日期、深度、采样人和筛号等。一份放入瓶内，一份贴在瓶外。土样贮存过程中应避免阳光、高温、潮湿或酸、碱气体的影响与污染。土样至少要保存 1 年。

五、实训结果

1. 采样前的处理

填写表实 5-1。

表实 5-1　采样前田块的调查

野外编号		室内编号			取土地点		
取土深度		代表面积					
群众对土壤命名					分类名称		
土壤质地		利用方式					
海拔高度或地貌		自然植被					
产量水平（三年的产量）	作物种类						
	第一年						
	第二年						
	第三年						
施肥量（三年的肥量）	肥料种类	有机肥	无机 N 肥	无机 P 肥	无机 K 肥	微肥	其它
	第一年						
	第二年						
	第三年						
排灌条件				侵蚀情况			
地下水（埋深/m）				水质			
群众对该地块肥力的评价							
群众对该地块要解决的问题（即需测定的农化项目）							

调查者　　年　　月　　日

2. 采样后的处理按图实 5-4 处理好标签。

六、参考指标

应以各地的土壤类型、测定目的、肥力状况、地形、前茬（或种植作物）以及耕作栽培习惯、栽培设施等作为参照。

七、实训报告

实训报告内容应包括题目、时间地点、技能目标、仪器用品、操作步骤、结果分析或小

野外采土及装入袋的标签	贴在土样瓶上的标签
农化样品标签 野外编号　取土深度 室内编号　采样人 采样地点　采样日期 地块名称	土样标签 室内编号 采样地点 筛孔 采样人 日期

图实 5-4　采样后标签的处理

结以及建议等。

实训六　土壤有机质含量的测定

一、实训目标及要求

【安全目标】 每位学生必须遵守实验室规则，防止消煮时间过长、加热温度过高对人身的伤害；掌握重铬酸钾-硫酸溶液的正确操作方法；掌握油浴用油的种类；整个实验过程中，不要用手触摸自己的面孔和嘴巴。

【技能目标】 理解土壤有机质测定的原理——高温外加热重铬酸钾氧化法；掌握测定操作技能及安全要求；掌握结果计算的方法。能准确地测定有机质。

二、实训原理

土壤有机质含量一般是通过测定土壤有机碳的量，再按照土壤有机质平均含碳量为58%来进行推算的，将测得的土壤有机碳量乘以1.724，便为土壤有机质含量。测定土壤有机质的方法很多，目前普遍应用的是重铬酸钾氧化法。重铬酸钾氧化法根据热量来源分为外加热法和稀释热法。生产实际中多用重铬酸钾氧化外加热法。

在170～180℃外加热条件下，用过量的、已知量的重铬酸钾硫酸溶液作氧化剂，氧化土壤有机质，有机质中的有机碳在一定温度下被重铬酸钾氧化成CO_2，反应式如下：

$$2K_2Cr_2O_7+3C+8H_2SO_4 = 2K_2SO_4+2Cr_2(SO_4)_3+3CO_2+8H_2O$$

剩余的重铬酸钾，用硫酸亚铁标准溶液滴定：

$$K_2Cr_2O_7+6FeSO_4+7H_2SO_4 = K_2SO_4+Cr_2(SO_4)_3+3Fe_2(SO_4)_3+7H_2O$$

用Fe^{2+}滴定剩余的$Cr_2O_7^{2-}$时，以邻啡罗啉（$C_{12}H_8N_2$）为指示剂，在滴定过程中，开始时溶液以Cr^{6+}的橙色为主，此时指示剂在氧化条件下，呈淡蓝色，被Cr^{6+}的橙色所掩盖，随着Cr^{6+}被还原为Cr^{3+}，Cr^{3+}的绿色逐渐呈现出来，使溶液逐渐变为绿色。至接近终点时变为灰绿色。当Fe^{2+}溶液过量半滴时，溶液突变为棕红色，即为终点。

$$\underset{\text{红色}}{[Fe(C_{12}H_8N_2)_3]^{2+}} \longrightarrow \underset{\text{淡蓝色}}{[(C_{12}H_8N_2)_3Fe]^{3+}} + e$$

三、实训材料及用品

1. 仪器用具

分析天平（感量为0.0001g）、天平（感量为0.1g），硬质试管（20mm×200mm）、铁丝笼、温度计（0～200℃）、三角瓶（250mL）、酸式滴定管（50mL）、滴定台、定时钟、量筒（25mL）、草纸、植物油或石蜡、1000W远红外消煮炉或油浴锅，电炉（1500W），移液管（10mL），小漏斗（3～4cm）等

2. 药品及试剂配制

(1) 配制0.4mol/L 1/6（$K_2Cr_2O_7$）-18mol/L 1/2（H_2SO_4）溶液　称取化学纯重铬酸钾39.23g，溶于600～800mL蒸馏水中，待完全溶解后加水稀释至1L，将溶液移入3L大烧杯中，另取比重1.84的化学纯浓H_2SO_4 1L，慢慢倒入重铬酸钾溶液中，不断搅拌。为避免溶液急骤升温，每加约100mL浓硫酸后稍停。并把烧杯放入冷水盆中，冷却至不烫手时再加另一份浓硫酸，直至全部加完为止。

(2) 硫酸亚铁溶液［$c(FeSO_4)=0.2mol/L$］的配制　56.0g硫酸亚铁（$FeSO_4 \cdot 7H_2O$，化学纯），溶于水，加15mL浓H_2SO_4，用水定容成1L，贮于棕色瓶中。此溶液易被空气氧化，使用时必须每天标定准确浓度。

(3) 邻啡罗啉指示剂的配制　将1.485g邻啡罗啉（$C_{12}H_8N_2 \cdot H_2O$）及0.695g硫酸亚铁（$FeSO_4 \cdot 7H_2O$）溶于100mL水，贮于棕色瓶中。

(4) 硫酸（H_2SO_4，$\rho=1.84g/cm^3$，化学纯）。

(5) 配制0.2000mol/L 1/6（$K_2Cr_2O_7$）标准溶液　称取经130℃烘干的分析纯重铬酸钾9.8062g，先加少量水溶解，然后移入1L容量瓶中，加蒸馏水定容。

(6) 硫酸银（$AgSO_4$，化学纯）研成粉末。

(7) 二氧化硅　化学纯，粉末状。

四、实训操作规程

1. 称量样品

准确称取通过0.25mm筛孔的风干土样0.1～0.5g（精确至0.0001g），放入干燥的硬质试管中，加粉末状硫酸银0.1g，用移液管准确加入0.8mol/L重铬酸钾标准溶液5.0mL，再用量筒加入浓硫酸5mL，小心摇匀。在试管口加一弯颈小漏斗，以冷凝蒸出的水汽。

2. 样品加热

(1) 油浴法　将8～10支试管插入铁丝笼中（每笼中有1～2个空白试管），放入温度为185～195℃的石蜡油浴锅中，要求放入后油浴锅中的温度下降至170～180℃，以后控制并维持此恒温，待试管内溶液表面沸腾开始计时，煮沸5min。取出铁丝笼，稍冷后用草纸擦净试管外部油液，放冷。

(2) 远红外消煮炉加热法　将试管放入远红外消解炉中，自试管内溶液表面开始沸腾计时，微沸5min，取下，冷却。

3. 消煮液的处理

经冷却后，将试管的消煮液转入250mL的三角瓶中，用水少量多次地清洗试管内壁及小漏斗，并将每次的清洗液无损地转入250mL三角瓶中，使溶液的总体积达60～80mL，酸度为2～3mol/L，加入邻啡罗啉指示剂3～5滴，摇匀。

4. 样品的滴定

用0.2000mol/L的硫酸亚铁标准溶液滴定，溶液由橙黄色经绿、蓝绿突变为棕红色即为终点。

5. 空白试验

在测定的同时做空白试验。空白测定除用石英砂或灼烧过的土代替土样外，其它步骤同样品测定。

五、实训结果

步　骤	每次重复测算值	
	Ⅰ	Ⅱ
(1)称量器皿/g		
(2)称量器＋风干土重/g		
(3)风干土重(2)－(1)/克		
(4)吸湿水含量/g		
(5)烘干土重＝风干土重－吸湿水含量＝(3)－(4)		
(6)加入标准 $K_2Cr_2O_7$-H_2SO_4 的量/mL		
(7)$FeSO_4$ 标准浓度(M)		
(8)$FeSO_4$ 滴定前滴定管读数/mL		
(9)$FeSO_4$ 滴定后滴定管读数/mL		
(10)$FeSO_4$ 消耗量(9)－(8)/mL		
(11)平均值/mL		
(12)$FeSO_4$ 滴定前滴定管读数/mL		
(13)$FeSO_4$ 滴定后滴定管读数/mL		
(14)$FeSO_4$ 消耗量(13)－(12)/mL		
(15)土壤有机碳含量/(g/kg)＝$\frac{[(11)-(14)]\times(7)\times0.03}{(5)}\times1000$		
(16)土壤有机碳含量/(g/kg)＝(15)×1.1×1.724		
(17)平均值/(g/kg)		

六、参考指标

(1) 土壤有机质的精确度　土壤有机质在 50～150g/kg 的可称样 0.1g，20～40g/kg 可称样 0.3g；少于 20g/kg 的可称样 0.5g。

(2) 消煮时间　消煮时间计时一般从试管内溶液表面开始沸腾计时，煮沸 5min。

(3) 消煮液颜色　消煮好的溶液颜色一般应是橙黄色或橙黄稍带绿色，如果以绿色为主，说明重铬酸钾用量不足。在滴定时消耗的硫酸亚铁量小于空白用量的 1/3 时，有氧化不完全的可能，应弃去重做。

七、实训报告

实训报告内容应包括题目、时间地点、技能目标、仪器用品、操作步骤、结果分析或小结和建议等。

实训七　土壤容重的测定及土壤孔隙度的计算

一、实训目标及要求

【安全目标】 每位学生必须安全操作，在取样地段的位置选择中，注意各个取样点的安全、合理设置。遵守实验室规则，防止恒温干燥箱、环刀对人身的伤害；田间土样要有代表性，重复次数要适宜，环刀压入土中时要平稳，用力要一致。

【技能目标】 掌握环刀法测定土壤容重的原理，掌握测定方法和利用容重计算土壤孔隙度的方法。

二、实训原理

利用已知容积的环刀，切割未搅动的自然状况的土壤，使土壤充满环刀内，称量后测定土壤含水量，根据含水量计算单位容积土壤的烘干土质量，即可以算土壤容重。测得土壤容重后，土壤密度取 2.65g/cm^3，可计算土壤孔隙度。

三、实训材料及用品

① 仪器用具：天平（1/100）、恒温干燥箱、环刀（容积为 100cm^3，图实 7-1），环刀托，小铁铲、削土刀、铝盒、木锤、草纸和滤纸等

② 药品及试剂配制：酒精

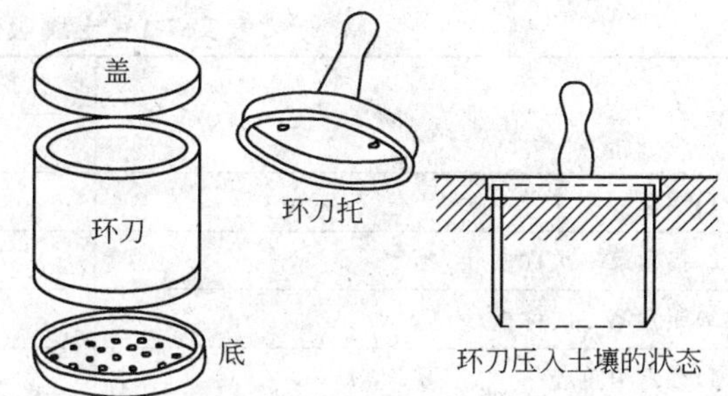

图实 7-1　环刀示意图

（引自：吴国宜. 植物生产与环境. 中国农业出版社，2001）

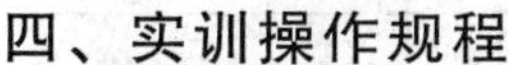

四、实训操作规程

1. 土壤容重测定

（1）称量环刀质量　在室内用草纸将环刀上的油泥擦干净，检查环刀与上、下盖及环刀托是否配套。记下环刀编号，确认环刀容积（V），称量环刀质量（G，精确至 0.1g）。

（2）称铝盒质量　将事先已洗净、烘干的铝盒称重（准确至 0.01g），编号。

（3）采取原状土样　在田间选择有代表性的地点，先用小铁铲铲平土表。将环刀托套在环刀无刃口的一端，环刀刃口向下，均衡地用力压环刀托把，将环刀垂直压入土中，切勿摇晃或倾斜，以免改变土壤的自然状态。当土壤较硬，不易插入时、可用木锤轻轻敲打环刀托把，待环刀全部插入土壤中，而且土面即将触及环刀托盖的顶部（可由环刀托盖上的小孔窥见）时，停止下压。用小铁铲把环刀周围的土壤挖去，取出环刀，使环刀两端均有多余的保持自然状态的土壤。将环刀翻转过来，刃口向上，用削土刀迅速刮去黏附在环刀外壁上的土壤，然后用削土刀在刃口一端从边缘向中部削平土面，使之恰与刃口齐平，刃口端盖上环刀底盖，再次翻转环刀，使刃口端向下，取下环刀托，削平无刃口端的土面，并盖好顶盖。

（4）称量土壤，测定含水量　将采取土样的环刀装入木箱带回室内，将环刀外壁彻底擦净，称量环刀及湿土质量（M）。

取环刀内土样 20g 左右，置于已知质量的铝盒中，称量其质量，放入（105±2）℃恒温干燥箱内，烘至恒重（约需 8h），称量质量，测定土壤含水量。

$$土壤含水量/\%=\frac{水分质量}{烘干土质量}\times100\%$$

$$=\frac{(铝盒质量+湿土质量)-(铝盒质量+烘干土质量)}{(铝盒质量+烘干土质量)-铝盒质量}\times100\%$$

$$土壤容量\ d(\mathrm{g/cm^3})=\frac{M-G}{V(1+W)}$$

式中　M——环刀及湿土合计质量，g；

G——环刀质量，g；

V——环刀容积，cm^3

W——土壤含水量。

2. 土壤孔隙度计算

$$土壤总孔隙度=\left(1-\frac{土壤容重}{土壤密度}\right)\times100\%$$

五、实训结果

将实验结果填入表实 7-1 和表实 7-2。

表实 7-1 土壤吸湿水的测定记录表

步骤	每次重复测算值		
	Ⅰ	Ⅱ	Ⅲ
(1)铝盒号			
(2)铝盒第一次称重/g			
(3)铝盒第二次称重/g			
(4)铝盒恒重/g			
(5)铝盒＋湿土重/g			
(6)铝盒＋烘干土第一次称重/g			
(7)铝盒＋烘干土第二次称重/g			
(8)铝盒＋烘干土恒重/g			
(9)水分重(5)－(8)/g			
(10)烘干土重(8)－(4)/g			
(11)湿土含水量(9)/(10)×1000			
(12)平均值/(g/kg)			
(13)水分系数$=\frac{(10)}{(5)-(4)}$			

测定者：　　　　　　　　　年　　月　　日

表实 7-2 土壤容重和孔隙度的测定结果

采样地点：＿＿＿＿＿　测定时间：＿＿＿＿＿

土壤名称	环刀体积/cm^3	环刀重/g	环刀＋湿土重/g	土壤含水量/%	土壤容重/(g/cm^3)	土壤总孔隙度/%

六、参考指标

当地的土壤质地、结构、有机质含量、土壤紧实度、耕作措施等因子。

七、实训报告

实训报告应包括题目、时间地点、技能目标、仪器用品、操作步骤、结果分析或小结和建议等。

实训八　土壤酸碱度的测定

一、实训目标及要求

【安全目标】 使用25型酸度计，应注意安全用电、保护电表，及时调节温度补偿旋钮和定位调节器，防止碰坏玻璃电极。认真称取溴甲酚绿、溴甲酚紫、甲基红、麝香草酚蓝、溴麝香草酚蓝、甲基红和酚酞等药品，并注意在教师指导下配制混合指示剂及蒸馏水煮沸，防止如爆炸、着火、中毒、灼伤和触电等事故的发生。

【技能目标】 学会用电位法（25型酸度计法）测定土壤酸碱度，并用简易比色法对土壤溶液的pH值进行快速测定。在园林生产上，为研究土壤肥力状况及其改良利用，提供合理化建议。

二、实训原理

1. 电位法原理

用无CO_2的蒸馏水提取出土壤中水溶性的氢离子，用H^+敏感电极（常用玻璃电极）作指示电极与饱和甘汞电极（参比电极）配对，插入待测液，构成一个测量电池。该电池的电动势E随溶液中H^+或OH^-浓度而变化，二者的关系符合化斯特方程。

$$Eh=E^{\circ}+\frac{0.059}{n}\lg\frac{(\text{氧化态})}{(\text{还原态})}-0.059\text{pH}$$

上式的意义为：每当$[H^+]$改变十倍，电动势就改变59mV（25℃），$[H^+]$上升，电动势也上升。若将$[H^+]$改用pH（即lg$[H^+]$）表示，则每上长一个pH单位，电动势下降59mV（25℃）；每上升0.1个pH单位则电动势下降5.9mV（25℃）。

酸度计即根据上述原理设计的，可以直接从仪器上读出pH值。由于上列方程与温度有关，测量时注意调节温度补偿旋钮。

2. 简易比色法原理

利用某些有机色素随着溶液中氢离子浓度不同而呈现不同颜色的性能，即可对土壤溶液的pH值进行快速测定。

三、实训材料用品

1. 实训器材

粗天平（感量0.1g）、玻棒、50mL烧杯、洗瓶、25型酸度计（附玻璃电极和甘汞电极）、排气蒸馏水、比色盘、标准比色卡和骨匙等。

2. 标准缓冲液配制

(1) pH4.01缓冲溶液的配制　称取105℃烘干的苯二甲酸氢钾（$KHC_3H_4O_4$）10.21g，用馏水定容至1L，即为pH4.01，浓度0.05mol/L的苯二钾酸氢钾溶液。

(2) pH6.87缓冲溶液的配制　称取在45℃烘干的磷酸二氢钾（KH_2PO_4）3.39g和无水磷酸氢二钠（Na_2HPO_4）3.53g（或用带12个含晶水的磷酸氢二钾，再经130℃烘干成无水磷酸氢二钠备用）溶解在蒸馏水中，定容至1L。

(3) pH9.18标准缓冲液的配制　称3.80g硼砂（$Na_2B_4O_7\cdot 10H_2O$，分析纯）溶于无CO_2的蒸馏水中，定容至1000mL。此溶液的值容易变化，应注意保存。

3. 实训药品

(1) 混合指示剂一　称取溴甲酚绿0.2g、溴甲酚紫0.1g和甲基红0.2g放入乳钵中加入0.1mol/L的氢氧化钠（0.1mol NaOH即称4g NaOH溶于1000mL水中）1～2mL及蒸馏水2mL，研磨均匀，用水稀释至1L，然后用0.1mol/L NaOH或0.1mol/L HCl调节溶液呈灰蓝绿色（pH约7左右）。

（2）混合指示剂二　称取麝香草酚蓝0.025g、溴麝香草酚蓝0.4g、甲基红0.066g和酚酞0.25g共溶于500mL 95%的酒精中，加等量蒸馏水，用0.1mol/L NaOH滴至草绿色。

（3）中性蒸馏水（pH7）　若偏酸应煮沸以排除CO_2，若偏碱则不能用。

四、实训操作规程

1. 电位法测定步骤

称取通过1mm筛子的风干土样15g于50mL干燥烧杯中，以1∶1比例加入无CO_2蒸馏水15mL，间歇地搅拌或振动30min，放置平衡半小时后用pH计测定之。

本次实验用25型酸度计测定，用法如下。

① 接通电源，预热25min。

② 将玻璃电极和甘汞电极插入已知pH值的标准缓冲液中，（酸性土壤用pH4.01，中性土壤用pH6.87。石灰性用pH9.18的缓冲液），轻轻摇动，使之均匀。

③ 将温度补偿器调节至与杯内缓冲液同一温度。

④ 将选择开关钮至pH处，将范围开关钮在0～7位置，或7～14位置（根据土壤酸碱度小于或大于7而定），读电表的相应刻度。

⑤ 旋转零点调节器，使电表指针在pH7处。

⑥ 按下读数按钮，并稍微转动，使其固定在按下的位置。旋转定位调节器，使电表读数恰为所用标准缓冲液的pH值。

⑦ 放开读数按钮，电表指针应恢复在7处，否则应重复⑤、⑥和⑦三步骤，直至指针分别与缓冲液pH值及⑦符合为止。此后在测定过程中，应把定位调节器固定起来不再变动。

⑧ 取出电极，用蒸馏水分充分冲洗后，再用滤纸轻轻吸去水分，然后把电极插入泥浆或溶液中，轻轻摇动烧杯使泥浆和电极密切相接。这时务须加倍注意，稍疏忽即会将玻璃电极碰坏。

⑨ 未知液温度应与缓冲液相同，如不同，则将温度补偿器改指在未知液的温度处。

⑩ 让电极和泥浆或溶液中接触2、3min后，按下读数钮（注意未按下前指针在7处，否则用零点调节器调至7处），这时除电表所指读数即系未知溶液的pH范围以外，还应转换范围开关的位置（例如从7～14，或从0～7处转）再进行测定。

⑪ 将稳定的pH计读数按钮放开，立即用蒸馏水充分冲洗电极，以免污染。pH计不用时可把电源关闭，把玻璃电极浸在蒸馏水中，把甘汞电极用橡皮套套好，如发现甘汞电极内无KCl结晶时，应从侧口投入若干KCl结晶体，以保持电极内KCl溶液的饱和状态，如需搬动pH计则应将pH计的范围开关钮至0处，以保护电表。

2. 简易比色法的测定方法

取混合指示剂5滴，放入清洁干净的比色盘孔中，加入待测土粒约黄豆大，用手轻轻摇动比色盘，使土粒与指示剂充分接触，静置1～2min后，倾斜比色盘，将盘孔边缘试剂所显颜色与比色卡进行对比，记下相当的pH值，如无比色卡片，可根据表实8-1颜色判断pH值。

表实8-1　土壤酸碱度与试剂显色对照表

pH值		3	4	5	6	7	8	9
显色	试剂一	黄	黄绿	浅绿	油绿	灰蓝色	蓝	蓝紫
	试剂二		红	橙	黄	草绿	蓝绿	蓝

五、实训结果

详细记录土壤酸碱度的测定过程及结果（表实 8-2），并分析说明。

表实 8-2　土壤酸碱度测定结果记录表

土样名称	土:水	pH 值	备　注

六、参考指标

土壤酸碱度是土壤的重要化学性质之一，它直接影响到土壤胶体的带电性和解离度、对土壤养分的存在状态、转化和有效性，对土壤中的生物化学过程（包括酶活性、微生物与植物生长）都有巨大的影响。同时土壤的酸度还反映了母质风化和土壤形成过程的特征。因此，测定土壤的酸碱度是研究土壤发生发展及其肥力状况的重要项目之一，在农业生产上有重要的应用价值。

土壤酸碱通常是以土壤溶液中的氢离子活度的负对数，即 pH 值表示（$pH=-\lg[H^+]$）的。不同的土壤，其 pH 值差异很大，按照 pH 值的高低，将土壤划分为不同的反应等级，各级可能的游离成分参考表实 8-3。

表实 8-3　土壤不同的反应等级的游离成分

土壤反应分级	强酸性	酸　性	微酸性	中　性	碱　性	强酸性
土壤 pH 值	<4	4～5.5	5.5～6.5	6.5～7.5	7.5～8.5	>8.5
土壤中可能存在的成分	游离硫酸，大量活性铁铝	交换性铝	交换性氢，有机酸	盐基饱和，以交换性钙为主	盐基饱和，有碳酸钙，可能有石膏，芒硝和其它易溶性与交换性 Na^+	盐基饱和，有游离碳酸钠，交换性 Na^+ 含量高

土壤酸碱度的测定方法有电位和比色法两种，电位法的精度高，比色法快速简便。

七、实训报告

实训报告内容应包括题目、时间地点、技能目标、仪器用品、操作步骤、结果（附记录表）分析或小结。

实训九　土壤含水量的测定

一、实训目标及要求

【安全目标】 遵守实训规章制度，不喧哗打闹，严格遵守操作规程，掌握干燥箱的正确使用方法，注意用电安全，防止爆炸等对人身造成的伤害。

【技能目标】 掌握酒精燃烧法和烘干法测定土壤含水量的原理和方法，掌握土壤含水量的测定方法；注意测量数据的精确度。

二、实训原理

测定土壤含水量的方法很多，常用的有烘干法和酒精燃烧法。前者是目前国际上测定土壤水分含量的标准方法，它具有测定结果准确，适合大批样品测定的优点，但需要时间较长；后者的测定比较迅速，但精确度稍差，适合田间速测。

1. 烘干法

烘干法是在105±2℃温度下，使水分从土壤中蒸发，将土壤样品烘至恒重。在此温度条件下，可使土壤吸湿水从土壤中蒸发，而不破坏结构水。通过烘干前后质量之差可计算出土壤水分含量的百分数。

2. 酒精燃烧法

酒精燃烧法是利用酒精在样品中燃烧放出的热量使土壤水分迅速蒸发干燥。当酒精燃烧，火焰距土面2～3cm时，样品温度约为70～80℃；在火焰熄灭前几秒钟，火焰下降时，土温迅速上升到180～200℃；然后温度很快下降至85～90℃，再缓慢冷却。由于高温阶段时间短，所以样品中有机质及盐类的损失很少。

三、实训材料及用品

烘箱、天平（感量为0.01g）、分析天平（感量0.01g和0.001g）、铝盒、干燥器、称样皿、量筒（10mL）、火柴、小刀、石棉网（100cm^2）、胶头滴管、铁锹、玻璃棒和95%酒精等

四、实训操作规程

1. 烘干法

① 取有盖铝盒洗净，编号，放在烘箱中烘干，用坩埚钳取出放入干燥器中冷却至室温，然后在分析天平上称重（W_1），注意底、盖编号配套，以防混淆。

② 称取风干土5g左右，均匀平铺在铝盒中，称重（W_2）。

③ 将铝盒盖子打开，一并放入恒温干燥箱中，在105±2℃温度下烘6～8h左右。

④ 用坩埚钳将铝盒及盒盖取出，并将铝盒盖盖在铝盒上，立即放入干燥器中，冷却20～30min，使冷却到室温，称重。再烘2h，冷却，称至恒重（W_3）。（前后两次称重之差不大于3mg）

⑤ 计算结果。

$$土壤含水量=\frac{风干土重-烘干土重}{烘干土重}\times100\%$$

$$土壤含水量=\frac{W_2-W_3}{W_3-W_1}\times100\%$$

风干土重换算成烘干土重：

$$烘干土重=\frac{风干土重}{1+土壤含水量}$$

2. 酒精燃烧法

① 将已干燥的铝盒称重（W_1）。

② 称取土样5g左右（精确到0.01g），放入已知重量的铝盒中称重（W_2，精确至0.01g）。

③ 向铝盒中滴加酒精，直到浸没全部土面为止，并在桌面上将铝盒敲击几次，使土样均匀分布于铝盒中。

④ 将铝盒放在石棉网上，点燃酒精，在火焰快要熄灭时，用小刀或玻璃棒轻轻翻动土样，以助其燃烧。待火焰熄灭、样品冷却后，再滴加2mL酒精，进行第二次燃烧，再冷却，

称重。一般情况下，要经过3～4次燃烧后土样才可达到恒重（W_3）。

⑤ 计算结果（同烘干法）。

五、实训结果

1. 风干土中吸湿水的测定（烘干法，表实9-1）

表实9-1 风干土中吸湿水的测定记录表

步　　骤	Ⅰ	Ⅱ	Ⅲ
(1)铝盒第一次称重/g			
(2)铝盒第二次称重/g			
(3)铝盒恒重/g			
(4)铝盒＋风干土重/g			
(5)铝盒＋烘干土第一次称重/g			
(6)铝盒＋烘干土第二次称重/g			
(7)铝盒＋烘干土恒重/g			
(8)水分重(4)－(7)			
(9)烘干土重(7)－(3)			
(10)风干土含水量$\frac{(8)}{(9)}\times1000$			
(11)平均值/(g/kg)			

测定者：　　　　　　　　　　　　　　　　年　　月　　日

2. 田间新鲜土含水量的测定

田间新鲜土含水量的测定可用烘干法或酒精燃烧法，烘干法表格如上，酒精燃烧法表格如（表实9-2）。

表实9-2 土壤水分酒精燃烧法测定记录表

步　　骤	Ⅰ	Ⅱ	Ⅲ
(1)铝盒重/g			
(2)铝盒＋湿土重/g			
(3)铝盒＋干土重/g			
(4)水分重(2)－(3)/g			
(5)干土重(3)－(1)/g			
(6)田间鲜土含水量$\frac{(4)}{(5)}\times1000$			
(7)平均值/(g/kg)			

测定者：　　　　　　　　　　　　　　　　年　　月　　日

六、参考指标

1. 当地的降水资料。
2. 参考当地农业生产实际进行分析。

七、实训报告

实训报告内容应包括题目、时间地点、技能目标、仪器用品、操作步骤、结果分析或小结和建议等。

八、思考题

1. 土壤吸湿水含量为4.5%，若称取风干土质量为1.0084g，求其烘干土质量。
2. 含有机质较多的土样是否可选择酒精燃烧法测定含水量？

实训十　土壤剖面的野外观察

一、实训目标及要求

【安全目标】 每位学生必须严格遵守实训纪律，同时要注意以下两点：①不同实习工具和试剂的使用和安全。②不损害农田作物。

【技能目标】 通过调查土壤外部形态来了解土壤的内在性质，初步确定土壤类型，判断土壤肥力高低。并在土壤基本形态观察的基础上，掌握土壤剖面坑的设置、挖掘和观察记载的一般技术。为制定合理的利用改良土壤措施提供初步意见。

二、实训原理

观察土壤剖面能了解土壤内在的物质转化，是研究土壤的形成、识别和评价土壤的重要方法之一。自然土壤剖面层次按发生层次划分，典型剖面划分为枯枝落叶层（O）、腐殖质层（Ah）、淀积层（B）、木质层（C）和母岩层（R）等。耕作土壤剖面大体上划分为耕作层（A）、犁底层（P）、心土层（B）、底土层（C）或母岩层（D）。

土壤的各种发生层在外观上可反映出其颜色、结构、紧实度、新生体、有机质的扩散或聚集、根孔及土居动物穴的痕迹、土壤残积黏化或黏粒淋溶淀积黏化现象等差别。其差别大多可被肉眼辨别，有的需借助仪器及试剂来鉴别。

三、实训材料及用品

① 仪器用具：铁锹、土铲、锄头、剖面刀、放大镜、铅笔、钢卷尺、小刀、橡皮擦、白瓷比色板和土壤剖面记载表

② 试剂：10%盐酸、酸碱混合指示剂和赤血盐

四、实训操作规程

（一）选择土壤剖面点

① 要有比较稳定的土壤发育条件，即具备有利于该土壤主要特征发育的环境，通常要求小地形平坦和稳定，在一定范围内，土壤剖面具有代表性。

② 避免在路旁、住宅四周、沟渠边、粪坑附近等受人为扰动很大而没有代表性的地方挖掘剖面。

（二）土壤剖面的挖掘

一般是在野外选择典型地段挖掘土壤剖面，自然土壤剖面大小要求长2m、宽1m、深2m（或达到地下水层），土层薄的土壤要求挖到基岩，一般耕种土壤要求长1.5m、宽0.8m、深1米。

挖掘剖面时应注意下列几点。

① 剖面的观察面要垂直向阳，其上方禁止堆土和踩踏。

② 挖掘的表土和底土应分别堆在土坑的两侧，不允许混乱，以便看完土壤后分层填回，

不致打乱土层影响肥力，特别是农田更要注意。

③ 在垄作田，要使剖面垂直垄作方向，使剖面能同时看到垄背和垄沟部位表层的变化。

④ 在作物生长季节，要尽量保护作物。春耕季节在稻田挖填土坑一定要把土坑下层土踏实，以免拖拉机下陷和折断牛脚。

（三）土壤剖面发生学层次的划分。

土壤剖面由不同的发生学土层组成，称土体构型，土体构型的排列及其厚度是鉴别土壤类型的重要依据，划分土层时首先用剖面刀挑出自然结构面，然后根据土壤颜色、湿度、质地、结构、松紧度、新生体、侵入体和植物根系等形态特征划分层次，并用皮尺量出每个土层的厚度，分别记载各层的形态特征。根据发育程度，一般土壤类型可分为 A、B 和 C 3 个基本发生学层次，有时还可见母岩层（D）。当剖面挖好以后，首先根据形态特征，分出 A、B、C 层，然后在各层中分别进一步细分和描述。

土层细分时，要根据土层的过渡情况确定和命名过渡层。

① 根据土层过渡的明显程度，可将其分为明显过渡和逐渐过渡。

② 过渡层的命名，A 层和 B 层的逐渐过渡层可根据主次划分为 AB 或 BA 层。

③ 土层颜色不匀，呈舌状过渡，看不出主次，可用 AB 表示。

④ 土层表示法中应反映淀积物质，如腐殖质淀积 Bh，粘粒淀积 Bt 和铁质淀积 Bir 等。

（四）土壤剖面描述

按照土壤剖面记载表的要求进行描述

1. 记载土壤剖面所在位置、地形部位、母质、植被或作物栽培情况、土地利用情况、地下水深度和土壤剖面图，而轮作施肥情况可向当地农民了解。

2. 划分土壤剖面层次，记载厚度，按土层分别描述各种形态特征，土层线的形状及过渡特征。

3. 进行野外速测，将测定结果填入剖面记入表实 10-1。观察项目一般有以下几方面。

（1）土壤颜色　土壤颜色有黑、白、红和黄四种基本色，但实际出现的却往往是复色。观察时先确定主色，后确定次色，次色记在前面，主色记在后。例如某土壤的颜色为红棕色，即主色为棕色，次色为红色。确定土壤颜色时，旱地以干土状态为准，水田土色观察时以土壤所处状态为准。

（2）土壤质地　野外测定土壤质地，一般用手测法，其中有干测法和湿测法两种，可相互补充，一般以湿测法为主。

（3）土壤结构　观察土壤结构的方法是用挖土工具把土挖出，让其自然落地散碎或用手轻捏，使土块分散，然后观察被分散开的个体形态的大小、硬度、内外颜色及有无胶膜、锈纹和锈斑等，最后确定结构类型。

（4）松紧度　野外鉴定土壤松紧的方法是根据小刀插入土体的深浅和阻力大小来判断。

① 松。小刀随意插入，深度大于 10cm。

② 散。稍加力，小刀可插入土体 7～10cm。

③ 紧。用较大的力，小刀才插入土体 4～7cm。

④ 紧实。用力大，小刀才能插入土体 2～4cm。

⑤ 坚实。用很大力，小刀才能插入土体 1～2cm。

（5）土壤干湿度　按各土层的自然含水状态分级，其标准如下。

① 干。土壤呈干土块，手试无凉感，嘴吹时有尘土扬起。

② 润。手试有凉感，嘴吹时无尘土扬起。

③ 湿润。手试有潮湿感，可捏成土团，但自然落地即散开，放在纸上能使纸变湿。

④ 潮湿。放在手上使手湿润，能捏成土团，但无水流出。

(6) 新生体　新生体不是母质所固有的，是在土壤形成过程中常见的物质，如铁子、铁锰结核和石灰结核等等，它们反映土壤形成过程中物质的转化情况。

(7) 侵入体　侵入体原不是母质固有的，也不是土壤形成过程的产物，是外界进入土壤中的物体，如瓦片，砖渣和碳屑等。它们的存在与土壤形成过程无关。

(8) 根系　根系指标反映作物根系分布情况，其分级标准有以下几种。

① 多量。每平方厘米有10条根以上。

② 中量。每平方厘米有5～10条根。

③ 少量。每平方厘米有2条根左右。

(9) 石灰质反应　用10%稀盐酸直接滴在土壤上，观察气泡产生情况，估计其石灰含量。

① 无石灰质。无气泡，无声音，估计含量为0。

② 少石灰质。徐徐产生小气泡，可听到响声，估计含量为1%以下。

③ 中量石灰质。明显产生大气泡，但很快消失，估计含量为1%～5%。

④ 多石灰质。发生剧烈沸腾现象，产生大气泡，响声大，历时较久，估计含量为5%以上。

(10) 亚铁反应　亚铁反应可用赤血盐直接滴加测定。

(11) 土壤酸碱度　土壤酸碱度可用土壤酸碱度的测定中的混合指示剂法。

4. 最后根据土壤剖面形态特征及野外速测结果，初步确定土壤类型名称，鉴定土壤肥力，提出利用改良意见。

五、实训报告

实训报告内容应包括题目、时间地点、技能目标、仪器用品、操作步骤和结果（附记录表）分析填好剖面记录表（表实10-1）或做好小结。

表实10-1　土壤剖面性态描述记录表

剖面号：________剖面地点：____________________土壤名称：____________
天气：__________观察员：__________日期：______________

<table>
<tr><td rowspan="2">土壤剖面环境条件</td><td>地形</td><td>成土母质</td><td>海拔高度/m</td><td>自然植被</td><td>农业利用方式</td><td>当季作物</td><td>灌排条件</td><td>耕作制度</td><td>病虫情况</td><td colspan="2">其　它</td></tr>
<tr><td></td><td></td><td></td><td></td><td></td><td></td><td></td><td></td><td></td><td></td><td></td></tr>
<tr><td rowspan="2">土壤剖面性状</td><td>层次</td><td>厚度/cm</td><td>颜色</td><td>质地</td><td>土壤结构</td><td>pH</td><td>松紧度</td><td>干湿度</td><td>新生体</td><td>侵入体</td><td>植物根系</td></tr>
<tr><td></td><td></td><td></td><td></td><td></td><td></td><td></td><td></td><td></td><td></td><td></td></tr>
<tr><td rowspan="2">土壤生产性能</td><td>宜种作物</td><td>长势长相</td><td>产量水平</td><td>施肥水平</td><td>化肥</td><td>有机肥</td><td>保水性</td><td>保肥性</td><td>当地经济水平</td><td colspan="2">生产管理经验</td></tr>
<tr><td></td><td></td><td></td><td></td><td></td><td></td><td></td><td></td><td></td><td colspan="2"></td></tr>
<tr><td>土壤剖面的综合评价</td><td colspan="11"></td></tr>
</table>

实训十一　土壤有机质和氮磷钾的速测

一、实训目标及要求

【安全目标】 遵守实训规章制度，不喧哗打闹，严格遵守操作规程，本项目主要注意酸碱性试剂使用的安全，不影响他人操作。

【技能目标】 在土壤有机质、氮、磷、钾速测分析中，熟悉试管、滴管、白瓷比色板的使用，每次使用滴灌的倾斜角度一致。通过土壤的速测，以加深对作物营养的认识和掌握快速测定的基本操作技能。

二、实训原理

采用简易化学分析对土壤养分进行速测。土壤营养速测是判断土壤养分丰缺的一种快速诊断方法。其目的在于查清土壤营养状况，为合理施肥和采取相应的技术措施提供参考。其特点是快速、简便、有一定的适用价值。这种方法是将常规分析方法简化，可以称之为点滴目视比色法。具体方法是：依次用浸提剂快速浸提、震荡或搅拌、澄清、取清液若干滴于比色板或小试管（指形管），再加入化学试剂，经目视比色，经过计算获取结果。

本法可在田间直接测定或把土壤带回室内进行测定。在土壤养分速测分析前，首先要测定土壤的水分系数，以便换算取土量。

三、实训材料及用品

1. 实训器材

速测箱：土壤化学诊断器具、试剂和比色卡一套。

2. 试剂配制

（1）1%EDTA-1mol/L NaOH 浸提剂　称取 10g EDTA 钠盐和 40gNaOH 溶解于蒸馏水后定容至 1000mL。

（2）0.5mol/L 硫酸钠浸提剂　称取三级纯结晶硫酸钠（$Na_2SO_4 \cdot H_2O$）16g，加水溶解后定容至 100mL。

（3）钠氏试剂　称取 10g 三级纯碘化钾（KI）溶解于 20mL 蒸馏水中，另称 7g 氯化汞（$HgCl_2$）溶解于 40mL 蒸馏水中，然后将氯化汞液慢慢倒入碘化钾溶液中，不断搅拌至红色沉淀不再消失为止。再加入 20%NaOH 溶液 140mL 并不断搅动，然后再加入数滴氯化汞液至出现红色沉淀为止，静置 12h 以上，将上部清液导入棕色橡皮塞瓶中备用（用水无铵离子）。

（4）5%EDTA 溶液　称取 5.0g EDTA 和 2.0gNaOH 共溶于蒸馏水后定容至 100mL。

（5）1%二苯胺-硫酸溶液　称取 1g 二苯胺溶于二级纯浓硫酸（相对密度 1.84）中，再加浓硫酸至 100mL，溶液应为无色透明，装入棕色瓶中备用，塞紧防潮。

（6）2%钼酸铵-3.8mol/L 盐酸　称取 2g 二级纯钼酸铵 [$(NH_4)_6Mo_7O_{24} \cdot 4H_2O$] 溶于 30mL 蒸馏水（温水）中，冷却后慢慢加入 32mL 三级纯浓盐酸（相对密度 1.19），边加边搅拌，定容至 100mL，贮于棕色瓶中。

（7）0.1%氯化亚锡-甘油液　称取 0.1g 氯化亚锡结晶粒（$SnCl_2 \cdot 2H_2O$），用少许（2mL）浓盐酸溶解后，加入 100mL 甘油（丙三醇）充分搅拌均匀，贮于棕色瓶中，塞紧存放于阴凉处，以免氧化和吸水。

（8）0.5mol/L 碳酸氢钠液　称取 42g 碳酸氢钠（$NaHCO_3$）溶解后，定容至 1000mL，调节 pH 至 8.5，此液不宜久放，以防酸度改变。

(9) 1∶3盐酸　取浓盐酸(相对密度1.19)1份加蒸馏水3份，混匀备用。

(10) 无磷活性炭　选择无磷活性炭，否则应用碳酸氢钠液进行脱磷处理。

(11) 3%四苯硼钠液　称取0.3g四苯硼钠(分析纯)溶于10mL蒸馏水中，调节pH至8～9，如浑浊则用慢速滤纸过滤。

(12) 37%甲醛液　取用市售甲醛，含量为37%～38%，不能用产生聚合物失效的甲醛。

四、实训操作规程

1. 土壤有机质含量的测定

(1) 原理　用乙二胺四乙酸二钠(EDTA)和氢氧化钠的混合液浸提土壤，土壤腐殖质在碱液中的颜色呈黄褐色，其颜色的深浅与含量成正相关。

(2) 方法　称取相当于1g干土的湿土于试管中，加入5mL 1%EDTA-1mol/L NaOH浸提剂，加塞振荡3～5min，放置10～15min后，取上层澄清液8滴于比色板中，与有机质标准比色卡比色，记下有机质含量(%)。

2. 土壤铵态氮的测定

(1) 原理　用硫酸钠浸提出土壤中的铵态氮，与钠氏试剂作用，形成黄色化合物。其颜色深浅与铵态氮含量成正相关。

(2) 方法

① 浸提。称取相当于2g干土的自然湿土，放入小烧杯中，加入10mL 0.5mol/L Na_2SO_4浸提剂(应扣除土壤中的水分量)，用玻棒搅拌3～5min，干过滤，滤液即为待测液(用于测定NH_4-N、NO_3-N和速效钾)。

② 测定土壤NH_4-N。取4滴待测液于比色板中，加入1滴5%EDTA溶液、5滴钠氏试剂，用玻棒搅匀，3～5min内与NH_4-N标准比色卡比色，将读数乘以5(水/土浸提比，下同)，即为土壤NH_4-N含量(mg/kg)。

3. 土壤NO_3-N的测定

(1) 原理　浸提液中的NO_3-N在酸性条件下与二苯胺作用，生成蓝色化合物，其深浅与NO_3-N含量成正相关。

(2) 方法　取上述待测液1滴于比色板中，加入二苯胺-硫酸溶液5滴，搅拌5min后，立即与NO_3-N标准比色卡比色，读数乘以5，即为NO_3-N含量(mg/kg)。

4. 土壤速效钾的测定

(1) 原理　浸提液中的钾与四苯硼钠作用，生成白色沉淀，钾含量越高，出现浑浊所需要的四苯硼钠溶液越少。

(2) 方法　取待测液1mL(约20滴)于指形小试管中，加入3滴37%甲醛和3滴5%EDTA摇匀，1～2min后，一滴一滴地加入2%四苯硼钠溶液，不断摇匀至刚出现浑浊为止，根据所用四苯硼钠溶液的滴数查表(表实11-1)，将查得数字乘以5，即为土壤速效钾的含量(mg/kg)。若加入1滴四苯硼钠就变大量浑浊，可用硫酸钠浸提剂稀释待测液后，再加入四苯硼钠液试剂进行测定，并将整个稀释倍数乘上读数。

表实11-1　土壤速效钾查对标准

四苯钠滴数	浑浊情况	速效K/(mg/kg)	四苯钠滴数	浑浊情况	速效K/(mg/kg)
1	大量浑浊	＞12.5	3	微量浑浊	5.0
1	微量浑浊	10.0	4	微量浑浊	2.0
2	微量浑浊	7.5	5	微量浑浊	1.0

5. 土壤速效磷的测定

(1) 原理　用浸提剂将土壤中的磷浸提出来，先与钼酸铵作用生成磷钼酸，再加入氯化亚锡，使磷钼酸还原成蓝色化合物磷钼蓝，其颜色的深浅与速效磷含量呈正相关。

(2) 酸性土的测法：称取相当于 2g 干土的自然湿土于小烧杯中，加入 10mL 蒸馏水(扣除土中的水分)，再加入 6 滴 2%钼酸铵-3.8mol 盐酸，用玻棒搅拌 3～5min 后过滤。取滤液 5 滴于比色板中，加入上述钼酸铵盐酸液 1 滴，搅匀后加入氯化亚锡甘油液 1 滴，再搅匀，3～5min 后与速效磷标准比色卡比色，将读数乘以 5 即得土壤有效磷含量 (mg/kg)。

五、实训结果

记录土壤速测的相关数据，经计算将结果记录于表实 11-2。

表实 11-2　土壤营养速测诊断结果

项目 样品	有机质 /%	NH_4-N /(mg/kg)	NO_3-N /(mg/kg)	速效 P /(mg/kg)	速效 K /(mg/kg)

六、参考指标

通过以上土壤有机质和氮磷钾养分速测分析，将所得的结果对照等级指标，判断土壤养分的丰缺。结合植株形态诊断，判断土壤养分供应情况。各地可针对园林植物与土壤供肥的相关性确定符合当地实际的土壤养分等级指标。我国南方土壤有机质和三要素速测分析参考等级指标见表实 11-3。

表实 11-3　土壤营养速测诊断等级参考指标

项目 等级	有机质 /%	NH_4-N /(mg/kg)	NO_3-N /(mg/kg)	速效 P /(mg/kg)	速效 K /(mg/kg)
上等	>2	>15	>20	>6	>100
中等	1～2	5～15	10～20	4～6	50～100
下等	<1	<5	<10	<4	<50

七、实训报告

实训报告内容应包括题目、时间地点、技能目标、仪器用品、操作步骤、结果（附记录表）分析或小结。

实训十二　园林（园艺）植物缺素症的观察与诊断

一、实训目标及要求

【安全目标】 严格遵守操作规程，遵守实训规章制度，不喧哗打闹，合理安排观测点，不要攀爬树体，在校外及观察行道树时要注意避让车辆和行人，注意交通安全。

【技能目标】 通过观察和记录，加深对植物必需营养元素生理作用和缺素症状的认识，熟悉常见园林植物的缺素症状，掌握不同缺素症状的识别方法，以便作好诊断工作，为合理施肥提供必要的参考依据。

二、实训原理

植物的正常生长发育，除需要适宜的光照、水分、空气和温度等条件外，还必须满足其所需的营养元素。若某种营养元素不足或过多，都会导致植物生长发育不良，使植株外形出现特殊病症。根据营养元素的作用和外部症状可初步判断出植物缺素的类型。利用植株外形特征诊断营养元素的丰缺状况，是土壤与植物营养诊断中一种简便易行的方法。

三、实训材料及用品

① 仪器用具：多媒体设备和幻灯机

② 材料用具：缺素症录像光盘、缺素症彩色图谱、缺素症幻灯片和各种缺素症鲜样本。

四、实训操作规程

1. 观察缺素症的方法

观看缺素症录像光盘、缺素症彩色图谱、缺素症幻灯片和各种缺素症鲜样本，对缺素症状进行观察、比较和分析，初步认识各种缺素症状。

要认真观察植株形态特征，应注意由于缺乏某种营养元素所引起的根、茎、叶等营养器官或花、果实等生殖器官显现出的特殊病症，仔细区分缺乏大量营养元素与缺乏微量元素的外部特征，以及症状最先发生的部位、时期等现象。具体方法有以下几种。

① 对比正常植株，首先观察症状出现的部位，症状主要发生在下部老叶，或在新叶或顶芽。

② 观察叶片颜色。叶片是否失绿变褐变黄，叶色是否均一，叶肉和叶脉的颜色是否一致，叶上有无斑点或条纹，斑点或条纹是什么颜色。

③ 观察叶片形态。叶片是否完整，是否卷曲或皱缩，叶尖、叶缘或整个叶片是否焦枯。

④ 症状发展过程。症状最先出现在叶尖、叶基部、叶缘或是主叶脉两侧，症状以后又怎样发展。

⑤ 观察顶尖是否扭曲、焦枯或死亡。

2. 观察花卉缺素症状的具体表现

（1）缺氮　花卉在氮素不足时，生长受阻，生长量大幅度下降，起初颜色变浅，然后叶片发黄脱落，一般不出现坏死现象。缺绿症状总是从老叶上开始，再向新叶上发展。缺氮时分枝生长受到抑制。在缺氮时，由于组织中积累的糖分促进花青素的合成，因此茎叶和叶柄常变成紫红色。

（2）缺磷　磷在植物体内的移动能力很强，能从老叶迅速转移到幼芽和分生组织，因此缺磷症状首先表现在老叶上。花卉缺磷时叶片呈暗绿色，由于缺磷时可溶性糖积累导致花青素的形成，茎和叶脉会变成紫色。严重缺磷时，植物各部位还会出现坏死区。缺磷也会抑制花卉的生长，但不如缺氮时严重，但对根的生长抑制甚于缺氮。

（3）缺钾　钾在植物体内具有高度的移动性，植物缺钾时首先表现在老叶上。缺钾时叶片出现斑驳的缺绿区，然后沿着叶缘和叶尖产生坏死区，叶片卷曲，最后发黑枯焦；茎秆生长量减弱，抗病性降低。

（4）缺钙　由于钙在植物体内的移动性很差，因此植物缺钙的症状首先表现在新叶上，缺钙的典型症状是幼嫩叶片的叶尖和叶缘坏死，然后是芽的坏死，根尖也会停止生长、变色和死亡。

（5）缺镁　缺镁的典型症状为叶脉间缺绿，有时出现红、橙等鲜艳的色泽，严重时出现小面积坏死。由于镁在植物体内容易流动，缺镁症状通常发生在老叶上。在大量使用钾肥时也容易发生缺镁症。

（6）缺硫　缺硫的症状与缺氮的症状相似，如叶片的均匀缺绿和变黄、花青素的形成和积累以及生长的受抑制等。但缺硫通常是从幼叶开始的，并且程度较轻。

（7）缺铁　缺铁的典型症状是失绿。铁在植物体内不能移动，故缺铁首先表现在幼叶上。缺铁的失绿特征是叶脉间变黄而叶脉仍能保持绿色，一般没有生长受抑制或坏死现象。在碱性土壤或石灰性钙质土上，植物常缺铁，原因是，在碱性条件下，土壤中的铁以不溶性的氧化铁或氢氧化铁的形式存在。土壤中镁素过多也会影响铁的吸收。

（8）缺锌　缺锌的典型症状是节间的生长受到抑制，叶片严重畸形，顶端优势被抑制，这可能是生长素（IAA）的供应不足引起的，因为锌是生长素合成所必需的；老叶失绿也是缺锌的常见症状。在中性和碱性土壤上较易出现缺锌的症状。

（9）缺硼　缺硼的典型症状是叶片变厚和叶色变深，枝条和根的顶端分生组织死亡，缺硼也会引起根和枝条的发育受阻；缺硼症状的发展是缓慢的，土壤中硼的有效性受钙的影响，土壤中钙的含量高能降低硼的吸收，其原因可能是钙使硼在土壤中复合或发生沉淀，或降低根系对硼的吸收能力。

（10）缺锰　缺锰的症状是叶片失绿，并在叶片上形成小的坏死斑，注意要和细菌性斑点病和褐斑病等相区别，缺锰的症状在幼叶和老叶上都可发生。一般在酸性土壤中不缺锰，但在pH值大于6.5的土壤中常发生缺锰的危害。在氧化状态高的土壤和碱性土壤中，锰和铁一样能转化成无效态，从而引起植物缺锰。锰含量过高和过低都影响植物的产量。

（11）缺铜　缺铜的症状是叶尖坏死和叶片的枯萎发黑，症状在幼叶上最先出现。土壤施用过量的磷肥会使铜成为不溶性的沉淀而降低其有效性。食用植物施用硫酸铜可增产，并可提高抗病能力。

（12）缺钼　缺钼的最初症状是老叶脉间失绿和坏死，有时呈斑点状坏死。缺钼也会引起缺氮的症状。钼在pH值较高的土壤中容易被植物所吸收。

（13）缺氯　缺氯时，叶片萎蔫，失绿坏死，最后变为褐色，同时根系生长受阻、变粗，根尖变为棒状。

3. 花卉的营养诊断

花卉的外部形态特征是内在因素和外界环境条件的综合反应，土壤中缺乏或过量任何一种必要的营养元素都会引起花卉特有的生理病症，即缺素症，据此可判断某种元素的缺乏或过量，从而可用采取相应的措施。一般根据花卉的生长发育状况，即是否有生长和发育障碍，形态是否异常，有无枯死等判断植物是否缺乏某种营养元素，即营养诊断。常见的营养诊断方法有如下几种方法。

（1）形态诊断　土壤中缺少任何一种必要的营养元素时都会引起花卉产生特有的症状，据此可以判断某种元素的缺乏或过量，从而采用相应的措施。

从外形上鉴定植物营养缺素症时，可以通过植物营养缺素症状检索表。首先看症状出现的位置，如果症状首先在老叶出现，说明所缺乏的元素是移动性较强的营养元素，移动性较强的营养元素有氮、磷、钾、镁和锌等。如果症状首先在新组织出现，说明所缺乏的元素是移动性差的营养元素，如钙、硼、硫、铁、锰、钼和铜等。在老叶出现症状的情况下，如果没有病斑，可能是缺氮或磷；如果有病斑，则可能是缺钾、缺镁或缺锌。缺氮，叶黄化、枯焦，新生叶淡绿，提早成熟；而缺磷时，则叶色暗绿或茎叶呈紫红色，叶与茎成锐角；缺钾或缺锌均易出现棕褐色斑点及组织坏死；但缺钾的斑点多先在老叶尖及边缘出现，并随生长发育的进展而加重，以至早衰。而缺锌则叶片窄小，斑点可在中下部甚至整个叶片上出现，顶部新叶脉间失绿，生育期延长；缺镁主脉间明显失绿，并出现各种色泽的斑点或斑块，但一般不易出现组织坏死。如病症从新组织先出现时，出现顶芽枯死则可能是缺硼或缺钙；而缺铁、硫、钼、铜则不易出现顶芽枯死；缺硼时，易出现“花而不实”、“蕾而不花”或“穗而不实”，生育延迟；缺钙时叶片发黄焦枯和早衰；缺铁时，新叶黄化，脉间失绿，严重时整个叶片淡黄或发白；而缺硫时新叶呈较为均一的淡绿色，生育期延迟；缺钼时新叶畸形，斑点散布在整个叶片上；缺铜时幼苗呈萎蔫状，叶片往往出现白色斑点，穗发育不正常；缺锰时，脉间失绿，呈现斑点，斑点组织易坏死。

（2）化学诊断　通过分析植株体内的化学成分，与正常植株的化学成分进行比较，以此来诊断苗木营养条件好坏的方法称化学诊断。

（3）施肥诊断　通过形态诊断和化学诊断等方法初步确定所缺乏的元素，补充施入这些矿质肥料，经一段时间，若症状消失，即可确定病因，这种方法叫做施肥诊断。

五、实训结果

1. 实地观察园林植物缺素症的具体表现（至少5种），记录结果。
2. 根据常见园林植物外部的缺素症状，判断其缺素的类型。

六、实训报告

实训报告内容应包括题目、时间地点、技能目标、仪器用品、操作步骤、结果分析或小结和建议等。

实训十三　化学肥料的定性鉴定

一、实训目标及要求

【安全目标】 严格遵守操作规程，遵守实验室和实训规章制度，不喧哗打闹，本项目主要注意化学试剂使用的安全，防止化学药品溅到眼睛里和衣服上。如试剂不慎溅入眼睛，应用清水冲洗，并报告老师，情况严重的应及时送往医院。

【技能目标】 加深对化学肥料一般性质的认识，熟悉各种化学试剂的用途和使用，掌握常用化学肥料的简易定性鉴定方法，为准确无误地使用化肥提供依据。

二、实训原理

根据各种化学肥料（收集当地所施用的各种化学肥料为待鉴定样品）的一般物理性质，如颜色、形状、吸湿性和溶解性等性质进行直接观察。根据各种化肥的主要成分的化学性质和典型反应（如有结晶、产生沉淀和产生气体等），对化肥的酸碱性、燃烧性和特征反应等进行定性鉴定。

三、实训材料及用品

1. 实训仪器

试管、试管架、漏斗、牛角匙、玻璃棒、试管夹、铁皮小勺和酒精灯

2. 药品及试剂配制

（1）钼酸铵溶液　称7g钼酸铵溶于10mL氨水（6mol/L）中，用蒸馏水稀至100mL。

（2）二苯胺试剂　将1g二苯胺溶于100mL浓硫酸（相对密度1.84，分析纯）中。

（3）稀盐酸溶液　取浓盐酸（相对密度1.84）42mL，放入约400mL蒸馏水中，加蒸

馏水稀释至500mL，配制成约1mol/L的稀盐酸溶液。

(4) 亚硝酸钴钠溶液　称35g亚硝酸钴钠溶解于1000mL蒸馏水中。

浓硝酸（相对密度1.42）、稀硝酸（1∶2）、2%柠檬酸、10%硝酸银溶液、10%氯化钠溶液、10%硫酸钡、10%氢氧化钠、醋酸、碱面、红色石蕊试纸、广泛pH试纸（pH1～14）和各种化学肥料样品。

四、实训操作规程

(一) 物理鉴定方法

根据各种化肥的物理特征（颜色、结晶状态、气味和溶解性等）区分不同的化肥（图实13-1）。

1. 形态的识别

取各种化肥样品一小勺约1～2g，分别放于干净的试管中，然后加蒸馏水10～15mL，充分摇匀，观察其溶解情况，同时观察各种样品的颜色、结晶形状和气味等特征，记录在表中。

(1) 结晶形状　颗粒形状，如氮肥（石灰氮除外）、钾肥；粉状或粒状，如磷肥、石灰氮和钙镁肥。

(2) 吸湿性　吸湿强，如硝酸盐肥料；吸湿中等，如过磷酸钙。

(3) 溶解性　完全溶解，如结晶状态的氮肥和钾肥；一部分溶解，如过磷酸钙、重过磷酸钙和硝酸钙等；难溶解，如磷矿粉和钙镁磷肥等。

2. 烧灼现象

利用自制的铁皮小勺，取化肥少许，在酒精灯火焰上烧灼，仔细观察有无气味、是否冒烟、是否熔融、有无残留物、有无跳动及火焰颜色等。

① 逐渐熔化并出现“沸腾”状，冒白烟，可闻到氨味，有黄色残烬者是硫酸铵。

② 可燃烧、熔化、发烟、有氨味，水溶液呈碱性者是碳酸氢铵。

③ 迅速熔化时冒白烟，有氨味者是尿素。

④ 不易熔化，白烟甚浓，同时闻到氨味和盐酸味的是氯化铵。

⑤ 边熔化、边燃烧发亮，冒白烟，有氨味的是硝酸铵。

⑥ 不燃烧，有跳动或爆炸声，无氨味者是硫酸钾或氯化钾。

⑦ 燃烧并出现黄色火焰者是硝酸钠；燃烧出现紫色火焰者是硝酸钾；燃烧出现砖红色火焰者为硝酸钙。磷肥、钙肥不起变化。

(二) 化学鉴定方法

通过上述一般物理性质的识别，初步鉴定肥料的大类（氮肥、磷肥和钾肥），再进一步进行化学定性鉴定，即可确定化肥的名称。

1. 氮肥的鉴定

(1) 铵态氮肥的鉴定　用牛角勺取化肥试样少许，放在手心中，再取一小勺碱面与手心中的肥料试样混合，然后用大拇指搓，闻味，有氨味的为铵态氮肥。

取铵态氮肥试样0.5g放入试管中，加蒸馏水10mL使它溶解，以备下面鉴定。

① 取铵态氮肥试样溶液2mL于小试管中，加入二苯胺试剂2～4滴，溶液变成蓝色的为硝酸铵。

② 取铵态氮肥试样溶液2mL于小试管中．加入10%氯化钡试剂3～4滴，产生白色沉淀，且加入少量稀盐酸也不溶解的是硫酸铵。

③ 取铵态氮肥试样溶液2mL于小试管中，加入稀盐酸数滴，产生气泡的为碳酸

氢铵。

④ 取铵态氮肥试样溶液 2mL 于小试管中，加入数滴 10%硝酸银溶液，产生白色沉淀，加少许稀硝酸也不溶解的是氯化铵。

(2) 尿素肥料的鉴定　取尿素一小勺于试管中，加水 2mL，溶解后加浓硝酸 15 滴，混合后静止，有白色结晶者为尿素。

(3) 硝态氮肥的鉴定　取一小勺试样放入小试管中，加二苯胺剂 2～4 滴，溶液变成蓝色的为硝态氮肥。

2. 磷肥的鉴定

取磷肥试样 0.5g 于试管中，加蒸馏水 10mL，略加热后过滤。取溶液 2mL 于试管中，加稀硝酸（1∶2）10～15 滴、钼酸铵溶液 1mL，加热，搅拌，如有黄色沉淀析出，则为水溶性磷肥；如无黄色沉淀析出，则为非水溶性磷肥。

取非水溶性磷肥试样 0.5g 于试管中．加 2%柠檬酸溶液 10mL，微加热后过滤，取溶液 2mL 于试管中，加稀硝酸（1∶2）10～15 滴、钼酸铵溶液 1mL，加热，搅拌，如有黄色沉淀析出，则为弱酸溶性磷肥，如无黄色沉淀析出，则为难溶性磷肥。

3. 钾肥的鉴定

取肥料试样 1g 于试管中，加 5mL 蒸馏水溶解。

① 取肥料试样溶液 2mL 于试管中，加 10%氢氧化钠 2mL，加热煮沸后去氨冷却，加醋酸酸化，加亚硝酸钴钠试剂 3～5 滴，静置 2min，产生黄色沉淀的是钾肥。

② 取钾肥试样溶液 2mL 于试管中，加 10%氯化钡溶液 3～4 滴，产生白色沉淀，加稀盐酸不溶解的是硫酸钾。

③ 取钾肥试样溶液 2mL 于试管中，加 10%硝酸银溶液 3～5 滴，产生白色沉淀，加稀盐酸不溶解的是氯化钾。

主要化学肥料系统鉴定表见表实 13-1。

表实 13-1　主要化学肥料系统鉴定表

- 化肥
  - 粉末状或颗粒状，难溶或不溶于水 [磷肥（磷酸铵除外）石灰氮、窑灰钾肥]
    - 细粉末、不溶于水，中性，加强酸后有PO_4^{3-}溶出（磷矿粉）
    - 类似水泥，水溶液微碱，不溶，加柠檬酸后有PO_4^{3-}溶出（钙镁磷肥）
    - 灰白色粉末，不溶于水，中性，灼烧后有焦糊味（骨粉）
    - 肥料有酸气味，水溶液强酸性，部分溶解（重过磷酸钙）
    - 有酸气味，水溶液强酸性，溶解不易觉察（过磷酸钙）
    - 灰色或灰黄色粉末，不溶，但水溶液呈强碱性（窑灰钾肥）
    - 黑色轻质粉末，有乙炔味，加酸发泡，水溶液强碱性（石灰氮）
  - 结晶状或粒状，易溶于水 [钾肥、氮钾复肥、氮磷复肥、各种氮肥（石灰氮除外）]
    - 灼烧反应
      - 发烟或发火爆裂有硝烟味（硝态氮肥）
        - 分解发烟不明显，有硝烟味，有残留，火焰红色（硝酸钙）
        - 分解发烟不明显，有硝烟味，有残留，火焰紫色（硝酸钾）
        - 分解发烟不明显，有硝烟味，有残留，火焰亮黄（硝酸钠）
        - 分解快，发火爆裂，有浓烟，有硝烟味和氨臭味（硝酸铵）
      - 全部分解，熔融、发烟、有强烈氨臭、部分有残留（铵态氮肥和尿素）
        - 分解快，发烟爆裂，有浓烟，有硝烟味和氨臭味（硝酸铵）
        - 分解慢，发烟不明显，残留物分解慢，有氨臭（磷酸铵）
        - 分解快，发白烟，熔融，残留物为黄色，分解慢有氨臭（硫酸铵）
        - 分解快，白烟极浓，升华物呈云絮状，有氨臭，有焦油味，有黑色痕迹（氯化铵）
        - 分解极快，几乎不见烟雾，有氨臭，碱中加热有NH_3（碳酸氢铵）
        - 分解极快，发白色浓烟，有氨臭，有白色壳状残留物，碱中加热有NH_3（尿素）
      - 部分分解发烟。有氨臭，有残留（氮钾复肥）
        - 碱液中加热无NH_3，有Cl^-存在（尿素、氯化钾）
        - 碱液中加热有NH_3，有SO_4^{2-}存在（硫酸钾铵）
      - 有跳肥现象，不分解、不熔融、不发烟无味（钾肥）
        - 溶解快，有Cl^-（氯化钾）
        - 溶解慢，有SO_4^{2-}（硫酸钾）

五、实训结果

1. 按照下表的内容，对若干个已知化肥样品逐个进行观察和记录，并把结果列于表实13-2中。

表实 13-2 已知化肥鉴定表

项目 化肥	形状	颜色	气味	吸湿性	溶解性	铁勺灼烧情况				加试剂反应							酸碱性	备注
						气味	火焰	燃烧	烟	拌碱	Ag^{+}	Ba^{2+}	亚硝酸钴钠	钼酸铵加硝酸	二苯胺	氢氧化钠		

2. 鉴定3～4个未知化肥样品，按化肥的系统鉴定方法（表实13-3）定性鉴定，并将结果填入下表。

表实 13-3 未知化肥鉴定表

化肥样品编号	鉴定过程	发生的现象	鉴定依据	鉴定结果

3. 不用任何试剂，怎样将过磷酸钙和钙镁磷肥区别开来？

4. 有一堆化学钾肥，不知是氯化钾还是硫酸钾，如何鉴别？

六、实训报告

实训报告内容应包括题目、时间地点、技能目标、仪器用品、操作步骤、结果分析或小结和建议等。

实训十四 营养土和营养液的配制

一、实训目标及要求

1. 安全目标

遵守操作规程，掌握营养土与营养液操作器材的使用及营养液的正确取用方法。

2. 技能目标

学会营养土成分的配比及配置程序，营养液浓度的换算及其配方的选择，严格按配置程序操作。

二、实训用具及材料

1. 实训仪器

天平（感量0.01g和0.1g）、台秤、烧杯（100mL和200mL）、容量瓶（1000mL）、贮

液瓶、贮液桶、铁锹、筛子、菜园土、粪肥和沙土等

2. 实训主要试剂

硝酸钙、硝酸钾、磷酸二氢铵、硫酸镁、乙二胺四乙酸二钠铁、硼酸、硫酸锰、硫酸锌、硫酸铜和钼酸铵等

三、实训内容

（一）营养土配制

1. 实训原理

选用园土、粪肥和沙土等原料，按照栽培植物要求按比例称取各种原料，加入适量的化学肥料，充分混拌即可。

2. 实训步骤

(1) 材料准备　取配制营养土用的园土、粪肥和沙土等原料破碎、过筛。

(2) 材料配合　根据用途按比例进行配合。

根据用途，各营养土的配料比如下（可根据各地的实际情况调整）。

① 播种用营养土。园土：粪肥：沙土比为3：5：2

② 假植用营养土。园土：粪肥：沙土比为9：4：2

③ 定植用营养土。园土：粪肥：沙土比为5：3：2

(3) 加肥料　按上述配方，每立方米可加入磷酸二铵0.3～0.6kg，硫酸钾0.5～1.0kg。

(4) 混拌　将按配方比例称好的材料充分混拌均匀即为营养土。

（二）营养液的配制

1. 实训原理

无土栽培植物主要依靠营养液供应所需养分。不同植物及同一植物不同生育期要求养分的成分、比例和浓度均不同。因此，营养液浓度及营养液成分的组配换算是营养液配制的重要组成部分。

(1) 浓度表示方法

浓度表示方法主要有3种表示方法，即百万分比浓度、摩尔浓度和电导率。在配制营养液时，常用的是百万分比浓度。通常以每升溶液中所含溶质的质量（mg/L）表示或用每升溶液所含溶质的体积（μL/L）表示。

(2) 营养液组配换算方法

由配方元素浓度换算成肥料浓度。其公式为：

$$W=(C\times M)/A$$

式中　W——1L营养液所需某肥料的质量，mg/L；

C——1L营养液中某元素的质量，mg/L；

M——某肥料的相对分子质量；

A——某元素的相对原子质量。

在营养液配制过程中，可根据配方规定，换算元素或肥料的摩尔浓度。其换算公式为：

$$M=N/V$$

式中　M——营养液摩尔浓度，mol/L；

N——溶质的量，mol；

V——营养液的体积，L。

2. 实训步骤

(1) 营养液配方的选用　营养液的配方很多，可根据当地实际需要查阅有关资料选用适

宜的配方。表实14-1为一常用的营养液配方。

表实 14-1 常用的营养液配方示例

肥料名称	浓度单位	N	P	K	Ca	Mg	S
$Ca(NO_3)_2 \cdot 4H_2O$	mg/L	112			160		
KNO_3	mg/L	112		312			
$MgSO_4 \cdot 7H_2O$	mg/L					48	64
$NH_4H_2PO_4$	mg/L	18.62	41.2				
合计	mg/L	242.62	41.2	312	160	48	64

(2) 母液的配制　母液(浓缩液)分成A,B,C 3种母液,A液包括$Ca(NO_3)_2 \cdot 4H_2O$和KNO_3,浓缩100～200倍;B液包括$NH_4H_2PO_4$、$MgSO_4 \cdot 7H_2O$,浓缩100～200倍;C液由铁和微量元素合在一起配制,浓缩1000～3000倍。

① 根据配方计算各母液化合物的用量。

② 准确称取各化合物用量,按A,B,C种类分别溶解。

③ 定容至1000mL。然后装入棕色瓶,并贴上标签,注明A,B,C母液。

(3) 工作营养液的配制　用上述母液配制50L的工作营养液。分别量取A母液和B母液各0.25L,在加入各母液的过程中,要防止出现沉淀,方法如下。

在贮液池内放入相当于预配工作营养液体积40%的水量,先将量好的A母液倒入其中;再将量好的B母液慢慢倒入,并不断加水稀释,约达总水量的80%左右为止;最后量取C母液慢慢倒入,加水稀释至50L,并不断搅拌。

(4) 调整工作液的pH值　根据植物生长对pH值的要求,调整工作液的pH值。方法为:当pH值过高时,可用稀硫酸(H_2SO_4)或稀硝酸(HNO_3)溶液来中和,当pH值过低时,可用稀碱溶液,如氢氧化钠(NaOH)或氢氧化钾(KOH)溶液来中和。加入时应慢慢滴入工作液中,同时,不断搅拌,并用酸度计或pH试纸来检测pH的变化,直至达到要求。

四、实训作业

完成实训报告单,详细记录营养土与营养液的配制过程并总结技术要点。

参考文献

[1] 北京林学院．气象学［M］．北京：中国林业出版社，1981.
[2] 北京农业大学．农业气象［M］．北京：农业出版社，1980.
[3] 常杰等．生态学［M］．杭州：浙江大学出版社，2001.
[4] 陈自新．北京城市园林绿化生态效应的研究［J］．中国园林，1998，(4)：42-47.
[5] 程万银．农业气象［M］．北京：中国农业出版社，1996.
[6] 崔玲华等．植物学基础［M］．北京：中国林业出版社，2005.
[7] 方彦、何国生．园林植物［M］．北京：高等教育出版社，2003.
[8] 顾永道，杨永伦．几种有机肥料在蔬菜生产上的应用［J］．河北农业科学，2007，11（3）：72-73.
[9] 郭世荣．无土栽培学［M］．北京：中国农业出版社，2003.
[10] 胡祖昆．作物生长条件与环境［M］．成都：天地出版社，1998.
[11] 建设部印发《国家园林城市标准》（建城［2005］43号）．2005．3．25.
[12] 解焱．恢复中国的天然植被［M］．北京：中国林业出版社，2002.
[13] 金为民．土壤肥料［M］．北京：中国农业出版社，2001.
[14] 孔国辉等．大气污染与植物［M］．北京：中国林业出版社，1988.
[15] 冷平生等．园林生态学［M］．北京：中国农业出版社，2003.
[16] 李爱贞，刘厚凤．气象学与气候学基础［M］．北京：气象出版社，2001.
[17] 李博．生态学［M］．北京：高等教育出版社，2000.
[18] 李景文．森林生态学［M］．第2版．北京：中国林业出版社，1994.
[19] 李文敏．园林植物与应用［M］．北京：中国建筑工业出版社，2006.
[20] 李小川．园林植物环境［M］．北京：高等教育出版社，2002.
[21] 李振陆．植物生产综合实训教程［M］．北京：中国农业出版社，2003.
[22] 李振陆．植物生产环境［M］．北京：中国农业出版社，2006.
[23] 梁预，姚敦义．关于生长、分化与发育几个概念的含义［J］．植物生理学通讯，1999，35（5）.
[24] 林源祥、杨学军．模拟地带性植被类型，建设高质量城市植被［J］．南京园林，2008.
[25] 刘江等．气象学［M］．北京：中国农业出版社，2002.
[26] 刘睿，王正银，朱洪霞．中国有机肥料研究进展［J］．Chinese Agricultural Science Bulletin，2007，23（1）：310-313.
[27] 刘跃建等．森林环境［M］．北京：高等教育出版社，2002.
[28] 陆鼎煌．气象学与林业气象学［M］．北京：中国林业出版社，1994.
[29] 陆欣等．土壤肥料学［M］．北京：中国农业大学出版社，2002.
[30] 吕英华等．测土与施肥［M］．北京：中国农业出版社，2002.
[31] 毛芳芳．森林环境［M］．北京：中国林业出版社，2006.
[32] 齐文虎．农业气象［M］．郑州：河南科学技术出版社，1988.
[33] 气象学编写组．气象学［M］．北京：中国林业出版社，1995.
[34] 曲仲湘等．植物生态学［M］．北京：高等教育出版社，1987.
[35] 山东省林业学校．气象学［M］．北京：中国林业出版社，1988.
[36] 石祚江等．绿化养护手册［M］．上海：上海科技教育出版社，2003.
[37] 宋永昌等．城市生态学［M］．上海：华东师范大学出版社，1998.
[38] 宋永昌．植被生态学［M］．上海：华东师范大学出版社，2001.
[39] 孙儒泳等．普通生态学［M］．北京：高等教育出版社，1993.
[40] 孙时轩．林木育苗技术［M］．北京．金盾出版社，2004.
[41] 覃国清．作物防冻及补救技术［M］．南宁：广西科学技术出版社，2000.
[42] 唐文跃，李晔等．园林生态学［M］．北京：中国科学技术出版社，2006.
[43] 唐祥宁．园林植物环境［M］．重庆：重庆大学出版社，2006．8.

[44] 王春梅．花卉无土栽培［M］．延边：延边大学出版社，2002.
[45] 王荫槐．土壤肥料学［M］．北京：农业出版社，1992.
[46] 王应君．土壤肥料学［M］．北京：中国农业科技出版社，1997.
[47] 王应君．土壤肥料学实践性教学指导书［M］．北京：中国农业科学技术出版社，1997.
[48] 王铸豪．植物与环境［M］．北京：科学出版社，1986.
[49] 魏岩．园林植物栽培与养护［M］．北京：中国科学技术出版社，2003.
[50] 温国胜等．园林生态学［M］．北京：化学工业出版社，2007.
[51] 无锡市园林技工学校，西安市园林技工学校．园林气象［M］．北京：北京科学技术出版社，1988.
[52] 吴国宜．植物生产与环境［M］．北京：中国农业出版社，2001.
[53] 奚广生等．农业气象［M］．北京：高等教育出版社，2002.
[54] 徐秀华．土壤肥料学［M］．北京，中国农业大学出版社，2007.
[55] 许宏伟，马常宝．我国商品有机肥发展现状与建议［J］．中国农业推广，2007，23（3）：43-45.
[56] 阎凌云主编．农业气象［M］．北京：中国农业出版社，2002.
[57] 杨先芬．花卉施肥技术手册［M］．北京：中国农业出版社，2001.
[58] 杨小波等．城市生态学［M］．北京：科学出版社，2000.
[59] 姚莉英等．西瓜使用不同数量有机肥料试验［J］．中国瓜菜，2007，（1）：25-26.
[60] 姚丽华．气象学［M］．北京：中国林业出版社，1992.
[61] 易明辉．气象学与农业气象学［M］．重庆：西南农业大学出版社，1985.
[62] 张宝生．植物生产与环境［M］．北京：高等教育出版社，2002.
[63] 张会民，刘红霞．土壤与植物营养［M］．杨凌：西北农林科技大学出版社，2004.
[64] 张金屯．应用生态学［M］．北京：科学出版社，2003.
[65] 张敏，王正银．生物有机肥料与农业可持续发展［J］．磷肥与氮肥，2006，21（2）：58-59.
[66] 张慎举．卓开荣．土壤肥料［M］．北京：化学工业出版社，2009.
[67] 张志杰等．环境污染生物监测与评价［M］．北京：中国环境科学出版社，1991.
[68] 郑宝仁，赵静夫．土壤与肥料［M］．北京：北京大学出版社，2007.
[69] 中国农业百科全书农业气象卷编辑委员会．中国农业百科全书：农业气象卷［M］．北京：农业出版社，1986.
[70] 重庆园林局，重庆市风景园林学会．园林植物及生态［M］．北京：中国建筑工业出版社，2007.
[71] 周凤霞．生态学［M］．北京：化学工业出版社，2005.
[72] 周文利等．我国有机肥料资源、加工的现状及存在的问题［J］．江西农业学报，2007，19（9）：83-85.
[73] 周武忠．城市树木栽培与养护［M］．南京．东南大学出版社，2003.
[74] 奚振邦．现代化学肥料学［M］．北京：中国农业出版社，2003.
[75] 宋志伟，王志伟．植物生长环境［M］．北京：中国农业大学出版社，2007.
[76] 贺庆棠．森林环境学［M］．北京：高等教育出版社，2001.
[77] 龙冰雁．园林生态［M］．北京：化学工业出版社，2009.
[78] 王孟宇．作物生长与环境［M］．北京：化学工业出版社，2009.
[79] 田伟政，崔爱萍．园林树木栽培技术［M］．北京：化学工业出版社，2009.
[80] 刘奕清，王大来．观赏植物［M］．北京：化学工业出版社，2009.
[81] 柏玉平，陶正平，王朝霞．花卉栽培技术［M］．北京：化学工业出版社，2009.
[82] 张祖荣．园林树木栽植与养护技术［M］．北京：化学工业出版社，2009.